营改增后
增值税会计处理和税会差异调整
操作实务

苏强 著

- ◎ 最新增值税会计处理操作实务
- ◎ 会计核算与汇算清缴紧密结合
- ◎ 全面解决税法和会计处理差异
- ◎ 259个纳税调整申报实务案例

中国财经出版传媒集团
经济科学出版社
Economic Science Press

图书在版编目（CIP）数据

营改增后增值税会计处理和税会差异调整操作实务/苏强著. —北京：经济科学出版社，2017.4（2017.8重印）
ISBN 978-7-5141-7948-4

Ⅰ. ①营⋯　Ⅱ. ①苏⋯　Ⅲ. ①增值税-税收会计-研究-中国②增值税-税收管理-研究-中国
Ⅳ. ①F812.42

中国版本图书馆CIP数据核字（2017）第084207号

责任编辑：杜　鹏
责任校对：王肖楠
版式设计：齐　杰
责任印制：邱　天

营改增后增值税会计处理和税会差异调整操作实务

苏　强/著

经济科学出版社出版、发行　新华书店经销
社址：北京市海淀区阜成路甲28号　邮编：100142
总编部电话：010-88191217　发行部电话：010-88191522
网址：www.esp.com.cn
电子邮件：esp_bj@163.com
天猫网店：经济科学出版社旗舰店
网址：http://jjkxcbs.tmall.com
北京季蜂印刷有限公司印装
787×1092　16开　25.75印张　600000字
2017年5月第1版　2017年8月第2次印刷
ISBN 978-7-5141-7948-4　定价：68.00元
（图书出现印装问题，本社负责调换。电话：010-88191510）
（版权所有　侵权必究　举报电话：010-88191586
电子邮箱：dbts@esp.com.cn）

前 言

2006年2月15日，财政部颁布了新修订的《企业会计准则——基本准则》和38项具体准则，同年10月30日，财政部又发布了《企业会计准则——应用指南》，之后几年又陆续发布了多项《企业会计准则——解释公告》。至此，我国基本构建起了以《企业会计准则——基本准则》为基础，具体准则为主体，《企业会计准则——应用指南》和《企业会计准则解释公告》为补充的具有中国特色的会计准则体系。此次企业会计准则体系的建立，实现了与国际会计准则的实质性趋同。

2014年2月，为进一步完善我国企业会计准则体系，提高财务报表列报质量和会计信息透明度，保持我国企业会计准则与国际财务报告准则的持续趋同，财政部新修订和发布了1项《企业会计准则——基本准则》（财政部令第76号）、8项具体会计准则和1项准则解释公告。

2016年12月和2017年2月，为进一步规范增值税会计处理，促进《关于全面推开营业税改征增值税试点的通知》（财税〔2016〕36号）的贯彻落实，根据《增值税暂行条例》和财税〔2016〕36号等有关规定，制定了《增值税会计处理规定》及其解读，增值税会计处理规定的变化，对企业增值税会计处理会产生重大影响。

2017年3月31日，财政部修订发布了《企业会计准则第22号——金融工具确认和计量》、《企业会计准则第23号——金融资产转移》和《企业会计准则第24号——套期会计》三项金融工具会计准则。2017年5月，财政部发布了新修订的《企业会计准则第16号——政府补助》。2017年7月，财政部发布了新修订的《企业会计准则第14号——收入》。

与企业会计准则的变革相比，近年来，我国税收法律法规体系也发生了深刻变化。流转税方面，随着我国全面推开营业税改征增值税试点，2016年5月1日以来已经发布了50多项营改增相关税收规范性文件。企业所得税方面，自《企业所得税法》及其《实施条例》施行近10年来，财政部和国家税务总局又针对新税法实施过程中的重点、难点和热点问题，颁布实施了300多项税收规范性文件，这些规范性文件在一定程度上细化和明确了纳税操作实务，既有利于各级税务机关依法征税，也有利于广大纳税人依法纳税。

但是，会计和税法毕竟属于两个不同的领域，由于各自目标、调整对象、立法程序和技术规范要求不同，两者之间必然存在差异，这就导致会计处理和税务处理也必然存在差异。全国人大预算委员会副主任、原财政部会计司司长冯淑萍教授明确指出，由于会计核算制度与税法的目的存在不同程度的差异，必然会导致会计核算制度与税法不一致的情况，这也是国际惯例。财政部会计司原司长刘玉廷教授也指出，我们一贯主张企业会计制度应当与税收制度相互分离，因为两者属于两个体系，在我国要使会计制度得以很好地贯彻，并与国际会计惯例协调，必须遵循会计与税收相互分离的基本原则。

据不完全统计，会计与税法差异（包括永久性差异和暂时性差异）多达100多项，仅《企业所得税年度纳税申报表（A类，2014年版）》一级附表A105000《纳税调整项目明细表》中列明的会计与税法差异就达33大项，并用12张二级附表和2张三级附表细化纳税调整项目的具体填列，同时，新版申报表将税收优惠明细表细化为11张申报表，反映因纳税人享受税收优惠形成的税会处理差异。全面营改增后，增值税纳税义务时间与按照会计准则核算确认收入的时间两者之间也存在差异，纳税人一方面要按照会计准则对会计要素进行确认、计量和报告；另一方面又要严格依据税法计算、申报和缴纳各项税款，清晰反映财税差异及纳税调整处理的过程和结果。

本书以截至2017年8月新修订的企业会计准则、增值税会计处理规定和相关税法为依据，详细分析会计准则与税法的各项具体差异，提出运用纳税调整法解决永久性差异项目，运用资产负债表债务法解决暂时性差异项目，达到会计和税法的相互协调，并通过列举259个会计和税务处理操作实务案例，方便读者直观掌握各项会计和税务处理及税会差异调整。学习会计与税法差异，不仅是企业财税人员做好企业所得税汇算清缴工作的基础，而且也是税务中介机构提供涉税鉴证和税务机关进行税务检查、评估和稽查等工作的必备技能，对于企业规范税务管理，防范和降低纳税风险，提高会计信息和纳税申报质量，税务机关减少税务执法风险，促进纳税人依法诚信纳税，构建和谐征纳关系，都具有重要的现实意义。

本书以兰州财经大学苏强教授向众多企业提供的财税培训和咨询内容为基础，面向需求实战业务指导的企业财税人员，不仅适用于从事纳税实务工作的企业财税人员、税务中介人员和从事税收征管实务工作的税务工作者，而且适用于从事会计和税法教学与科研的教师和学生，是读者学习和掌握增值税会计处理和税会差异知识的重要参考资料。本书在撰写过程中参阅了众多国内外优秀的论著和相关文献资料，在此对上述作者表示衷心的感谢。特别感谢赵怀坦、马靖昊、王骏、赵嵩、彭怀文、陈爱华、陈斌才、段文涛、叶义宾、秦权、陈志坚、何广涛、张钦光、李志远、徐贺、徐峥、谢静、薛娟、余大川、蔺龙文、严颖、郭明磊、齐洪涛、李记有、李晓红、李际滨、张殷红、方斌国、张勇、张晓东、姜新录、柴成山、葛丽娟、严颖、赵林、丁潇、秦文娇、邵福顶、郭陇源、叶全华、翟纯垲、李智勇等老师在本书写作过程中给予的指导帮助及热情推荐，在与他们以各种形式的交流学习中，本人收获颇丰。还要感谢我的妻子李倩女士及家人在生活和工作上的支持与关心。

鉴于企业会计准则和税法具有动态性特征，加之作者水平有限，难免存在疏漏和错误之处，敬请广大读者批评指正，不吝赐教，以便日后补正修订。

作　者

2017 年 8 月

目 录
Contents

第一章　全面营改增后会计和税务处理差异概述 ………………………… 1

第一节　为什么会出现税会差异 ………………………………………… 1
一、会计法律制度与税收法律制度体系比较 ……………………… 1
二、会计与税法差异的根本原因 …………………………………… 3
三、正确处理会计与税法差异的重要作用 ………………………… 4

第二节　企业会计准则与税法基本假设差异 …………………………… 4
一、会计主体与纳税主体 …………………………………………… 4
二、持续经营 ………………………………………………………… 6
三、会计分期与纳税期间 …………………………………………… 7
四、货币计量 ………………………………………………………… 8

第三节　会计信息质量要求与税前扣除基本原则差异 ………………… 8
一、会计信息质量要求 ……………………………………………… 8
二、税前扣除基本框架和原则 ……………………………………… 9
三、会计信息质量要求与税前扣除原则差异 …………………… 13

第四节　会计要素和计量属性的税会处理差异 ………………………… 14
一、资产的税会处理差异 ………………………………………… 14
二、负债的税会处理差异 ………………………………………… 14
三、所有者权益的税会处理差异 ………………………………… 15
四、收入的税会处理差异 ………………………………………… 15
五、费用的税会处理差异 ………………………………………… 15
六、利润的税会处理差异 ………………………………………… 16
七、计量属性的税会处理差异 …………………………………… 16

第五节　如何正确进行会计处理和税务处理及税会差异 …………… 17
一、正确进行会计处理和税务处理及税会差异的基本原则 …… 17

二、正确处理会计准则与税法差异的基本方法 …………………………… 17

第二章　增值税会计处理和税会差异 …………………………………………… 19

第一节　增值税会计处理规定概述 …………………………………………… 19
一、增值税会计处理规定出台的背景 …………………………………… 19
二、增值税会计处理规定的政策依据和适用范围 ……………………… 19
三、增值税会计处理规定执行时间和衔接规定 ………………………… 20
四、财务报表相关项目列示 ……………………………………………… 20

第二节　增值税会计科目设置及案例分析 …………………………………… 20
一、增值税会计二级明细科目设置 ……………………………………… 20
二、"应交税费——应交增值税"会计科目及专栏设置 ……………… 21
三、"应交税费——应交增值税"专栏结转 …………………………… 29
四、"应交税费——未交增值税"会计科目 …………………………… 30
五、"应交税费——预交增值税"会计科目 …………………………… 30
六、"应交税费——待抵扣进项税额"会计科目 ……………………… 31
七、"应交税费——待认证进项税额"会计科目 ……………………… 33
八、"应交税费——待转销项税额"会计科目 ………………………… 34
九、"应交税费——增值税留抵税额"会计科目 ……………………… 35
十、"应交税费——简易计税"会计科目 ……………………………… 35
十一、"应交税费——转让金融商品应交增值税"会计科目 ………… 39
十二、"应交税费——代扣代交增值税"会计科目 …………………… 39
十三、"应交税费——应交增值税"会计科目 ………………………… 39
十四、"应交税费——增值税检查调整"会计科目 …………………… 39

第三节　增值税取得资产或接受劳务等业务会计处理及案例分析 ………… 42
一、采购等业务进项税额允许抵扣的账务处理 ………………………… 42
二、采购等业务进项税额不得抵扣的账务处理 ………………………… 44
三、购进不动产或不动产在建工程按规定进项税额分年抵扣的
　　账务处理 ……………………………………………………………… 47
四、货物等已验收入库但尚未取得增值税扣税凭证的账务处理 ……… 47
五、小规模纳税人采购等业务的账务处理 ……………………………… 52
六、购买方作为扣缴义务人的账务处理 ………………………………… 52

第四节　增值税销售等业务的账务处理及案例分析 ………………………… 53
一、销售业务的账务处理 ………………………………………………… 53

二、视同销售的账务处理 ································· 56

三、全面试行营业税改征增值税前已确认收入，此后产生增值税纳税
义务的账务处理收入范围界定的差异 ······················ 57

四、"税金及附加"会计科目变化及账务处理 ··················· 59

五、差额征税的账务处理 ································· 59

六、出口退税的账务处理 ································· 63

七、进项税额抵扣情况发生改变的账务处理 ··················· 65

第五节 增值税期末交纳等业务的账务处理及案例分析 ··············· 67

一、月末转出多交增值税和未交增值税的账务处理 ··············· 67

二、交纳增值税的账务处理 ······························· 68

三、增值税期末留抵税额的账务处理 ························· 69

四、增值税税控系统专用设备和技术维护费用抵减增值税税额的
账务处理 ··· 70

五、关于小微企业免征增值税的会计处理规定 ··················· 70

第三章 企业收入税会处理差异及纳税调整 ······················· 73

第一节 企业收入税会处理差异概述 ··························· 73

一、收入范围界定的差异 ································· 73

二、免税收入和不征税收入的税会处理差异 ··················· 76

三、企业所得税收入和增值税收入处理差异 ··················· 78

第二节 企业商品销售收入税会处理差异 ························· 80

一、商品销售收入的会计处理 ····························· 80

二、商品销售收入的税务处理 ····························· 80

三、商品销售收入的税会处理差异 ··························· 82

四、销售折扣和折扣销售的税会处理差异 ····················· 84

五、平销返利销售的税会处理差异 ··························· 86

第三节 提供劳务收入税会处理差异 ··························· 89

一、提供劳务收入的会计处理 ····························· 89

二、提供劳务收入的税务处理 ····························· 90

三、提供劳务收入的税会处理差异及纳税调整实务 ··············· 91

第四节 租金收入和使用权收入税会处理差异 ····················· 92

一、租金收入和使用权收入的会计处理 ······················· 92

二、租金收入和使用权收入的税务处理及税会处理差异 ··········· 94

三、租金收入和使用权收入税会处理及纳税调整实务 …………………… 96
第五节　利息收入税会处理差异 ………………………………………………… 102
　　一、利息收入的会计处理 ………………………………………………… 102
　　二、利息收入的税务处理 ………………………………………………… 104
　　三、利息收入的税会处理差异及纳税调整实务 ………………………… 106
第六节　融资租赁资产收入税会处理差异 ……………………………………… 107
　　一、融资租赁资产收入的会计处理 ……………………………………… 107
　　二、融资租赁资产收入的税务处理及税会处理差异 …………………… 109
　　三、融资租赁资产收入的纳税调整实务 ………………………………… 110
第七节　销售退回和销售折让税会处理差异 …………………………………… 113
　　一、销售退回和销售折让的会计处理 …………………………………… 113
　　二、销售退回和销售折让的税务处理 …………………………………… 114
　　三、销售退回和折让的税会处理差异及纳税调整实务 ………………… 115
第八节　在建工程试运行收入税会处理差异 …………………………………… 116
　　一、在建工程试运行收入的会计处理 …………………………………… 116
　　二、在建工程试运行收入的税务处理 …………………………………… 117
　　三、在建工程试运行收入的税会处理差异及纳税调整实务 …………… 117
第九节　接受捐赠收入税会处理差异 …………………………………………… 118
　　一、接受捐赠收入的会计处理 …………………………………………… 118
　　二、接受捐赠收入的税务处理 …………………………………………… 118
　　三、接受捐赠收入的税会处理差异 ……………………………………… 119
第十节　建造合同收入税会处理差异 …………………………………………… 120
　　一、建造合同概念界定差异 ……………………………………………… 120
　　二、建造合同收入的税会处理差异 ……………………………………… 120
　　三、建造合同成本的税会处理差异 ……………………………………… 121
　　四、建造合同的税会处理差异 …………………………………………… 121
　　五、建造合同税会处理差异及纳税调整实务 …………………………… 122
第十一节　政府补助收入税会处理差异 ………………………………………… 131
　　一、政府补助收入的会计处理 …………………………………………… 131
　　二、政府补助收入的税务处理 …………………………………………… 144
　　三、政府补助收入的税会处理差异及纳税调整实务 …………………… 147
第十二节　房地产企业预售业务收入的税会处理差异 ………………………… 155
　　一、预售业务收入的会计处理 …………………………………………… 155
　　二、预售业务收入的税务处理 …………………………………………… 156

三、预售业务收入税会处理差异及纳税调整实务 ·················· 157

第四章　企业特殊交易或事项税会处理差异及纳税调整 ·················· 161

第一节　视同销售业务税会处理差异 ·················· 161
一、视同销售业务的会计处理 ·················· 161
二、视同销售业务的税务处理 ·················· 162
三、视同销售业务的税会处理差异 ·················· 164
四、视同销售业务税会处理差异及纳税调整实务 ·················· 167

第二节　分期收款销售商品收入税会处理差异 ·················· 170
一、分期收款销售商品收入的会计处理 ·················· 170
二、分期收款销售商品收入的税务处理 ·················· 171
三、分期收款销售商品收入的税会处理差异及纳税调整实务 ·················· 172

第三节　债务重组税会处理差异 ·················· 178
一、债务重组的会计处理 ·················· 178
二、债务重组的税务处理 ·················· 178
三、债务重组的税会处理差异 ·················· 181
四、债务重组税会处理差异及纳税调整实务 ·················· 181

第四节　非货币性交换税会处理差异 ·················· 186
一、非货币性交换处理的会计处理 ·················· 186
二、非货币性交换的税务处理及税会处理差异 ·················· 186
三、非货币性交换税会处理差异及纳税调整实务 ·················· 187

第五节　售后回租业务税会处理差异 ·················· 189
一、售后回租业务的会计处理 ·················· 189
二、售后回租业务的税务处理及税会处理差异 ·················· 190
三、售后回租业务税会处理差异及纳税调整实务 ·················· 190

第六节　外币交易业务税会处理差异 ·················· 194
一、记账本位币与计税货币选择差异 ·················· 194
二、外币折算的会计处理 ·················· 195
三、外币折算的税务处理及税会处理差异调整实务 ·················· 196

第七节　资产负债表日后事项税会处理差异 ·················· 197
一、资产负债表日后事项的界定差异 ·················· 197
二、资产负债表日后调整事项的税会处理差异 ·················· 198
三、资产负债表日后非调整事项的税会处理差异 ·················· 198

四、资产负债表日后事项税会处理差异及纳税调整实务 ……………… 199

　第八节　政策性搬迁收入税会处理差异 ………………………………… 204

　　一、政策性搬迁收入的会计处理 …………………………………… 204

　　二、政策性搬迁收入的税务处理及税会处理差异 ………………… 205

　　三、政策性搬迁收入的税会处理差异及纳税调整实务 …………… 207

第五章　企业资产税会处理差异及纳税调整 …………………………… 211

　第一节　存货税会处理差异 ……………………………………………… 211

　　一、存货概念界定的差异 …………………………………………… 211

　　二、存货初始计量的差异 …………………………………………… 211

　　三、非货币性资产交换取得存货计价的差异 ……………………… 213

　　四、企业合并取得存货计价的差异 ………………………………… 214

　　五、通过提供劳务取得存货计价的差异 …………………………… 214

　　六、接受捐赠取得存货计价的差异 ………………………………… 214

　　七、存货后续计量的差异 …………………………………………… 215

　　八、存货资产损失的差异 …………………………………………… 215

　第二节　固定资产税会处理差异 ………………………………………… 216

　　一、固定资产界定的差异 …………………………………………… 216

　　二、固定资产初始计量的差异 ……………………………………… 217

　　三、融资性分期付款取得固定资产计量的差异 …………………… 220

　　四、固定资产折旧时间和范围的差异 ……………………………… 222

　　五、固定资产未取得全额发票的差异 ……………………………… 222

　　六、固定资产折旧年限和预计净残值的差异 ……………………… 223

　　七、固定资产折旧方法的差异 ……………………………………… 227

　　八、固定资产后续支出的差异 ……………………………………… 232

　　九、固定资产评估增值的差异 ……………………………………… 235

　　十、固定资产减值损失和盘亏损失的差异 ………………………… 236

　　十一、持有待售固定资产的差异 …………………………………… 237

　　十二、资产无偿划转取得的固定资产差异 ………………………… 238

　　十三、房地产开发企业临时施工设施和营销设施的差异 ………… 239

　　十四、增值税税控系统专用设备和技术维护费用的差异 ………… 241

　　十五、销售使用过固定资产会计和税务处理 ……………………… 242

　　十六、不动产取得和转让税会处理差异及纳税调整实务 ………… 245

十七、固定资产税会处理差异及纳税调整实务 ………………………………… 249
第三节　融资租赁固定资产税会处理差异 ……………………………………………… 251
　　一、融资租赁固定资产的会计处理 ……………………………………………… 251
　　二、融资租赁固定资产的税务处理 ……………………………………………… 252
　　三、融资租赁固定资产税会处理差异 …………………………………………… 252
　　四、融资租赁固定资产税会处理差异及纳税调整实务 ………………………… 253
第四节　无形资产税会处理差异 ………………………………………………………… 256
　　一、无形资产界定的税会处理差异 ……………………………………………… 256
　　二、无形资产初始计量的差异 …………………………………………………… 257
　　三、无形资产摊销的差异 ………………………………………………………… 260
　　四、无形资产转让的差异 ………………………………………………………… 261
　　五、无形资产期末计价和减值损失的差异 ……………………………………… 265
　　六、无形资产税会处理差异及纳税调整实务 …………………………………… 266
第五节　长期股权投资税会处理差异 …………………………………………………… 268
　　一、长期股权投资初始计量的税会处理差异 …………………………………… 268
　　二、成本法下长期股权投资后续计量的税会处理差异 ………………………… 276
　　三、权益法下长期股权投资后续计量的税会处理差异 ………………………… 277
　　四、长期股权投资减值准备及损失的税会处理差异 …………………………… 280
　　五、处置长期股权投资的税会处理差异 ………………………………………… 281
第六节　交易性金融资产税会处理差异 ………………………………………………… 283
　　一、交易性金融资产界定的税会处理差异 ……………………………………… 283
　　二、交易性金融资产初始计量的税会处理差异 ………………………………… 283
　　三、交易性金融资产持有期间取得的现金股利和利息的
　　　　税会处理差异 …………………………………………………………………… 285
　　四、交易性金融资产持有期间公允价值变动的税会处理差异 ………………… 286
　　五、交易性金融资产处置的税会处理差异 ……………………………………… 286
第七节　可供出售金融资产税会处理差异 ……………………………………………… 288
　　一、可供出售金融资产界定的税会处理差异 …………………………………… 288
　　二、可供出售金融资产初始计量的税会处理差异 ……………………………… 288
　　三、可供出售金融资产持有期间取得的现金股利和利息的税会
　　　　处理差异 ………………………………………………………………………… 289
　　四、可供出售金融资产持有期间公允价值变动的税会处理差异 ……………… 291
　　五、可供出售金融资产减值的税会处理差异 …………………………………… 292
　　六、可供出售金融资产处置的税会处理差异 …………………………………… 294

第八节　投资性房地产税会处理差异 ……………………………………… 295
　　一、投资性房地产界定的税会处理差异 ……………………………… 295
　　二、投资性房地产初始计量的差异 …………………………………… 295
　　三、投资性房地产的后续计量差异 …………………………………… 296
　　四、投资性房地产转换的差异 ………………………………………… 297
　　五、投资性房地产处置的差异 ………………………………………… 298
　　六、投资性房地产税会处理差异及纳税调整实务 …………………… 298
第九节　长期待摊费用税会处理差异 ……………………………………… 300
　　一、已足额提取折旧的固定资产的改建支出 ………………………… 300
　　二、租入固定资产的改建支出 ………………………………………… 301
　　三、固定资产大修理支出 ……………………………………………… 301
　　四、长期待摊费用的税会处理差异 …………………………………… 302

第六章　企业费用的税会处理差异及纳税调整 …………………………… 303

第一节　工资薪金支出和社会保险费税会处理差异 ……………………… 303
　　一、工资薪金范围界定的差异 ………………………………………… 303
　　二、工资薪金支出税前扣除的税会处理差异 ………………………… 303
　　三、基本社会保险费和离职后福利计划的税会处理差异 …………… 308
　　四、补充养老保险和补充医疗保险费的税会处理差异 ……………… 309
　　五、住房公积金的税会处理差异 ……………………………………… 311
　　六、短期带薪缺勤的税会处理差异 …………………………………… 311
　　七、利润分享计划的税会处理差异 …………………………………… 314
　　八、职工商业保险费的税会处理差异 ………………………………… 314
　　九、企业实施股权激励计划的税会处理差异 ………………………… 315
第二节　职工福利费和辞退福利的税会处理差异 ………………………… 316
　　一、职工福利费的会计处理 …………………………………………… 316
　　二、职工福利费的税务处理 …………………………………………… 318
　　三、职工福利费的税会处理差异 ……………………………………… 321
　　四、非货币性福利的税会处理差异 …………………………………… 322
　　五、职工福利费的税会处理差异及纳税调整实务 …………………… 323
　　六、辞退福利的税会处理差异 ………………………………………… 324
第三节　劳动保护支出和防暑降温支出的税会处理差异 ………………… 326
　　一、劳动保护支出和防暑降温支出的会计处理 ……………………… 326

二、劳动保护支出和防暑降温支出的税务处理 …………………………………… 326

三、劳动保护支出和防暑降温支出的税会处理差异 ……………………………… 328

第四节 工会经费和非公有制企业党组织工作经费税会处理差异 ………………… 329

一、工会经费和非公有制企业党组织工作经费的会计处理 …………………… 329

二、工会经费和非公有制企业党组织工作经费的列支范围 …………………… 329

三、工会经费和非公有制企业党组织工作经费的税务处理及

税会处理差异 …………………………………………………………………… 330

第五节 职工教育经费税会处理差异 …………………………………………………… 332

一、职工教育经费的列支范围 …………………………………………………… 332

二、职工教育经费的会计处理 …………………………………………………… 333

三、职工教育经费的税务处理 …………………………………………………… 334

四、职工教育经费的税会处理差异 ……………………………………………… 335

五、职工教育经费税会处理差异及纳税调整实务 ……………………………… 335

第六节 坏（呆）账准备金及坏账损失税会处理差异 ………………………………… 336

一、坏（呆）账准备金及坏账损失的会计处理 ………………………………… 336

二、坏（呆）账准备金及坏账损失的税务处理和税会处理差异 ……………… 337

三、坏（呆）账准备金及坏账损失的税会处理差异和纳税调整实务 ………… 339

第七节 业务招待费税会处理差异 ……………………………………………………… 340

一、业务招待费的会计处理 ……………………………………………………… 340

二、业务招待费的税务处理及税会处理差异 …………………………………… 341

三、业务招待费税会处理差异及纳税调整实务 ………………………………… 342

第八节 开办（筹）费税会处理差异 …………………………………………………… 344

一、开办（筹）费的界定 ………………………………………………………… 344

二、开办（筹）费的会计处理 …………………………………………………… 345

三、开办（筹）费的税务处理及税会处理差异 ………………………………… 345

四、开办（筹）费税会处理差异及纳税调整实务 ……………………………… 346

第九节 广告费和业务宣传费税会处理差异 …………………………………………… 348

一、广告费和业务宣传费的会计处理 …………………………………………… 348

二、广告费和业务宣传费的税务处理 …………………………………………… 348

三、广告费和业务宣传费的税会处理差异及纳税调整实务 …………………… 349

第十节 研究开发费用的税会处理差异 ………………………………………………… 353

一、研发费用的会计处理 ………………………………………………………… 353

二、研发费用的税务处理 ………………………………………………………… 354

三、研发费用的税会处理差异 …………………………………………………… 358

四、研发费用税会处理差异及纳税调整实务 ………………………………… 359
第十一节　手续费及佣金支出的税会处理差异 ………………………………… 360
　　一、手续费及佣金支出的会计处理 ……………………………………………… 360
　　二、手续费及佣金支出的税务处理及税会处理差异 …………………………… 360
第十二节　总分支机构支付管理费税会处理差异 ……………………………… 362
　　一、总分支机构支付管理费的会计处理 ………………………………………… 362
　　二、总分支机构支付管理费的税务处理 ………………………………………… 363
第十三节　借款费用税会处理差异 ……………………………………………… 364
　　一、借款费用的会计处理 ………………………………………………………… 364
　　二、借款费用的税务处理及税会处理差异 ……………………………………… 364
　　三、企业向自然人借款利息支出税务处理 ……………………………………… 369
　　四、关联方利息支出的税务处理及纳税调整实务 ……………………………… 370
　　五、借款费用的税会处理差异及纳税调整实务 ………………………………… 373
第十四节　预计负债税会处理差异 ……………………………………………… 375
　　一、预计负债的会计处理 ………………………………………………………… 375
　　二、预计负债的税会处理差异 …………………………………………………… 375
　　三、亏损合同的税会处理差异 …………………………………………………… 376
　　四、预计负债的税会处理差异及纳税调整实务 ………………………………… 376
第十五节　煤矿企业维简费和高危行业安全生产费税会处理差异 …………… 377
　　一、煤矿企业维简费和高危行业企业安全生产费的会计处理 ………………… 377
　　二、煤矿企业维简费和高危行业企业安全生产费的税务处理 ………………… 378
　　三、煤矿企业维简费和高危行业企业安全生产费的税会
　　　　处理差异 ……………………………………………………………………… 380
　　四、煤矿企业维简费和高危行业企业安全生产费的税会处理差异及
　　　　纳税调整实务 ………………………………………………………………… 380
第十六节　捐赠支出的税会处理差异 …………………………………………… 383
　　一、捐赠支出的会计处理 ………………………………………………………… 383
　　二、捐赠支出的税务处理 ………………………………………………………… 383
　　三、捐赠支出的税会处理差异及纳税调整实务 ………………………………… 385
第十七节　其他支出项目的税会处理差异 ……………………………………… 388
　　一、非广告性赞助支出的税会处理差异 ………………………………………… 388
　　二、罚款、罚金及税收滞纳金、加收利息的税会处理差异 …………………… 388
　　三、企业所得税税款支出的税会处理差异 ……………………………………… 389
　　四、企业为雇员承担个人所得税支出的税会处理差异 ………………………… 389

五、税前可弥补亏损的税会处理差异 ·· 390
六、与取得收入无关支出的税会处理差异 ··· 393
七、其他涉税项目支出的税会处理差异 ·· 393

主要参考文献 ·· 396

第一章

全面营改增后会计和税务处理差异概述

第一节 为什么会出现税会差异

一、会计法律制度与税收法律制度体系比较

很多财税人员会问,企业会计准则和税法都是国家有关部门制定的,为何会出现会计处理和税务处理之间的差异?其基本原因是,会计法律制度和税收法律制度属于两个不同的法律领域,企业会计核算和税务处理分别遵循不同的原则,依据不同的制度,服务于不同的目的。由于企业会计准则与企业所得税、增值税等税法规定在立法目的、信息提供对象、处理依据、调整对象、计算方式、申报方式等诸多方面不同,因而两者之间必然存在差异。据不完全统计,会计处理与企业所得税处理差异(包括永久性差异和暂时性差异)达 100 多项,仅《企业所得税年度纳税申报表(A 类,2015 年修订版)》一级附表 A105000《纳税调整项目明细表》中列明的会计与税法差异就达 33 大项,并用 12 张二级附表和 2 张三级附表细化纳税调整的具体项目。同时,年度纳税申报表还将税收优惠明细表细化为 11 张申报表,专门反映因纳税人享受税收优惠形成的税会差异。另外,全面营改增后,增值税纳税义务发生时间与按照会计准则确认收入的时间也可能存在差异。

(一)会计法律制度体系

在会计法律制度体系中,《会计法》属于法律,是会计的根本大法;《企业财务会计报告条例》属于行政法规;《企业会计准则——基本准则》属于部门规章;具体会计准则及其应用指南、解释公告属于规范性文件。企业会计准则作为一种技术规

范，有着严密的结构和层次。2006年2月15日，财政部发布了新修订或制定的《企业会计准则——基本准则》和38项具体会计准则，同年10月30日，发布了《企业会计准则——应用指南》。此后，随着《企业会计准则》的实施，又发布了多项《企业会计准则解释公告》，建立了我国企业会计准则体系，从而实现了我国会计准则与国际财务报告准则的实质性趋同。企业会计准则体系由基本准则、具体准则、准则应用指南和解释公告等组成，其作为会计法律制度体系的重要组成部分，具有强制性和规范性特点，要求企业必须执行，否则就属于违法行为。

2011年10月，为了规范小企业会计确认、计量和报告行为，促进小企业可持续发展，发挥小企业在国民经济和社会发展中的重要作用，财政部发布了《小企业会计准则》（财会〔2011〕17号），自2013年1月1日起在小企业范围内施行，原《小企业会计制度》废止。

2014年以来，为进一步完善企业会计准则体系，提高财务报表列报质量和会计信息透明度，保持我国企业会计准则与国际财务报告准则的持续趋同，财政部新修订和发布了《企业会计准则——基本准则》和8项具体会计准则。

2017年3月31日，财政部修订发布了《企业会计准则第22号——金融工具确认和计量》、《企业会计准则第23号——金融资产转移》和《企业会计准则第24号——套期会计》三项金融工具会计准则。新金融工具相关会计准则的修订内容主要包括：一是金融资产分类由"四分类"改为"三分类"，减少金融资产类别，提高分类的客观性和有关会计处理的一致性，即以企业持有金融资产的业务模式和金融资产合同现金流量特征作为金融资产分类的判断依据，将金融资产分类为以摊余成本计量的金融资产、以公允价值计量且其变动计入其他综合收益的金融资产以及以公允价值计量且其变动计入当期损益的金融资产三类；二是金融资产减值会计由"已发生损失法"改为"预期损失法"，以更加及时、足额地计提金融资产减值准备，揭示和防控金融资产信用风险；三是修订套期会计相关规定，使套期会计更加如实地反映企业的风险管理活动。

2016年5月1日，我国全面推开营业税改征增值税试点后，为进一步规范增值税会计处理，促进《关于全面推开营业税改征增值税试点的通知》（财税〔2016〕36号）及其相关税收政策的贯彻落实，财政部分别于2016年12月3日和2017年2月3日发布了《财政部关于印发〈增值税会计处理规定〉的通知》（财会〔2016〕22号）及《财政部会计司关于〈增值税会计处理规定〉有关问题的解读》，增值税会计处理规定的变化，对企业增值税会计处理会产生重大影响。

（二）税收法律制度体系

我国现行税收法律体系是经过1994年工商税制改革后逐步形成并完善的。税收法律制度体系包括：第一，税收法律。税收法律是由全国人民代表大会及其常务委员会通过、国家主席签署颁布，在全国范围内普遍适用。例如《企业所得税法》、《个人所得税法》、《车船税法》和《税收征收管理法》。第二，税收行政法规。这是指经国务院常务委员会通过、以国务院总理令公布，效力低于法律，高于部门规章、规范性文件。例如《企业所得税法实施条例》、《增值税暂行条例》、《消费税暂行条例》等。第三，税收部门规章。这是指根据法律或者国务院的行政法规、决定、命令，在国家税务总局职权范围内制定的，在全国范围内对税务机关、纳税人、扣缴义务人及其他税务当事人具有普遍约束力的税收规范性文件。第四，税收规范性文件。这是指县以上（含本级）税务机关依照法定职权和规定程序制定并公布的，规定税务行政相对人权利、义务，在本辖区内具有普遍约束力并反复适用的文件。

什么是税会差异中的"会"和"税"？通俗地讲，税会差异中的"会"主要是指国家统一的会计制度；税会差异的"税"主要是指企业所得税法、增值税等相关税收法律制度。税会差异主要是指会计核算会计要素时，确认条件、时间和计量属性、金额与增值税或企业所得税法规定的纳税义务发生时间、确认条件、计量属性、金额等之间的差异。由于企业所得税税制非常复杂，虽然按照间接法计算应纳税所得额时以企业会计核算的利润总额为基础，但必须考虑税会暂时性差异和永久性差异，进行纳税调整。企业发生的各项经济业务，不仅涉及增值税、企业所得税等相关税收政策，而且由于增值税会计处理和企业所得税会计处理都较为复杂，加之会计处理规定和税务处理规定存在一定的差异，因而对财税人员的会计核算水平和纳税申报质量提出了新的、更高的要求。

二、会计与税法差异的根本原因

1. 立法目标不同。税法的目标主要是培植税源和组织财政收入，发挥对社会经济进行宏观调节和公平税负的作用，保护纳税人合法权益。会计目标是向财务报告使用者提供与企业财务状况、经营成果和现金流量等相关的会计信息，有助于会计信息使用者做出经济决策并反映企业管理当局受托责任履行情况。由于企业会计准则与税法目标存在差异，同一项经济业务确认和计量的标准就不相同。例如，为了防止侵蚀税基，税法将视同销售行为纳入征税范围并确认视同销售收入，而按照会计准则规定必须符合收入确认条件才能确认收入。又如税法将国债利息收入作为免税收入，而会计准则规定要确认为投资收益。因此，企业必须依据企业会计准则等会计规范对经济事项进行核算和监督，依据税法计算缴纳企业的各项税费。

2. 调整对象不同。税法的调整对象是税收征纳关系，会计法规调整的对象是会计法律关系。税法调整规范的对象主要是"对谁征税"、"对什么征税"、"征多少税"、"如何交税"、"什么时间交税"等税收征纳关系，属于行政法律关系，征纳双方的权利和义务不对等；会计法规调整规范的对象主要是对经济交易或事项如何进行确认、计量和报告等会计法律关系，属于民事法律关系，会计信息利益相关者权利和义务对等。

3. 立法程序及技术要求不同。税法确定的是公共利益分配关系，公平和效率是其基本原则，所以税法的制定必须经过较严格的立法程序并具有较高的立法层次，也更强调自身的相对稳定性、确定性与立法的严密性。企业会计准则追求的是客观、公允地反映企业的财务状况、经营成果和现金流量等方面的信息，与税法相比，会计准则更具实践性和变化性，立法层次相对较低，强调原则导向以及会计人员的职业判断和估计，具有较大的不确定性。

三、正确处理会计与税法差异的重要作用

正确处理经济业务事项中存在的税会差异及纳税调整，对于指导企业会计和税务处理实务、促进依法诚信纳税、提高会计信息质量、维护纳税人合法权益、促进依法诚信纳税、构建社会主义和谐税收征纳关系具有重要的理论意义和实际意义。第一，有助于企业防范过失性的少缴、漏缴、不缴税款；第二，有助于企业避免重复或多缴税款；第三，有助于企业改进和完善会计核算制度和会计核算形式；第四，有助于加强和完善税收征管制度；第五，有助于政策制定部门协调两者的关系，并降低会计核算成本和税收征管成本。

第二节 企业会计准则与税法基本假设差异

一、会计主体与纳税主体

会计主体是指企业会计确认、计量和报告的空间范围。《企业会计准则——基本准则》（以下简称《基本准则》）第五条规定，企业应当对其本身发生的交易或者事项进行会计确认、计量和报告。纳税主体是指税收法律关系中负有纳税义务的当事人。纳税主体既可以是企事业单位等法人，也可以是自然人（如个人所得税的纳税人一般是自然人）。例如，《企业所得税法》规定，在我国境内，企业和其他取得收入的组织为企业所得税的纳税人，依照该法的规定缴纳企业所得税。个人独资企业、合伙企业不适用该法。居民企业在中国境内设立不具有法人资格的营业机构的，应当汇总计算并缴纳企

所得税。可见，非法人企业（如分公司、分支机构等）不是企业所得税的纳税主体，但其可以作为会计主体，独立进行会计核算。

一般情况下，纳税主体与会计主体是一致的。但在特定条件下纳税主体不同于会计主体，例如，《企业所得税法》规定，分公司不是纳税主体，却可以独立核算作为会计主体；企业集团整体可以作为特定会计主体编制合并财务报表，但依法纳税时均以各个母、子公司作为独立的纳税主体，依法履行纳税义务。由此可见，会计主体是根据企业经营管理需要确立的独立核算和监督的特定单位，其可能是法律主体，也可能是纳税主体，还可能是合并财务报告主体。

【案例1-1】A家纺公司在省外临时（30天内）设立了一个销售点B并依法办理了《外管证》，并在当地税务机关进行了相关报验登记。在外省设立的销售点所发生的费用实行报账制，A总公司实行统一核算并收取货款和开具增值税发票。2×17年1月，A总公司将一批库存商品移送到销售点B用于销售，销售价为1 170万元（含税），实际成本800万元，并且已由A总公司向购买方开具了发票。假设A总公司本期可以抵扣的增值税进项税额为140万元。

问：A总公司将该批货物移送行为，如何缴纳增值税和企业所得税？

分析：按照《国家税务总局关于企业所属机构间移送货物征收增值税问题的通知》（国税发〔1998〕137号）的规定，对实行统一核算的企业所属机构间移送货物，接受移送货物机构（受货机构）的经营活动是否属于销售应在当地纳税，各地执行不统一，现明确如下。第四条视同销售货物行为的第（三）项所称的用于销售，是指受货机构发生以下情形之一的经营行为：第一，向购货方开具发票；第二，向购货方收取货款。受货机构的货物移送行为有上述两项情形之一的，应当向所在地税务机关缴纳增值税；未发生上述两项情形的，则应由总机构统一缴纳增值税。

国家税务总局《纳税人以资金结算网络方式收取货款增值税纳税地点问题的通知》（国税函〔2002〕802号）进一步明确：纳税人以总机构的名义在各地开立账户，通过资金结算网络在各地向购货方收取销货款，由总机构直接向购货方开具发票的行为，不具备国税发〔1998〕137号文件规定的受货机构向购货方开具发票、向购货方收取货款两种情形之一，其取得的应税收入应当在总机构所在地缴纳增值税。

本例中，A总公司2×17年1月发往外省销售点B的货物，由总公司统一核算销售额、收取货款和开具发票，销售点B并没有发生137号文件规定的向购货方开具发票或向购货方收取货款其中两个条件之一的经营行为，销售点B未发生纳税义务，不缴纳增值税，应由总公司在其机构所在地统一申报纳税。

2×17年1月，A总公司应向其机构所在地主管国税机关申报缴纳增值税税额 = $1\,170/(1+17\%) \times 17\% - 140 = 30$（万元）。本例中，A总公司实行统一核算，既是会计主体，也是增值税纳税主体；相应的，外省销售点B不是会计主体，也不是增值税纳税主体。

【案例 1-2】 承〖案例 1-1〗A 家纺公司在外省分别设立了三个销售分公司，这些分公司在当地工商部门领取了非法人营业执照，独立设立银行账户，也同时在当地主管国税机关登记为一般纳税人，各自独立核算、开票和收款。

问：A 总公司货物移送行为，应如何缴纳增值税和企业所得税？外地销售分公司销售货物，应如何缴纳增值税和所得税？

分析：按照《增值税一般纳税人资格认定管理办法》（国家税务总局令第 22 号）和《国家税务总局关于调整增值税一般纳税人管理有关事项的公告》（国家税务总局公告 2015 年第 18 号）的规定，增值税一般纳税人资格实行登记制，登记事项由增值税纳税人向其主管税务机关办理。符合能够按照国家统一的会计制度规定设置账簿和根据合法、有效凭证核算，能够提供准确税务资料条件，即可登记为一般纳税人。

本例中，如果总分支机构均独立进行会计核算，是会计主体；均各自登记为一般纳税人，是增值税纳税主体。2×17 年 1 月，外省销售分公司应向各自机构所在地主管国税机关计算并申报增值税税额 = 1 170/(1 + 17%) × 17% – 170（不考虑其他进项税额）= 0。总公司也应按销售货物处理，向外地销售分公司开具发票和收款，向总机构所在地国税局计算并申报缴纳增值税税额 = 1 170/(1 + 17%) – 140 = 30（万元）。

〖案例 1-1〗和〖案例 1-2〗中，总分机构间货物移送的企业所得税处理：按照《国家税务总局关于企业处置资产所得税处理问题的通知》（国税函〔2008〕828 号）的规定，除将资产转移至境外以外，将资产在同一法人内部间转移即总机构及其分支机构之间转移，由于资产所有权属在形式和实质上均不发生改变，可作为内部处置资产，不视同销售确认收入，相关资产的计税基础延续计算。但是，对外实现销售后，总机构要进行企业所得税汇算清缴并按照《国家税务总局〈跨地区经营汇总纳税企业所得税征收管理办法〉的公告》（国家税务总局 2012 年第 57 号）的规定，计算总机构和分支机构的所得税预缴额。

二、持续经营

持续经营是指假设会计主体的生产经营活动将无限期地继续下去，在可预见的将来，不会倒闭及进行清算。《基本准则》第六条规定，企业会计确认、计量和报告应当以持续经营为前提。在此前提下，会计便可认定企业拥有的资产将会在正常的经营过程中被合理地支配和耗用，企业债务也将在持续经营过程中得到有序的补偿。

《企业所得税法》虽然没有持续经营的规定，但第三条规定居民企业应当就其来源于中国境内、境外的所得缴纳企业所得税。非居民企业在中国境内设立机构、场所的，应当就其所设机构、场所取得的来源于中国境内的所得，以及发生在中国境外但与其所设机构、场所有实际联系的所得，缴纳企业所得税。这种所得的计算，基本上是以持续经营为前提的。但当企业判断不能持续经营而改变会计核算原则和方法时，税法的处理规定并不改变，即使企业破产清算也必须按《财政部、国家税务总局关于企业清算业务企业所得税处理若干问题的通知》（财税〔2009〕60号）的规定，计算清算所得，缴纳企业所得税。

《企业所得税法》的一些特殊规定不以持续经营为前提。例如，第三条规定，非居民企业在中国境内未设立机构、场所的，或者虽设立机构、场所但取得的所得与其所设机构、场所没有实际联系的，应当就其来源于中国境内的所得缴纳企业所得税。这些所得按项、按次征收，对股息、红利、利息、租金、特许权使用费所得，以收入全额为应纳税所得额；转让财产所得，以收入全额减除财产净值后的余额为应纳税所得额。当纳税人发生应税行为时就征税，不考虑持续经营。又如，第五十三条第三款规定，企业依法清算时，应当以清算期间作为一个纳税年度。第五十五条规定，企业在年度中间终止经营活动的，应当自实际经营终止之日起60日内，向税务机关办理当期企业所得税汇算清缴。企业应当在办理注销登记前，就其清算所得向税务机关申报并依法缴纳企业所得税。此时，应纳税所得额的计算，与持续经营假设相反。

三、会计分期与纳税期间

会计分期是指一个企业持续经营的生产经营活动划分为一个个连续的、间隔相同的期间。《基本准则》第七条规定，企业应当划分会计期间，分期结算账目和编制财务会计报告。会计分期的目的在于，通过会计期间的划分，将持续经营的生产经营活动划分成连续、相等的期间，据以结算盈亏，按期编报财务报告，从而及时向财务报告使用者提供有关企业财务状况、经营成果和现金流量的信息。

纳税期间是指依据税法计算各项税种纳税申报和缴纳的起止日期。例如，《企业所得税法》第五十三条规定，企业所得税按纳税年度计算。纳税年度自公历1月1日起至12月31日止。企业在一个纳税年度中间开业，或者终止经营活动，使该纳税年度的实际经营期不足12个月的，应当以其实际经营期为一个纳税年度。企业依法清算时，应当以清算期间作为一个纳税年度。第五十四条规定，企业所得税分月或者分季预缴。企业应当在月份或者季度终了之日起15日内，向税务机关报送预缴企业所得税纳税申报表，预缴税款。年度终了之日起5个月内，企业向税务机关报送年度企业所得税纳税申报表，并汇算清缴，结清应缴应退税款。

会计分期与纳税期间既有联系也有区别。当企业的会计年度选用公历年度时，企业所得税纳税年度就等于企业的会计年度；当企业的会计年度不选用公历年度时，纳税年度就不等于企业的会计年度。企业在一个纳税年度中间开业，或者终止经营活动，使该纳税年度的实际经营期不足 12 个月的，以及企业依法清算时，纳税年度也不等于会计年度。企业所得税分月或者分季预缴时，预缴税款所属期等同于相同期间的会计中期。

四、货币计量

《基本准则》第八条规定，企业会计核算应当以货币计量。《企业所得税法》第五十六条规定，依照该法缴纳的企业所得税，以人民币计算。所得以人民币以外的货币计算的，应当按照人民币基准汇价折合成人民币计算并缴纳税款。企业的会计核算，一般以人民币为记账本位币，业务收支以人民币以外的货币为主的企业，可以选定其中一种货币为记账本位币，但是，在计算缴纳企业所得税、编报财务会计报告时，都应当折算为人民币，对于折算汇率的方法，税法和会计准则的规定有所差异。

第三节　会计信息质量要求与税前扣除基本原则差异

一、会计信息质量要求

会计信息质量要求是对企业财务报告中所提供会计信息质量的基本要求，《基本准则》规定，会计信息质量要求包括可靠性、相关性、可理解性、可比性、实质重于形式、重要性、谨慎性和及时性。可靠性是指企业应当以实际发生的交易或者事项为依据进行会计确认、计量和报告，如实反映符合确认和计量要求的各项会计要素及其他相关信息，保证会计信息真实可靠、内容完整。可比性是指企业提供的会计信息应当具有可比性。同一企业不同时期发生的相同或相似的交易或者事项，应当采用一致的会计政策，不得随意变更。确需变更的，应当在附注中说明。不同企业发生的相同或相似的交易或者事项，应当采用规定的会计政策，确保会计信息口径一致、相互可比。相关性是指企业提供的会计信息应当与财务会计报告使用者的经济决策需要相关，有助于财务会计报告使用者对企业过去、现在或者未来的情况作出评价或者预测。可理解性是指企业提供的会计信息应当清晰明了，便于财务会计报告使用者理解和使用。实质重于形式是指企业应当按照交易或者事项的经济实质进行会计确认、计量和报告，不应仅以交易或者事项的法律形式为依据。谨慎性是指企业对交易或者事项进行会计确认、计量和报告应当保持应有的谨慎，不应高估资产或者收益、低估负债或者费用。重要性是指企业提供的会计信息应当反映与企业财务状况、经营成果和现金流量等有关的所有重要交易或者事项。及时性是指企业对于已经发生的交易或者事项，应当及时进行会计确认、计量和报告，不得提前或者延后。

二、税前扣除基本框架和原则

从企业所得税角度分析，税前扣除基本框架和原则主要包括：税法优先原则、权责发生制与收付实现制结合的原则、配比原则、实际发生、合法性、合理性、相关性、划分收益性支出和资本性支出原则、以票控税、实质重于形式原则等。

1. 税前扣除的基本框架。《国家税务总局关于印发〈新企业所得税法精神宣传提纲〉的通知》（国税函〔2008〕159号）规定，按照企业所得税法的国际惯例，一般对税前扣除进行总体上的肯定性概括处理（一般扣除规则），辅之以特定的禁止扣除的规定（禁止扣除规则），同时又规定了允许税前扣除的特别规则（特殊扣除规则）。在具体运用上，一般扣除规则服从于禁止扣除规则，同时禁止扣除规则又让位于特殊扣除规则。例如，为获得长期利润而发生的资本性支出是企业实际发生的合理相关的支出，原则上应允许扣除，但禁止扣除规则规定资本性资产不得"即时"扣除，同时又规定了资本性资产通过折旧摊销等方式允许在当年及以后年度分期扣除的特别规则。

2. 权责发生制与收付实现制结合的原则。《企业所得税法实施条例》（以下简称《实施条例》）第九条规定，企业应纳税所得额的计算，以权责发生制为原则，属于当期的收入和费用，不论款项是否收付，均作为当期的收入和费用；不属于当期的收入和费用，即使款项已经在当期收付，均不作为当期的收入和费用。但该条例和国务院财政、税务主管部门另有规定的除外。国税函〔2008〕159号文件规定，权责发生制将企业经济权利和经济义务是否发生作为计算应纳税所得额的依据，注重强调企业收入与费用的时间配比，要求企业收入费用的确认时间不得提前或滞后。除企业所得税法及实施条例另有规定外，企业实际发生的成本、费用、税金、损失和其他支出不得重复扣除。企业在不同纳税期间享受不同的税收优惠政策时，坚持按权责发生制原则计算应纳税所得额，可以有效防止企业利用收入和支出确认时间的不同规避税收。但由于信用制度在商业活动中广泛采用，有些交易虽然权责已经确认，但交易时间较长，超过一个或几个纳税期间。为了保证税收收入的均衡性和防止企业避税，企业所得税法及其实施条例中也采取了有别于权责发生制的情况，例如租金收入按照合同约定的承租人应付租金的日期确认收入的实现。这实质上是一种基于合同权利的收付实现制，即不论企业是否实际收到现金，都判定纳税义务已经发生。又如，企业所得税法规定，工资薪金支出只有在实际支付而不是计提时税前扣除；接受捐赠收入，按照企业实际收到时确认纳税义务发生。

【案例1-3】金轮科创股份有限公司未遵循权责发生制原则，被取消高新技术企业资格。2014年12月6日金轮科创公告称，金轮科创股份有限公司近日收到南通市国税局稽查局税务行政处罚决定书（南通国税稽罚〔2014〕156号）。企业所得税存在以下问题，并造成公司少缴企业所得税39 647.55元，处以少缴税款的50%罚款。(1) 2012年12月取得海门市人民政府上市奖励款2 250 000元，其中2 000 000元已计入公司2012年营业外收入并申报纳税，其余250 000元挂其他应付款贷方，未作收入申报纳税。(2) 2013年度，在销售费用中列支属于2014年度的汽车保险费22 345.67元，已作税前扣除。(3) 金轮科创公司表示接受南通市国家税务局稽查局的税务行政处罚，不申请行政复议和提起行政诉讼。(4) 2014年1~9月按照25%的所得税税率计算企业所得税。(5) 由于公司2014年受到税务行政处罚，根据《高新技术企业认定管理办法》第十五条的规定，不得享受高新技术企业所得税优惠政策，且5年内不再受理企业的认定申请。

3. 合法性原则。企业所得税的合法性原则是指企业在计算应纳税所得额时，不论费用是否真实发生、确定、相关、必要、合理，如果是非法支出，即便是按照财务会计制度已作为费用列支，也不允许在税前扣除。例如，违反法律、行政法规规定经营而支付的罚金、罚款、滞纳金和被政府没收财物的损失等，均不准在税前扣除。需要注意的是，由于我国税前扣除普遍实施"以票控税"，合法性一般以合法有效凭证为依据，《财政部、国家税务总局关于全面推开营业税改征增值税试点的通知》（财税〔2016〕36号）附件2《营业税改征增值税试点有关事项的规定》规定，有效凭证是指：(1) 支付给境内单位或者个人的款项，以发票为合法有效凭证。(2) 支付给境外单位或者个人的款项，以该单位或者个人的签收单据为合法有效凭证，税务机关对签收单据有疑议的，可以要求其提供境外公证机构的确认证明。(3) 缴纳的税款，以完税凭证为合法有效凭证。(4) 扣除的政府性基金、行政事业性收费或者向政府支付的土地价款，以省级以上（含省级）财政部门监（印）制的财政票据为合法有效凭证。(5) 国家税务总局规定的其他凭证。因此，按照《发票管理办法》、国税发〔2008〕88号、国税发〔2008〕80号、国税发〔2009〕114号和国税发〔2011〕25号等文件的规定，未按规定取得合法有效凭证的不得在税前扣除。

【案例1-4】2015年年底，青岛市国税局稽查部门联合公安机关在侦办青岛某商贸有限公司虚开增值税专用发票案的过程中，发现青岛超旭工贸有限公司涉嫌取得青岛某商贸有限公司虚开的增值税专用发票。国税、公安部门联合专案组遂对青岛超旭工贸有限公司账簿凭证等纳税资料进行检查，并对该公司实际经营负责人秦某某、财务负责人董某某进行询问。根据秦某某与董某某供述，二人系夫妻关系，秦某某发现青岛超旭工贸有限公司进项发票不够抵扣，便联系某商贸有限公司负责人孙某某，并由董某某到孙某某处，虚开了销货单位为青岛某商贸有限公司增值税专用发票一份，价税合计8.3万元，同时，董某某按5%向孙某某支付了4 100元的开票费。

根据上述违法事实及相关法律法规的规定，青岛超旭工贸有限公司在没有真实货物交易和真实资金往来的情况下，取得增值税专用发票，抵扣增值税进项税额1.2万元，已构成偷税行为，被国税部门责令补交增值税、企业所得税1.9万元。同时，该案移送司法机关，并由李沧人民法院作出判决，判处秦某某有期徒刑1年6个月，缓刑2年；判处董某某有期徒刑1年6个月，缓刑2年；判处孙某某有期徒刑13年6个月。

【案例1-5】新三板上市公司白条代替发票处罚案。天津君辉蓝天环保科技股份有限公司收到《天津市东丽区地方税务局稽查局税务行政处罚决定书》（津东丽地税稽罚〔2016〕30006号）。（1）基本情况：天津市东丽区地方税务局稽查局在对天津君辉蓝天环保科技股份有限公司2014年1月1日至2015年12月31日的涉税情况检查中发现，该公司2015年10月营业费用1 200元以白条一张代替发票下账。系因公司营销人员离职，导致暂以收据入账的修车费1 200元，未能及时向修理公司索要发票所致。（2）处罚决定：依据《中华人民共和国发票管理办法》第35条第六款以其他凭证代替发票使用的规定，应处罚1 000元。（3）处罚事项对公司的影响：对于此次处罚，该公司已按照要求于2017年1月3日将罚款全部缴清。鉴于本次行政处罚金额较小，且根据公司实际控制人陈某的承诺，2014年1月1日至2016年5月31日期间公司违规行为发生的行政处罚的损失由实际控制人陈某承担，且陈某已经于2017年1月5日将上述罚款上交公司。因此，此次处罚不会对公司生产经营产生重大影响。（4）公司说明及整改措施：公司全体董事、监事和高级管理人员及管理层对此事件高度重视，承诺将组织相关部门和人员进一步加强有关财务、税务法律法规的学习，加强财务内部控制制度的落实，强化责任意识，避免不合规票据流入公司。

案例启示：第一，上市公司对行政处罚（包括税务处罚）必须公告公示；第二，上市公司管理不善引起的损失，必须由管理人员承担，投资股东不承担该损失；第三，企业会计核算记账时，应当取得发票而未取得发票的，并非只要期末进行纳税调整就行，还有可能因违反发票管理相关规定受到处罚。《发票管理办法》第二十一条规定，不符合规定的发票，不得作为财务报销凭证，任何单位和个人有权拒收。因此，企业违反《发票管理办法》相关规定，不仅要进行企业所得税纳税调增，而且要接受税务处罚。

4. 实际发生（真实性）原则。《企业所得税法》第八条规定，企业实际发生的与取得收入有关的、合理的支出，包括成本、费用、税金、损失和其他支出，准予在计算应纳税所得额时扣除，这一规定其实就是明确了税前扣除的实际发生（真实性）原则。（1）"实际发生"强调产生费用或支出的交易、事项是真实的；（2）"实际发生"是指支付义务的发生,而且该义务一般应是法定义务而非推定义务。(3)"实际发生"是指税前扣除的金额为实际发生数,即支出金额必须是确定。

【案例1-6】 某企业向另一企业拆借资金,约定2015年12月31日前应付利息1 000万元,后企业未实际支出,企业仍按照权责发生制原则计入财务费用,在2015年企业所得税汇缴中予以申报扣除。税务机关以该支出未实际发生为由,要求企业调增企业所得税。

分析:《实施条例》第三十八条第一款明确规定:"企业在生产经营活动中发生的下列利息支出,准予扣除……"请注意,这里明确的是"利息支出"。所谓支出,是要有实际支出动作的,也就是这笔利息要实实在在付出后才能谈税前扣除的合理性、相关性等其他问题。因此,利息如果没有实际支出,就不能税前扣除。拓展到税前其他扣除项目,从《实施条例》中可以看到,很多条款中都规定了相关税前扣除要求"支出"、"支付"、"缴纳"和"拨缴"等。

问:企业因资金原因计提未实际支付的借款利息,是否可以税前扣除?2010年6月21日,国家税务总局纳税服务司解答:《企业所得税法》及《企业所得税法实施条例》规定发生的借款利息准予扣除,这里的利息支出要求实际发生,也即实际支付。

问:公司借入其他法人的资金,支付利息时的入账凭据有哪些?2012年5月28日,国家税务总局纳税服务司解答:《发票管理办法》第十九条规定,销售商品、提供服务以及从事其他经营活动的单位和个人,对外发生经营业务收取款项,收款方应向付款方开具发票。因此,对外支付利息应该取得发票作为税前扣除凭据。

企业所得税纳税申报表填报说明:A105000《纳税调整项目明细表》"扣除类调整项目"第18行"(六)利息支出":第1列"账载金额"填报纳税人向非金融企业借款,会计核算计入当期损益的利息支出的金额;第2列"税收金额"填报按照税法规定允许税前扣除的利息支出的金额。若第1列≥第2列,将第1列减第2列余额填入第3列"调增金额",若第1列<第2列,将第1列减第2列余额的绝对值填入第4列"调减金额"。依据上述规定,2015年度填报:"账载金额"1 000万元,"税收金额"0,"调增金额"1 000万元。以后实际支付年度填报:"账载金额"0,"税收金额"1 000万元,"调减金额"1 000万元。

5. 合理性原则。合理性原则是指一项成本或费用只有在内容和金额上是合理的,才允许在税前扣除,否则需要纳税调整。《实施条例》第二十七条规定,合理的支出,是指符合生产经营活动常规,应计入当期损益或者有关资产成本的必要和正常的支出。例如,《实施条例》规定,企业发生的合理的工资薪金支出,准予扣除。企业应当根据固定资产的性质和使用情况,合理确定固定资产的预计净残值。

6. 相关性原则。《实施条例》规定,相关性是指与取得收入直接相关的支出。与取得收入无关的支出不得在税前扣除。国税函〔2008〕159号文件规定，对相关性的具体判断一般是从支出发生的根源和性质方面进行分析，而不是看费用支出的结果。如企业经理人员因个人原因发生的法律诉讼，虽然经理人员摆脱法律纠纷有利于其全身心投入企业的经营管理，结果可能确实对企业经营会有好处，但这些诉讼费用从性质和根源上分析属于经理人员的个人支出，因而不得作为企业的支出在税前扣除。同时，相关性原则为不征税收入所形成的支出不得扣除提供了依据。《实施条例》第二十八条规定，企业的不征税收入用于支出所形成的费用或者财产，不得扣除或者计算对应的折旧、摊销扣除。

【案例1-7】股东个人消费在公司报销偷税案。青岛国税稽查人员根据工作安排，对青岛立隆佳自动化有限公司纳税和发票使用情况进行了纳税检查。经查，该单位法定代表人陶某购买家用电器、家装材料、家居用品用于个人消费，购买时直接支付现金，取得青岛某商业有限公司开具的普通发票25份，事后陶某把发票交给财务人员报销，计入单位办公费300 000元，进行税前扣除，未作纳税调整，其明知道购进的物品自己消费，开具办公用品到单位报销，构成主观故意偷税。由于该公司2012年偷税数额达8.46万元，被罚款4.23万元，同时偷税比例达12.14%，移送公安机关处理。

7. 划分收益性支出和资本性支出原则。《实施条例》第二十八条规定，企业发生的支出应当区分收益性支出和资本性支出。收益性支出在发生当期直接扣除；资本性支出应当分期扣除或者计入有关资产成本，不得在发生当期直接扣除。例如，企业资产的税务处理和融资费用支出税前扣除都遵循此原则。

【案例1-8】2016年12月北京市国税局税务机关在对某企业进行所得税检查时发现，该企业以经营租赁方式租入厂房，租期6年，租用第三年对厂房进行改扩建，发生改扩建20万元，该企业会计人员认为厂房是租用的，发生改扩建费用不能计入固定资产以计提折旧扣除，便作为当期成本费用在税前一次性扣除。

分析：根据《企业所得税法》第十三条的规定，在计算应纳税所得额时，企业发生的租入固定资产的改建支出作为长期待摊费用，按照税法规定的摊销期限进行摊销的，准予扣除。对此，税务机关要求该企业将厂房改扩建费用作为长期待摊费用，按照剩余3年租赁期分期摊销扣除并补交税款及滞纳金。

三、会计信息质量要求与税前扣除原则差异

通过比较发现，会计信息质量要求与税前扣除原则存在差异。第一，企业会计核算以权责发生制为基础，而税法在计算应纳税所得额时以权责发生制为原则，但特殊情况适用收付实现制。第二，税法一般不承认谨慎性和重要性。例如，未经核定的准备金不

得在税前扣除。只要属于应税收入或不得扣除的项目，无论是否重要，均需按税法规定计算应税所得。第三，相关性在会计和税法中体现的含义不同。第四，合理性是税法的重要原则，对不合理的支出税务机关有权进行纳税调整。

第四节　会计要素和计量属性的税会处理差异

一、资产的税会处理差异

《企业会计准则——基本准则》规定，资产是指企业过去的交易或者事项形成的、由企业拥有或者控制的、预期会给企业带来经济利益的资源。符合资产定义的资源，在同时满足与该资源有关的经济利益很可能流入企业且该资源的成本或者价值能够可靠地计量时，确认为资产。

税务处理上，《国家税务总局关于发布〈企业资产损失所得税税前扣除管理办法〉的公告》（国家税务总局公告2011年第25号）规定，资产是指企业拥有或者控制的用于经营管理活动相关的资产，包括现金、银行存款、应收及预付款项（包括应收票据、各类垫款、企业之间往来款项）等货币性资产，存货、固定资产、无形资产、在建工程、生产性生物资产等非货币性资产，以及债权性投资和股权（权益）性投资。企业所得税法对资产的税务处理，主要包括资产的分类、确认、计价、扣除方法和处置等方面。可以看出，税务处理上，更强调资产应用于经营管理活动的相关性，在资产的分类、计量和处置等方面税会存在诸多差异。

二、负债的税会处理差异

《企业会计准则——基本准则》规定，负债是指企业过去的交易或者事项形成的预期会导致经济利益流出企业的现时义务。符合负债定义的义务，在同时满足与该义务有关的经济利益很可能流出企业，且未来流出的经济利益的金额能够可靠地计量时，确认为负债。

税务处理上，一般不允许负债本身直接在税前扣除，但由于负债而产生的费用，符合税法规定的允许在税前扣除。但税法一般不允许由于推定义务产生的预计负债对应的费用在税前扣除，只有当预计负债实际发生时才允许在税前扣除。因此，预计负债的会计处理和税务处理存在差异。

三、所有者权益的税会处理差异

《企业会计准则——基本准则》规定,所有者权益是指企业资产扣除负债后由所有者享有的剩余权益。公司的所有者权益又称为股东权益。所有者权益的来源包括所有者投入的资本、直接计入所有者权益的利得和损失、留存收益等。直接计入所有者权益的利得和损失是指不应计入当期损益、会导致所有者权益发生增减变动的与所有者投入资本或者向所有者分配利润无关的利得或者损失。

税务处理上,不同来源的所有者权益的处理是不同的。所有者投入的资本,包括构成企业注册资本或者股本的金额、投入资本超过注册资本或者股本部分的金额(即计入资本公积的资本溢价或者股本溢价的部分),不计入应纳税所得额。直接计入当期损益的利得,包括接受资产捐赠、资产盘盈、政府补助、债务重组利得等,一般应计入应纳税所得额征税。直接计入当期损益的损失,按照税法规定应在资产损失实际发生时向税务机关申报扣除。

四、收入的税会处理差异

《企业会计准则——基本准则》规定,收入是指企业在日常活动中形成的、会导致所有者权益增加的、与所有者投入资本无关的经济利益的总流入。收入只有在经济利益很可能流入从而导致企业资产增加或者负债减少且经济利益的流入额能够可靠计量时才能予以确认。

税务处理上,企业以货币形式和非货币形式从各种来源取得的收入,为收入总额。其收入总额涵盖的内容往往比会计确认的收入广泛,一切能够提高企业纳税能力的经济利益流入都应当计入收入总额。收入的会计处理和税务处理存在诸多差异。

五、费用的税会处理差异

《企业会计准则——基本准则》规定,费用是指企业在日常活动中发生的、会导致所有者权益减少的、与向所有者分配利润无关的经济利益的总流出。费用只有在经济利益很可能流出从而导致企业资产减少或者负债增加且经济利益的流出额能够可靠计量时才能予以确认。

税务处理上,与费用对应的概念是扣除。《企业所得税法》第八条规定,企业实际发生的与取得收入有关的、合理的支出,包括成本、费用、税金、损失和其他支出,可以在计算应纳税所得额时扣除。在确定企业应税收入后,会计处理的成本费用项目哪些允许扣除、哪些限额扣除、哪些不允许扣除，是企业所得税税前扣除的核心问题。由于企业成本和费用项目多、差别大，企业所得税税前扣除非常复杂，费用的会计处理和税务处理存在诸多差异。

六、利润的税会处理差异

《企业会计准则——基本准则》规定，利润是指企业在一定会计期间的经营成果。利润包括收入减去费用后的净额、直接计入当期损益的利得和损失等。利润金额取决于收入和费用、直接计入当期损益的利得和损失金额的差额。

企业所得税是对企业应纳税所得额征税，《企业所得税法》第五条规定，企业每一纳税年度的收入总额，减除不征税收入、免税收入、各项扣除以及允许弥补的以前年度亏损后的余额，为应纳税所得额。由于企业有不征税收入和免税收入、加计扣除、收入抵减、投资抵减等税收优惠，并且企业所得税还允许在一定期限内税前弥补以前年度亏损。另外，企业的有些费用是不允许在税前扣除的，还有些费用是有限额在税前扣除的，所以导致应纳税所得额一般不同于会计利润。

七、计量属性的税会处理差异

《企业会计准则——基本准则》规定，企业在将符合确认条件的会计要素登记入账并列报于财务报表时，应当按照规定的会计计量属性进行计量，确定其金额。会计计量属性主要包括：历史成本、重置成本、可变现净值、现值和公允价值。企业在对会计要素进行计量时一般应当采用历史成本，采用重置成本、可变现净值、现值、公允价值计量的，应当保证所确定的会计要素金额能够取得并可靠计量。

税务处理上，税务会计计量属性以历史成本为主，以重置成本和公允价值为辅，不承认现值和可变现净值两种计量属性。历史成本，是指企业取得该项资产时实际发生的支出。在一般情况下，企业的各项资产，包括固定资产、生物资产、无形资产、长期待摊费用、投资资产、存货等，均以历史成本为计税基础。重置成本是指在当前市场状况下用现时价格水平生产或购建与某项资产具有相同使用功能或效用的全新资产的支出。公允价值是指按照市场价格确定的价值。

会计与税务计量属性的共同点是：以历史成本作为主要计量属性，以重置成本为补充，适度采用公允价值计量。但由于两者在目标和计量对象上的差异，其计量属性在名称和种类、内涵、使用范围和确定方法上均存在一定差异，并将导致同一计量对象在会计和税法上出现不同计量结果。

第五节　如何正确进行会计处理和税务处理及税会差异

一、正确进行会计处理和税务处理及税会差异的基本原则

如何正确进行会计和税务处理，解决税会处理差异？《企业所得税法》、《税收征管法》、《企业财务通则》等法律法规从不同的角度回答了这个问题。《税收征管法》第二十条规定，纳税人、扣缴义务人的财务、会计制度或者财务、会计处理办法与国务院或者国务院财政、税务主管部门有关税收的规定抵触的，依照国务院或者国务院财政、税务主管部门有关税收的规定计算应纳税款、扣缴和代收代缴税款。《企业所得税法》第二十一条规定，在计算应纳税所得额时，企业财务、会计处理办法与税收法律、行政法规的规定不一致的，应当依照税收法律、行政法规的规定计算。《企业财务通则》第六条规定，企业应当依法纳税。企业财务处理与税收法律、行政法规规定不一致的，纳税时应当依法进行调整。《国家税务总局关于企业所得税应纳税所得额若干税务处理问题的公告》（国家税务总局 2012 年第 15 号公告）规定，对企业依据财务会计制度规定并实际在财务会计处理上已确认的支出，凡没有超过《企业所得税法》和有关税收法规规定的税前扣除范围和标准的，可按企业实际会计处理确认的支出，在企业所得税前扣除，计算其应纳税所得额。《国家税务总局关于发布〈中华人民共和国企业所得税年度纳税申报表（A 类，2014 年版）〉的公告》（国家税务总局公告 2014 年第 63 号）规定，企业在计算应纳税所得额及应纳所得税时，企业财务、会计处理办法与税法规定不一致的，应当按照税法规定计算。税法规定不明确的，在没有明确规定之前，暂按企业财务、会计规定计算。

二、正确处理会计准则与税法差异的基本方法

（一）纳税调整法

对于增值税来说，由于其一般按月（季）计征，月（季）末按照税法规定计算出应纳税额并申报缴纳。需要纳税调整的项目，应按照税法规定的计税基础计算应交的相关税费。例如视同销售货物、转让无形资产、销售不动产等计税基础与会计收益确认差异。又如建筑业取得建筑服务的预收款时，应当按照"营改增"相关税收政策，确认发生增值税纳税义务，计入当期销售额纳税。对于企业所得税来说，实行按月或按季预

缴，年终汇算清缴，多退少补的征收方式。企业在报送企业所得税年度纳税申报表时，需要针对会计和税法的差异项目进行纳税调整，调整过程和结果通过 A105000《纳税调整项目明细表》及其相关附表反映。

（二）资产负债表债务法

由于会计准则与税法对资产、负债、收益、费用或损失的确认和计量原则不同，从而导致按照会计利润与按照税法规定计算的应纳税所得额之间差异，即永久性差异和暂时性差异。永久性差异在本期发生，不会在以后各期转回。暂时性差异是指资产或负债的账面价值与其计税基础之间的差额；未作为资产和负债确认的项目，按照税法规定可以确定其计税基础的，该计税基础与其账面价值之间的差额，也属于暂时性差异。暂时性差异分为应纳税暂时性差异和可抵扣暂时性差异。根据《企业会计准则第 18 号——所得税》的规定，对暂时性差异采用资产负债表债务法进行核算，对应纳税和可抵扣暂时性差异分别确认递延所得税负债和递延所得税资产，以后年度申报计算企业所得税时，可直接依据账面转回的暂时性差异金额，进行与产生差异当期的反向纳税调整方法，填制企业所得税年度纳税申报表相应项目。例如，对于资产减值准备金在会计计提时不允许当期税前扣除，进行纳税调增，并将确认相应的递延所得税资产；待以后实际发生资产损失，再向税务机关申报扣除时，进行纳税调减，并将确认的递延所得税资产转回。

第二章

增值税会计处理和税会差异

第一节 增值税会计处理规定概述

一、增值税会计处理规定出台的背景

2016年7月18日，财政部办公厅发布了《关于征求〈关于增值税会计处理的规定（征求意见稿）〉意见的函》（财办会〔2016〕27号），通过近半年向社会各界征求意见，2016年12月3日，财政部正式发布了《财政部关于印发〈增值税会计处理规定〉的通知》（财会〔2016〕22号，以下简称"22号文件"），该文件开宗明义地指出，为进一步规范增值税会计处理，促进《关于全面推开营业税改征增值税试点的通知》（财税〔2016〕36号）的贯彻落实，根据《中华人民共和国增值税暂行条例》和财税〔2016〕36号文件等有关规定，制定了《增值税会计处理规定》。时隔2个月，由于该规定自发布以来受到广泛关注，为便于理解，2017年2月3日，财政部会计司又发布了《关于〈增值税会计处理规定〉有关问题的解读》（以下简称《解读》）。

二、增值税会计处理规定的政策依据和适用范围

22号文件的制定依据是目前有效的两个增值税税收方面的纲领性文件，即《增值税暂行条例》和《关于全面推开营业税改征增值税试点的通知》（财税〔2016〕36号），其适用范围是所有企业，不仅适用营改增企业，也适用原增值税企业，也就是说，目前我国所有企业不论是一般纳税人还是小规模纳税人，只要涉及增值税业务，都应该依据该文件进行会计处理，但这次22号文件相比以往的增值税会计处理作了很多的调

整，所以财税人员应该认真学习。

三、增值税会计处理规定执行时间和衔接规定

22号文件及《解读》规定，《增值税会计处理规定》自发布之日（2016年12月3日）起施行，国家统一的会计制度中相关规定与该规定不一致的，应按该规定执行。对于2016年5月1日至该规定施行之间发生的交易由于该规定而影响资产、负债和损益等财务报表列报项目金额的，应按该规定调整；对于2016年1月1日至4月30日期间发生的交易，不予追溯调整；对于2016年财务报表中可比期间的财务报表也不予追溯调整；财务报表各列报项目因该规定发生重大调整的，应在2016年财务报表附注中予以披露。《营业税改征增值税试点有关企业会计处理规定》（财会〔2012〕13号）及《关于小微企业免征增值税和营业税的会计处理规定》（财会〔2013〕24号）等原有关增值税会计处理的规定同时废止。截至2017年4月10日，已有600多家上市公司及新三板挂牌公司按照22号文件及《解读》的规定，进行了会计政策变更披露。

四、财务报表相关项目列示

22号文件规定，"应交税费"科目下的"应交增值税"、"未交增值税"、"待抵扣进项税额"、"待认证进项税额"、"增值税留抵税额"等明细科目期末借方余额应根据情况，在资产负债表中的"其他流动资产"或"其他非流动资产"项目列示；"应交税费——待转销项税额"等科目期末贷方余额应根据情况，在资产负债表中的"其他流动负债"或"其他非流动负债"项目列示；"应交税费"科目下的"未交增值税"、"简易计税"、"转让金融商品应交增值税"、"代扣代交增值税"等科目期末贷方余额应在资产负债表中的"应交税费"项目列示。

第二节　增值税会计科目设置及案例分析

一、增值税会计二级明细科目设置

22号文件规定，增值税一般纳税人应当在"应交税费"科目下设置"应交增值税"、"未交增值税"、"预交增值税"、"待抵扣进项税额"、"待认证进项税额"、"待转销项税额"、"增值税留抵税额"、"简易计税"、"转让金融商品应交增值税"、"代扣代

交增值税"等明细科目。

相比之前的增值税会计处理规定，"应交税费"科目从原来"应交增值税"、"未交增值税"这 2 个二级明细科目增加为 10 个二级明细科目。但是，22 号文件没有设置"增值税检查调整"二级明细科目。有人猜测"应交税费——增值税检查调整"明细科目可能被取消了。但需要注意的是，22 号文件作废的两个文件分别是财会〔2012〕13 号文件和财会〔2013〕24 号文件，而《国家税务总局关于印发〈增值税日常稽查办法〉的通知》（国税发〔1998〕044 号）这个文件并没有废止（因为这是国家税务总局制定的，财政部不能废止），因此，"应交税金——增值税检查调整"这个二级科目依然有效，这样"应交税费"的二级科目实际就有 11 个。

二、"应交税费——应交增值税"会计科目及专栏设置

22 号文件规定，增值税一般纳税人应在"应交增值税"明细账内设置"进项税额"、"销项税额抵减"、"已交税金"、"转出未交增值税"、"减免税款"、"出口抵减内销产品应纳税额"、"销项税额"、"出口退税"、"进项税额转出"、"转出多交增值税"等专栏。

"应交税费——应交增值税"明细账内设置 10 个专栏并不是三级科目，即"应交增值税"明细账采用多栏式明细分类账。多栏式明细分类账，是根据经济业务的特点和经营管理的需要，在一张账页内按有关明细科目或明细项目分设若干专栏，用以在同一张账页集中反映各有关明细项目的核算资料。按明细分类账登记的经济业务不同，多栏式明细分类账页又分为借方多栏、贷方多栏和借贷方均多栏三种格式。"应交增值税"多栏式明细分类账属于借贷方均多栏的格式。有些企业不是设置多栏式账页，而是在"应交增值税"下设置了"进项税额"、"销项税额"等三级明细账页，严格来讲，这并不符合 22 号文件的规定。

（一）"应交税费——应交增值税（进项税额）"专栏

22 号文件规定，"进项税额"专栏，记录一般纳税人购进货物、加工修理修配劳务、服务、无形资产或不动产而支付或负担的准予从当期销项税额中抵扣的增值税税额。依据该规定，一般纳税人购进货物、加工修理修配劳务、服务、无形资产或不动产而支付或负担的当期就能确定按照税法规定不准予从当期销项税额中抵扣的增值税税额时，是否需要进行认证？

为了避免因增值税专用发票未认证出现"滞留票"被税务机关金税系统预警，过期、丢失、被盗等原因无法认证，以及以后纳税期间可能发生资产用途改变，用于允许抵扣进项税额的应税项目，可以计算允许抵扣的进项税额，实务操作中建议企业只要取

得了增值税专用发票，都需要先进行认证申报，然后在当期进行转出。例如，北京市国税局对于建筑企业取得的专用发票明确规定，2016年5月1日后，纳税人取得增值税专用发票先行申报增值税进项税额，后期按照简易计税方法建筑工程项目的工程材料实际投入使用的数量和金额，在当期作进项税额转出。具体会计处理如下。

1. 一般纳税人购进货物、加工修理修配劳务、服务、无形资产或不动产而支付或负担的按照税法规定不得抵扣进项税额时，当期取得尚未认证的增值税专用发票。

借：相关科目等
　　应交税费——待认证进项税额
　　贷：银行存款等

2. 在税法规定的认证期限内，将增值税专用发票通过扫描认证或查询、勾选认证。

借：应交税费——应交增值税（进项税额）
　　贷：应交税费——待认证进项税额

3. 认证当期同时按照税法规定属于不得抵扣进项税额。

借：相关科目等
　　贷：应交税费——应交增值税（进项税额转出）

如果一般纳税人购进货物、加工修理修配劳务、服务、无形资产或不动产而支付或负担的进项税额，当期准予从当期销项税额中抵扣的增值税税额，但以后期间发生改变用途时，需要进行进项税额转出，借记"相关资产、成本、费用、待处理财产损溢等"科目，贷记"应交税费——应交增值税（进项税额转出）"科目。

需要注意的是，实务操作中，有些纳税人当月取得增值税专用发票，不选择当月进行扫描认证或查询勾选认证并在次月申报期内申报抵扣，而是以后根据企业销项税额情况（主要是为了达到进项税额和销项税额配比）再进行认证并在次月申报期内申报抵扣，但只要按照增值税相关政策的规定，在不超过认证期限内认证就可以。

按照《国家税务总局关于进一步明确营改增有关征管问题的公告》（国家税务总局2017年第11号）的规定，自2017年7月1日起，增值税一般纳税人取得的2017年7月1日及以后开具的增值税专用发票，应自开具之日起360日内认证或登录增值税发票选择确认平台进行确认，并在规定的纳税申报期内向主管国税机关申报抵扣进项税额。增值税一般纳税人取得的2017年7月1日及以后开具的海关进口增值税专用缴款书，应自开具之日起360日内向主管国税机关报送《海关完税凭证抵扣清单》，申请稽核比对。纳税人取得的2017年6月30日前开具的增值税扣税凭证，仍按《国家税务总局关于调整增值税扣税凭证抵扣期限有关问题的通知》（国税函〔2009〕617号）的规定执行。

（二）"应交税费——应交增值税（销项税额抵减）"专栏

22号文件规定，"销项税额抵减"专栏，记录一般纳税人按照现行增值税制度规定因扣减销售额而减少的销项税额。这项规定解决了营改增差额征税的会计处理争议。例如,《国家税务总局关于发布〈房地产开发企业销售自行开发的房地产项目增值税征收管理暂行办法〉的公告》(国家税务总局公告第 18 号公告)第四条规定,房地产开发企业中的一般纳税人销售自行开发的房地产项目,适用一般计税方法计税,按照取得的全部价款和价外费用,扣除当期销售房地产项目对应的土地价款后的余额计算销售额。会计处理如下:

借:应交税费——应交增值税(销项税额抵减)

贷:主营业务成本等

【案例 2 – 1】金桥旅游公司为增值税一般纳税人,选择差额计税方法。2×17 年 8 月,组织三个旅游团队旅游,取得旅游价税合计总营业额 106 万元,其中两个团队由本公司全程组织旅游,收取旅游费包括住宿费、餐饮费、交通费、门票费,统一向宾馆、餐饮点、外单位旅游包车公司、景点共支付费用价税合计 53 万元;另一个团队与旅游地旅游公司合作接团,支付接团旅游费用 15.9 万元。上述成本费用均已经取得增值税普通发票。另外,当月支付电费 1.38 万元并取得增值税专用发票,注明价款 1.18 万元,进项税额 0.2 万元。

分析:根据《财政部、国家税务总局关于全面推开营业税改征增值税试点的通知》(财税〔2016〕36 号)附件二《营业税改征增值税试点有关事项的规定》规定,试点纳税人提供旅游服务,可以选择以取得的全部价款和价外费用,扣除向旅游服务购买方收取并支付给其他单位或者个人的住宿费、餐饮费、交通费、签证费、门票费和支付给其他接团旅游企业的旅游费用后的余额为销售额。选择上述办法计算销售额的试点纳税人,向旅游服务购买方收取并支付的上述费用,不得开具增值税专用发票,可以开具普通发票。

因此,旅游服务公司增值税一般纳税人可以选择差额计税方法缴纳增值税。选择差额计税方法的增值税计算:

应纳增值税 = (旅游服务价税合计数 – 可以差额部分的扣除费用) ÷ (1 + 6%) × 6% – 其他依法取得的符合规定的进项税额 = 旅游服务价税合计数 ÷ (1 + 6%) × 6% – 可以差额部分的扣除费用 ÷ (1 + 6%) × 6% – 其他依法取得的符合规定的进项税额

本例中,该公司当月应交增值税计算如下:差额计算销项税额可以扣除的费用 = 53 + 15.9 = 68.9(万元),应纳增值税税额 = (106 – 68.9) ÷ (1 + 6%) × 6% – 0.2 = 1.9(万元)。会计和税务处理如下:

①取得旅游服务收入。

借:银行存款　　　　　　　　　　　　　　　　　　　　1 060 000

　　贷:主营业务收入　　　　　　　　　　　　　　　　1 000 000

　　　　应交税费——应交增值税(销项税额)　　　　　　60 000

②实际发生成本费用时，按应付或实际支付的金额计入相关成本费用。

借：主营业务成本　　　　　　　　　　　　　　　　689 000
　　贷：银行存款　　　　　　　　　　　　　　　　　　689 000

③按现行增值税制度规定企业发生相关成本费用允许扣减销售额的，待取得符合规定的增值税扣税凭证且纳税义务发生时，按照允许抵扣的税额作为销项税额抵减。

借：应交税费——应交增值税（销项税额抵减）　　　 39 000
　　贷：主营业务成本　　　　　　　　　　　　　　　　 39 000

④上述差额计税会计核算中需要注意三点：一是实际发生的成本费用在发生时全额计入成本；二是取得的扣税凭证属于符合税法扣除规定的方可计算扣除；三是根据《国家税务总局关于在境外提供建筑服务等有关问题的公告》（国家税务总局2016年第69号公告）的规定，纳税人提供旅游服务，将火车票、飞机票等交通费发票原件交付给客户（现在许多情况下当事人需要手持原始票证才可以通过安检）而无法收回的，以交通费发票复印件作为差额扣除凭证。

⑤支付电费取得电费增值税专用发票并已经通过认证。

借：主营业务成本　　　　　　　　　　　　　　　　 11 800
　　应交税费——应交增值税（进项税额）　　　　　　 2 000
　　贷：银行存款　　　　　　　　　　　　　　　　　　 13 800

⑥8月末计算当月应纳增值税，即"应交税费——应交增值税"科目为贷方余额。

借：应交税费——应交增值税（转出未交增值税）　　 19 000
　　贷：应交税费——未交增值税　　　　　　　　　　　 19 000

⑦9月纳税申报期，申报并缴纳增值税。

借：应交税费——未交增值税　　　　　　　　　　　 19 000
　　贷：银行存款　　　　　　　　　　　　　　　　　　 19 000

⑧发票开具问题。一般纳税人选择按照差额计税方法的，可根据开具的发票类型选择不同的开票方式。《营业税改征增值税试点有关事项的规定》（财税〔2016〕36号）附件二《营业税改征增值税试点有关事项的规定》第一条第（三）款第8点规定，按差额方式计算销售额的试点纳税人，向旅游服务购买方收取并支付的上述费用，不得开具增值税专用发票，可以开具普通发票。

《国家税务总局关于全面推开营业税改征增值税试点有关税收征收管理事项的公告》（国家税务总局公告2016年第23号）第四条第（二）款规定，按照现行政策规定适用差额征税办法缴纳增值税，且不得全额开具增值税发票的（财政部、国家税务总局另有规定的除外），纳税人自行开具或者税务机关代开增值税发票时，通过新系统中差额征税开票功能，录入含税销售额（或含税评估额）和扣除额，系统自动计算税额和不含税金额，备注栏自动打印"差额征税"字样，发票开具不应与其他应税行为混开。

因此，如果该旅游企业需要开具增值税专用发票，可以选择差额征税开票功能开具增值税专用发票；如果客户只需要开具增值税普通发票，可以不使用差额征税开票功能，全额开具增值税普通发票，在纳税申报的时候按差额方式计算缴纳增值税。在操作实务中，如果客户需要开具增值税专用发票，也可以采用两张发票的办法：差额部分开具增值税专用发票，差额扣除部分开具普通发票。这样开具发票的好处是可以与增值税纳税申报表相对应。

（三）"应交税费——应交增值税（已交税金）"专栏

22号文件规定，"已交税金"专栏，记录一般纳税人当月已缴纳的应交增值税税额。这一规定保留原来规定中的三级明细专栏，但应注意该专栏不要和"应交税费——预交增值税"核算内容混淆，该专栏不能用来记录预缴增值税业务。

例如，跨县区建筑服务、销售不动产和租赁业务在业务发生地应预缴的税款，适用"应交税费——预交增值税"核算。《增值税暂行条例》第二十三条规定，纳税人以1个月或者1个季度为1个纳税期的，自期满之日起15日内申报纳税；以1日、3日、5日、10日或者15日为1个纳税期的，自期满之日起5日内预缴税款，于次月1日起15日内申报纳税并结清上月应纳税款。按照上述规定，如果纳税人以1日、3日、5日、10日或者15日为1个纳税期的，自期满之日起5日内预缴税款，于次月1日起15日内申报纳税并结清上月应纳税款。那么，1日、3日、5日、10日或者15日为1个纳税期的，自期满之日起5日内预缴税款时，会计处理如下：

借：应交税费——应交增值税（已交税金）
　　贷：银行存款

另外，《国家税务总局关于印发〈增值税一般纳税人纳税辅导期管理办法〉的通知》（国税发〔2010〕40号）第九条规定，辅导期纳税人1个月内多次领购专用发票的，应从当月第二次领购专用发票起，按照上一次已领购并开具的专用发票销售额的3%预缴增值税，未预缴增值税的，主管税务机关不得向其发售专用发票。预缴增值税时，纳税人应提供已领购并开具的专用发票记账联，主管税务机关根据其提供的专用发票记账联，计算应预缴的增值税。即一般纳税人纳税辅导期内需要按照上一次已领购并开具的专用发票销售额的3%预缴增值税，进行会计处理时，借记"应交税费——应交增值税（已交税金）"科目，贷记"银行存款"科目。需要注意的是，凡当月税款在下月或下季度申报缴纳的非辅导期的一般纳税人，不适用"应交税费——应交增值税（已交税金）"专栏。

以上两种情形，均属当月缴纳当月的税金，根据财税〔2016〕22号文件的规定，应通过"应交税费——应交增值税（已交税金）"明细专栏核算。实际按照税法规定当月预缴税金时，根据完税凭证进行会计核算。纳税人以1个月或者1个季度为1个纳税申报期,自申报期满之日起15日内,分以下三种情况进行纳税申报。

第一种情况,纳税申报期计算的增值税应纳税额大于零,即(本期销项税额 – 本期进项税额 + 本期进项税额转出 – 上期留抵进项税额)>0,且本期已交税金小于本期应纳税额,说明纳税人当期需补缴税款,月(季)末,应以本期应纳税额与本期已交税金之差作为转出未交增值税核算。

借:应交税费——应交增值税(转出未交增值税)
　　贷:应交税费——未交增值税

【案例2-2】 A石油销售公司为一般纳税人,按照《增值税暂行条例》第二十三条的规定,10日为1个纳税期的,自期满之日起5日内预缴税款,于次月1日起15日内申报纳税并结清上月应纳税款。当月已经预缴税款15万元,月末计算的本期销项税额为200万元,本期进项税额170万元,上期留抵进项税额10万元。会计处理如下。

分析:当月应纳税额 = 200 – 170 – 10 = 20(万元),次月1日起15日内申报纳税并结清上月应纳税款 = 20 – 15 = 5(万元)。

①当月纳税期实际预缴税款时:
借:应交税费——应交增值税(已交税金)　　　　　　150 000
　　贷:银行存款　　　　　　　　　　　　　　　　　150 000

②月末转出未交增值税时:
借:应交税费——应交增值税(转出未交增值税)　　　50 000
　　贷:应交税费——未交增值税　　　　　　　　　　50 000

③次月1日起15日内申报纳税并结清上月应纳税款:
借:应交税费——未交增值税　　　　　　　　　　　　50 000
　　贷:银行存款　　　　　　　　　　　　　　　　　50 000

第二种情况,本期应纳税额大于零,本期已交税金大于本期应纳税额,说明纳税人当期多交了增值税,月末,应以本期已交税金与本期应纳税额之差作为转出多交增值税核算。

借:应交税费——未交增值税
　　贷:应交税费——应交增值税(转出多交增值税)

【案例2-3】 A石油销售公司为一般纳税人,按照《增值税暂行条例》第二十三条的规定,10日为1个纳税期的,自期满之日起5日内预缴税款,于次月1日起15日内申报纳税并结清上月应纳税款。当月已经预缴税款15万元,月末计算的本期销项税额为200万元,本期进项税额180万元,上期留抵进项税额10万元。会计处理如下。

分析:当月应纳税额 = 200 – 180 – 10 = 10(万元),次月1日起15日内申报纳税并结清上月应纳税款 = 10 – 15 = – 5(万元),即纳税人当期多交了增值税5万元,作为"应交税费——未交增值税"借方余额,抵减以后期间应纳税额。

借：应交税费——未交增值税　　　　　　　　　　　　　　　　50 000
　　贷：应交税费——应交增值税（转出多交增值税）　　　　　　50 000

第三种情况，本期应纳税额小于零，即（本期销项税额＋本期进项税额转出－本期进项税额－上期留抵税额）＜0，说明纳税人存在进项税额留抵税额，当期已交税金全部属于多交增值税，月末，将本期已交税金全部作转出多交增值税。

借：应交税费——未交增值税
　　贷：应交税费——应交增值税（转出多交增值税）

【案例2－4】 A石油销售公司为一般纳税人，按照《增值税暂行条例》第二十三条的规定，10日为1个纳税期的，自期满之日起5日内预缴税款，于次月1日起15日内申报纳税并结清上月应纳税款。当月已经预缴税款15万元，月末计算的本期销项税额为200万元，本期进项税额210万元，上期留抵进项税额10万元。会计处理如下。

分析：当月应纳税额＝200－200＝0，期末留抵进项税额为20万元，不需要进行会计核算，次月1日起15日内申报纳税并结清上月应纳税款＝0－15＝－15（万元），即纳税人当期多交了增值税15万元，作为"应交税费——未交增值税"借方余额，抵减以后期间应纳税额。

借：应交税费——未交增值税　　　　　　　　　　　　　　　　150 000
　　贷：应交税费——应交增值税（转出多交增值税）　　　　　　150 000

（四）"应交税费——应交增值税（转出未交增值税和转出多交增值税）"专栏

22号文件规定，"转出未交增值税"和"转出多交增值税"专栏，分别记录一般纳税人月度终了转出当月应交未交或多缴纳的增值税税额。上述专栏属于保留原来规定中的三级明细专栏。

1. 月份终了，将当月应交未交增值税税额从"应交税费——应交增值税"科目转入"未交增值税"科目。

借：应交税费——应交增值税（转出未交增值税）
　　贷：应交税费——未交增值税

2. 月份终了，将当月多交的增值税税额自"应交税费——应交增值税"科目转入"未交增值税"科目。

借：应交税费——未交增值税
　　贷：应交税费——应交增值税（转出多交增值税）

3. 月份终了，将当月预缴增值税税额自"应交税费——预交增值税"科目转入"未交增值税"科目。

借：应交税费——未交增值税

贷：应交税费——预交增值税

4. 当月缴纳以前期间未交的增值税。

借：应交税费——未交增值税

贷：银行存款

【案例 2-5】假设 1：某一般纳税人本月发生的增值税销项税额为 100 万元，进项税额为 80 万元，则应编制如下会计分录：

借：应交税费——应交增值税（转出未交增值税）	200 000
贷：应交税费——未交增值税	200 000
借：应交税费——未交增值税	200 000
贷：银行存款	200 000

假设 2：某一般纳税人本月发生的增值税销项税额为 100 万元，进项税额为 110 万元，则月末不需要编制会计分录，此时"应交税费——应交增值税"科目借方余额为 10 万元，属于留抵增值税进项税额，不需要进行会计核算。

假设 3：某一般纳税人本月发生的增值税销项税额为 100 万元，进项税额为 80 万元，已交税金 30 万元，则应编制如下会计分录：

借：应交税费——应交增值税（已交税金）	300 000
贷：银行存款	300 000
借：应交税费——未交增值税	100 000
贷：应交税费——应交增值税（转出多交增值税）	100 000

假设 4：某一般纳税人本月发生的增值税销项税额为 100 万元，进项税额为 120 万元，已交税金 30 万元，则应编制如下会计分录：

借：应交税费——未交增值税	300 000
贷：应交税费——应交增值税（转出多交增值税）	300 000

需要注意，转出多交增值税只能在本期已交税金范围内转回，此题转出多交的增值税只有 30 万元，而不是 50 万元，借方与贷方的差额 20 万元属于尚未抵扣的增值税，不需要进行会计核算。

（五）"应交税费——应交增值税"其他专栏

22 号文件规定，"减免税款"专栏，记录一般纳税人按现行增值税制度规定准予减免的增值税额；"出口抵减内销产品应纳税额"专栏，记录实行"免、抵、退"办法的一般纳税人按规定计算的出口货物的进项税抵减内销产品的应纳税额；"销项税额"专栏，记录一般纳税人销售货物、加工修理修配劳务、服务、无形资产或不动产应收取的增值税额；"出口退税"专栏，记录一般纳税人出口货物、加工修理修配劳务、服务、无形资产按规定退回的增值税额；"进项税额转出"专栏，记录一般纳税人购进货物、加工修理修配劳务、服务、无形资产或不动产等发生非正常损失以及其他原因而不应从销项税额中抵扣、按规定转出的进项税额。上述专栏属于保留原来规定中的三级明细专栏。

三、"应交税费——应交增值税"专栏结转

22号文件并没有明确规定各专栏余额在会计期末必须单独结清，但是，如果会计期末专栏余额没有结清，即各明细专栏在期末都会有期末累计余额。在手工记账方式下，年末可以仅将"应交增值税"明细科目下借方或贷方余额结转到下年，各栏目累计发生额不再结转。在实现会计信息化之后，企业也可以设置将"应交增值税"这一级科目的借方或贷方余额不再结转到下年年初，即通过作红字或相反会计分录，将相关专栏发生额作冲销，实现期末余额为0，避免造成应交增值税各专栏余额越来越大，与本期发生额混淆。建议每月"应交增值税"科目的明细专栏借贷方余额可不结平，但在年底应该结平各明细专栏。

1. 年末结转"应交增值税"明细账借方明细专栏相关发生额：

借：应交税费——应交增值税（转出未交增值税）

　　贷：应交税费——应交增值税（进项税额、已交税金、减免税款、销项税额抵减、出口抵减内销产品应纳税款）

2. 年末结转"应交增值税"明细账贷方明细专栏的相关发生额：

借：应交税费——应交增值税（销项税额、出口退税、进项税额转出、转出多交增值税）

　　贷：应交税费——应交增值税（转出未交增值税）

3. 根据"应交税费——应交增值税（转出未交增值税）"明细专栏借贷方的差额，转入"应交税费——未交增值税"科目借方或贷方。但如果存在期末留底进项税额，应该直接转入下一年度的"应交税费——应交增值税（进项税额）"科目期初余额中，继续抵扣以后期间的增值税销项税额。

【案例2-6】 2×17年12月31日，甲公司（增值税一般纳税人）"应交增值税"明细账借方明细专栏年度发生额合计数如下："应交税费——应交增值税（进项税额）"180万元、"应交税费——应交增值税（减免税款）"5万元、"应交税费——应交增值税（已交税金）"5万元。"应交增值税"明细账贷方明细专栏年度发生额合计："应交税费——应交增值税（销项税额）"200万元、"应交税费——应交增值税（进项税额转出）"15万元，"应交税费——应交增值税（转出多交增值税）"5万元。结转"应交增值税"明细账借或贷方明细专栏，相关会计处理如下：

借：应交税费——应交增值税（销项税额）	2 000 000
——应交增值税（进项税额转出）	150 000
——应交增值税（转出多交增值税）	50 000
贷：应交税费——应交增值税（转出未交增值税）	2 200 000
借：应交税费——应交增值税（转出未交增值税）	1 900 000
贷：应交税费——应交增值税（进项税额）	18 00 000
——应交增值税（减免税款）	50 000
——应交增值税（已交税金）	50 000
借：应交税费——应交增值税（转出未交增值税）	300 000
贷：应交税费——未交增值税	300 000
借：应交税费——未交增值税	300 000
贷：银行存款	300 000

【案例 2-7】 承【案例 2-6】，假设"应交税费——应交增值税（进项税额）"280万元，其他条件不变，结转"应交增值税"明细账借方或贷方明细专栏，会计处理如下：

借：应交税费——应交增值税（销项税额）	2 000 000
——应交增值税（进项税额转出）	150 000
——应交增值税（转出多交增值税）	50 000
贷：应交税费——应交增值税（转出未交增值税）	2 200 000
借：应交税费——应交增值税（转出未交增值税）	2 200 000
贷：应交税费——应交增值税（进项税额）	2 100 000
——应交增值税（减免税款）	50 000
——应交增值税（已交税金）	50 000

期末结转后，除了"应交税费——应交增值税（进项税额）"明细专栏期末余额为70万元（280-210），继续抵扣以后期间的增值税销项税额。

四、"应交税费——未交增值税"会计科目

22号文件规定，"未交增值税"明细科目，核算一般纳税人月度终了从"应交增值税"或"预交增值税"明细科目转入当月应交未交、多交或预缴的增值税税额，以及当月缴纳以前期间未缴纳的增值税税额。该科目属于保留原来规定中的二级明细科目，但是其核算内容增加"预交增值税"明细科目转入当月预交的增值税税额。

五、"应交税费——预交增值税"会计科目

22号文件规定，"预交增值税"明细科目，核算一般纳税人转让不动产、提供不动产

经营租赁服务、提供建筑服务、采用预收款方式销售自行开发的房地产项目等，以及其他按现行增值税制度规定应预交的增值税额。该科目属于新增加的二级明细科目，主要为了解决一般纳税人转让不动产、提供不动产经营租赁服务、提供建筑服务、采用预收款方式销售自行开发的房地产项目等，以及其他按现行增值税制度规定应预交的增值税税额。

需要注意的是，不同应税项目项目预交的增值税能否递减一般计税方法或简易计税方法下应交增值税额，笔者认为，纳税人实际已经预交的增值税，不区分不同项目、不区分不同计税方式均可以抵减企业当期未交增值税，月份终了，应将当月预交的增值税税额自"应交税费——预交增值税"科目转入"未交增值税"科目。会计处理如下：

借：应交税费——未交增值税
　　贷：应交税费——预交增值税

为了保证会计核算与纳税申报表一致，实务操作中建议纳税人在对抵减业务进行会计处理时，实际抵减的税额以当期应纳税额为限，未抵减完的部分保留在"应交税费——预交增值税"二级明细科目的借方。

六、"应交税费——待抵扣进项税额"会计科目

22号文件规定，"待抵扣进项税额"明细科目，核算一般纳税人已取得增值税扣税凭证并经税务机关认证、按照现行增值税制度规定准予以后期间从销项税额中抵扣的进项税额。包括：一般纳税人自2016年5月1日后取得并按固定资产核算的不动产或者2016年5月1日后取得的不动产在建工程，按现行增值税制度规定准予以后期间从销项税额中抵扣的进项税额；实行纳税辅导期管理的一般纳税人取得的尚未交叉稽核比对的增值税扣税凭证上注明或计算的进项税额。该科目是新规定中增加的二级明细科目，解决了一般纳税人已取得增值税扣税凭证并经税务机关认证、按照现行增值税税收制度规定准予以后期间从销项税额中抵扣的进项税额如何进行增值税会计核算的问题。

【案例2-8】2×16年6月，A企业以银行存款购进不动产用于办公，取得增值税专用发票，注明金额10 000万元，进项税额1 100万元。会计核算按照直线法计提折旧，预计使用年限20年，无残值。2×16年6月该发票已经认证通过，当期可以申报抵扣进项税额660万元（1 100×60%），另外440万元（1 100×40%）等到2×17年6月所属申报期进行抵扣。会计处理如下。

（1）2×16年6月，购进办公楼时：

借：固定资产　　　　　　　　　　　　　　　　　　　100 000 000
　　应交税费——应交增值税（进项税额）　　　　　　　6 600 000
　　　　　　——待抵扣进项税额　　　　　　　　　　　4 400 000
　　贷：银行存款　　　　　　　　　　　　　　　　　　111 000 000

(2) 2×16年7月起计提折旧,每月折旧金额=10 000÷20÷12=41.67(万元)。

借:管理费用　　　　　　　　　　　　　　　　　　　　416 700
　　贷:累计折旧　　　　　　　　　　　　　　　　　　　　416 700

(3) 若未改变用途,2×17年6月,剩余40%部分进项税额符合允许抵扣条件。

借:应交税费——应交增值税(进项税额)　　　　　　　4 400 000
　　贷:应交税费——待抵扣进项税额　　　　　　　　　　4 400 000

(4) 若2×16年10月将办公楼改造成了职工食堂,专门用于集体福利。

①借:固定资产　　　　　　　　　　　　　　　　　　　6 600 000
　　贷:应交税费——应交增值税(进项税额转出)　　　　6 600 000

②计算不得抵扣的进项税额。《不动产进项税额分期抵扣暂行办法》(国家税务总局2016年第15号公告)第七条规定,已抵扣进项税额的不动产,发生非正常损失,或者改变用途,专用于简易计税方法计税项目、免征增值税项目、集体福利或者个人消费的,按照下列公式计算不得抵扣的进项税额:

$$不得抵扣的进项税额=(已抵扣进项税额+待抵扣进项税额)\times 不动产净值率$$

$$不动产净值率=(不动产净值\div 不动产原值)\times 100\%$$

不得抵扣的进项税额小于或等于该不动产已抵扣进项税额的,应于该不动产改变用途的当期,将不得抵扣的进项税额从进项税额中扣减。不得抵扣的进项税额大于该不动产已抵扣进项税额的,应于该不动产改变用途的当期,将已抵扣进项税额从进项税额中扣减,并从该不动产待抵扣进项税额中扣减不得抵扣进项税额与已抵扣进项税额的差额。

本例中,不动产净值率=[10 000－10 000÷(20×12)×4]÷10 000=98.33%;不得抵扣的进项税额=1 100×98.33%=1 081.63(万元),由于1 081.63>660,660万元已经申报抵扣的进项税额应于改变用途当期作进项税额转出,并应记入"应交税费——应交增值税(进项税额转出)"科目。剩余不得抵扣的进项税额=不得抵扣的进项税额－已抵扣进项税额=1 081.63－660=421.63(万元),应于改变用途当期从待抵扣进项税额中扣减,剩余待抵扣进项税额=440－421.63=18.37(万元),待2×17年6月所属申报期进行抵扣。

借:固定资产　　　　　　　　　　　　　　　　　　　　4 216 300
　　贷:应交税费——待抵扣进项税额　　　　　　　　　　4 216 300

③2×17年6月,剩余待抵扣进项税额部分达到允许抵扣条件。

借:应交税费——应交增值税(进项税额)　　　　　　　183 700
　　贷:应交税费——待抵扣进项税额　　　　　　　　　　183 700

【案例2-9】甲公司2×16年12月购入不动产专门用于职工食堂,取得增值税专用发票,注明金额1 000万元,进项税额110万元。2×18年12月转做办公使用,会计核算按照直线法计提折旧，预计使用年限 10 年，无残值。会计处理如下。

①2×16 年 12 月，取得增值税专用发票但尚未认证时：

借：固定资产　　　　　　　　　　　　　　　　　　　10 000 000
　　应交税费——待认证进项税额　　　　　　　　　　　1 100 000
　　　贷：银行存款　　　　　　　　　　　　　　　　　11 100 000

②2×16 年 12 月，认证通过时但专门用于职工食堂，按照税法规定不得抵扣进项税额时：

借：应交税费——应交增值税（进项税额）　　　　　　1 100 000
　　　贷：应交税费——待认证进项税额　　　　　　　　1 100 000
借：固定资产　　　　　　　　　　　　　　　　　　　1 100 000
　　　贷：应交税费——应交增值税（进项税额转出）　　1 100 000

③2×18 年 12 月转做办公使用时：不动产净值 = 1 110 - 1 110 ÷ 20 × 2 = 999（万元）；不动产净值率 = 999 ÷ 1 110 = 90%；可抵扣进项税额 = 增值税扣税凭证注明或计算的进项税额 × 不动产净值率 = 不动产可以抵扣的进项税额 = 110 × 90% = 99（万元），依照税法规定计算的可抵扣进项税额应取得 2016 年 5 月 1 日后开具的合法有效的增值税扣税凭证。60% 的部分在用途改变的次月从销项税额中抵扣，40% 的部分为待抵扣进项税额，在用途改变的次月起第 13 个月从销项税额中抵扣。

借：应交税费——应交增值税（进项税额）　　　　　　594 000
　　应交税费——待抵扣进项税额　　　　　　　　　　396 000
　　　贷：固定资产　　　　　　　　　　　　　　　　990 000

④用途改变次月后的第 13 个月，即 2×20 年 1 月符合进项税额抵扣时：

借：应交税费——应交增值税（进项税额）　　　　　　396 000
　　　贷：应交税费——待抵扣进项税额　　　　　　　396 000

七、"应交税费——待认证进项税额" 会计科目

22 号文件规定，"待认证进项税额"明细科目，核算一般纳税人由于未经税务机关认证而不得从当期销项税额中抵扣的进项税额。包括：一般纳税人已取得增值税扣税凭证、按照现行增值税制度的规定准予从销项税额中抵扣但尚未经税务机关认证的进项税额；一般纳税人已申请稽核但尚未取得稽核相符结果的海关缴款书进项税额。

该科目是新规定中增加的二级明细科目。例如一般纳税人当月取得增值税专用发票但不认证的进项税额、超过税法规定的认证期限还没有认证的进项税额等情形，应该通过该科目核算。这项规定充分体现了对"经税务机关认证"这个税务行政行为的确认和计量，有些专家认为，取得增值税抵扣凭证经税务机关认证并申报抵扣，可以直接在

"应交税费——应交增值税（进项税额）"明细科目核算而不通过"应交税费——待认证进项税额"科目进行核算，严格来说是错误的，至少这样进行核算不严谨，不能清晰地反映取得和认证发票过程。

【案例 2-10】甲企业从国外进口一批材料，取得海关进口增值税专用缴款书注明的价款为 100 万元，增值税 17 万元，关税完税凭证注明的关税为 10 万元，上述已经通过银行存款支付，海关缴款书已申请稽核比对但取得稽核相符结果为不相符。按照《国家税务总局关于加强海关进口增值税抵扣管理的公告》（国家税务总局公告 2017 年第 3 号）的规定，稽核比对不相符，所列税额暂不得抵扣，待核查确认海关缴款书票面信息与纳税人实际进口业务一致后，海关缴款书上注明的增值税税额可作为进项税额在销项税额中抵扣。会计处理如下：

借：原材料　　　　　　　　　　　　　　　　　　　1 100 000
　　应交税费——待认证进项税额　　　　　　　　　　170 000
　　贷：银行存款　　　　　　　　　　　　　　　　　1 270 000

《国家税务总局关于按照纳税信用等级对增值税发票使用实行分类管理有关事项的公告》（国家税务总局公告 2016 年第 71 号）第二条规定，将取消增值税发票认证的纳税人范围由纳税信用 A 级、B 级的增值税一般纳税人扩大到纳税信用 C 级的增值税一般纳税人。对 2016 年 5 月 1 日新纳入营改增试点、尚未进行纳税信用评级的增值税一般纳税人，2017 年 4 月 30 日前不需进行增值税发票认证，登录本省增值税发票选择确认平台，查询、选择、确认用于申报抵扣或者出口退税的增值税发票信息，未查询到对应发票信息的，可进行扫描认证。

需要提醒纳税人，应注意区分"应交税费——待抵扣进项税额"、"应交税费——待认证进项税额"、"应交税费——应交增值税（进项税额）"和"应交税费——应交增值税（进项税额转出）"四个明细科目。"应交税费——待抵扣进项税额"明细科目，核算的是增值税专用发票已经认证了，但是按照税法规定以后期间才能抵扣的进项税额；"应交税费——待认证进项税额"明细科目，核算的是取得增值税专用发票但是还没有认证。两者的区别：一个是认证了不能抵扣；另一个是没有通过认证。"应交税费——应交增值税（进项税额）"明细科目，核算认证通过或不需要认证，当期准予抵扣的进项税额。"应交税费——应交增值税（进项税额转出）"明细科目，核算虽然通过认证或不需要认证，但按照税法规定不得抵扣的进项税额。两者的区别：一个是准予抵扣的进项税额；另一个是不能抵扣的进项税额。

八、"应交税费——待转销项税额"会计科目

22 号文件规定，"待转销项税额"明细科目，核算一般纳税人销售货物、加工修理

修配劳务、服务、无形资产或不动产,已确认相关收入(或利得)但尚未发生增值税纳税义务而需于以后期间确认为销项税额的增值税税额。该科目是新规定中增加的二级明细科目。主要用于解决增值税纳税义务时间与按照会计准则核算确认收入的时间两者之间的差异,即会计准则核算确认收入的时间早于增值税纳税义务时间。例如,国家税务总局2016年69号公告规定,纳税人提供建筑服务,被工程发包方从应支付的工程款中扣押的质押金、保证金,未开具发票的,以纳税人实际收到质押金、保证金的当天为纳税义务发生时间。但是,《建造合同》准则规定,按照完工百分比法确认收入的时间在实际收到质押金、保证金之前,这时增值税处理是按照收付实现制确认收入,企业会计准则是按照权责发生制确认收入。

九、"应交税费——增值税留抵税额"会计科目

22号文件规定,"增值税留抵税额"明细科目,核算兼有销售服务、无形资产或者不动产的原增值税一般纳税人,截至纳入营改增试点之日前的增值税期末留抵税额按照现行增值税制度规定不得从销售服务、无形资产或不动产的销项税额中抵扣的增值税留抵税额。该科目是新规定中增加的二级明细科目,但是已经没必要了,因为按照《国家税务总局关于调整增值税一般纳税人留抵税额申报口径的公告》(国家税务总局公告2016年第75号)的规定,增值税留抵税额全部一次性转入"应交税费——应交增值税(进项税额)"科目借方,所以这个科目最多在2016年12月申报期使用一次就再也没有"用武之地"了。

十、"应交税费——简易计税"会计科目

22号文件规定,"简易计税"明细科目,核算一般纳税人采用简易计税方法发生的增值税计提、扣减、预缴、缴纳等业务。该科目是新规定中增加的二级明细科目。其核算内容丰富,包括核算一般纳税人采用简易计税方法发生的增值税计提、扣减、预缴、缴纳等业务。简易计税方式征收增值税税收政策主要包括:财税〔2008〕170号、财税〔2009〕9号、国税函〔2009〕90号、国家税务总局公告2012年第20号、国家税务总局公告2012年第1号、财税〔2014〕57号、国家税务总局公告2014年第36号、国家税务总局公告2015年第90号、国家税务总局公告2016年第8号、财税〔2016〕36号等文件。

实务操作中,建议增值税一般纳税人对采用简易计税方法的项目,都采用"简易计税"明细科目核算其发生的计提、扣减、预缴、缴纳业务,不能通过"应交税费——应交增值税(销项税额)"、"应交税费——预交增值税"、"应交税费——应交增值税

（销项税额抵减）"、"应交税费——应交增值税（已交税金）"、"应交税费——未交增值税"等二级或三级明细专栏核算。小规模纳税人采用简易计税方法发生的增值税一律通过"应交税费——应交增值税"科目核算，同时不需要在"应交增值税"科目下设置专栏。

【案例 2–11】 甲劳务派遣公司为一般纳税人，2×17 年 8 月 15 日提供劳务派遣服务适用差额征税，含税销售额 10 万元，向用工单位收取用于支付给劳务派遣员工工资、福利和为其办理社会保险及住房公积金的费用 8 万元，增值税征收率为 5%。

分析：《财政部、国家税务总局关于进一步明确全面推开营改增试点有关劳务派遣服务、收费公路通行费抵扣等政策的通知》（财税〔2016〕47 号）规定，一般纳税人提供劳务派遣服务，可以按照《财政部 国家税务总局关于全面推开营业税改征增值税试点的通知》（财税〔2016〕36 号）的有关规定，以取得的全部价款和价外费用为销售额，按照一般计税方法计算缴纳增值税，应纳税额（销项税额）= 取得的全部价款和价外费用 ÷（1 + 6%）× 6%，纳税人可以全额开具增值税专用发票或普通发票，接受劳务派遣方按取得的增值税专用发票上注明的增值税税额，按照相关规定抵扣进项税额。

纳税人也可以选择差额纳税，以取得的全部价款和价外费用，扣除代用工单位支付给劳务派遣员工的工资、福利和为其办理社会保险及住房公积金后的余额为销售额，按照简易计税方法 5% 的征收率计算缴纳增值税，简易计税应纳税额 =（取得的全部价款和价外费用 − 代用工单位支付给劳务派遣员工的工资、福利和为其办理社会保险及住房公积金）÷（1 + 5%）× 5%。选择差额纳税的纳税人，向用工单位收取用于支付给劳务派遣员工工资、福利和为其办理社会保险及住房公积金的费用，不得开具增值税专用发票，可以开具增值税普通发票。按照差额办法开具增值税发票时，通过新系统中差额征税开票功能，录入含税销售额（全部价款和价外费用）和扣除额（支付给劳务派遣员工工资、福利和为其办理社会保险及住房公积金的费用），系统自动计算税额和不含税金额，备注栏自动打印"差额征税"字样，发票开具不应与其他应税行为混开。

会计处理如下：

①确认提供劳务派遣服务收入 = 100 000 ÷（1 + 5%）= 95 238.1（元）

借：银行存款　　　　　　　　　　　　　　　　　　　　100 000

　　贷：主营业务收入　　　　　　　　　　　　　　　　95 238.10

　　　　应交税费——简易计税〔100 000 ÷（1 + 5%）× 5%〕　4 761.90

②支付给劳务派遣员工工资、福利和为其办理社会保险及住房公积金。

借：主营业务成本　　　　　　　　　　　　　　　　　　80 000

　　贷：应付职工薪酬　　　　　　　　　　　　　　　　80 000

③劳务派遣服务适用差额征税扣减税额 = 80 000 ÷ (1 + 5%) × 5%
　　　　　　　　　　　　　　　　　= 3 809.52（元）

借：应交税费——简易计税　　　　　　　　　　　　　3 809.52
　　贷：主营业务成本　　　　　　　　　　　　　　　　　　3 809.52

④实际申报并缴纳劳务派遣服务增值税 = 4 761.90 - 3 809.52 = 952.38（元）

借：应交税费——简易计税　　　　　　　　　　　　　　952.38
　　贷：银行存款　　　　　　　　　　　　　　　　　　　　952.38

本例中，根据上述关于差额开票的政策规定，甲劳务派遣公司可以选择通过新系统中差额征税开票功能，录入含税销售额（全部价款和价外费用）100 000 元和扣除额（支付给劳务派遣员工工资、福利和为其办理社会保险及住房公积金的费用）80 000 元，其中，税额栏为 952.38 元，税率栏为 *** 号，金额栏为 99 047.62 元（100 000 - 952.38），价税合计栏为 100 000 元。甲公司也可以选择对于 80 000 元代付款扣除额，不通过新系统中差额征税开票功能，直接开具增值税普通发票，同时，对于差额部分 20 000 元，使用一般开票功能开具增值税专用发票，其中，税额栏为 952.38 元，税率栏为 5%，金额栏为 19 047.62 元（20 000 - 952.38），价税合计栏为 20 000 元。接受劳务派遣的企业取得增值税专用发票后，按照增值税相关抵扣规定进行认证申报抵扣。如果接受劳务派遣单位不需要增值税专用发票，甲公司还可以直接按 5% 的征收率全额开具 100 000 元的增值税普通发票（项目分两栏，一栏为收取的 20 000 元劳务派遣服务费，另一栏为代收工资等 80 000 元，税率栏为 5%）。

【案例 2-12】 乙公司是一般纳税人，2×17 年 12 月 1 日出租异地办公楼，该办公楼是营改增前取得的。合同约定每月收取租金 6.3 万元（含税），采用简易计税核算该项目。会计处理如下。

分析：《国家税务总局关于发布〈纳税人提供不动产经营租赁服务增值税征收管理暂行办法〉的公告》（国家税务总局公告 2016 年第 16 号公告）第三条第一款规定，一般纳税人出租其 2016 年 4 月 30 日前取得的不动产，可以选择适用简易计税方法，按照 5% 的征收率计算应纳税额。不动产所在地与机构所在地不在同一县（市、区）的，纳税人应按照上述计税方法向不动产所在地主管国税机关预缴税款，向机构所在地主管国税机关申报纳税。

①每月收取租金时：

借：银行存款　　　　　　　　　　　　　　　　　　63 000
　　贷：预收账款　　　　　　　　　　　　　　　　　　　63 000

②在不动产所在地预缴增值税税额 = 63 000 ÷ (1 + 5%) × 5% = 3 000（元）

借：应交税费——简易计税　　　　　　　　　　　　　3 000

贷：银行存款　　　　　　　　　　　　　　　　　　　　　　　3 000

③在机构所在地申报，租赁简易计税项目预缴增值税与应纳税额相同：
借：预收账款　　　　　　　　　　　　　　　　　　　　　　　63 000
　　贷：其他业务收入　　　　　　　　　　　　　　　　　　　60 000
　　　　应交税费——简易计税　　　　　　　　　　　　　　　 3 000

【案例2-13】丙建筑公司为营改增一般纳税人，2×17年12月处置一台营改增之前购入的机器设备，该固定资产原值为30 000元，已经计提折旧8 000元，未计提减值准备，取得变卖收入20 600元（含税价），以银行存款支付清理费用500元。

分析：按照财税〔2016〕36号文件的规定，一般纳税人销售自己使用过的纳入营改增试点之日前取得的固定资产，按照现行旧货相关增值税政策执行。即按简易办法依照3%征收率减按2%征收增值税。纳税人销售旧货，应开具普通发票，不得自行开具或者由税务机关代开增值税专用发票。会计处理如下：

①将固定资产转入清理。
借：固定资产清理　　　　　　　　　　　　　　　　　　　　　22 000
　　累计折旧　　　　　　　　　　　　　　　　　　　　　　　 8 000
　　贷：固定资产　　　　　　　　　　　　　　　　　　　　　30 000

②支付清理费用500元。
借：固定资产清理　　　　　　　　　　　　　　　　　　　　　　500
　　贷：银行存款　　　　　　　　　　　　　　　　　　　　　　500

③取得固定资产变价收入，按简易办法依照3%征收率，计算应纳增值税：
借：银行存款　　　　　　　　　　　　　　　　　　　　　　　20 600
　　贷：固定资产清理〔20 600÷（1+3%）〕　　　　　　　　　20 000
　　　　应交税费——简易计税〔20 600÷（1+3%）×3%〕　　　 600

④按简易办法依照3%征收率计算减征1%的增值税。
借：应交税费——简易计税〔20 600÷（1+3%）×1%〕　　　　　 200
　　贷：固定资产清理　　　　　　　　　　　　　　　　　　　　200

⑤按简易办法依照3%征收率减按2%计算缴纳增值税。
借：应交税费——简易计税〔20 600÷（1+3%）×2%〕　　　　　 400
　　贷：银行存款　　　　　　　　　　　　　　　　　　　　　　400

⑥将"固定资产清理"科目余额转入当期营业外支出。
借：营业外支出——处置非流动资产损失　　　　　　　　　　 2 300
　　贷：固定资产清理　　　　　　　　　　　　　　　　　　　2 300

十一、"应交税费——转让金融商品应交增值税"会计科目

22号文件规定,"转让金融商品应交增值税"明细科目,核算增值税纳税人转让金融商品发生的增值税税额。该科目是新规定中增加的二级明细科目,主要用于解决转让金融商品差额征税的会计核算问题。一般纳税人和小规模纳税人发生转让金融商品业务,均应设置"应交税费——转让金融商品应交增值税"科目。

十二、"应交税费——代扣代交增值税"会计科目

22号文件规定,"代扣代交增值税"明细科目,核算纳税人购进在境内未设经营机构的境外单位或个人在境内的应税行为代扣代缴的增值税。该科目是新规定中增加的二级明细科目,主要用于解决购进在境内未设经营机构的境外单位或个人在境内的应税行为代扣代缴的增值税会计核算问题。

十三、"应交税费——应交增值税"会计科目

22号文件规定,小规模纳税人只需在"应交税费"科目下设置"应交增值税"明细科目,不需要设置上述专栏及除"转让金融商品应交增值税"、"代扣代交增值税"外的明细科目。该科目核算内容和以前规定基本相同,但小规模纳税人发生转让金融商品和代扣代交增值税业务,应设置"应交税费——转让金融商品应交增值税"和"应交税费——代扣代交增值税"明细科目。

十四、"应交税费——增值税检查调整"会计科目

按照《会计法》第八条的规定,国家实行统一的会计制度。国家统一的会计制度由国务院财政部门根据《会计法》制定并公布。国务院有关部门可以依照《会计法》和国家统一的会计制度制定对会计核算和会计监督有特殊要求的行业实施国家统一的会计制度的具体办法或者补充规定,报国务院财政部门审核批准。这说明,国家税务总局作为国务院有关部门可以制定对会计核算和会计监督有特殊要求的国家统一会计制度的具体办法或者补充规定。

按照国家税务总局1998年3月26日发布的《关于印发〈增值税日常稽查办法〉的通知》(国税发〔1998〕044号)的规定,增值税检查调账方法"应交税金"科目下设置增值税检查调整。增值税检查后的账务调整,应设立"应交税金——增值税检查调

整"专门账户。凡检查后应调减账面进项税额或调增销项税额和进项税额转出的数额，借记有关科目，贷记本科目；凡检查后应调增账面进项税额或调减销项税额和进项税额转出的数额，借记本科目，贷记有关科目；全部调账事项入账后，应结出本账户的余额，并对该余额进行处理。

1. 若余额在借方，全部视同留抵进项税额，按借方余额数，借记"应交税金——应交增值税（进项税额）"科目，贷记本科目。

2. 若余额在贷方，且"应交税金——应交增值税"账户无余额，按贷方余额数，借记本科目，贷记"应交税金——未交增值税"科目。

3. 若本账户余额在贷方，"应交税金——应交增值税"账户有借方余额且等于或大于这个贷方余额，按贷方余额数，借记本科目，贷记"应交税金——应交增值税"科目。

4. 若本账户余额在贷方，"应交税金——应交增值税"账户有借方余额但小于这个贷方余额，应将这两个账户的余额冲出，其差额贷记"应交税金——未交增值税"科目。

上述账务调整应按纳税期逐期进行。按照上述规定，企业在接受国税局增值税检查后，还要设置"应交税金——增值税检查调整"专门账户进行账务调整，不过由于《企业会计准则》和《小企业会计准则》已经将"应交税金"科目名称调整为"应交税费"科目，建议实际使用时，将"应交税金——增值税检查调整"明细科目调整为"应交税费——增值税检查调整"科目。

【案例2-14】 2×17年5月，某县国税局稽查局对甲公司（增值税一般纳税人）2×15年度缴纳增值税的情况进行检查时发现：2×15年12月，甲公司一批存货发生非正常损失，全部记入"营业外支出"科目，没有将相应的增值税进项税额2 000元作转出处理；将自产产品作为福利发放给职工，未视同销售进行税务处理，少计算增值税销项税额3 000元。

分析：甲公司2×17年5月末"应交税费——未交增值税"科目为借方余额1 000元。据此，稽查局做出补缴增值税4 000元、加收滞纳金和罚款6 000元的决定。甲公司当即缴纳了上述税款、滞纳金和罚款。会计处理如下。

①非正常损失存货的转出增值税进项税额：

借：以前年度损益调整　　　　　　　　　　　　　　　　　2 000
　　贷：应交税费——增值税检查调整　　　　　　　　　　　2 000

②计算视同销售的增值税销项税额：

借：以前年度损益调整　　　　　　　　　　　　　　　　　3 000
　　贷：应付职工薪酬　　　　　　　　　　　　　　　　　　3 000
借：应付职工薪酬　　　　　　　　　　　　　　　　　　　 3 000

    贷：应交税费——增值税检查调整　　　　　　　　　　　　　　　　　3 000

2×17 年 5 月末"应交税费——增值税检查调整"明细科目的贷方余额为 5 000 元，当期"应交税费——未交增值税"科目的借方余额为 1 000 元，将"应交税费——增值税检查调整"科目余额结转计入"应交税费——未交增值税"科目。

    借：应交税费——增值税检查调整　　　　　　　　　　　　　　　　　5 000
    　　贷：应交税费——未交增值税　　　　　　　　　　　　　　　　　5 000

③实际缴纳查补的增值税、滞纳金和罚款（不得在企业所得税前扣除）：

    借：应交税费——未交增值税　　　　　　　　　　　　　　　　　　　4 000
    　　营业外支出——税收罚款和滞纳金　　　　　　　　　　　　　　　6 000
    　　贷：银行存款　　　　　　　　　　　　　　　　　　　　　　　　10 000

综上所述，尽管增值税会计核算时，"应交税费"需要设置 11 个二级明细科目，但不是所有纳税人均需要设置上述二级明细科目，按照《企业会计准则——应用指南》附录《会计科目和主要账务处理》的规定，企业在不违反会计准则中确认、计量和报告规定的前提下，可以根据本单位的实际情况自行增设、分拆、合并会计科目。企业不存在的交易或者事项，可不设置相关会计科目。但增值税会计核算必须遵循"不违反会计准则中确认、计量和报告规定的前提"，也就是说，22 号文件明确规定的会计明细科目和明细科目专栏，不要再增设、分拆、合并会计科目。

实务操作中，建议涉及增值税核算的"应交税费"二级明细科目按照如下规定设置：第一，"应交增值税"、"未交增值税"、"预交增值税"、"待抵扣进项税额"、"待认证进项税额"、"增值税留抵税额"、"转让金融商品应交增值税" 7 个二级明细科目，专门用于一般计税方法计税项目的核算。第二，"简易计税"二级明细科目，专门用于一般纳税人简易计税方法计税项目的核算，包括计提、扣减、预缴和缴纳业务。小规模纳税人简易计税方法计税项目只能通过"应交税费——应交增值税"科目进行核算。第三，"待转销项税额"、"代扣代交增值税"、"增值税检查调整" 3 个二级明细科目，既可以用于一般计税方法计税项目，也可以用于简易计税方法计税项目。第四，特殊情况下，如果"简易计税"明细科目应发生预缴税款导致期末存在借方余额，可以转入"未交增值税"科目，与一般计税方法计税项目核算的"未交增值税"科目合并计算最终缴纳增值税税额。如果"转让金融商品应交增值税"二级明细科目期末有贷方余额，可以先结转到"应交税费——应交增值税（销项税额）"科目参与抵扣本期尚未抵扣的进项税额、已交税金等"应交税费——应交增值税"借方明细专栏金额后，再结转至"应交税费——未交增值税"科目并按照应纳税额缴纳税款。

第三节 增值税取得资产或接受劳务等业务会计处理及案例分析

一、采购等业务进项税额允许抵扣的账务处理

22号文件规定,一般纳税人购进货物、加工修理修配劳务、服务、无形资产或不动产,按应计入相关成本费用或资产的金额,借记"在途物资"或"原材料"、"库存商品"、"生产成本"、"无形资产"、"固定资产"、"管理费用"等科目,按当月已认证的可抵扣增值税税额,借记"应交税费——应交增值税(进项税额)"科目,按当月未认证的可抵扣增值税税额,借记"应交税费——待认证进项税额"科目,按应付或实际支付的金额,贷记"应付账款"、"应付票据"、"银行存款"等科目。发生退货的,如原增值税专用发票已作认证,应根据《国家税务总局关于红字增值税发票开具有关问题的公告》(国家税务总局公告2016年第47号)相关规定开具的红字增值税专用发票作相反的会计分录;如原增值税专用发票未作认证,应将发票退回并作相反的会计分录。

依据上述规定,按照增值税专用发票是否经过认证(不论扫描认证还是查询勾选认证)区分为按当月已认证的可抵扣增值税税额,借记"应交税费——应交增值税(进项税额)"科目;按当月未认证的可抵扣增值税税额,借记"应交税费——待认证进项税额"科目,区分两种不同的会计核算方式。

实务操作建议:对于取得增值税专用发票,需要先通过"应交税费——待认证进项税额"明细科目核算,经过认证后,然后再转入"应交税费——应交增值税(进项税额)"明细科目核算。有人提出核算太烦琐,如果当月取得并认证通过且申报抵扣时,直接记入"应交税费——应交增值税(进项税额)"科目就可以。但本人认为,如果认证和认证通过申报抵扣,不跨月可以按上述观点简化处理,这类似于购入原材料并立即验收入库,也可以不通过"在途物资"科目核算,直接记入"原材料"科目。但是,因为增值税专用发票的认证时间为开具之日起180天内(2017年7月1日后,调整为360天),所以如果跨月认证通过再申报抵扣,则应该先通过"应交税费——待认证进项税额"明细科目,等待以后认证通过申报时再转入"应交税费——应交增值税(进项税额)"明细科目核算。这样才能反映进项税额取得、认证和申报抵扣整个过程的来龙去脉。这种会计处理也有合法依据,既是对增值税发票认证或勾选这项税收政策规定的直接体现,也是企业对增值税专用发票认证管理的内部控制需要。

重要提示:增值税专用发票如果当月已经进行扫描认证或查询勾选认证且认证相符

或确认勾选的,必须在次月申报期进行申报抵扣,否则不予抵扣。海关进口增值税专用缴款书需要进行"先比对后抵扣",稽核比对结果为相符的,应于稽核比对相符的当月申报期内进行申报抵扣,否则不予抵扣。

《国家税务总局关于进一步明确营改增有关征管问题的公告》(国家税务总局公告2017年第11号)规定,自2017年7月1日起,增值税一般纳税人取得的2017年7月1日及以后开具的增值税专用发票和机动车销售统一发票,应自开具之日起360日内认证或登录增值税发票选择确认平台进行确认,并在规定的纳税申报期内向主管国税机关申报抵扣进项税额。增值税一般纳税人取得的2017年7月1日及以后开具的海关进口增值税专用缴款书,应自开具之日起360日内向主管国税机关报送《海关完税凭证抵扣清单》,申请稽核比对。纳税人取得的2017年6月30日前开具的增值税扣税凭证,仍按《国家税务总局关于调整增值税扣税凭证抵扣期限有关问题的通知》(国税函〔2009〕617号)执行。

【案例2-15】某增值税一般纳税人2×17年6月外购一项税务咨询服务,取得一份增值税专用发票,发票上注明金额100万元,进项税额6万元,并于当月在增值税发票查询平台对该发票进行了勾选确认。该纳税人应于2×17年7月申报期内申报抵扣进项税额6万元,会计处理如下:

借:管理费用　　　　　　　　　　　　　　　　　　1 000 000
　　应交税费——应交增值税(进项税额)　　　　　　 60 000
　贷:银行存款　　　　　　　　　　　　　　　　　　1 060 000

如果2×17年6月取得增值税专用发票但当月并没有在增值税发票查询平台对该发票进行勾选确认认证。会计处理如下:

借:管理费用　　　　　　　　　　　　　　　　　　1 000 000
　　应交税费——待认证进项税额　　　　　　　　　　 60 000
　贷:银行存款　　　　　　　　　　　　　　　　　　1 060 000

发生销售退回会计处理应区分两种情况。

1. 发生销售退回或折让的,如原增值税专用发票已作认证,应根据税务机关开具的红字增值税专用发票作相反的会计分录。购买方已认证的增值税专用发票,发生开具红字的情形,不能退回给销售方。《国家税务总局关于修订〈增值税专用发票使用规定〉的通知》(国税发〔2006〕156号)第二十五条第一款规定,用于抵扣增值税进项税额的专用发票应经税务机关认证相符(国家税务总局另有规定的除外)。认证相符的专用发票应作为购买方的记账凭证,不得退还销售方。因此,已认证相符的增值税专用发票的发票联和抵扣联不能退还销售方。根据《国家税务总局关于红字增值税发票开具有关问题的公告》(国家税务总局公告2016年第47号)的相关规定,购买方取得专用发票已用于申报抵扣的,购买方可在增值税发票管理新系统中填开并上传《开具红字增值税专用发票信息表》，在填写《信息表》时不填写相对应的蓝字专用发票信息，应暂依《信息表》所列增值税税额从当期进项税额中转出，待取得销售方开具的红字专用发票后，与《信息表》一并作为记账凭证。

【案例2-16】某增值税一般纳税人2×17年6月购买原材料，取得一份增值税专用发票，发票上注明金额为10万元，进项税额为1.7万元，并于当月在增值税发票查询平台对该发票进行了勾选确认。但发现入库前该材料有质量问题，已经全部退回该批材料。

①当月在增值税发票查询平台对该发票进行了勾选认证确认。

借：在途物资　　　　　　　　　　　　　　　　　　　　　100 000
　　应交税费——应交增值税（进项税额）　　　　　　　　 17 000
　　贷：银行存款　　　　　　　　　　　　　　　　　　　117 000

②全部退回货物，但已认证相符的增值税专用发票的发票联和抵扣联不应退还销售方，原始凭证是取得的销售方开具的红字专用发票和《信息单》。

借：应收账款　　　　　　　　　　　　　　　　　　　　　117 000
　　贷：在途物资　　　　　　　　　　　　　　　　　　　100 000
　　　　应交税费——应交增值税（进项税额）　　　　　　 17 000

2. 如果原增值税专用发票未进行认证，应将发票退回并作购进相反的会计分录。

【案例2-17】承〖案例2-16〗，取得增值税专用发票后，当月没有在增值税发票查询平台对该发票进行勾选确认或扫描认证。

借：在途物资　　　　　　　　　　　　　　　　　　　　　100 000
　　应交税费——待认证进项税额　　　　　　　　　　　　 17 000
　　贷：银行存款　　　　　　　　　　　　　　　　　　　117 000

全部退回货物，没有认证的增值税专用发票的发票联和抵扣联应及时退还销售方。销售方收到增值税专用发票符合作废条件的，当月进行发票作废处理；不符合作废条件的，按照增值税开具红字专用发票相关规定处理。

借：应收账款　　　　　　　　　　　　　　　　　　　　　117 000
　　贷：在途物资　　　　　　　　　　　　　　　　　　　100 000
　　　　应交税费——待认证进项税额　　　　　　　　　　 17 000

二、采购等业务进项税额不得抵扣的账务处理

22号文件及其《解读》规定，一般纳税人购进货物、加工修理修配劳务、服务、无形资产或不动产，用于简易计税方法计税项目、免征增值税项目、集体福利或个人消费等，其进项税额按照现行增值税制度规定不得从销项税额中抵扣的，取得增值税专用发票时，应借记相关成本费用或资产科目，借记"应交税费——待认证进项税额"科

目,贷记"银行存款"、"应付账款"等科目,经税务机关认证后,根据有关"进项税额"、"进项税额转出"专栏及"待认证进项税额"明细科目的核算内容,先转入"进项税额"专栏,借记"应交税费——应交增值税(进项税额)"科目,贷记"应交税费——待认证进项税额"科目;按现行增值税制度的规定转出时,记入"进项税额转出"专栏,借记相关成本费用或资产科目,贷记"应交税费——应交增值税(进项税额转出)"科目。

采购等业务进项税额不得抵扣的账务处理,按照上述规定分三步进行会计处理:第一步,取得增值税专用发票在认证前先借记"应交税费——待认证进项税额"科目;第二步,认证后由"应交税费——待认证进项税额"科目转入"应交税费——应交增值税(进项税额)"科目;第三步,不得抵扣时,贷记"应交税费——应交增值税(进项税额转出)"科目。

【案例2-18】某增值税一般纳税人2×17年6月取得建筑设计服务一份增值税专用发票,发票上注明金额100万元,增值税税额6万元,该应税设计服务专门用于建筑业简易计税方法项目,并于当月末在增值税发票查询平台对该发票进行勾选认证。

①取得增值税专用发票尚未认证时:

借:在途物资等　　　　　　　　　　　　　　　　　　1 000 000
　　应交税费——待认证进项税额　　　　　　　　　　　60 000
　　　贷:银行存款　　　　　　　　　　　　　　　　　1 060 000

②增值税发票查询平台对该发票进行勾选确认时:

借:应交税费——应交增值税(进项税额)　　　　　　　60 000
　　　贷:应交税费——待认证进项税额　　　　　　　　60 000

③经税务机关认证后,用于简易计税方法项目时:

借:在建工程等　　　　　　　　　　　　　　　　　　　60 000
　　　贷:应交税费——应交增值税(进项税额转出)　　60 000

【案例2-19】某一般纳税人企业2×16年11月采购一台不需安装设备专用于简易计税项目,取得增值税专用发票,不含税价50万元,增值税8.5万元,款项已付清。假设当月的销项税额是20万元,无其他增值税专用发票进行认证抵扣。

①一般纳税人取得购进固定资产的增值税专用发票时:

借:固定资产　　　　　　　　　　　　　　　　　　　500 000
　　应交税费——待认证进项税额　　　　　　　　　　85 000
　　　贷:银行存款　　　　　　　　　　　　　　　　585 000

需要注意的是,不能直接将增值税专用发票上注明的价款和增值税税额直接计入相关成本费用或资产科目。

②一般纳税人将增值税专用发票经税务机关认证,包括扫描认证或网络查询、勾选

认证方式。

借：应交税费——应交增值税（进项税额） 85 000
　　贷：应交税费——待认证进项税额 85 000

③一般纳税人将认定属于购进货物、加工修理修配劳务、服务、无形资产或不动产，用于简易计税方法计税项目，其进项税额按照现行增值税制度规定不得从销项税额中抵扣的情形的不得抵扣，作进项税额转出：

借：固定资产 85 000
　　贷：应交税费——应交增值税（进项税额转出） 85 000

需要注意的是，为了保证固定资产原值核算准确，不影响次月计提折旧金额的计算，一般纳税人取得增值税专用发票、将增值税专用发票经税务机关认证（扫描认证或网络查询、勾选认证方式）和将进项税额转出，都应该在取得资产的同一会计期间（取得、认证、转出当月）进行，这样就保证了固定资产原值不用在以后月份调整，也就不影响次月计提折旧金额的计算了。

④月末计算当月应交的增值税：

当月应交增值税 = 当期销项税额 − 当期进项税额 + 进项税额转出
　　　　　　　 = 20 − 8.5 + 8.5 = 20（万元）

借：应交税费——应交增值税（转出未交增值税） 200 000
　　贷：应交税费——未交增值税 200 000

⑤下月申报期上缴税款：

借：应交税费——未交增值税 200 000
　　贷：银行存款 200 000

⑥年终将"应交税费——应交增值税"各明细专栏余额结转：

借：应交税费——应交增值税（销项税额） 200 000
　　　　　　——应交增值税（进项税额转出） 85 000
　　贷：应交税费——应交增值税（转出未交增值税） 285 000

借：应交税费——应交增值税（转出未交增值税） 85 000
　　贷：应交税费——应交增值税（进项税额） 85 000

经过年终转账后，最后"应交税费——应交增值税"各明细专栏余额为0，"应交税费——未交增值税"科目和"应交税费——待认证进项税额"科目余额也为0。

【案例2-20】 甲公司为小规模纳税人。2×17年3月委托某税务师事务所进行税务风险评估，约定收费2万元。业务完成后甲公司收到事务所开具的增值税普通发票。发票价税合计2万元。甲公司当月支付了上述咨询评估费，会计处理如下：

借：管理费用——咨询评估费 20 000
　　贷：银行存款 20 000

三、购进不动产或不动产在建工程按规定进项税额分年抵扣的账务处理

22号文件规定,一般纳税人自2016年5月1日后取得并按固定资产核算的不动产或者2016年5月1日后取得的不动产在建工程,其进项税额按现行增值税制度规定自取得之日起分2年从销项税额中抵扣的,应当按取得成本,借记"固定资产"、"在建工程"等科目,按当期可抵扣的增值税税额,借记"应交税费——应交增值税(进项税额)"科目,按以后期间可抵扣的增值税税额,借记"应交税费——待抵扣进项税额"科目,按应付或实际支付的金额,贷记"应付账款"、"应付票据"、"银行存款"等科目。尚未抵扣的进项税额待以后期间允许抵扣时,按允许抵扣的金额,借记"应交税费——应交增值税(进项税额)"科目,贷记"应交税费——待抵扣进项税额"科目。这是专门针对不动产进项税额分期抵扣业务,新增的会计处理规定。

【案例2-21】2×16年6月5日,某增值税一般纳税人购进建材,该建材用于新建公司办公大楼。6月20日,取得该建材的增值税专用发票并认证相符,发票注明的价款为100万元,增值税税额为17万元。

分析:按照《不动产进项税额分期抵扣暂行办法》的相关规定,17万元已经认证相符的进项税额中的60%将在本期(2×16年6月)抵扣,剩余的40%于取得扣税凭证的当月起第13个月(2×17年6月)抵扣。购买该建材时取得的增值税专用发票,应于2×16年7月申报期内申报6月所属期增值税,应填入《增值税纳税申报表(一般纳税人适用)》附列资料(二)"认证相符的税控增值税专用发票"、"其中:本期认证相符且本期申报抵扣"栏次中。会计处理如下:

①2×16年6月20日,该纳税人取得该建材的增值税专用发票并认证相符:

借:在建工程 1 000 000
　　应交税费——应交增值税(进项税额) 102 000
　　　　　　——待抵扣进项税额 68 000
　贷:银行存款等 1 170 000

②剩余的40%于取得扣税凭证的当月起第13个月(2×17年6月)抵扣:

借:应交税费——应交增值税(进项税额) 68 000
　贷:应交税费——待抵扣进项税额 68 000

四、货物等已验收入库但尚未取得增值税扣税凭证的账务处理

22号文件规定,一般纳税人购进的货物等已到达并验收入库,但尚未收到增值税扣税凭证并未付款的,应在月末按货物清单或相关合同协议上的价格暂估入账,不需要

将增值税进项税额暂估入账。下月初,用红字冲销原暂估入账金额,待取得相关增值税扣税凭证并经认证后,按应计入相关成本费用或资产的金额,借记"原材料"、"库存商品"、"固定资产"、"无形资产"等科目,按可抵扣的增值税税额,借记"应交税费——应交增值税(进项税额)"科目,按应付金额,贷记"应付账款"等科目。22号文件《解读》规定,在对《规定》第二(一)4项中已验收入库但尚未取得增值税扣税凭证的货物等暂估入账时,暂估入账的金额不包含增值税进项税额。一般纳税人购进劳务、服务等但尚未取得增值税扣税凭证的,比照处理。

在《解读》出台之前,很多财税专业人士对已验收入库但尚未取得增值税扣税凭证的货物等暂估入账时,暂估入账的金额是否包含增值税进项税额,争论非常激烈,很多专家认为,暂估入账的金额应该包含增值税进项税额,理由是不然少计负债或者合同价一般也是含税价;还有极个别人认为,尚未取得增值税扣税凭证的也可以暂估进项税额,即将尚未取得增值税扣税凭证的货物的暂估增值税进项税额,记入"应交税费"相关科目。但《解读》出台后,非常明确地说明,暂估入账的金额不包含增值税进项税额。当然,更不能将尚未取得增值税扣税凭证的货物暂估其增值税进项税额,记入"应交税费"相关科目。

【案例2-22】某企业2×16年11月15日购入一批商品并已验收入库,但至11月末尚未取得增值税扣税凭证,12月10日,该批商品已全部对外销售,实现销售收入15万元,增值税销项税额为2.55万元,已经开具增值税专用发票,销售款项已收到并存入银行,因购买该批商品时未付款也尚未取得购货发票,按照合同暂估成本为12万元,结转商品销售成本,2×17年3月5日实际付款后,取得购货增值税专用发票,实际成本为12.5万元(不含税),增值税进项税额2.125万元,假设2×16年度汇算清缴于2×17年4月10日完成,企业所得税税率为25%,法定盈余公积计提率为10%,如何进行会计和税务处理?

①2×16年11月15日,该批商品只办理了验收入库手续,但未取得增值税发票,验收入库时暂不作会计处理。

②2×16年11月30日即月末,按照合同暂估价(不含税)入账:

借:库存商品	120 000
贷:应付账款——暂估应付账款	120 000

③2×16年12月1日,即下月初用红字冲销时:

借:库存商品	-120 000
贷:应付账款——暂估应付账款	-120 000

④2×16年12月10日,销售商品确认收入:

借:银行存款	175 500
贷:主营业务收入	150 000
应交税费——应交增值税(销项税额)	25 500

同时，按照原暂估入账的合同暂估价结转成本：

借：主营业务成本 120 000
　　贷：库存商品 120 000

⑤2×16 年 12 月 31 日，为了保持账实相符和资产负债表平衡，仍需要在 12 月 31 日继续按月暂估存货，待企业所得税汇算清缴前，如果取得扣除凭证，再按实际成本作纳税调整处理。

借：库存商品 120 000
　　贷：应付账款——暂估应付账款 120 000

⑥2×17 年 3 月 5 日付款（汇算清缴前）并取得购货增值税专用发票价款为 12.5 万元，税额为 2.125 万元，尚未通过认证：

借：库存商品 125 000
　　应交税费——待认证进项税额 21 250
　　贷：银行存款 146 250

⑦增值税专用发票已通过认证（包括扫描认证或查询勾选认证方式）：

借：应交税费——应交增值税（进项税额） 21 250
　　贷：应交税费——待认证进项税额 21 250

⑧冲销库存商品暂估的成本：

借：库存商品 -120 000
　　贷：应付账款——暂估应付账款 -120 000

⑨资产负债表日前购入的资产已经按暂估金额等入账，资产负债表日后获得证据，可以进一步确定该资产的成本，则应对已入账的资产成本进行调整。

A. 调整商品的暂估销售成本。

借：以前年度损益调整——主营业务成本 5 000
　　贷：库存商品 5 000

B. 企业所得税汇算清缴前，调整应缴纳的企业所得税，按照《国家税务总局关于企业所得税若干问题的公告》（国家税务总局公告 2011 年第 34 号）第六条的规定，企业当年度实际发生的相关成本、费用，由于各种原因未能及时取得该成本、费用的有效凭证，企业在预缴季度所得税时，可暂按账面发生金额进行核算；但在汇算清缴时，应补充提供该成本、费用的有效凭证。本例中实际可以在税前扣除的成本是 12.5 万元，已经暂按账面发生金额暂估价 12 万元扣除了，剩余 0.5 万元继续凭票扣除。

借：应交税费——应交所得税（5 000×25%） 1 250
　　贷：以前年度损益调整——所得税费用 1 250

C. 将"以前年度损益调整"科目余额转入"利润分配——利润分配"科目：

借：利润分配——未分配利润 3 750

　　　　贷：以前年度损益调整　　　　　　　　　　　　　　　　　　　　　　3 750
　　D. 调整提取的盈余公积：
　　　　借：盈余公积　　　　　　　　　　　　　　　　　　　　　　　　　　　375
　　　　　　贷：利润分配——未分配利润　　　　　　　　　　　　　　　　　　375
　⑩2×16年企业所得税汇算清缴结束前（2×17年5月31日前），如果还没有取得扣除凭证，只能先将暂估成本12万元作纳税调增处理。待以后纳税期间（5年内）取得相关扣除凭证，按照国家税务总局公告2012年第15号第六条的规定处理。

【案例2-23】承〖案例2-22〗，假设2×16年度企业所得税汇算清缴于2×17年4月10日完成，2×18年6月5日取得购货发票实际成本为12.5万元（不含税），企业所得税税率为25%，法定盈余公积计提率为10%，如何进行税会处理？

分析：以前年度发生应扣未扣支出涉及账务调整的，视同会计差错，按照《企业会计准则第28号——会计政策、会计估计变更和差错更正》的规定，对于重要的前期会计差错，采用追溯重述法。对于不重要的前期会计差错，则作为发现差错的本期业务进行账务处理。因此，对于是否为重要的前期会计差错，企业会计人员应具有足够的职业判断能力，对提高会计信息的质量尤为重要。

　①2×17年12月31日确认库存商品的递延所得税资产。由于结转销售成本，则库存商品的账面价值为0，计税基础为12万元，形成可抵扣暂时性差异12万元，确认递延所得税资产3万元。
　　　　借：递延所得税资产　　　　　　　　　　　　　　　　　　　　　　30 000
　　　　　　贷：所得税费用　　　　　　　　　　　　　　　　　　　　　　30 000
　②2×18年6月5日付款并取得购货增值税专用发票价款为12.5万元，税额2.125万元，尚未通过认证。
　　　　借：库存商品　　　　　　　　　　　　　　　　　　　　　　　　　125 000
　　　　　　应交税费——待认证进项税额　　　　　　　　　　　　　　　　21 250
　　　　　　贷：银行存款　　　　　　　　　　　　　　　　　　　　　　　146 250
　③2×18年6月15日增值税专用发票已通过认证。
　　　　借：应交税费——应交增值税（进项税额）　　　　　　　　　　　　21 250
　　　　　　贷：应交税费——待认证进项税额　　　　　　　　　　　　　　21 250
　④冲销以前年度暂估库存商品的不含税成本：
　　　　借：库存商品　　　　　　　　　　　　　　　　　　　　　　　　　-120 000
　　　　　　贷：应付账款——暂估应付账款　　　　　　　　　　　　　　　-120 000
　⑤调整库存商品暂估的销售成本：
　　　　借：以前年度损益调整——主营业务成本（12 500 - 12 000）　　　　5 000
　　　　　　贷：库存商品　　　　　　　　　　　　　　　　　　　　　　　5 000

⑥企业所得税汇算清缴前,调整应交纳的企业所得税:

借:应交税费——应交所得税(125 000×25%) 31 250
　　贷:以前年度损益调整——所得税费用 31 250

⑦将"以前年度损益调整"科目余额转入"利润分配——利润分配"科目:

借:以前年度损益调整 26 250
　　贷:利润分配——未分配利润 26 250

⑧调整提取的盈余公积:

借:利润分配——未分配利润 2 625
　　贷:盈余公积 2 625

⑨2×18年12月31日转回确认库存商品的递延所得税资产:

借:所得税费用 30 000
　　贷:递延所得税资产 30 000

⑩2×18年度企业所得税汇算清缴时,按照国家税务总局2012年第15号公告第六条的规定,对于应扣未扣12.5万元销售成本,在当年所得税处理时,可按以下程序办理:第一,企业首先要做出专项申报及说明,即企业应逐项(或逐笔)报送申请报告,同时附送会计核算资料及其他相关的纳税资料。第二,以前年度应扣未扣的扣除项目,仍按权责发生制原则,准予追补至该项目发生年度计算扣除,但追补确认期限不得超过5年。第三,在追补计算扣除过程中,如果出现多缴企业所得税的,既可申请退税,也可申请递延抵扣。

【案例2-24】承〖案例2-23〗,假设2×16年度企业所得税汇算清缴于2×17年4月10日完成,2×22年6月5日取得购货发票实际成本为12.5万元(不含税),企业所得税税率为25%,法定盈余公积计提率为10%,如何进行税会处理?

①2×17年12月31日确认库存商品的递延所得税资产:

借:递延所得税资产 30 000
　　贷:所得税费用 30 000

②2×22年6月5日付款并取得购货增值税专用发票,价款为12.5万元,税额为2.125万元:

借:库存商品 125 000
　　应交税费——待认证进项税额 21 250
　　贷:银行存款 146 250

③2×22年6月15日增值税专用发票已通过认证:

借:应交税费——应交增值税(进项税额) 21 250
　　贷:应交税费——待认证进项税额 21 250

④冲销以前年度暂估库存商品的不含税成本:

借：库存商品 －120 000
　　贷：应付账款——暂估应付账款 －120 000

⑤调整库存商品暂估的销售成本：

借：以前年度损益调整——主营业务成本（125 000 －120 000） 5 000
　　贷：库存商品 5 000

⑥2×22年取得发票，由于超过5年追补扣除期限，不能调整应缴纳的企业所得税。

⑦将"以前年度损益调整"科目余额转入"利润分配——利润分配"科目：

借：利润分配——未分配利润 5 000
　　贷：以前年度损益调整 5 000

⑧调整提取的盈余公积：

借：盈余公积 500
　　贷：利润分配——未分配利润 500

⑨2×22年12月31日转回已确认库存商品的递延所得税资产：

借：所得税费用 30 000
　　贷：递延所得税资产 30 000

五、小规模纳税人采购等业务的账务处理

22号文件规定，小规模纳税人购买物资、服务、无形资产或不动产，取得增值税专用发票上注明的增值税应计入相关成本费用或资产，不通过"应交税费——应交增值税"科目核算。这项会计处理和以前的规定基本相同，只是因全面营改增后增加了服务、无形资产或不动产，取得增值税专用发票上注明的增值税应计入相关成本费用或资产，并强调不通过"应交税费——应交增值税"科目核算。

【案例2-25】某增值税小规模纳税人2×17年11月购入税务师事务所的税务咨询服务，取得一份增值税专用发票，发票上注明金额为10万元，税额为0.6万元。会计处理如下：

借：管理费用 106 000
　　贷：应付账款 106 000

六、购买方作为扣缴义务人的账务处理

22号文件规定，按照现行增值税制度的规定，境外单位或个人在境内发生应税行为，在境内未设有经营机构的，以购买方为增值税扣缴义务人。境内一般纳税人购进服

务、无形资产或不动产，按应计入相关成本费用或资产的金额，借记"生产成本"、"无形资产"、"固定资产"、"管理费用"等科目，按可抵扣的增值税税额，借记"应交税费——应交增值税（进项税额）"科目（小规模纳税人应借记相关成本费用或资产科目），按应付或实际支付的金额，贷记"应付账款"等科目，按应代扣代缴的增值税税额，贷记"应交税费——代扣代交增值税"科目。实际缴纳代扣代缴增值税时，按代扣代缴的增值税税额，借记"应交税费——代扣代交增值税"科目，贷记"银行存款"科目。这项会计处理规定是针对境外单位或个人在境内发生应税行为新增的。

【案例 2-26】 某增值税一般纳税人 2×17 年 6 月，向境外单位或个人支付管理咨询服务费，取得解缴税款的完税凭证上，注明增值税税额 6 万元，价款金额 100 万元。

分析：财税〔2016〕36 号文件规定，按照纳税人凭完税凭证抵扣进项税额的，应当具备书面合同、付款证明和境外单位的对账单或者发票。资料不全的，其进项税额不得从销项税额中抵扣。假设符合上述抵扣规定，会计处理如下：

借：管理费用　　　　　　　　　　　　　　　　　　　　1 060 000
　　贷：应付账款　　　　　　　　　　　　　　　　　　　1 000 000
　　　　应交税费——代扣代交增值税　　　　　　　　　　　60 000
借：应交税费——代扣代交增值税　　　　　　　　　　　　　60 000
　　贷：银行存款　　　　　　　　　　　　　　　　　　　　60 000
借：应交税费——应交增值税（进项税额）　　　　　　　　　60 000
　　贷：管理费用　　　　　　　　　　　　　　　　　　　　60 000

第四节　增值税销售等业务的账务处理及案例分析

一、销售业务的账务处理

22 号文件规定，企业销售货物、加工修理修配劳务、服务、无形资产或不动产，应当按应收或已收的金额，借记"应收账款"、"应收票据"、"银行存款"等科目，按取得的收入金额，贷记"主营业务收入"、"其他业务收入"、"固定资产清理"、"工程结算"等科目，按现行增值税制度规定计算的销项税额（或采用简易计税方法计算的应纳增值税税额），贷记"应交税费——应交增值税（销项税额）"或"应交税费——简易计税"科目（小规模纳税人应贷记"应交税费——应交增值税"科目）。发生销售退回的，应根据按规定开具的红字增值税专用发票编制相反的会计分录。

按照国家统一的会计制度确认收入或利得的时点早于按照增值税制度确认增值税

纳税义务发生时点的，应将相关销项税额记入"应交税费——待转销项税额"科目，待实际发生纳税义务时再转入"应交税费——应交增值税（销项税额）"或"应交税费——简易计税"科目。

22号文件《解读》规定，企业提供建筑服务，在向业主办理工程价款结算时，借记"应收账款"等科目，贷记"工程结算"科目，贷记"应交税费——应交增值税（销项税额）"等科目，企业向业主办理工程价款结算的时点早于增值税纳税义务发生时点的，应贷记"应交税费——待转销项税额"等科目，待增值税纳税义务发生时再转入"应交税费——应交增值税（销项税额）"等科目；增值税纳税义务发生的时点早于企业向业主办理工程价款结算的，应借记"银行存款"等科目，贷记"预收账款"和"应交税费——应交增值税（销项税额）"等科目。

上述规定与以前的会计处理规定相比，新增针对企业会计准则规定的收入确认时间与增值税纳税义务发生时间的不同而导致的税会差异和针对发生简易计税项目的会计处理。

在《解读》出台之前，很多财税专业人士对企业提供建筑服务确认销项税额的时点有很多争议，对具体会计核算也提出了不同看法，《解读》对建筑业企业财税人员的实际操作意义重大，其至少明确了以下五个问题。

第一，明确企业提供建筑服务会计处理的时间点，即业主办理工程价款结算的时点。这个时间点不一定是《企业会计准则第15号——建造合同》规定的，资产负债表日按照完工百分比法确认建造合同收入的时点，其可能是月中某个特定时点，只要双方办理结算即可进行会计处理。

第二，明确在向业主办理工程价款结算时，具体会计核算科目及分录，借记"应收账款"等科目，贷记"工程结算"科目，贷记"应交税费——应交增值税（销项税额）"等科目。这说明，一般情况下，企业在向业主办理工程价款结算时，符合税法规定的增值税纳税义务发生时间，发生了增值税纳税义务，贷方记入"应交税费——应交增值税（销项税额）"科目，并应该开具增值税发票。一般情况是指按照《营业税改征增值税试点实施办法》第四十五条规定的增值税纳税义务、扣缴义务发生时间，即建筑施工企业向业主办理工程价款结算时，无论款项是否收到，都要按照取得索取销售款项凭据的当天（书面合同确定的付款日期），确认纳税义务已经发生。

第三，企业向业主办理工程价款结算的时点早于增值税纳税义务发生的时点时，先通过"应交税费——待转销项税额"等科目过渡，待增值税纳税义务发生时再转入"应交税费——应交增值税（销项税额）"等科目。会计分录为：借记"应收账款"等科目，贷记"工程结算"科目，贷记"应交税费——待转销项税额"等科目，待增值税纳税义务发生时再转入"应交税费——应交增值税（销项税额）"等科目。这种特殊情况主要针对被工程发包方从应支付的工程款中扣押的质押金、保证金，未开具发票的情形，按照《国家税务总局关于在境外提供建筑服务等有关问题的公告》（国家税务总局公告 2016 年第 69 号）第四条的规定，纳税人提供建筑服务，被工程发包方从应支付的工程款中扣押的质押金、保证金，未开具发票的，以纳税人实际收到质押金、保证金的当天为纳税义务发生时间。按照上述规定，企业向业主办理工程价款结算的时点比实际收到质押金、保证金的当天要早。

第四，明确增值税纳税义务发生的时点早于企业向业主办理工程价款结算的，其会计核算科目及分录，应借记"银行存款"等科目，贷记"预收账款"和"应交税费——应交增值税（销项税额）"等科目。这种情况是指按照《营业税改征增值税试点实施办法》第四十五条规定的增值税纳税义务、扣缴义务发生时间：纳税人提供建筑服务、租赁服务采取预收款方式的，其纳税义务发生时间为收到预收款的当天。

第五，需要注意的是，《解读》改变了原来 22 号文件中关于提供建筑服务增值税纳税义务发生的时点早于企业向业主办理工程价款结算进行会计处理的业务，即原来将"应交税费——应交增值税（销项税额）"记入"应收账款"科目的做法，改为从预收账款中直接冲减"应交税费——应交增值税（销项税额）"的金额。

【案例 2-27】 某增值税一般纳税人 2×16 年 6 月提供一项建筑服务，选择按照老项目选择简易计税方法进行增值税处理，开具一份增值税专用发票，发票上注明金额 100 万元，税额 3 万元，款项收到存入银行。会计处理如下：

借：银行存款　　　　　　　　　　　　　　　　　　1 030 000
　　贷：主营业务收入　　　　　　　　　　　　　　　1 000 000
　　　　应交税费——简易计税　　　　　　　　　　　　30 000

若发生销售退回，应根据按规定开具的红字增值税专用发票编制相反的会计分录。

借：主营业务收入　　　　　　　　　　　　　　　　1 000 000
　　应交税费——简易计税　　　　　　　　　　　　　　30 000
　　贷：银行存款　　　　　　　　　　　　　　　　　1 030 000

【案例 2-28】 建筑企业甲公司提供公路建筑服务（一般计税方法），合同总价 11 亿元（不含税），包括质押金 1 亿元（不含税），合同约定 2×16 年 11 月 1 日应收工程款 10 亿元及其增值税，发包方在支付款项时扣押质押金 1 亿元，2×17 年 11 月 1 日实际收到款项 1 亿元并开具发票。假设为了简化不考虑按照建造合同处理收入等，仅仅作增值税会计处理（单位：万元）。

①2×16 年 11 月 1 日收取工程款及增值税：

借：银行存款　　　　　　　　　　　　　　　　　　111 000
　　应收账款——质保金　　　　　　　　　　　　　　11 100

    贷：主营业务收入　　　　　　　　　　　　　　　　　　　　110 000
        应交税费——应交增值税（销项税额）　　　　　　　　　 11 000
        ——待转销项税额　　　　　　　　　　　　　　　　　　　1 100

② 2×17 年 11 月 1 日收到工程款及增值税：

借：银行存款　　　　　　　　　　　　　　　　　　　　　　　 11 100
    贷：应收账款——质保金　　　　　　　　　　　　　　　　　 11 100
借：应交税费——待转销项税额　　　　　　　　　　　　　　　　1 100
    贷：应交税费——应交增值税（销项税额）　　　　　　　　　 1 100

针对增值税纳税义务时间早于会计收入确认时间。例如，税法规定，纳税人发生应税行为并收讫销售款项或者取得索取销售款项凭据的当天；先开具发票的，为开具发票的当天。纳税人先开发票时，增值税纳税义务时间早于会计收入确认时间。

【案例 2-29】 甲公司采用托收承付方式向丙公司销售一批商品，开出的增值税专用发票上注明的销售价格为 10 万元，增值税税额为 1.7 万元，成本 6 万元，该批商品实际存货积压，同时也为了维持与丙公司长期以来建立的商业关系，甲公司仍将商品发出，并已经开具了增值税专用发票。假定甲公司销售该批商品的纳税义务已经发生，不考虑其他因素。甲公司的会计处理如下。

① 甲公司发出商品时，不符合会计收入确认条件，但增值税纳税义务已经发生：

借：发出商品　　　　　　　　　　　　　　　　　　　　　　　 60 000
    贷：库存商品　　　　　　　　　　　　　　　　　　　　　　 60 000
借：应收账款　　　　　　　　　　　　　　　　　　　　　　　 17 000
    贷：应交税费——应交增值税（销项税额）　　　　　　　　　 17 000

② 得知丙公司经营情况出现好转，丙公司承诺近期付款，确认收入并结转成本：

借：应收账款　　　　　　　　　　　　　　　　　　　　　　　100 000
    贷：主营业务收入　　　　　　　　　　　　　　　　　　　　100 000
借：主营业务成本　　　　　　　　　　　　　　　　　　　　　 60 000
    贷：发出商品　　　　　　　　　　　　　　　　　　　　　　 60 000

二、视同销售的账务处理

22 号文件规定，企业发生税法上视同销售的行为，应当按照企业会计准则的相关规定进行相应的会计处理，并按照现行增值税制度规定计算的销项税额（或采用简易计税方法计算的应纳增值税税额），借记"应付职工薪酬"、"利润分配"等科目，贷记"应交税费——应交增值税（销项税额）"或"应交税费——简易计税"科目（小规模纳税人应记入"应交税费——应交增值税"科目）。

【案例2-30】甲公司是一家彩电生产企业,有职工200名,其中,一线生产工人为170名,总部管理人员为30名。2×17年2月,甲公司决定以其生产的液晶彩色电视机作为福利发放给职工。该彩色电视机单位成本为10 000元,单位计税价格(公允价值)为14 000元,适用的增值税税率为17%。甲公司的账务处理如下:

①决定发放非货币性福利时,计入生产成本的金额为:

170×14 000×(1+17%)=2 784 600(元)

计入管理费用的金额为:

30×14 000×(1+17%)=491 400(元)

借:生产成本　　　　　　　　　　　　　　　　　　　2 784 600
　　管理费用　　　　　　　　　　　　　　　　　　　　491 400
　　贷:应付职工薪酬　　　　　　　　　　　　　　　　　　3 276 000

②实际发放非货币性福利时,增值税销项税额=170×14 000×17%+30×14 000×17%=476 000(元)

借:应付职工薪酬　　　　　　　　　　　　　　　　　3 276 000
　　贷:主营业务收入　　　　　　　　　　　　　　　　　　2 800 000
　　　　应交税费——应交增值税(销项税额)　　　　　　　　476 000
借:主营业务成本　　　　　　　　　　　　　　　　　2 000 000
　　贷:库存商品　　　　　　　　　　　　　　　　　　　　2 000 000

三、全面试行营业税改征增值税前已确认收入,此后产生增值税纳税义务的账务处理收入范围界定的差异

22号文件规定,企业营业税改征增值税前已确认收入,但因未产生营业税纳税义务而未计提营业税的,在达到增值税纳税义务时点时,企业应在确认应交增值税销项税额的同时冲减当期收入;已经计提营业税且未缴纳的,在达到增值税纳税义务时点时,借记"应交税费——应交营业税"、"应交税费——应交城市维护建设税"、"应交税费——应交教育费附加"等科目,贷记"主营业务收入"科目,并根据调整后的收入计算确定记入"应交税费——待转销项税额"科目的金额,同时冲减收入。

22号文件《解读》规定,企业在全面推开营业税改征增值税前已确认收入且已经计提营业税但未缴纳的,根据调整后的收入计算确定销项税额时,该调整后的收入是指按照现行增值税制度调整后的收入,即不含税销售额。

【案例2-31】某建筑企业于2×16年12月1日提供一项建筑服务业务,预计工期为8个月,合同总收入600 000元(不含税),至2×16年12月31日实际发生建筑服务成本280 000元,估计还会发生成本120 000元,建筑服务合同约定,双方在建筑服务

完工后（2×17年8月1日）办理工程结算手续和付款。假定按实际发生的服务成本占预计总成本的比例确定劳务的完工进度。

分析：在全面试行营业税改征增值税前，企业按照《企业会计准则第15号——建造合同》的规定，采用完工百分比法确认收入和成本，但因未产生营业税纳税义务而未计提营业税。而根据增值税纳税义务发生时间判定原则，该业务应缴纳增值税。

①2×16年12月31日，企业按照《企业会计准则第15号——建造合同》的规定，采完工百分比法，会计处理如下：

完工进度 = 280 000 ÷ (280 000 + 120 000) = 70%
建筑合同收入 = 600 000 × 70% − 0 = 420 000（元）
建筑合同成本 = (280 000 + 120 000) × 70% − 0 = 280 000（元）

2×16年实际发生劳务成本时：

借：工程施工——工程项目　　　　　　　　　　　　　280 000
　　贷：应付职工薪酬等　　　　　　　　　　　　　　　　280 000

2×16年12月31日，核算建造合同收入和成本：

借：主营业务成本　　　　　　　　　　　　　　　　280 000
　　工程施工——毛利　　　　　　　　　　　　　　140 000
　　贷：主营业务收入　　　　　　　　　　　　　　　　420 000

由于建筑服务合同约定在建筑服务完工后办理结算手续，所以企业按照《企业会计准则第15号——建造合同》的规定，采完工百分比法确认建造合同收入和成本时，2×16年12月31日，没有办理工程结算，则不通过"应收账款"科目和"工程结算"科目进行会计处理。

②2×16年12月31日，企业依据当时营业税相关规定判断是否产生营业税纳税义务、是否需要计提营业税。根据《营业税暂行条例实施细则》第二十四的规定，本例中，2×16年12月31日，既没有收讫营业收入款项也没有到达书面合同确定的付款日期的当天（2×17年8月1日），所以不产生营业税纳税义务，不需要计提营业税。

③2×17年8月1日完工时，确认剩余收入并结转成本：

借：主营业务成本　　　　　　　　　　　　　　　　120 000
　　工程施工——毛利　　　　　　　　　　　　　　　60 000
　　贷：主营业务收入　　　　　　　　　　　　　　　　180 000

④2×17年8月1日完工结算时，假设双方约定该项目采用一般计税方式，确认合同含增值税的总价为666 000元，按照财税〔2016〕36号文件的规定，已经达到增值税纳税义务时间。按照《企业会计准则第15号——建造合同》准则和22号文件的规定，企业应在确认应交增值税销项税额的同时冲减当期收入，这里是冲减当期"工程结算"科目不是冲减"主营业务收入"科目。会计处理如下：

借：应收账款	666 000	
贷：工程结算		600 000
应交税费——应交增值税（销项税额）		66 000

⑤2×17年实际发生劳务成本时：

借：工程施工——工程项目	120 000	
贷：应付职工薪酬等		120 000

⑥2×17年8月1日，工程完工后将工程施工与结算科目余额对冲：

借：工程结算	600 000	
贷：工程施工——合同毛利		200 000
——工程项目		400 000

⑦2×17年8月15日，实际收到工程价款和税金存入银行：

借：银行存款	666 000	
贷：应收账款		666 000

四、"税金及附加"会计科目变化及账务处理

22号文件规定，全面试行营业税改征增值税后，"营业税金及附加"科目名称调整为"税金及附加"科目，该科目核算企业经营活动发生的消费税、城市维护建设税、资源税、教育费附加及房产税、土地使用税、车船税、印花税等相关税费；利润表中的"营业税金及附加"项目调整为"税金及附加"项目。

【案例2-32】 2×17年2月一般纳税人计提并实际缴纳房产税10万元，会计处理如下：

借：税金及附加——房产税	100 000	
贷：应交税费——应交房产税		100 000
借：应交税费——应交房产税	100 000	
贷：银行存款		100 000

五、差额征税的账务处理

（一）企业发生相关成本费用允许扣减销售额的账务处理

22号文件规定，按现行增值税制度规定企业发生相关成本费用允许扣减销售额的，发生成本费用时，按应付或实际支付的金额，借记"主营业务成本"、"存货"、"工程施工"等科目，贷记"应付账款"、"应付票据"、"银行存款"等科目。待取得合规增

值税扣税凭证且纳税义务发生时，按照允许抵扣的税额，借记"应交税费——应交增值税（销项税额抵减）"或"应交税费——简易计税"科目（小规模纳税人应借记"应交税费——应交增值税"科目），贷记"主营业务成本"、"存货"、"工程施工"等科目。

这是新增规范企业发生相关成本费用允许扣减销售额的账务处理。例如，房地产开发企业允许支付的符合条件的土地价款扣减销售额。

【案例2-33】 甲房地产开发公司为一般纳税人，其机构所在地A区，开发的房地产项目在外省A区。该项目《建筑工程施工许可证》登记的开工日期在2×16年4月30日前。对房地产项目选择了一般计税方法计税。已知，甲公司为开发项目，取得土地150 000平方米，土地出让金财政收据金额30 000万元；项目总可售面积390 000平方米。2×16年5月，A项目销售现房收入10 000万元，对应的建筑面积10 000平方米，房屋已经交付给业主并开具了增值税发票。

分析：国家税务总局公告第2016年18号规定，当期允许扣除的土地价款 = 10 000÷390 000×30 000 = 769.23（万元），土地价款所对应的税额 = 769.23÷(1+11%)×11% = 76.23（万元）。

借：应交税费——应交增值税（销项税额抵减）　　　　　762 300
　　贷：主营业务成本　　　　　　　　　　　　　　　　　　　762 300

【案例2-34】 B建筑公司为一般纳税人，承接了C建筑工程，将部分工程分包给E建筑公司，并选择了简易计税方法。2×17年7月，支付E建筑公司分包款103万元（含税），已经取得应当取得符合法律、行政法规和国家税务总局规定的有效凭证。则分包款扣除会计处理如下：

借：工程施工　　　　　　　　　　　　　　　　　　　　1 030 000
　　贷：银行存款　　　　　　　　　　　　　　　　　　　　　1 030 000
借：应交税费——简易计税　　　　　　　　　　　　　　　　30 000
　　贷：工程施工　　　　　　　　　　　　　　　　　　　　　　30 000

【案例2-35】 从事物业管理服务的甲公司收取物业费的同时收取自来水费（含二次供水费），当月向业主收取自来水水费10.56万元，对外支付自来水水费9.18万元，该公司采取简易计税并差额征税方式，取得自来水公司开具的增值税普通发票。

分析：《国家税务总局关于物业管理服务中收取的自来水水费增值税问题的公告》（国家税务总局公告2016年54号）规定，提供物业管理服务的纳税人，向服务接受方收取的自来水水费，以扣除其对外支付的自来水水费后的余额为销售额，按照简易计税方法以3%的征收率计算缴纳增值税。应纳税额 = (105 600 - 91 800)/(1+3%)×3% = 401.94（元）。上述差额简易计税不属于国家税务总局公告2016年第23号规定的"按照现行政策规定适用差额征税办法缴纳增值税，且不得全额开具增值税发票"的情形，可以全额开增值税专用发票，以105 600元按3%的征收率全额开具增值税专用发票，价款 102 524.27 万元，税额 3 075.73 万元。会计处理如下：

　　借：银行存款　　　　　　　　　　　　　　　　　　　105 600
　　　　贷：主营业务收入　　　　　　　　　　　　　　　　102 524.27
　　　　　　应交税费——简易计税　　　　　　　　　　　　3 075.73
　　借：主营业务成本　　　　　　　　　　　　　　　　　　91 800
　　　　贷：银行存款　　　　　　　　　　　　　　　　　　91 800
　　借：应交税费——简易计税　　　　　　　　　　　　　　2 673.79
　　　　贷：主营业务成本　　　　　　　　　　　　　　　　2 673.79
　　借：应交税费——简易计税　　　　　　　　　　　　　　401.94
　　　　贷：银行存款　　　　　　　　　　　　　　　　　　401.94

（二）金融商品转让按规定以盈亏相抵后的余额作为销售额的账务处理

22 号文件规定，金融商品实际转让月末，如产生转让收益，则按应纳税额，借记"投资收益"等科目，贷记"应交税费——转让金融商品应交增值税"科目；如产生转让损失，则按可结转下月抵扣税额，借记"应交税费——转让金融商品应交增值税"科目，贷记"投资收益"等科目。缴纳增值税时，借记"应交税费——转让金融商品应交增值税"科目，贷记"银行存款"科目。年末，如有借方余额，则借记"投资收益"等科目，贷记"应交税费——转让金融商品应交增值税"科目。

按照上述规定，对于金融商品转让，先将含税价记入"投资收益"科目，平时不作价税分离。

①金融商品实际转让，如产生转让收益，则按应纳税额：
　　借：投资收益
　　　　贷：应交税费——转让金融商品应交增值税
②如产生转让损失，则按可结转下月抵扣税额：
　　借：应交税费——转让金融商品应交增值税
　　　　贷：投资收益
③实际缴纳增值税时：
　　借：应交税费——转让金融商品应交增值税
　　　　贷：银行存款
④按照现行增值税纳税申报制度，虽然金融商品转让当月产生收益，但是，当月应纳税额经计算小于或等于0，即其他增值税业务项目月末有尚未抵扣的进项税额、已经预缴的税款、减免税额等，此时为避免金融商品转让多交增值税，建议将"应交税费——转让金融商品应交增值税"科目贷方余额转入"应交税费——应交增值税（销项税额）"科目，使得转让金融商品应交增值税能够抵扣尚未抵扣的进项税额。如果金

融商品转让产生损失，则按可结转下月抵扣税额。上述处理同时需要建立"应交税费——转让金融商品应交增值税"相关备查账。

借：应交税费——转让金融商品应交增值税
　　贷：应交税费——应交增值税（销项税额）

⑤年末，如有借方余额应全部转入当期投资收益，不得转入下一个会计年度：

借：投资收益
　　贷：应交税费——转让金融商品应交增值税

【案例2-36】 A公司为一般纳税人，2×17年5月买入国债，买入价为10万元，2×17年12月卖出，卖出价为20万元，未开具发票。2×17年5月买入股票，买入价为20万元，2×17年12月卖出，卖出价为15万元，未开具发票。假设不考虑其他增值税业务。

分析：该项业务为金融商品转让，按照财税〔2016〕36号文件的规定，纳税人转让金融商品，按照卖出价扣除买入价后的余额为销售额。金融商品的买入价，可以选择按照加权平均法或者移动加权平均法进行核算，选择后36个月内不得变更。转让金融商品出现的正负差，按盈亏相抵后的余额为销售额。若相抵后出现负差，可结转下一纳税期与下期转让金融商品销售额相抵，但年末时仍出现负差的，不得转入下一个会计年度。因此，上述业务按国债和股票12月的卖出价减去买入价的余额为销售额，示例中未开具发票，按未开票收入纳税申报，需要注意的是，金融商品转让不得开具增值税专用发票。一般纳税人金融商品转让的销售额＝卖出价扣除买入价后的余额÷（1＋税率）＝（卖出价－买入价）÷（1＋6%）；销项税额＝销售额×税率＝（卖出价－买入价）÷（1＋6%）×6%。金融商品卖出价＝200 000＋150 000＝350 000（元）；金融商品买入价＝100 000＋200 000＝300 000（元）。金融商品转让销售额＝350 000－300 000＝50 000（元）；不含税销售额＝50 000÷（1＋6%）＝47 169.81（元）；销项税额＝47 169.81×6%＝2 830.19（元）。会计处理如下：

借：投资收益　　　　　　　　　　　　　　　　　　　　　　　2 830.19
　　贷：应交税费——转让金融商品应交增值税　　　　　　　　2 830.19
借：应交税费——转让金融商品应交增值税　　　　　　　　　　2 830.19
　　贷：银行存款　　　　　　　　　　　　　　　　　　　　　2 830.19

【案例2-37】 承【案例2-36】，2×17年12月，除上述转让金融商品业务外，销项税额为60 000元，可抵扣进项税额为68 000元，进项税额转出为12 000元，预缴增值税为10 000元，则当月增值税应纳税额＝60 000－68 000＋12 000－10 000＝－6 000（元），考虑上述转让金融商品业务后，当月增值税应纳税额＝60 000－68 000＋12 000－10 000＋2 830.19＝－3 169.81（元），即转让金融商品业务与其他增值税业务项目合并后，当月不缴纳增值税，剩余3 169.81元预缴增值税继续留抵减少以后期间增值税应纳税额。会计处理如下：

借：投资收益　　　　　　　　　　　　　　　　　　　　　　2 830.19
　　　贷：应交税费——转让金融商品应交增值税　　　　　　　　2 830.19
借：应交税费——转让金融商品应交增值税　　　　　　　　　　2 830.19
　　　贷：应交税费——应交增值税（销项税额）　　　　　　　　2 830.19

六、出口退税的账务处理

22 号文件规定，为核算纳税人出口货物应收取的出口退税款，设置"应收出口退税款"科目，该科目借方反映销售出口货物按规定向税务机关申报应退回的增值税、消费税等，贷方反映实际收到的出口货物应退回的增值税、消费税等。期末借方余额，反映尚未收到的应退税额。

1. 未实行"免、抵、退"办法的一般纳税人出口货物按规定退税的，按规定计算的应收出口退税额，借记"应收出口退税款"科目，贷记"应交税费——应交增值税（出口退税）"科目，收到出口退税时，借记"银行存款"科目，贷记"应收出口退税款"科目；退税额低于购进时取得的增值税专用发票上的增值税税额的差额，借记"主营业务成本"科目，贷记"应交税费——应交增值税（进项税额转出）"科目。

2. 实行"免、抵、退"办法的一般纳税人出口货物，在货物出口销售后结转产品销售成本时，按规定计算的退税额低于购进时取得的增值税专用发票上的增值税税额的差额，借记"主营业务成本"科目，贷记"应交税费——应交增值税（进项税额转出）"科目；按规定计算的当期出口货物的进项税抵减内销产品的应纳税额，借记"应交税费——应交增值税（出口抵减内销产品应纳税额）"科目，贷记"应交税费——应交增值税（出口退税）"科目。在规定期限内，内销产品的应纳税额不足以抵减出口货物的进项税额，不足部分按有关税法规定给予退税的，应在实际收到退税款时，借记"银行存款"科目，贷记"应交税费——应交增值税（出口退税）"科目。

上述规定和以前会计处理的规定基本相同，新规定将原来的"其他应收款——应收出口退税款"科目改为"应收出口退税款"科目。

【案例2-38】某具有进出口经营权的生产企业，对自产货物经营出口销售及国内销售。该企业 2×17 年 1 月购进所需原材料等货物，允许抵扣的进项税额为 85 万元，内销产品取得销售额 300 万元（不含税），出口货物离岸价折合人民币 2 400 万元。假设上期留抵税款 5 万元，增值税税率 17%，退税率 15%。会计处理如下：

①外购原辅材料、备件、能源等取得增值税专用发票并认证申报：

借：原材料等科目　　　　　　　　　　　　　　　　　　　　5 000 000
　　应交税费——待认证进项税额　　　　　　　　　　　　　　850 000

  贷：银行存款   5 850 000
  借：应交税费——应交增值税（进项税额）   850 000
    贷：应交税费——待认证进项税额   850 000

②产品外销时免征本销售环节的销项税额：
  借：应收账款   24 000 000
    贷：主营业务收入   24 000 000

③产品内销时确认收入和销项税额：
  借：银行存款   3 510 000
    贷：主营业务收入   3 000 000
      应交税费——应交增值税（销项税额）   510 000

④月末，计算当月出口货物不予抵扣和退税的税额。不得免征和抵扣税额＝当期出口货物离岸价×人民币外汇牌价×（征税率－退税率）＝2 400×（17%－15%）＝48（万元）。

  借：主营业务成本   480 000
    贷：应交税费——应交增值税（进项税额转出）   480 000

⑤计算应纳税额。本月应纳税额＝销项税额－进项税额＝当期内销货物的销项税额－（当期进项税额＋上期留抵税款－当期不予抵扣或退税的金额）＝51－（85＋5－48）＝9（万元）。

  借：应交税费——应交增值税（转出未交增值税）   90 000
    贷：应交税费——未交增值税   90 000

⑥实际缴纳增值税时：
  借：应交税费——未交增值税   90 000
    贷：银行存款   90 000

【案例2－39】 承【案例2－38】，如果本期外购货物的进项税额为140万元，其他条件不变，则第一至四步会计分录同上，其他会计处理如下：

①计算应纳税额或当期期末留抵税额。本月应纳税额＝销项税额－进项税额＝当期内销货物的销项税额－（当期进项税额＋上期留抵税款－当期不予抵扣或退税的金额）＝300×17%－[140＋5－2 400×（17%－15%）]＝－46（万元）。由于应纳税额小于零，说明当期"期末留抵税额"为46万元，不需作会计分录。

②计算应退税额和应免抵税额。免抵退税额＝出口货物离岸价×外汇人民币牌价×出口货物退税率＝2 400×15%＝360（万元）；当期期末留抵税额46万元＜当期免抵退税额360万元时，当期应退税额＝当期期末留抵税额＝46（万元），当期免抵税额＝当期免抵退税额－当期应退税额＝360－46＝314（万元）。

  借：应收出口退税款   460 000

应交税费——应交增值税（出口抵减内销产品应纳税额） 3 140 000
　　　　贷：应交税费——应交增值税（出口退税） 3 600 000
③收到退税款时：
　　借：银行存款 460 000
　　　　贷：应收出口退税款 460 000

【案例2-40】 承〖案例2-38〗，如果本期外购货物的进项税额为494万元，其他条件不变，则第一至四步会计分录同上，其他会计处理如下：

①计算应纳税额或当期期末留抵税额。本月应纳税额＝销项税额－进项税额＝当期内销货物的销项税额－（当期进项税额＋上期留抵税款－当期不予抵扣或退税的金额）＝300×17%－[494＋5－2 400×（17%－15%）]＝－400（万元），不需作会计分录。

②计算应退税额和应免抵税额。免抵退税额＝出口货物离岸价×外汇人民币牌价×出口货物退税率＝2 400×15%＝360（万元）；当期期末留抵税额400万元＞当期免抵退税额360万元时，当期应退税额＝当期免抵税额＝360（万元），当期免抵税额＝当期免抵退税额－当期应退税额＝0。

　　借：应收出口退税款 3 600 000
　　　　贷：应交税费——应交增值税（出口退税） 3 600 000
③收到退税款时：
　　借：银行存款 3 600 000
　　　　贷：应收出口退税款 3 600 000

七、进项税额抵扣情况发生改变的账务处理

22号文件规定，因发生非正常损失或改变用途等，原已计入进项税额、待抵扣进项税额或待认证进项税额，但按现行增值税制度规定不得从销项税额中抵扣的，借记"待处理财产损溢"、"应付职工薪酬"、"固定资产"、"无形资产"等科目，贷记"应交税费——应交增值税（进项税额转出）"、"应交税费——待抵扣进项税额"或"应交税费——待认证进项税额"科目；原不得抵扣且未抵扣进项税额的固定资产、无形资产等，因用途改变等用于允许抵扣进项税额的应税项目的，应按允许抵扣的进项税额，借记"应交税费——应交增值税（进项税额）"科目，贷记"固定资产"、"无形资产"等科目。固定资产、无形资产等经上述调整后，应按调整后的账面价值在剩余尚可使用寿命内计提折旧或摊销。

上述规定基本和以前的会计处理规定相同，但增加了原不得抵扣且未抵扣进项税额的固定资产、无形资产等，因用途改变等用于允许抵扣进项税额的应税项目的。需注

意,固定资产、无形资产等经上述调整后,历史成本记录资产的原值变了,应按调整后的账面价值在剩余尚可使用寿命内计提折旧或摊销。

【案例 2-41】 A 公司 2×17 年 11 月将一台职工食堂用的空调调整到财务办公室使用,该空调购置时间为 2×17 年 1 月,原值 3 510 元(取得增值税专用发票注明不含税价格 3 000 元,进项税额 510 元),折旧年限 5 年,残值率 5%。该空调原来在职工食堂时属于集体福利使用,进项税额未抵扣。

问:怎样计算固定资产改变用途后可以抵扣的进项税额?

分析:《营业税改征增值税试点有关事项的规定》规定,按照《试点实施办法》第二十七条第(一)项规定不得抵扣且未抵扣进项税额的固定资产、无形资产、不动产,发生用途改变,用于允许抵扣进项税额的应税项目,可在用途改变的次月按照下列公式计算可以抵扣的进项税额:可以抵扣的进项税额 = 固定资产、无形资产、不动产净值/(1+适用税率)×适用税率,这里的净值应是固定资产、无形资产、不动产改变用途当月末的净值。

2×17 年 11 月末的固定资产(空调)净值 = $3\,510 - 3\,510 \times (1-5\%) \div 5 \div 12 \times 10$ = 2 954.25(元),可以抵扣的进项税额 = 净值/(1+适用税率)×适用税率 = $2\,954.25 \div (1+17\%) \times 17\%$ = 429.25(元)。会计处理如下:

借:应交税费——应交增值税(进项税额)　　　　　　　　429.25
　　贷:固定资产　　　　　　　　　　　　　　　　　　　　429.25

经上述调整后固定资产的账面价值 = 2 954.25 - 429.25 = 2 525(元),应按调整后的账面价值在剩余尚可使用寿命内计提折旧。该固定资产在 2×17 年 12 月及以后每月计提折旧额 = $2\,525 \times (1-5\%)/(5 \times 12 - 10)$ = 47.98(元)。

22 号文件规定,一般纳税人购进时已全额抵扣进项税额的货物或服务等转用于不动产在建工程的,对于结转以后期间的进项税额,借记"应交税费——待抵扣进项税额"科目,贷记"应交税费——应交增值税(进项税额转出)"科目。

【案例 2-42】 某增值税一般纳税人 2×17 年 6 月购入一项建筑服务,专用于不动产在建工程,当时取得增值税专用发票,发票上注明金额 100 万元,税额 3 万元。一般纳税人购进时已全额抵扣进项税额的货物或服务等转用于不动产在建工程,对于结转以后期间的进项税额为 1.2 万元(3×40%)。会计处理如下:

借:在建工程　　　　　　　　　　　　　　　　　　　1 000 000
　　应交税费——待认证进项税额　　　　　　　　　　　　30 000
　　贷:银行存款　　　　　　　　　　　　　　　　　　1 030 000
借:应交税费——应交增值税(进项税额)　　　　　　　　30 000
　　贷:应交税费——待认证进项税额　　　　　　　　　　30 000
借:应交税费——待抵扣进项税额　　　　　　　　　　　12 000

贷：应交税费——应交增值税（进项税额转出）　　　　　　　　　12 000

【案例 2 – 43】 甲公司 2×16 年 12 月购进一批建筑材料（钢材），金额为 11 700 元，取得增值税专用发票。该钢材已经于 12 月 90% 部分用于房屋维修，维修房屋现在正在进行对外经营租赁，租金收入选择简易计税方式缴纳增值税。2×16 年 12 月收到增值税专用发票未认证，在 2×17 年 2 月通过认证。2×17 年 3 月 1 170 元（含税价）钢材因管理不善被盗。

分析：企业发生非正常损失，按现行增值税制度规定不得从销项税额中抵扣。非正常损失，是指因管理不善造成货物被盗、丢失、霉烂变质，以及因违反法律法规造成货物或者不动产被依法没收、销毁、拆除的情形。

① 2×16 年 12 月购进建筑材料，取得增值税专用发票尚未认证：

借：原材料　　　　　　　　　　　　　　　　　　　　　10 000
　　应交税费——待认证进项税额　　　　　　　　　　　　1 700
　　　贷：银行存款等　　　　　　　　　　　　　　　　　　11 700

② 2×16 年 12 月维修房屋领用建筑材料：

借：管理费用（或其他业务成本）　　　　　　　　　　　　9 000
　　　贷：原材料　　　　　　　　　　　　　　　　　　　　9 000

③ 2×17 年 2 月认证并申报抵扣：

借：应交税费——应交增值税（进项税额）　　　　　　　　1 700
　　　贷：应交税费——待认证进项税额　　　　　　　　　　1 700

同时将用于简易计税项目的建筑材料对应的进项税额作转出，应调整上年度的成本费用：

借：以前年度损益调整　　　　　　　　　　　　　　　　　1 530
　　　贷：应交税费——应交增值税（进项税额转出）（1 700×90%）　1 530

④ 2×17 年 3 月，1 170 元钢材被盗发生非正常损失：

借：待处理财产损溢　　　　　　　　　　　　　　　　　　1 170
　　　贷：原材料　　　　　　　　　　　　　　　　　　　　1 000
　　　　　应交税费——应交增值税（进项税额转出）　　　　　170

第五节　增值税期末交纳等业务的账务处理及案例分析

一、月末转出多交增值税和未交增值税的账务处理

22 号文件规定，月度终了，企业应当将当月应交未交或多交的增值税自"应交增

值税"明细科目转入"未交增值税"明细科目。对于当月应交未交的增值税,借记"应交税费——应交增值税(转出未交增值税)"科目,贷记"应交税费——未交增值税"科目;对于当月多交的增值税,借记"应交税费——未交增值税"科目,贷记"应交税费——应交增值税(转出多交增值税)"科目。

二、交纳增值税的账务处理

1. 交纳当月应交增值税的账务处理。企业交纳当月应交的增值税,借记"应交税费——应交增值税(已交税金)"科目(小规模纳税人应借记"应交税费——应交增值税"科目),贷记"银行存款"科目。

2. 交纳以前期间未交增值税的账务处理。企业交纳以前期间未交的增值税,借记"应交税费——未交增值税"科目,贷记"银行存款"科目。需要特别注意的是,交纳以前期间未交的增值税,不能通过"应交税费——应交增值税(已交税金)"科目核算。

3. 预交增值税的账务处理。企业预交增值税时,借记"应交税费——预交增值税"科目,贷记"银行存款"科目。月末,企业应将"预交增值税"明细科目余额转入"未交增值税"明细科目,借记"应交税费——未交增值税"科目,贷记"应交税费——预交增值税"科目。房地产开发企业等在预交增值税后,应直至纳税义务发生时方可从"应交税费——预交增值税"科目结转至"应交税费——未交增值税"科目。

【案例 2-44】A 省建筑公司在外省提供了一项建筑服务(适用一般计税方法),2×17 年 5 月,当月取得建筑服务收入 1 665 万元,支付给其他分包建筑公司 555 万元,取得增值税发票。

分析:在外省建筑服务发生地应预交税款 = (1 665 - 555) ÷ (1 + 11%) × 2% = 20(万元)

会计处理如下:

借:应交税费——预交增值税　　　　　　　　　　　　　　200 000
　　贷:银行存款　　　　　　　　　　　　　　　　　　　　　　　200 000
借:应交税费——未交增值税　　　　　　　　　　　　　　200 000
　　贷:应交税费——预交增值税　　　　　　　　　　　　　　　　200 000

【案例 2-45】甲餐饮公司是一般纳税人,2×17 年 8 月 1 日与乙公司签订酒店租赁合同(该办公楼是营改增后取得的,酒店所在地与甲公司机构所在地不在同一县市),起租日为 2×18 年 8 月 1 日,租赁期 2 年。合同约定每月收取租金 10.5 万元(含税)。

会计处理如下:

①在不动产所在地预缴增值税 = 10.5÷(1+5%)×5% = 0.5（万元）

借：应交税费——预交增值税　　　　　　　　　　　　　　　　5 000
　　贷：银行存款　　　　　　　　　　　　　　　　　　　　　　　　5 000

②在机构所在地申报时：

借：应收账款　　　　　　　　　　　　　　　　　　　　　　　105 000
　　贷：其他业务收入　　　　　　　　　　　　　　　　　　　　　100 000
　　　　应交税费——应交增值税（销项税额）　　　　　　　　　　　5 000

③将本月应抵减的预缴税款转入"未交增值税"科目：

借：应交税费——未交增值税　　　　　　　　　　　　　　　　　5 000
　　贷：应交税费——预交增值税　　　　　　　　　　　　　　　　　5 000

4. 减免增值税的账务处理。对于当期直接减免的增值税，借记"应交税费——应交增值税（减免税款）"科目，贷记损益类相关科目。

【案例2-46】A省农牧公司销售免税农产品，取得收入111万元。会计处理如下：

借：银行存款　　　　　　　　　　　　　　　　　　　　　　1 110 000
　　贷：主营业务收入　　　　　　　　　　　　　　　　　　　　1 000 000
　　　　应交税费——应交增值税（销项税额）　　　　　　　　　110 000

借：应交税费——应交增值税（减免税款）　　　　　　　　　　110 000
　　贷：主营业务收入　　　　　　　　　　　　　　　　　　　　110 000

三、增值税期末留抵税额的账务处理

22号文件规定，纳入营改增试点当月月初，原增值税一般纳税人应按不得从销售服务、无形资产或不动产的销项税额中抵扣的增值税留抵税额，借记"应交税费——增值税留抵税额"科目，贷记"应交税费——应交增值税（进项税额转出）"科目。待以后期间允许抵扣时，按允许抵扣的金额，借记"应交税费——应交增值税（进项税额）"科目，贷记"应交税费——增值税留抵税额"科目。

【案例2-47】甲公司2×16年4月期末留抵税额200万元，5月销售货物产生销项税额600万元，销售营改增试点服务、无形资产和不动产产生销项税额400万元，当月新增可抵扣的进项税额总计900万元。按照2×16年12月1日前的纳税申报规则，计算甲公司5月应纳税额为40万元，"期末留抵税额"本年累计余额为140万元。会计处理如下：

借：应交税费——应交增值税（进项税额）　　　　　　　　　1 400 000
　　贷：应交税费——增值税留抵税额　　　　　　　　　　　　1 400 000

四、增值税税控系统专用设备和技术维护费用抵减增值税税额的账务处理

22号文件规定,按现行增值税制度规定,企业初次购买增值税税控系统专用设备支付的费用以及缴纳的技术维护费允许在增值税应纳税额中全额抵减的,按规定抵减的增值税应纳税额,借记"应交税费——应交增值税(减免税款)"科目(小规模纳税人应借记"应交税费——应交增值税"科目),贷记"管理费用"等科目。

【案例2-48】 2×16年5月,一般纳税人A用银行存款支付初次购买增值税税控系统专用设备的费用以及缴纳的技术维护费,取得专用发票价税合计3 510元。会计处理如下。

①支付初次购买增值税税控系统专用设备的费用以及缴纳的技术维护费时:

借:管理费用　　　　　　　　　　　　　　　　　　　3 510
　　贷:银行存款　　　　　　　　　　　　　　　　　　3 510

②取得专用发票价税合计3 510元抵减增值税应纳税额时:

借:应交税费——应交增值税(减免税款)　　　　　　3 510
　　贷:管理费用　　　　　　　　　　　　　　　　　　3 510

【案例2-49】 2×16年5月,小规模纳税人B用银行存款支付初次购买增值税税控系统专用设备的费用以及缴纳的技术维护费,取得专用发票价税合计3 510元。会计处理如下。

①支付初次购买增值税税控系统专用设备支付的费用以及缴纳的技术维护费时:

借:管理费用　　　　　　　　　　　　　　　　　　　3 510
　　贷:银行存款　　　　　　　　　　　　　　　　　　3 510

②取得专用发票价税合计3 510元抵减增值税应纳税额时:

借:应交税费——应交增值税　　　　　　　　　　　　3 510
　　贷:管理费用　　　　　　　　　　　　　　　　　　3 510

五、关于小微企业免征增值税的会计处理规定

根据财税〔2014〕71号、财税〔2015〕96号、财税〔2016〕36号、国家税务总局公告2014年第57号、国家税务总局公告2016年第23号等税收政策的规定,在我国境内销售货物或者提供加工、修理修配劳务以及进口货物,销售服务、无形资产或者不动产的增值税小规模纳税人,2017年12月31日前,月销售额2万元(含本数)至3万元(按季纳税9万元)的单位和个人,暂免征收增值税。增值税小规模纳税人应分别核算销售货物,提供加工、修理修配劳务和销售服务、无形资产的销售额,可分别享受小微

企业暂免征收增值税优惠政策。

从实务操作的角度看，小规模纳税人申报缴纳增值税是按季度进行的，而会计核算要遵循及时性会计信息质量的要求，日常经营活动中发生交易或者事项应及时进行账务处理。这就出现了一个时间上的差异，即：取得销售收入时，无法判断本季度销售额是否符合免税的标准，只有等到季度纳税申报期时才知道。

22号文件规定，小微企业在取得销售收入时，应当按照税法的规定计算应交增值税，并确认为应交税费，在达到增值税制度规定的免征增值税条件时，将有关应交增值税转入当期损益。即小微企业在日常活动中取得收入且发生增值税纳税义务时，应先按照征收率对含税收入进行价税分离，借记"银行存款"等科目，贷记"主营业务收入"或"其他业务收入"科目以及"应交税费——应交增值税"科目，季度终了，纳税申报时，如果本季度销售额符合小微企业免征增值税条件，再将已经计提的"应交税费——应交增值税"转入当期损益。但计入当期损益应当计入哪一个会计科目，22号文件并没有明确。目前实践中，有以下三种会计处理方法：第一，将免征增值税部分从"应交税费——应交增值税"科目转入"主营业务收入"科目；第二，将免征增值税部分从"应交税费——应交增值税"科目转入"营业外收入"科目；第三，将免征增值税部分从"应交税费——应交增值税"科目转入"其他收益"科目。

笔者认为，转入"主营业务收入"、"营业外收入"或者"其他收益"科目，都不违反22号文件计入当期损益的规定。

方法一认为，小微企业免征增值税属于日常活动中取得的经济利益总流入，符合《小企业会计准则》中有关"收入"的定义，将有关应交增值税转入"主营业务收入"科目，即还原为含税收入，因为免征的增值税之前也是从主营业务收入中价税出来的，现在符合规定免征了，就再还原到主营业务收入，这样进行会计处理还有利于增加企业所得税中业务招待费、广告和业务宣传费的扣除基数，有利于小微企业纳税人进行企业所得税汇算清缴。笔者建议不执行《企业会计准则》的小微企业，按照该方法进行会计处理。

方法二认为，转入"营业外收入"科目，符合《财政部关于小微企业免征增值税和营业税的会计处理规定》（财会〔2013〕24号）有关增值税会计处理的规定，但是22号文件规定，该规定自发布之日起施行，国家统一的会计制度中相关规定与该规定不一致的，应按该规定执行，财会〔2013〕24号同时废止。因此，目前再按照财会〔2013〕24号记入"营业外收入"科目已经失去了合法性依据。笔者不建议按照该方法进行会计处理。

方法三认为，如果纳税人执行《企业会计准则》，按照2017年5月新修订的《企业会计准则第16号——政府补助》（财会〔2017〕15号）的相关规定，同时，参考《2017年注册会计师全国统一考试辅导教材——会计》政府补助有关内容，即直接免征、增加计税抵扣额、抵免部分税额等不涉及资产直接转移的资源，不适用政府补助准则。但是，部分减免税款需要按照政府补助准则进行会计处理。例如，小微企业在取得销售收入时，应当按照税法的规定计算应交增值税，如其销售额满足税法规定的免征增值税条件，应当将免征的税额转入当期损益（其他收益），借记"应交税费——应交增值税"科目，贷记"其他收益"科目。笔者建议执行《企业会计准则》的小微企业按照该方法进行会计处理。

《财政部、税务总局、民政部关于继续实施扶持自主就业退役士兵创业就业有关税收政策的通知》（财税〔2017〕46号）规定，对商贸企业、服务型企业、劳动就业服务企业中的加工型企业和街道社区具有加工性质的小型企业实体，在新增加的岗位中，当年新招用自主就业退役士兵，与其签订1年以上期限劳动合同并依法缴纳社会保险费的，在3年内按实际招用人数予以定额扣减增值税的，会计处理应当将减征的税额计入当期损益（其他收益）。也即，借记"应交税费——应交增值税（减免税额）"科目，贷记"其他收益"科目。

【案例2-50】 2×17年第三季度，某A小规模纳税人公司销售产品，当季度取得销售收入5万元（不含税），其中，7月3.5万元，8月0.4万元，9月1.1万元。会计处理如下：

①小规模纳税人平时核算产品销售收入并计提相应增值税。

借：银行存款　　　　　　　　　　　　　　　　　　　51 500
　　贷：主营业务收入　　　　　　　　　　　　　　　　50 000
　　　　应交税费——应交增值税　　　　　　　　　　　 1 500

②符合达到增值税制度规定的免征增值税条件，如果小微企业执行《小企业会计准则》。

借：应交税费——应交增值税　　　　　　　　　　　　 1 500
　　贷：主营业务收入　　　　　　　　　　　　　　　　 1 500

③符合达到增值税制度规定的免征增值税条件，如果小微企业执行《企业会计准则》。

借：应交税费——应交增值税　　　　　　　　　　　　 1 500
　　贷：其他收益　　　　　　　　　　　　　　　　　　 1 500

需要注意的是，《财政部、国家税务总局关于继续执行小微企业增值税和营业税政策的通知》（财税〔2015〕96号）规定，月销售额不超过3万元（不含税销售额）免征增值税，不是直接免征，季度申报时判断是否达标免征增值税。达到免征标准应将有关应交增值税转入当期损益，但不包括当期代开增值税专用发票未将专用发票全部联次追回或者按规定开具红字专用发票，在代开增值税专用发票时向主管税务机关缴纳的增值税和税金及附加。小微企业随增值税附征的城市维护建设税、教育费附加等税费也应平时先计提并记入"税金及附加"科目，季度申报增值税达到免征标准时，再编制相反的会计分录冲回已计提的税金及附加。

第三章

企业收入税会处理差异及纳税调整

第一节　企业收入税会处理差异概述

一、收入范围界定的差异

2017年7月5日，财政部正式公布了新修订的《企业会计准则第14号——收入》（财会〔2017〕22号）（以下简称新《收入准则》）。新《收入准则》规定，收入是指企业在日常活动中形成的、会导致所有者权益增加的、与所有者投入资本无关的经济利益的总流入。

新《收入准则》保持了与《国际财务报告准则第15号——客户合同收入》的趋同，改革了现有的收入确认模型，明确收入确认的核心原则是"企业应当在履行了合同中的履约义务，即在客户取得相关商品或服务的控制权时确认收入"，强调企业确认收入的方式应当反映其向客户转让商品或服务的模式，确认金额应当反映企业因交付该商品或服务而预期有权收取的金额。基于该核心原则，新《收入准则》设定了统一的收入确认计量的"五步法"模型，即识别与客户订立的合同、识别合同中的单项履约义务、确定交易价格、将交易价格分摊至各单项履约义务、履行每一单项履约义务时确认收入。根据该模型的具体要求，收入应在企业将商品或服务的控制权转移给客户的时点（或过程中）以其预计有权获得的金额予以确认。根据满足特定条件的情况，收入应按以下方式确认：在一段时间内，以一种能够反映企业履行履约义务的方式确认；或者在某一时点上，当商品或服务的控制权转移给客户时确认。新《收入准则》的具体实施时间为：在境内外同时上市的企业以及在境外上市并采用国际财务报告准则或企业会计准则编制财务报表的企业，自2018年1月1日起施行；其他境内上市企业，自2020年

1月1日起施行；执行企业会计准则的非上市企业，自2021年1月1日起施行。

《企业所得税法》第五条规定，企业每一纳税年度的收入总额，减除不征税收入、免税收入、各项扣除以及允许弥补的以前年度亏损后的余额，为应纳税所得额。第六条规定，企业以货币形式和非货币形式从各种来源取得的收入，为收入总额。具体包括：销售货物收入、提供劳务收入、转让财产收入、股息、红利等权益性投资收益、利息收入、租金收入、特许权使用费收入、接受捐赠收入和其他收入。《实施条例》第二十一条规定，其他收入包括企业资产溢余收入、逾期未退包装物押金收入、确实无法偿付的应付款项、已作坏账损失处理后又收回的应收款项、债务重组收入、补贴收入、违约金收入、汇兑收益。

企业会计准则与税法界定的收入范围差异，体现在以下四个方面。

1. 企业所得税中收入总额的界定范围比会计准则的规定更广。企业取得的各种形式、各种来源的收入和视同销售收入，都属于收入总额，计入应纳税所得额。企业取得收入的货币形式包括现金、存款、应收账款、应收票据、准备持有至到期的债券投资以及债务的豁免等。企业取得收入的非货币形式包括固定资产、生物资产、无形资产、股权投资、存货、不准备持有至到期的债券投资、劳务以及有关权益等。会计处理上，收入准则只规范企业日常活动中取得的销售商品、提供劳务和让渡资产使用权收入，而长期股权投资、建造合同、租赁、债务重组、非货币性资产交换、政府补助等其他活动形成的收入、收益或利得，适用其他会计准则。

需要特别注意的是，由于企业所得税中收入总额口径与会计核算的收入总额口径不一致，在计算相关税收规定中的主营业务收入占企业收入总额比例时，除税法另有规定外，需要按照《企业所得税法》第六条规定的收入总额为准。

【案例3-1】广西桂东电力收入口径计算错误补税案。广西桂东电力股份公司《关于公司2014年度财务报告会计差错更正的公告》和大信会计师事务所《关于广西桂东电力股份有限公司2014年度财务报告会计差错更正情况专项说明》中披露了重大会计差错更正的原因和内容如下。

按照《国家税务总局关于深入实施西部大开发战略有关企业所得税问题的公告》（国家税务总局公告2012年第12号）的规定，自2011年1月1日至2020年12月31日，对设在西部地区以《西部地区鼓励类产业目录》中规定的产业项目为主营业务，且其当年度主营业务收入占企业收入总额70%以上的企业，经企业申请，主管税务机关审核确认后，可减按15%税率缴纳企业所得税。企业主营业务属于《西部地区鼓励类产业目录》范围的，经主管税务机关确认，可按照15%税率预交企业所得税。年度汇算清缴时，其当年度主营业务收入占企业总收入的比例达不到规定标准的，应按税法规定的税率计算申报并进行汇算清缴。根据上述规定，西部企业要享受低税率优惠，按15%的税率缴纳企业所得税，必须具备的前提条件是，以国家鼓励类产业项目为主营业务，并且主营业务的收入占企业总收入70%以上。

2012年1月10日，经广西壮族自治区工业和信息化委员会审核出具了桂工信政法确认函〔2012〕1号文件，确认桂东电力"水力发电"和"电网改造与建设"符合国家鼓励类产业产品技术项目目录。2011~2013年，桂东电力经主管税务机关审核均符合相关规定，享受西部大开发鼓励类产业所得税优惠政策，按照15%的优惠税率缴纳企业所得税。因此，桂东电力在2014年度财务决算中，企业所得税按照15%的优惠税率预提预交，并以此为基础编制了2014年年度报告，于2015年3月28日对外公告。

2015年5月27日，贺州市地税局下发了《不予享受税收优惠决定书》，认为桂东电力2014年主营业务收入占公司收入总额的比例未达70%，不符合享受西部大开发企业所得税税收优惠的条件，应按25%的税率缴纳企业所得税。根据上述情况，由于对税法相关文件的理解与当地主管税务机关存在不一致，公司上述比例计算错误（公司按照会计收入口径计算为70.18%，主管税务机关按照税法口径计算为66.57%），致使公司需对2014年度所得税税率由15%调整为25%重新计算，而造成补交2014年度企业所得税46 432 038.62元，并根据相关会计准则追溯调整2014年度相关财务报表数据。

【案例3-2】A公司2×17年取得高新技术产品收入1 000万元，普通产品收入200万元，取得政府补助200万元（符合不征税收入条件，按照不征税收入处理），取得股息、红利100万元，取得股权转让收入300万元（股权转让计税基础200万元）。请判断A企业是否符合高新技术企业有关收入比例认定的条件。

分析：按照《国家税务总局关于发布〈中华人民共和国企业所得税年度纳税申报表（A类，2014年版）〉的公告》（国家税务总局公告2014年第63号）的规定，本年高新技术产品（服务）收入占企业总收入的比例 = 本年高新技术产品（服务）收入 ÷ 本年企业总收入。按此计算比例 = 1 000 ÷ (1 000 + 200 + 200 + 100 + 300) × 100% = 55.56% < 60%，不符合高新技术企业条件。

但需要注意的是，2016年6月，《科技部、财政部、国家税务总局关于修订印发〈高新技术企业认定管理工作指引〉的通知》（国科发火〔2016〕195号）第三条第四款第二项规定，总收入指收入总额减去不征税收入，即高新技术企业的"总收入"计算口径为《企业所得税法》第六条规定的收入总额减去不征税收入的差额。收入总额与不征税收入要按照《企业所得税法》及《实施条例》的规定计算。但按照国科发火〔2016〕195号文件的规定，本年高新技术产品（服务）收入占企业总收入的比例 = 1 000 ÷ (1 000 + 200 + 200 + 100 + 300 - 200) × 100% = 62.5% > 60%，按照"新法优于旧法"的原则，A企业2017年符合高新技术企业条件，可以享受15%的企业所得税税率。

2. 税法规定有不征税收入，会计上无此规定。《企业所得税法》第七条规定，不征税收入包括财政拨款，依法收取并纳入财政管理的行政事业性收费、政府性基金等。不征税收入是指从性质和根源上不属于企业营利性活动带来的经济利益、不负有纳税义务并不作为应纳税所得额组成部分的收入。《营业税改征增值税试点有关事项的规定》（财税〔2016〕36号）规定，增值税不征税项目取得的收入不属于增值税征收范围，例如存款利息收入等。

3. 税法规定有免税收入和减计收入，均属于税收优惠政策，会计上无此规定。《企业所得税法》规定的免税收入是指属于企业的应税所得但按照税法规定免予征收企业所得税的收入。减计收入是指企业以《资源综合利用企业所得税优惠目录》规定的资源作为主要原材料，生产国家非限制和禁止并符合国家与行业相关标准的产品取得的收入，减按90%计入收入总额。《营业税改征增值税试点过渡政策的规定》（财税〔2016〕36号）规定，免征增值税项目取得的收入属于免税收入。

4. 增值税和企业所得税都需要考虑收入金额的特别纳税调整，而会计确认收入时按照实际发生金额确认收入。《营业税改征增值税试点实施办法》第四十四条规定，纳税人发生应税行为价格明显偏低或者偏高且不具有合理商业目的的，或者发生该办法第十四条所列行为而无销售额的，主管税务机关有权按照规定的顺序确定销售额。《企业所得税法》第四十一条规定，企业与其关联方之间的业务往来不符合独立交易原则而减少企业或者其关联方应纳税收入或者所得额的，税务机关有权按照合理方法调整。

二、免税收入和不征税收入的税会处理差异

会计处理上，只要取得符合会计准则确认条件的收入，都应该记入"主营业务收入"、"其他业务收入"或"投资收益"科目，不区分应税收入、免税收入和不征税收入。

税务处理上，增值税方面：企业取得的增值税不征税收入，对应支出的进项税额可以按规定从销项税额中抵扣，而免税收入对应支出的进项税额不得从销项税额中抵扣。企业所得税方面：免税收入和不征税收入的最大区别在于，企业取得的不征税收入不属于营利性活动带来的经济利益，从税制原理上就不应缴纳企业所得税；而免税收入则是企业应税收入的组成部分，按照税制原理应当缴纳企业所得税，但税法允许其免予纳税。因此，不征税收入不属于税收优惠，而免税收入则属于税收优惠。《实施条例》规定，企业的不征税收入用于支出所形成的费用或者财产，不得扣除或者计算对应的折旧、摊销扣除。《国家税务总局关于加强企业所得税管理的意见》（国税发〔2008〕88号）规定，严格界定应税收入、不征税收入和免税收入，分别核算应税收入和不征税收入所对应的成本费用。《国家税务总局关于贯彻落实〈企业所得税法〉若干税收问题的通知》（国税函〔2010〕79号）规定，企业取得的各项免税收入所对应的各项成本费用，除另有规定者外，可以在计算企业应纳税所得额时扣除。

1. 国债和地方政府债券利息收入。

（1）企业所得税处理。国债利息收入是指企业持有国务院财政部门发行的国债取得的利息收入。根据《企业所得税法》第二十六条的规定，企业取得的国债利息收入，免征企业所得税。《企业所得税法实施条例》第十八条规定，企业投资国债从国务院财政部门取得的国债利息收入，应以国债发行时约定应付利息的日期，确认利息收入的实现。企业转让国债，应在国债转让收入确认时确认利息收入的实现。具体按照《国家税务总局关于企业国债投资业务企业所得税处理问题的公告》（国家税务总局公告2011年第36号）的规定处理。另外，《财政部、国家税务总局关于地方政府债券利息免征所得税问题的通知》（财税〔2013〕5号）规定，企业取得的2012年及以后年度发行的地方政府债券利息收入免征企业所得税。

（2）增值税处理。《财政部、国家税务总局关于全面推开营业税改征增值税试点的通知》（财税〔2016〕36号）规定，国债和地方政府债利息收入免征增值税。《财政部、国家税务总局关于进一步明确全面推开营改增试点金融业有关政策的通知》（财税〔2016〕46号）和《关于金融机构同业往来等增值税政策的补充通知》（财税〔2016〕70号）规定，持有政策性金融债券和非政策性金融债券取得的利息收入，属于"金融同业往来利息收入"，免征增值税。

【案例3-3】2×17年1月，某公司用10万元购入1 000张国务院财政部门发行的国债，票面利率5%，期限5年，分期付息一次还本，作为持有至到期投资核算，每年年末收取国债利息5 000元，并已存入银行存款。国债利息收入的会计和税务处理如下。

①企业所得税处理。2×17年所得税汇算清缴时，将5 000元国债利息收入填入主表和附表A107010《免税、减计收入及加计扣除优惠明细表》第2行国债利息收入，进行纳税调减，并履行备案手续。

②增值税处理。按照财税〔2016〕36号文件的规定，国债、地方政府债利息收入属于免税项目利息收入。

③会计处理。按照财会〔2016〕22号文件有关减免增值税的账务处理的规定，对于当期直接减免的增值税，借记"应交税费——应交增值税（减免税款）"科目，贷记损益类相关科目。会计处理如下。

A. 计算国债利息：

借：应收利息　　　　　　　　　　　　　　　　　　　5 000

　　贷：投资收益（5 000÷1.06）　　　　　　　　　　4 717

　　　　应交税费——应交增值税（销项税额）　　　　　283

B. 免税国债利息：

借：应交税费——应交增值税（减免税款）　　　　　　　283

贷：投资收益（5 000÷1.06×6%）　　　　　　　　　　　　　283
　　C. 实际收到利息：
借：银行存款　　　　　　　　　　　　　　　　　　　　　5 000
　　贷：应收利息　　　　　　　　　　　　　　　　　　　　5 000

2. 符合条件的居民企业之间的股息、红利等权益性投资收益。《实施条例》第八十三条规定，符合条件的居民企业之间的股息、红利等权益性投资收益，是指居民企业直接投资于其他居民企业取得的投资收益。但不包括连续持有居民企业公开发行并上市流通的股票不足12个月取得的投资收益。《国家税务总局关于印发〈新企业所得税法精神宣传提纲〉的通知》（国税函〔2008〕159号）规定，鉴于以股票方式取得且连续持有时间较短（短于12个月）的投资，并不以股息、红利收入为主要目的，主要是从二级市场获得股票转让收益，而且买卖和变动频繁，税收管理难度大，因此，《实施条例》将持有上市公司股票的时间短于12个月的股息红利收入排除在免税范围之外。对来自所有非上市企业以及持有股票12个月以上取得的股息红利收入，适用免税政策。

【案例3-4】2×17年6月，A居民企业取得对B居民企业（上市公司）的长期股权投资（2×15年1月投资）分回的现金股利100 000元，并已存入银行。会计处理如下：

借：银行存款　　　　　　　　　　　　　　　　　　　　100 000
　　贷：投资收益　　　　　　　　　　　　　　　　　　　100 000

税务处理：2×17年度企业所得税纳税申报时，将100 000元现金股利投资收益填入主表、附表A107010《免税、减计收入及加计扣除优惠明细表》和A107011《符合条件的居民企业之间的股息、红利等权益性投资收益优惠明细表》，进行纳税调减。

3. 在中国境内设立机构、场所的非居民企业从居民企业取得的与该机构、场所有实际联系的股息、红利等权益性投资收益。《企业所得税法》第二十六条第三项规定，在中国境内设立机构、场所的非居民企业从居民企业取得与该机构、场所有实际联系的股息、红利等权益性投资收益为免税收入，以避免可能存在的重复征税问题。

4. 符合条件的非营利组织的收入。《财政部、国家税务总局关于非营利组织企业所得税免税收入问题的通知》（财税〔2009〕122号）规定，非营利组织的下列收入为免税收入：接受其他单位或者个人捐赠的收入；除《企业所得税法》第七条规定的财政拨款以外的其他政府补助收入，但不包括因政府购买服务取得的收入；按照省级以上民政、财政部门规定收取的会费；不征税收入和免税收入孳生的银行存款利息收入；财政部、国家税务总局规定的其他收入。

三、企业所得税收入和增值税收入处理差异

1. 加工制造大型机械设备、船舶、飞机持续时间超过12个月。《增值税暂行条例

实施细则》第三十八条规定，生产销售生产工期超过 12 个月的大型机械设备、船舶、飞机等货物，其纳税义务发生时间为收到预收款或者书面合同约定的收款日期的当天。《营业税改征增值税试点实施办法》第四十五条规定，纳税人提供租赁服务采取预收款方式的，其纳税义务发生时间为收到预收款的当天。《企业所得税法实施条例》第二十三条规定，企业受托加工制造大型机械设备、船舶、飞机，以及从事建筑、安装、装配工程业务或者提供其他劳务等，持续时间超过 12 个月的，按照纳税年度内完工进度或者完成的工作量确认收入的实现。两者差异为：在纳税年度内，企业若事先收到预收款或者书面合同约定的收款日期的当天，但尚未开工或进度缓慢，必须确认增值税收入申报纳税，但不一定确认所得税收入，可能会出现增值税收入大于所得税收入的情况。

2. 采取委托代销方式销售货物。《增值税暂行条例实施细则》第三十八条规定，委托其他纳税人代销货物，为收到代销单位的代销清单或者收到全部或者部分货款的当天。未收到代销清单及货款的，为发出代销货物满 180 天的当天。《国家税务总局关于确认企业所得税收入若干问题的通知》（国税函〔2008〕875 号）规定，销售商品采用支付手续费方式委托代销的，在收到代销清单时确认收入。两者差异为：如果企业在发出代销货物满 180 天之前收到代销清单，增值税与所得税确认收入的时点是一致的；如果发出代销货物满 180 天的当天及以后企业仍未收到代销清单及货款，增值税须确认收入申报缴纳税款，而所得税则不一定需要确认，此时，会出现年度申报时增值税确认收入必然大于企业所得税收入的情况。

3. 采取先开具发票、后发出商品。《增值税暂行条例》第十九条规定，销售货物或者应税劳务，先开具发票的，为开具发票的当天。如果企业先开具发票，但是按照国税函〔2008〕875 号文件的规定不满足确认收入的相关条件，在企业所得税处理时也不需要确认收入。

4. 资产用途发生内部改变的。《增值税暂行条例实施细则》第四条规定，企业有下列行为视同销售：设立两个以上机构并实行统一核算的纳税人，将货物从一个机构移送其他机构用于销售，但相关机构设在同一县（市）的除外；将自产或者委托加工的货物用于集体福利等。《国家税务总局关于企业处置资产所得税处理问题的通知》（国税函〔2008〕828 号）规定，由于上述行为所涉及的资产所有权属在形式和实质上均未发生改变，可作为内部处置资产，不视同销售确认收入。因此，上述资产发生内部改变的行为，两者差异为：增值税应在申报表上如实填报视同销售收入金额，而所得税不会确认收入，必然出现增值税申报收入大于企业所得税收入的情况。

5. 销售使用过的固定资产。增值税方面：按照增值税相关政策适用征收率或税率征收增值税，填制增值税申报表时，固定资产不含税售价填列在应税销售额栏。企业所得税方面：由于是按处置固定资产净收益确认营业外收入，其必然小于固定资产售价。因此，增值税纳税申报时确认的收入大于企业所得税纳税申报时确认的收入。

第二节　企业商品销售收入税会处理差异

一、商品销售收入的会计处理

新《收入准则》第四条规定，企业应当在履行了合同中的履约义务即在客户取得相关商品控制权时确认收入。取得相关商品控制权，是指能够主导该商品的使用并从中获得几乎全部的经济利益。第五条规定，当企业与客户之间的合同同时满足下列条件时，企业应当在客户取得相关商品控制权时确认收入：第一，合同各方已批准该合同并承诺将履行各自义务；第二，该合同明确了合同各方与所转让商品或提供劳务（以下简称"转让商品"）相关的权利和义务；第三，该合同有明确的与所转让商品相关的支付条款；第四，该合同具有商业实质，即履行该合同将改变企业未来现金流量的风险、时间分布或金额；第五，企业因向客户转让商品而有权取得的对价很可能收回。在合同开始日即满足上述条件的合同，企业在后续期间无须对其进行重新评估，除非有迹象表明相关事实和情况发生重大变化。合同开始日通常是指合同生效日。

第六条规定，在合同开始日不符合新《收入准则》第五条规定的合同，企业应当对其进行持续评估，并在其满足新《收入准则》第五条规定时按照该条的规定进行会计处理。对于不符合新《收入准则》第五条规定的合同，企业只有在不再负有向客户转让商品的剩余义务且已向客户收取的对价无须退回时，才能将已收取的对价确认为收入；否则，应当将已收取的对价作为负债进行会计处理。没有商业实质的非货币性资产交换，不确认收入。

第十三条规定，对于在某一时点履行的履约义务，企业应当在客户取得相关商品控制权时点确认收入。在判断客户是否已取得商品控制权时，企业应当考虑下列迹象：第一，企业就该商品享有现时收款权利，即客户就该商品负有现时付款义务。第二，企业已将该商品的法定所有权转移给客户，即客户已拥有该商品的法定所有权。第三，企业已将该商品实物转移给客户，即客户已实物占有该商品。第四，企业已将该商品所有权上的主要风险和报酬转移给客户，即客户已取得该商品所有权上的主要风险和报酬。第五，客户已接受该商品。第六，其他表明客户已取得商品控制权的迹象。

二、商品销售收入的税务处理

《增值税暂行条例》第十九条规定，增值税纳税义务发生时间：第一，销售货物或者应税劳务,为收讫销售款项或者取得索取销售款项凭据的当天;先开具发票的,为开具发票的当天。第二,进口货物,为报关进口的当天。《增值税暂行条例实施细则》第三十八条规定了不同销售结算方式下确认收入的具体时间。《国家税务总局关于增值税纳税义务发生时间有关问题的公告》(国家税务总局公告2011年第40号)规定,自2011年8月1日起,纳税人生产经营活动中采取直接收款方式销售货物,已将货物移送对方并暂估销售收入入账,但既未取得销售款或取得索取销售款凭据也未开具销售发票的,其增值税纳税义务发生时间为取得销售款或取得索取销售款凭据的当天;先开具发票的,为开具发票的当天。

《财政部、国家税务总局关于全面推开营业税改征增值税试点的通知》(财税〔2016〕36号)第四十五条规定,增值税纳税义务、扣缴义务发生时间为:第一,纳税人发生应税行为并收讫销售款项或者取得索取销售款项凭据的当天;先开具发票的,为开具发票的当天。收讫销售款项,是指纳税人销售服务、无形资产、不动产过程中或者完成后收到款项。取得索取销售款项凭据的当天,是指书面合同确定的付款日期;未签订书面合同或者书面合同未确定付款日期的,为服务、无形资产转让完成的当天或者不动产权属变更的当天。第二,纳税人提供建筑服务、租赁服务采取预收款方式的,其纳税义务发生时间为收到预收款的当天。第三,纳税人从事金融商品转让的,为金融商品所有权转移的当天。第四,纳税人发生视同销售情形的,其纳税义务发生时间为服务、无形资产转让完成的当天或者不动产权属变更的当天。第五,增值税扣缴义务发生时间为纳税人增值税纳税义务发生的当天。

《消费税暂行条例》第三条规定,纳税人兼营不同税率的应当缴纳消费税的消费品(以下简称应税消费品),应当分别核算不同税率应税消费品的销售额、销售数量;未分别核算销售额、销售数量,或者将不同税率的应税消费品组成成套消费品销售的,从高适用税率。第十条规定,纳税人应税消费品的计税价格明显偏低并无正当理由的,由主管税务机关核定其计税价格。《消费税暂行条例实施细则》第八条规定了不同销售结算方式下确认收入的具体时间。

《企业所得税法》及其《实施条例》和《国家税务总局关于确认企业所得税收入若干问题的通知》(国税函〔2008〕875号)规定,除《企业所得税法》及其《实施条例》另有规定外,企业销售收入的确认必须遵循权责发生制原则和实质重于形式原则。企业销售商品同时满足下列条件的,应确认收入的实现:第一,商品销售合同已经签订,企业已将商品所有权相关的主要风险和报酬转移给购货方;第二,企业对已售出的商品既没有保留通常与所有权相联系的继续管理权,也没有实施有效控制;第三,收入的金额能够可靠地计量;第四,已发生或将发生的销售方的成本能够可靠地核算。

符合上述收入确认条件,采取下列商品销售方式的,应按以下规定确认收入实现时间:(1)销售商品采用托收承付方式的,在办妥托收手续时确认收入。(2)销售商品采取预收款方式的，在发出商品时确认收入。（3）销售商品需要安装和检验的，在购买方接受商品以及安装和检验完毕时确认收入。如果安装程序比较简单，可在发出商品时确认收入。（4）销售商品采用支付手续费方式委托代销的，在收到代销清单时确认收入。（5）采用售后回购方式销售商品的，销售的商品按售价确认收入，回购的商品作为购进商品处理。有证据表明不符合销售收入确认条件的，如以销售商品方式进行融资，收到的款项应确认为负债，回购价格大于原售价的，差额应在回购期间确认为利息费用。（6）销售商品以旧换新的，销售商品应当按照销售商品收入确认条件确认收入，回收的商品作为购进商品处理。

三、商品销售收入的税会处理差异

会计和税法规定在时间上的差异较大，会计处理从实质重于形式和谨慎性出发，侧重于收入的可实现性。而税法则从组织财政收入的角度出发，侧重于收入的社会价值的实现，造成会计收入和计税收入在确认时产生差异，其主要差异如下。

1. 新《收入会计准则》确认收入的条件强调"控制权转移"。当企业与客户之间的合同同时满足五项条件时，企业应当在客户取得相关商品控制权时确认收入，即在企业将商品或服务的控制权转移给客户的时点或过程中以其预计有权获得的金额予以确认，并采用"五步法"模型确认收入。另外，新《收入会计准则》确认收入的条件比国税函〔2008〕875号的规定更强调"企业因向客户转让商品而有权取得的对价很可能收回"。会计处理上，商品销售收入强调企业因向客户转让商品而有权取得的对价很可能收回，是指销售商品价款收回的可能性大于不能收回的可能性，也就是说，销售商品价款收回的可能性超过50%。税务处理上，收入的确认不强调"因向客户转让商品有权取得的对价很可能收回"，其主要原因是防止人为地判断收入对价很可能收回的可能性，不符合税法确定性原则，会造成实际操作的困难，造成税基减少，逃避企业所得税。

【案例3-5】A公司于2×17年12月3日向B公司发出商品一批，已向B公司开出增值税专用发票，价款100万元，增值税17万元，商品成本80万元，并于12月8日办妥托收手续。但10日得知B公司由于遭受严重自然灾害，很可能发生重大损失，预计企业无法收到该货款。会计处理如下：

①2×17年企业因很可能无法收到货款，判断其不符合会计收入确认条件，不确认收入：

借：发出商品   800 000
  贷：库存商品   800 000

②2×17年增值税处理，因开出增值税专用发票时已经发生纳税义务：

借：应收账款——应收增值税   170 000

贷：应交税费——应交增值税（销项税额）　　　　　　　　　　170 000

　　③2×17年企业所得税处理。会计上未确认收入，但按照《企业所得税法》的规定应确认收入100万元，同时应确认成本80万元，故应调增2×17年应纳税所得额20万元。年度纳税申报表填列方法：在企业所得税年度申报表附表A105000《纳税调整项目明细表》第3行"未按权责发生制确认收入"和A105020《未按权责发生制确认收入纳税调整明细表》第13行"其他未按权责发生制确认收入"调增收入额100万元；在A105000《纳税调整项目明细表》第26行"跨期扣除项目"调减成本80万元，形成可抵扣暂时性差异，纳税调增20万元，确认递延所得税资产5万元。

　　借：递延所得税资产　　　　　　　　　　　　　　　　　　　50 000
　　　　贷：所得税费用　　　　　　　　　　　　　　　　　　　　50 000

　　2×18年，实际收到B公司销售款及税金时：
　　借：银行存款　　　　　　　　　　　　　　　　　　　　1 170 000
　　　　贷：主营业务收入　　　　　　　　　　　　　　　　　1 000 000
　　　　　　应收账款——应收增值税　　　　　　　　　　　　　170 000
　　借：主营业务成本　　　　　　　　　　　　　　　　　　　　800 000
　　　　贷：发出商品　　　　　　　　　　　　　　　　　　　　800 000

　　2×18年，会计上进行销售处理，确认收入并结转成本，但企业所得税上已在2×17年确认收入，应调减收入100万元，同时调增成本80万元，故应调减2×18年应纳税所得额20万元，转回递延所得税资产5万元。年度纳税申报表填列方法比照2×17年报表相应项目进行调整。

　　借：所得税费用　　　　　　　　　　　　　　　　　　　　　50 000
　　　　贷：递延所得税资产　　　　　　　　　　　　　　　　　　50 000

　　假设以后B公司破产，A公司无法收回货款和增值税税款，应向税务部门申报坏账损失。此时，A公司会计上应确认的损失应该是97万元，即17万元增值税和80万元产品成本。但向税务部门申报损失应该是应收账款的计税基础117万元，因为20万元已作为销售利润在前期缴纳了企业所得税。在以前年度已征完税，现在应该允许作坏账损失扣除，就是作调减处理，并应将递延所得税资产转回。

　　2.《企业所得税法》是法人所得税制，强调在同一法人内部的资产转移不视同销售也不确认收入，对不同法人之间的资产处置，因资产所有权发生改变，应视同销售确认收入，因此，《企业所得税法》主要强调资产是否转移至境外或资产所有权是否实质上转移，没有像会计处理那样强调"相关经济利益很可能流入企业"。但需要注意的是，这与增值税相关规定有所不同。

　　3. 企业所得税或增值税纳税义务发生时间与会计准则中收入确认时间可能不同。《企业所得税法》中存在未按权责发生制确认收入。例如，跨期收取的租金、利息、特许权使用费收入、分期确认收入、政府补助递延收入等收入，会计上按照权责发生制确认收入，但依据《企业所得税法》的规定不按照权责发生制确认收入。增值税税收政策中存在增值税纳税义务发生时间早于或晚于会计准则中收入确认时间。

4. 纳税人兼营不同税率或征收率的销售收入是否分开核算，对纳税产生不同影响，即应当分别核算不同税率货物或者应税劳务的销售额；未分别核算销售额的，从高适用税率或征收率。

5. 房地产开发企业的预售收入，在进行会计处理时，取得预售款记入"预收账款"科目，不确认收入。企业所得税处理时，按照国税发〔2009〕31号文件的规定，企业通过正式签订《房地产销售合同》或《房地产预售合同》所取得的收入，应确认为销售收入的实现。也就是说，企业所得税处理不存在"预收账款"概念，只要签订了《房地产销售合同》或《预售合同》，不管产品是否完工，应全部确认为收入。因此，房地产企业"所得税计税收入"不同于"会计收入"。

增值税处理时，按照《房地产开发企业销售自行开发的房地产项目增值税征收管理暂行办法》（国家税务总局公告〔2016〕第18号公告）的规定，一般纳税人采取预收款方式销售自行开发的房地产项目，应在收到预收款时按照3%的预征率预交增值税。应预交税款按照以下公式计算：应预交税款 = 预收款 ÷（1 + 适用税率或征收率）× 3%。适用一般计税方法计税的，按照11%的适用税率计算；适用简易计税方法计税的，按照5%的征收率计算。

四、销售折扣和折扣销售的税会处理差异

1. 销售折扣和折扣销售的会计处理。销售折扣是指现金折扣，是债权人为鼓励债务人在规定的期限内付款而向债务人提供的债务扣除。销售折扣采用总价法核算，发生现金折扣时，直接冲减当期财务费用。折扣销售是指商业折扣，是企业为促进商品销售而在商品标价上给予的价格扣除。发生折扣销售时，应当按照扣除商业折扣后的金额确定销售商品收入。

2. 销售折扣和折扣销售的税务处理。

（1）增值税处理。《国家税务总局关于印发〈增值税若干具体问题的规定〉的通知》（国税发〔1993〕154号）第二条规定，纳税人采取折扣方式销售货物，如果销售额和折扣额在同一张发票上分别注明，可按折扣后的销售额征收增值税。《国家税务总局关于折扣额抵减增值税应税销售额问题通知》（国税函〔2010〕56号）规定，纳税人采取折扣方式销售货物，销售额和折扣额在同一张发票上分别注明是指销售额和折扣额在同一张发票上的"金额"栏分别注明，可按折扣后的销售额征收增值税。未在同一张发票"金额"栏注明折扣额，而仅在发票的"备注"栏注明折扣额的，折扣额不得

从销售额中减除。《财政部、国家税务总局关于全面推开营业税改征增值税试点的通知》（财税〔2016〕36号）第四十三条规定，纳税人发生应税行为，将价款和折扣额在同一张发票上分别注明的，以折扣后的价款为销售额；未在同一张发票上分别注明的，以价款为销售额，不得扣减折扣额。

《国家税务总局关于纳税人折扣折让行为开具红字增值税专用发票问题的通知》（国税函〔2006〕1279号）规定，纳税人销售货物并向购买方开具增值税专用发票后，由于购货方在一定时期内累计购买货物达到一定数量或者由于市场价格下降等原因，销售方相应的价格优惠或补偿等折扣、折让行为，销货方可按现行《增值税专用发票使用规定》的有关规定开具红字增值税专用发票。具体按照《国家税务总局关于红字增值税发票开具有关问题的公告》（国家税务总局公告2016年第47号）有关规定执行。

（2）企业所得税处理。《国家税务总局关于确认企业所得税收入若干问题的通知》（国税函〔2008〕875号）规定，企业为促进商品销售而在商品价格上给予的价格扣除属于商业折扣，商品销售涉及商业折扣的，应当按照扣除商业折扣后的金额确定销售商品收入金额。债权人为鼓励债务人在规定的期限内付款而向债务人提供的债务扣除属于现金折扣，销售商品涉及现金折扣的，应当按扣除现金折扣前的金额确定销售商品收入金额，现金折扣在实际发生时作为财务费用扣除。企业以买一赠一等方式组合销售本企业商品的，不属于捐赠，应将总的销售金额按各项商品的公允价值的比例来分摊确认各项的销售收入。《企业所得税年度纳税申报表》附表A105000《纳税调整项目明细表》"收入类调整"项目第10行"销售折扣、折让和退回"，要求企业填列账载金额、税收金额和调整金额，即对不符合税收规定的销售折扣和折让进行纳税调整。

由此可见，对于商业折扣和现金折扣，如果销售方能提供以下资料，才能允许在税前扣除：（1）商业折扣。第一，开具专用发票当月，应在同一张发票上注明价款与折扣额且在"金额"栏注明折扣额；第二，开具专用发票当月，发生销货退回、开票有误等情形，收到退回的发票联、抵扣联符合作废条件的，按作废处理，重新开具专用发票并分别注明价款与折扣额；第三，开具专用发票以后，发生销货退回、开票有误、应税服务中止等情形但不符合发票作废条件，或者因销货部分退回及发生销售折让，需要按照国家税务总局公告2016年第47号文件的规定开具红字专用发票。（2）现金折扣。按照双方盖章确认的注明了折扣标准、折扣率的销售合同或协议、根据实际情况计算的折扣金额明细、银行收款凭据等证明该业务真实发生的合法凭据据实在财务费用中列支扣除。

【案例3-6】 某商场推出促销措施，顾客购买一件2 000元冰箱，赠送一件400元微波炉。冰箱和微波炉的成本分别是1 200元和200元。企业的通常处理方式是：收顾客现金2 000元，并向其开具2 000元的发票。开具一件微波炉的出库单，免费赠送微波炉给顾客。会计上确认销售收入2 000元。在这种情况下，按照《增值税暂行条例实施细则》第四条及国税函〔1997〕472号文件的规定，要按照其对外售价400元确认销售收入，并计算增值税和企业所得税。

如果该商场改变一下处理方式，即将实物折扣转化为价格折扣进行出售，结果会有很大的不同。商场可以考虑将赠送微波炉的价格体现在商业折扣上，即商场在开具发票时，开具冰箱1件，金额2 000元，开具微波炉1件，金额400元，然后在同一张发票上体现400元的折扣额。按照国税发〔1993〕154号、国税函〔2010〕56号以及国税函〔2008〕875号文件的规定，商场可以按照折扣后的金额2 000元申报缴纳流转税和所得税，降低纳税支出。

【案例3-7】某公司（一般纳税人）与客户A签订2×16年度销售合同，约定若年度销售额达到1 000万元以上，给予其100万元折扣。截至2×16年11月末，该客户当年度累计销售额已达1 200万元。因此，该公司于2×16年12月按照当月销售额250万元以及年度折扣额100万元开具了增值税专用发票（销售额和折扣额在同一张发票"金额"栏分别注明）。2×16年12月销售净额为150万元（250-100），销项税额为25.5万元。但是，2×17年1月主管国税局稽查认为，该公司的行为违反了国税函〔2006〕1279号、国税发〔2006〕156号文件第十四条至第十九条以及国税发〔2007〕18号文件第一条第5款等三项规定，要求该公司补缴折扣额的增值税17万元，并按照折扣金额调增2×16年度应纳税所得额100万元。该公司认为，折扣销售是真实的，虽然未按照相关税法规定开具红字发票，但是并未造成少缴纳增值税的后果，主观上无逃漏税行为，不应当补交增值税税款，更不应当调增2×16年度应纳税所得额。

问：税务机关对该公司的税务处理是否合法？

答：税务机关对该公司的税务处理合法。

①增值税处理。企业按照12月当月销售额250万元及年度折扣额100万元开具增值税专用发票，不符合上述增值税相关规定，不得扣减100万元折扣额。

②企业所得税处理。在调增100万元销售额的同时，调增应纳税所得额100万元，年度汇算清缴时，在《企业所得税年度纳税申报表》附表A105000《纳税调整项目明细表》"收入类调整"项目的第10行"销售折扣、折让和退回"，企业应填列账载金额100万元、税收金额0和调增金额100万元，即对不符合税收规定的销售折扣和折让进行纳税调增100万元。

③企业正确处理方式应该是，开具专用发票以后，因销货发生销售折让，按照国家税务总局公告〔2016〕47号文件的规定开具红字专用发票，冲减当期销售额和销项税额。

五、平销返利销售的税会处理差异

平销返利是指生产企业以商业企业经销价或高于商业企业经销价的价格将货物销售

给商业企业，商业企业再以进货成本或低于进货成本的价格进行销售，生产企业则以返还利润等方式弥补商业企业的进销差价损失。《国家税务总局关于平销行为征收增值税问题的通知》（国税发〔1997〕167号）和《国家税务总局关于商业企业向货物供应方收取的部分费用征收流转税问题的通知》（国税发〔2004〕136号）规定，对商业企业向供货方收取的与商品销售量、销售额无必然联系，且商业企业向供货方提供一定劳务的收入，例如进场费、广告促销费、上架费、展示费、管理费等，不属于平销返利，不冲减当期增值税进项税金，应按营业税的适用税目税率征收营业税。需要注意的是，营改增后商业企业向供货方提供一定劳务的收入，应按照财税〔2006〕36号文件规定的适用税目计算缴纳增值税。对收取的管理费等分别属于"现代服务业——商务辅助服务或企业管理服务"等税目。

商业企业向供货方收取的与商品销售量、销售额挂钩（如以一定比例、金额、数量计算）的各种返还收入，均应按照平销返利行为的有关规定冲减当期增值税进项税金，不征收营业税。应冲减进项税金的计算公式调整为：当期应冲减进项税金 = 当期取得的返还资金 ÷（1 + 所购货物适用增值税税率）× 所购货物适用增值税税率。商业企业向供货方收取的各种收入，一律不得开具增值税专用发票。需要注意的是，商业企业向供货方收取的上述各种返还收入实质上属于销售折让，应由供货方按商品的折让额开具增值税红字专用发票。商业企业根据红字增值税专用发票信息，作进项税额转出。供货方开具增值税红字专用发票后冲减当月销项税额。

1. 现金返利的财税处理。

【案例3-8】甲公司为天勤商场的供应商，每期期末按商场销售本公司商品金额的5%进行平销返利。2×15年11月天勤商场共销售甲公司商品金额234万元（含税），按约定收到返利11.7万元。

①天勤商场对现金返利的财税处理。2×15年11月末依据取得的供应方红字专用发票，冲减当期增值税进项税金，同时冲抵当期已销商品成本：

借：银行存款　　　　　　　　　　　　　　　　　　　　117 000
　　贷：主营业务成本　　　　　　　　　　　　　　　　　　100 000
　　　　应交税费——应交增值税（进项税额转出）　　　　　17 000

同时，天勤商场在当期《增值税纳税申报表》附列资料（二）本期进项税额明细第20行"红字专用发票通知单注明的进项税额"栏作进项税额转出申报1.7万元。

②供应商甲公司对现金返利的财税处理。2×15年11月末，经计算应返利11.7万元，开具红字专用发票，凭此票进行如下处理：

借：主营业务收入　　　　　　　　　　　　　　　　　　100 000
　　应交税费——应交增值税（销项税额）　　　　　　　　17 000
　　贷：银行存款　　　　　　　　　　　　　　　　　　　117 000

供应商甲公司在当期增值税申报表中并不专门体现"红字专用发票"销售额,而是作为对销售收入的抵减额合并申报。

2. 实物返利的财税处理。《国家税务总局关于平销行为征收增值税问题的通知》(国税发〔1997〕167号)规定,供应商平销返利的方式不论是资金返还、赠送实物还是其他方式,商业企业因购买货物而从供应商取得的各种形式的返还资金,均应依所购货物的增值税税率计算应冲减的进项税金,并从其取得返还资金当期的进项税金中予以冲减。相应地,供应商实物返利也应作如下处理:一是实物返利视同销售;二是完成利润返还。完成利润返还与现金返还处理一致,而实物返利视同销售要计征增值税销项税额。也就是说,供应商在实物返利时,要同时确认价格折让引起的前期已确认收入、销项税额的减少,以及返还实物视同销售引起本期收入、销项税额的增加。而在如何开具发票的处理上,也会直接体现为两份发票,即折让的红字发票和视同销售的蓝字发票。

【案例3-9】甲公司为天勤商场的商品供应商,每期期末按商场销售本公司商品金额的5%进行实物返利。2×15年11月天勤商场共销售甲公司商品金额234万元(含税),按约定收到含税价值为11.7万元实物商品返利。

①商场对实物返利的财税处理。2×15年11月末,经计算返利11.7万元,取得供应方甲公司红字专用发票(以下简称"票1"),凭此红字发票冲减当期增值税进项税金,同时取得返利实物的增值税蓝字发票(以下简称"票2")抵扣联,按正常购进货物进项税额处理:

借:库存商品——平销返利　　　　　　　　　　　　　　100 000
　　应交税费——应交增值税(进项税额)　　　　　17 000(票2)
　贷:主营业务成本　　　　　　　　　　　　　　　　　100 000
　　应交税费——应交增值税(进项税额转出)　　17 000(票1)

票1对应的进项税额,商场在当期《增值税纳税申报表》上附表二第20行"红字专用发票通知单注明的进项税额"作进项税额转出申报;票2对应的进项税额则在当期《增值税纳税申报表》上附表二第2行"本期认证相符且本期申报抵扣"作抵扣进项税额申报。

②实物返利时供应商的财税处理。2×15年11月末,经计算应返利11.7万元,开具返利折让引起的红字专用发票(对应上述票1),同时开具返利实物视同销售的增值税蓝字发票(对应上述票2):

借:主营业务收入　　　　　　　　　　　　　　　　　100 000
　　应交税费——应交增值税(销项税额)　　　　　17 000(票1)
　贷:库存商品　　　　　　　　　　　　　　　　　　　100 000
　　应交税费——应交增值税(销项税额)　　　　　17 000(票2)

与现金返利相同,供应商在当期《增值税纳税申报表》上并不专门体现"红字专用发票"销售额,而是作为对销售收入的抵减额合并申报。需要注意的是,对外购实物进行返利，计算缴纳企业所得税时，要相应调增视同销售收入 10 万元及相应的视同销售成本 10 万元。

第三节　提供劳务收入税会处理差异

一、提供劳务收入的会计处理

1. 不跨年度的劳务收入的确认。《企业会计制度》第八十八条规定，在同一会计年度内开始并完成的劳务，应当在完成劳务时确认收入。即按完成合同法，在完成劳务时按合同、发票金额确认收入。具体确认标准参照销售商品收入的确认原则。

【案例 3-10】2×17 年 3 月甲企业为乙企业提供为期 2 周的加工铸件的工业性劳务，当月完成并验收交货，实际收款 11 700 元（含税），开具增值税专用发票。符合会计收入确认条件，当月确认收入，企业会计处理如下：

借：银行存款　　　　　　　　　　　　　　　　　　　　　11 700
　　贷：主营业务收入　　　　　　　　　　　　　　　　　　10 000
　　　　应交税费——应交增值税（销项税额）　　　　　　　 1 700

2. 跨年度的劳务收入的确认。

（1）提供劳务交易的结果能够可靠估计的。《企业会计准则第 14 号——收入》规定，在资产负债表日提供劳务交易的结果能够可靠估计的，应当采用完工百分比法确认提供劳务收入。

【案例 3-11】某机械制造公司接受一项为期 2 年的大型机械设备修理合同，总金额为 200 万元。根据合同规定工程进度是第一年完成 40%，第二年完成 60%。第一年发生实际成本 40 万元，第二年发生实际成本 60 万元。第一年年末付 100 万元，其余 100 万元项目开发结束后付清。

分析：第一年年末公司按计划完成 40% 的任务，符合上述三个条件可以确认收入，根据完工百分比法，第一年年末应确认的收入是 65.47 万元（200×40%－14.53）。《增值税暂行条例实施细则》第三十八条（六）规定，销售应税劳务，为提供劳务同时收讫销售款或者取得索取销售款的凭据的当天。第一年年末实际收到 100 万元时，发生增值税纳税义务，确认增值税销项税额＝100/1.17＝14.53（万元）。第一年年末会计和税务处理如下：

借：银行存款　　　　　　　　　　　　　　　　　　　　1 000 000
　　贷：预收账款　　　　　　　　　　　　　　　　　　　1 000 000

借：预收账款　　　　　　　　　　　　　　　　　　　　　　　800 000
　　贷：主营业务收入　　　　　　　　　　　　　　　　　　　　654 700
　　　　应交税费——应交增值税（销项税额）　　　　　　　　 145 300
借：主营业务成本　　　　　　　　　　　　　　　　　　　　　400 000
　　贷：劳务成本　　　　　　　　　　　　　　　　　　　　　　400 000

（2）提供劳务交易的结果不能够可靠估计的。《企业会计准则第14号——收入》第十四条规定，企业在资产负债表日提供劳务交易结果不能够可靠估计的，应当分别下列情况处理：第一，已经发生的劳务成本预计能够得到补偿的，按照已经发生的劳务成本金额确认提供劳务收入，并按相同金额结转劳务成本。在这种情况下，企业应按已经发生的劳务成本金额，借记"应收账款"、"预收账款"等科目，贷记"主营业务收入"科目；同时，按相同金额结转劳务成本，借记"主营业务成本"科目，贷记"劳务成本"科目。这种处理方式不产生会计利润。第二，已经发生的劳务成本预计不能够得到补偿的，应当将已经发生的劳务成本计入当期损益，不确认提供劳务收入。在这种情况下，企业应按已经发生的劳务成本金额，借记"主营业务成本"科目，贷记"劳务成本"科目。这种处理方式也会产生会计亏损。

【案例3－12】 承〖案例3－11〗，如果第一年年末公司未完成计划，客户以此为由要求到完成原计划40%再付款，并出具付款承诺书，而且由于技术原因无法预测完工程度，因而按第一年发生实际成本30万元确认收入25.64万元（30÷1.17）。会计处理如下：

借：应收账款　　　　　　　　　　　　　　　　　　　　　　　300 000
　　贷：主营业务收入　　　　　　　　　　　　　　　　　　　　256 400
　　　　应交税费——应交增值税（销项税额）　　　　　　　　　 43 600
借：主营业务成本　　　　　　　　　　　　　　　　　　　　　400 000
　　贷：劳务成本　　　　　　　　　　　　　　　　　　　　　　400 000

【案例3－13】 承〖案例3－12〗，假设公司第一年顺利完成任务，但得知客户由于经营不善已经破产，很可能已无能力付款，经过公司的努力已收回货款20万元，这时公司可确认收入17.09万元（20÷1.17）。会计处理如下：

借：银行存款　　　　　　　　　　　　　　　　　　　　　　　200 000
　　贷：主营业务收入　　　　　　　　　　　　　　　　　　　　170 900
　　　　应交税费——应交增值税（销项税额）　　　　　　　　　 29 100
借：主营业务成本　　　　　　　　　　　　　　　　　　　　　400 000
　　贷：劳务成本　　　　　　　　　　　　　　　　　　　　　　400 000

二、提供劳务收入的税务处理

《企业所得税法实施条例》第二十三条规定，企业的下列生产经营业务可以分期确认收入的实现：(1) 以分期收款方式销售货物的，按照合同约定的收款日期确认收入的实现；(2) 企业受托加工制造大型机械设备、船舶、飞机，以及从事建筑、安装、装配工程业务或者提供其他劳务等，持续时间超过 12 个月的，按照纳税年度内完工进度或者完成的工作量确认收入的实现。《国家税务总局关于确认企业所得税收入若干问题的通知》（国税函〔2008〕875 号）规定，企业在各个纳税期末，提供劳务交易的结果能够可靠估计的，应采用完工进度（完工百分比）法确认提供劳务收入。提供劳务交易的结果能够可靠估计，是指同时满足下列条件：(1) 收入的金额能够可靠地计量；(2) 交易的完工进度能够可靠地确定；(3) 交易中已发生和将发生的成本能够可靠地核算。企业应按照从接受劳务方已收或应收的合同或协议价款确定劳务收入总额，根据纳税期末提供劳务收入总额乘以完工进度扣除以前纳税年度累计已确认提供劳务收入后的金额，确认为当期劳务收入；同时，按照提供劳务估计总成本乘以完工进度扣除以前纳税期间累计已确认劳务成本后的金额，结转为当期劳务成本。

《增值税暂行条例实施细则》第三十八条规定，采取预收货款方式销售货物，为货物发出的当天，但生产销售生产工期超过 12 个月的大型机械设备、船舶、飞机等货物，为收到预收款或者书面合同约定的收款日期的当天。销售应税劳务，为提供劳务同时收讫销售款或者取得索取销售款的凭据的当天。

三、提供劳务收入的税会处理差异及纳税调整实务

会计准则和税法对不跨年度的劳务收入的确认是一致的，而对跨年度的劳务收入确认有差异。第一，税法不承认谨慎性，不考虑"相关的经济利益很可能流入企业"条件，对于劳务交易的结果不能可靠计量时，会计处理不确认劳务收入，税法只要满足上述三条标准即应确认收入。按照税法确认收入后，如果以后经济利益未能流入企业，实际发生资产损失，企业可以依法申报后税前扣除。第二，税法对于企业从事建筑、安装、装配业务或者提供其他劳务，持续时间不超过 12 个月的，可以按照完成合同法确认计税收入。会计准则规定，跨年提供劳务按照完工百分比法确认收入。

【案例 3-14】A 公司造船厂为增值税一般纳税人，适用增值税税率 17%。2×15 年 1 月与 B 公司签订了一项总额为 580 万元（不含增值税）的固定造价合同，承建一艘船舶。工程已于 2×15 年 2 月开工，预计 2×17 年 8 月完工，截至 2×15 年年底已发生的成本为 154 万元，完成合同尚需发生成本为 396 万元。2×15 年年底收到 B 公司支付款项 187.2 万元（含税）并开具增值税发票。

分析：A 公司会计处理时按照开具发票时确认收入 160 万元（187.2÷1.17），增值税 27.2 万元；企业所得税处理按照完工百分比法，2×15 年完工进度 = 154÷(154+396) = 28%，2×15 年应确认的合同收入 = 580×28% = 162.4（万元），2×15 年度纳税

调增 2.4 万元（162.4 – 160）。

【案例 3 – 15】 2×17 年 3 月 1 日，甲建筑公司与乙公司签署了总金额为 1 110 万元（含税）的厂房建造合同。工程于 2×17 年 3 月 10 开工，计划到 2×18 年 11 月 30 日前完工，预计工程总成本 800 万元（不含税）。截至 2×17 年 12 月 31 日，该项目已经发生成本 400 万元（不含税），预计完成合同还将发生 400 万元（不含税），已结算工程价款 666 万元（含税）并开具了税率为 11% 的增值税专用发票。2×17 年 12 月 31 日，甲建筑公司得知乙公司 2×17 年度生产经营发生严重困难，已结算工程价款很可能无法收回。该项目采用增值税一般计税方式，税率为 11%，会计和税务处理如下。

①会计处理。根据《建造合同》准则的规定，由于乙公司生产经营发生严重困难，剩余工程款很可能无法收回，所以不能按照百分比法确认收入，同时将发生的合同成本 400 万元确认为成本。

A. 实际发生建造合同成本：

借：工程施工   4 000 000
  贷：应付职工薪酬等   4 000 000

B. 办理结算工程款，并开具增值税专用发票：

借：应收账款   6 660 000
  贷：工程结算   6 000 000
    应交税费——应交增值税（销项税额） 660 000

C. 不确认建造合同收入，但结转实际发生的建筑合同成本 400 万元：

借：主营业务成本   4 000 000
  贷：工程施工   4 000 000

②税务处理。按照国税函〔2008〕875 号文件的规定，2×17 年年末应按照完工百分比法，以完工进度确认企业所得税收入。完工进度 = 400/800 × 100% = 50%，确认缴纳企业所得税收入 =（1 110 ÷ 1.11）× 50% = 500（万元），税前扣除实际发生成本 400 万元，应纳税所得额 = 500 – 400 = 100（万元），会计利润总额 = 0 – 400 = – 400（万元），纳税调增的应纳税所得额 = 100 –（– 400）= 500（万元）。

第四节 租金收入和使用权收入税会处理差异

一、租金收入和使用权收入的会计处理

会计处理上，租金收入主要是指出租人通过经营租赁资产取得的租金收入。《企业

会计准则第 21 号——租赁》第二十六条规定,对于经营租赁的租金,出租人应当在租赁期内各个期间按照直线法确认为当期损益;其他方法更为系统合理的,也可以采用其他方法。使用费收入,主要是指企业转让无形资产等资产的使用权形成的使用费收入。使用费收入金额,按照有关合同或协议约定的收费时间和方法计算确定。如果合同规定使用费一次性支付,而且无须提供后期服务的,应视同该项资产的销售一次确认收入;如果提供后期服务的,应在合同规定的有效期内分期确认收入。如果合同规定使用费分期支付的,应按合同规定的收款时间和金额或者合同规定的收费方式计算金额分期确认收入。让渡资产使用权可能是让渡有形资产使用权,也可能是让渡无形资产使用权,依据权责发生制确认让渡资产使用权收入,也可能在判断不满足收入确认条件时不确认收入。

【案例 3-16】 2×17 年 1 月,甲公司向乙企业转让一项专利技术使用权。双方签订的合同规定期限为 6 年,合同约定一次性支付使用费 30 000 元及增值税 1 800 元,采用一般计税方法,增值税税率为 6%,收款后一次性开具增值税专用发票。甲公司除向乙企业转让专利技术使用权外,还需要在租赁期内提供与该专利技术有关的技术咨询和培训服务。假设该项专利技术当年的服务成本为 5 000 元,以后每年服务成本为 1 000 元,则甲公司应分期确认收入,会计和税务处理如下。

专利技术使用费会计核算收入 = 30 000 × 5 000 ÷ (5 000 + 1 000 × 6)
= 13 636.32(元)

每年服务费会计核算收入 = 30 000 × 1 000 ÷ (5 000 + 1 000 × 6) = 2 727.28(元)

① 2×17 年 1 月,收到款项时:

借:银行存款　　　　　　　　　　　　　　　　　　30 000
　　贷:其他业务收入　　　　　　　　　　　　　　　13 636.32
　　　　预收账款　　　　　　　　　　　　　　　　　16 363.68
借:其他业务成本　　　　　　　　　　　　　　　　　5 000
　　贷:应付职工薪酬等　　　　　　　　　　　　　　5 000

② 2×17 年 1 月,收到款项时开具增值税发票,增值税纳税义务已经发生,采用一般计税方法计算缴纳增值税:

30 000 × 6% = 1 800(元)

借:银行存款　　　　　　　　　　　　　　　　　　1 800
　　贷:应交税费——应交增值税(销项税额)　　　　1 800

③ 以后每年提供技术咨询和培训服务:

借:预收账款　　　　　　　　　　　　　　　　　　2 727.28
　　贷:其他业务收入　　　　　　　　　　　　　　　2 727.28
借:其他业务成本　　　　　　　　　　　　　　　　　1 000

贷：应付职工薪酬等　　　　　　　　　　　　　　　　　　　　　　　1 000

④如果甲企业不需要向乙企业提供技术咨询和培训服务，则会计核算一次性确认专利技术使用费收入：

　　借：银行存款　　　　　　　　　　　　　　　　　　　　　　　　　31 800
　　　贷：其他业务收入　　　　　　　　　　　　　　　　　　　　　　30 000
　　　　　应交税费——应交增值税（销项税额）　　　　　　　　　　　 1 800

二、租金收入和使用权收入的税务处理及税会处理差异

《营业税改征增值税试点实施办法》（财税〔2016〕36 号）第四十五条规定，纳税人提供租赁服务采取预收款方式的，其纳税义务发生时间为收到预收款的当天。

《企业所得税法实施条例》第十九条规定，租金收入是指企业提供固定资产、包装物或者其他有形资产的使用权取得的收入。租金收入按照合同约定的承租人应付租金的日期确认收入的实现。第二十条规定，特许权使用费收入，是指企业提供专利权、非专利技术、商标权、著作权以及其他特许权的使用权取得的收入。特许权使用费收入，按照合同约定的特许权使用人应付特许权使用费的日期确认收入的实现。

《国家税务总局关于贯彻落实企业所得税法若干税收问题的通知》（国税函〔2010〕79 号）规定，根据《实施条例》第十九条的规定，企业提供固定资产、包装物或者其他有形资产的使用权取得的租金收入，应按交易合同或协议规定的承租人应付租金的日期确认收入的实现。其中，如果交易合同或协议中规定租赁期限跨年度，且租金提前一次性支付的，出租人可对上述已确认的收入，在租赁期内，分期均匀计入相关年度收入。对于跨期收取的租金、利息、特许权使用费收入属于未按权责发生制确认收入，应在《企业所得税年度纳税申报表》附表 A105020《未按权责发生制确认收入纳税调整明细表》中调整。需要注意是，特许权使用费收入不适用上述〔2010〕79 号文件的规定。

【案例 3－17】 承【案例 3－16】，企业在办理 2×17 年企业所得税预缴申报时，一次性收取的专利权使用费收入在会计处理上按权责发生制分期确认收入，计入利润总额，但 2×17 年度汇算清缴时，不符合国税函〔2010〕79 号文件的规定，应将一次性收取的 6 年 30 000 元专利权使用费收入作为特许权使用费收入，按照合同约定的特许权使用人应付特许权使用费的日期确认收入的实现，即全部纳入 2×17 年当年应纳税所得额，作纳税调增 13 636.32 元处理。以后 5 个年度企业所得税汇算清缴时，再作纳税调减处理，每年纳税调减 2 727.28 元。具体纳税调整通过填报 A105020《未按权责发生制确认收入纳税调整明细表》第 2 行"一、跨期收取的租金、利息、特许权使用费收入""（三）特许权使用费"项目和 A105000《纳税项目调整明细表》第 3 行"（二）未按权责发生制原则确认的收入"相关项目中进行调整。

需要说明的是,为加强税源的源泉控管,对在我国境内设有机构场所但不采取据实申报缴纳企业所得税的非居民企业,以及在我国境内未设立机构场所但有来源于我国境内所得的非居民企业,其提前一次性收取的跨年度租金收入,不得分期均匀确认应税收入,而应按照合同约定的应付租金日期一次性确认租金收入。

针对房地产开发企业的特殊性,《国家税务总局关于印发〈房地产开发经营业务企业所得税处理办法〉的通知》(国税发〔2009〕31 号)第十条规定,企业新建的开发产品在尚未完工或办理房地产初始登记、取得产权证前,与承租人签订租赁预约协议的,自开发产品交付承租人使用之日起,出租方取得的预租价款按租金确认收入的实现。

【案例 3-18】2×15 年 1 月,A 企业租赁房屋给 B 企业,合同约定租赁期 3 年,2×15 年 1 月至 2×17 年 12 月,每年租金 100 万元(不含税),2×17 年 12 月一次性收取全部租金 300 万元及增值税,增值税选择采用一般计税方法。

①会计处理。2×15 年、2×16 年和 2×17 年按照《企业会计准则第 21 号——租赁》的规定每年应确认收入 100 万元(不含税)。按照《财政部关于印发〈增值税会计处理规定〉的通知》(财会〔2016〕22 号)的规定,"应交税费——待转销项税额"明细科目,核算一般纳税人销售货物、加工修理修配劳务、服务、无形资产或不动产,已确认相关收入(或利得)但尚未发生增值税纳税义务而须于以后期间确认为销项税额的增值税税额。按照国家统一的会计制度确认收入或利得的时点早于按照增值税制度确认增值税纳税义务发生时点的,应将相关销项税额记入"应交税费——待转销项税额"科目,待实际发生纳税义务时再转入"应交税费——应交增值税(销项税额)"或"应交税费——简易计税"科目。

借:长期应收款——价款　　　　　　　　　　　　　　1 000 000
　　贷:主营业务收入　　　　　　　　　　　　　　　　　1 000 000
借:长期应收款——增值税　　　　　　　　　　　　　　110 000
　　贷:应交税费——待转销项税额　　　　　　　　　　　110 000

②增值税处理。按照财税〔2016〕36 号文件的规定,纳税人发生应税行为并收讫销售款项或者取得索取销售款项凭据的当天确认纳税义务发生。本例中,应该在 2×17 年年末按照合同约定的一次性收取租金时间确认租金纳税义务发生,并进行如下会计处理:

借:应交税费——待转销项税额　　　　　　　　　　　330 000
　　贷:应交税费——应交增值税(销项税额)　　　　　　330 000

③企业所得税处理。按照《企业所得税法》的规定在 2×17 年一次性确认收入,因此,应在《企业所得税年度纳税申报表》附表 A105000《纳税调整项目明细表》第 3 行"未按权责发生制原则确认的收入"2×15 年、2×16 年调减 100 万元,而在 2×17 年纳税调增 200 万元。税法之所以这样规定,体现了基于合同权利的权责发生制和纳税必要

资金原则。因为2×15年、2×16年没有实际收到租金，如果按照权责发生制的规定纳税，企业缺乏纳税必要资金，因此，纳税义务时间确定在承租人应付租金的日期即2×17年。

【案例3-19】 2×15年1月，A居民企业转让一项全球独占许可使用权，合同使用期限10年，价款100万元（不含税），合同或协议规定的承租人应付租金的日期为，签订合同时先支付50%的使用费及增值税，以后确认每年年末支付5%使用费及增值税，企业按期收到使用费及增值税并存入银行，增值税税率为6%。

①会计处理。2×15年1月，确认预收账款50万元，按照权责发生制10年内每年均匀地确认特许权使用费收入10万元。按照财会〔2016〕22号文件的规定，按照增值税制度确认增值税纳税义务发生时点早于按照国家统一的会计制度确认收入或利得的时点的，应将应纳增值税税额，借记"应收账款"科目，贷记"应交税费——应交增值税（销项税额）"或"应交税费——简易计税"科目，按照国家统一的会计制度确认收入或利得时，应按扣除增值税销项税额后的金额确认收入。

A. 2×15年1月，确认预收账款50万元及增值税：

借：银行存款	530 000
贷：预收账款	500 000
应交税费——应交增值税（销项税额）	30 000

B. 2×15年12月末，收到5%使用费及增值税：

借：预收账款	50 000
银行存款	53 000
贷：其他业务收入	100 000
应交税费——应交增值税（销项税额）	3 000

②税务处理。对于增值税处理，按照发生应税行为并收讫销售款项或者取得索取销售款项凭据的当天（合同约定的付款日期）确认增值税纳税义务发生时间，2×15年1月确认应交增值税税额=50×6%=3（万元），以后年度按照合同约定，确认每年年末支付5%使用费应交增值税税额=5×6%=0.3（万元）。对于企业所得税处理，在2×15年按照合同或协议规定的特许权使用人应付租金的日期确认收入55万元（50+5），以后每年确认租金收入5万元。纳税调整时，在A105020《未按权责发生制确认收入纳税调整明细表》进行纳税调整，2×15年纳税调增45万元，以后每年纳税调减5万元。

三、租金收入和使用权收入税会处理及纳税调整实务

【案例3-20】 A公司于2×16年6月将省外异地某县城国有土地上的一幢标准厂房

（占地面积为 10 000 平方米）整体出租给 C 公司用于生产经营。双方签订租赁合同明确规定，租赁期 5 年，即从 2×16 年 7 月 1 日至 2×21 年 6 月 30 日，每年租金 120 万元（不含增值税），5 年租金共计 600 万元（不含增值税），于 2×16 年 6 月 25 日一次性收取全部租金和增值税。假设 A 公司机构所在地的城市维护建设税税率为 7%，教育费附加征收比率为 3%，地方教育费附加征收比率为 2%，省外异地某县城的城市维护建设税税率为 5%。

问：A 公司如何计算企业所得税和进行年度纳税申报及纳税调整？

分析：按照国税函〔2010〕79 号文件的规定，A 公司可以选择在租赁期内分期均匀计入相关年度收入，2×16 年确认 7~12 月租金收入为 60 万元，2×17 年至 2×20 年每年 120 万元，2×21 年确认 60 万元，这与会计处理确认收入一致，不存在税会差异，不进行纳税调整。

A 公司也可以选择按照合同约定支付租金的时间一次性确认租金收入，2×16 年确认租金收入为 600 万元，2×17 年至 2×21 年不确认租金收入；按照《企业会计准则第 21 号——租赁》的规定，出租人会计处理应当在租赁期内各个期间按照直线法确认收入，2×16 年确认 7~12 月租金收入为 60 万元，2×17 年至 2×20 年每年 120 万元，2×21 年确认 60 万元，存在税会差异，需要进行纳税调整。

2×16 年汇算清缴时，纳税调增 540 万元（600－60），2×17 年至 2×20 年汇算清缴时纳税调减 120 万元，2×21 年汇算清缴时纳税调减 60 万元。具体调整在 A105020《未按权责发生制确认收入纳税调整明细表》第 2 行"一、跨期收取的租金、利息、特许权使用费收入""（一）租金"项目和 A105000《纳税项目调整明细表》第 3 行"（二）未按权责发生制原则确认的收入"相关项目中进行调整。

【案例 3-21】承〖案例 3-20〗，问：A 公司如何计算和申报增值税？

纳税人在 2×16 年 6 月 25 日，按照财税〔2016〕36 号文件的规定，提供租赁服务采取预收款方式的，其纳税义务发生时间为收到预收款的当天。由于 A 公司出租其 2016 年 4 月 30 日前取得的不动产，可选择适用简易计税方法，按照 5% 的征收率计算应纳税额，2×16 年 6 月 25 日，计算增值税应纳税款 = 600×5% = 30（万元）。

按照《国家税务总局关于发布〈纳税人提供不动产经营租赁服务增值税征收管理〉的公告》（国家税务总局公告 2016 年第 16 号）的规定，一般纳税人出租其 2016 年 4 月 30 日前取得的不动产，可以选择适用简易计税方法，按照 5% 的征收率计算应纳税额。不动产所在地与机构所在地不在同一县（市、区）的，纳税人应按照上述计税方法向不动产所在地主管国税机关预缴税款，向机构所在地主管国税机关申报纳税。纳税人出租不动产适用简易计税方法计税的，按照下列公式计算应预缴税款：应预缴税款 = 含税销售额÷（1＋5%）×5% = 600×5% = 30（万元），并需要按租赁项目填写《增值税预缴申报表》。由于选择简易计税方法，预缴税款等于应纳税款，一般不需要回机构所在地补缴税款，只需填写相关《增值税纳税申报表》。

《国家税务总局关于全面推开营业税改征增值税试点有关税收征收管理事项的公告》（国家税务总局公告2016年第23号）规定，出租不动产，纳税人自行开具或者税务机关代开增值税发票时，应在备注栏注明不动产的详细地址。需要注意的是，第一，纳税人无论开具的是增值税专用发票还是普通发票，都应在备注栏注明不动产的详细地址；第二，无论是自行开具还是税务机关代开，都应在备注栏注明不动产的详细地址；第三，未在"备注栏注明不动产的详细地址"的发票，都属于不符合规定的发票。

《国家税务总局关于土地价款扣除时间等增值税征管问题的公告》（国家税务总局公告2016年第86号）第七条规定，纳税人出租不动产，租赁合同中约定免租期的，不属于《营业税改征增值税试点实施办法》第十四条规定的视同销售服务。也就是说，即使本例中约定租赁免租期，也不视同销售服务缴纳增值税。

【案例3-22】承〔案例3-20〕，问：A公司如何计算和申报城建税与教育费附加？

城建税和教育费附加在缴纳增值税的同时一并缴纳。《财政部、国家税务总局关于纳税人异地预缴增值税有关城市维护建设税和教育费附加政策问题的通知》（财税〔2016〕74号）规定，第一，纳税人跨地区提供建筑服务、销售和出租不动产的，应在建筑服务发生地、不动产所在地预缴增值税时，以预缴增值税税额为计税依据，并按预缴增值税所在地的城市维护建设税适用税率和教育费附加征收率就地计算缴纳城市维护建设税和教育费附加；第二，预缴增值税的纳税人在其机构所在地申报缴纳增值税时，以其实际缴纳的增值税税额为计税依据，并按机构所在地的城市维护建设税适用税率和教育费附加征收率就地计算缴纳城市维护建设税和教育费附加。

本例中，A公司在不动产所在地预缴税款增值税税额30万元为计税依据，并按预缴增值税所在地的城市维护建设税适用税率5%和教育费附加征收率3%以及地方教育费附加征收率2%就地计算缴纳城市维护建设税＝30×5%＝1.5（万元）和教育费附加＝30×5%＝1.5（万元）。在其机构所在地申报缴纳增值税时，预缴税款等于应纳税款，实际缴纳的增值税为0，即使不动产所在地的城市维护建设税适用税率5%低于机构所在地的城市维护建设税适用税率7%，也不补交税率差额部分的税款，即该租赁项目机构所在地计算申报的城市维护建设税和教育费附加也为0。

【案例3-23】承〔案例3-20〕，问：A公司如何计算和申报印花税？

《印花税暂行条例》第七条规定，应纳税凭证应当于书立或者领受时贴花。《印花税暂行条例施行细则》第十四条规定，书立或者领受时贴花，是指在合同签订时、书据立据时、账簿启用时和证照领受时贴花。《国家税务总局2016年4月25日视频会议有关政策口径》第四条规定："关于印花税计税依据问题，这次两部委下发的《通知》中没有提到印花税计税依据问题。主要是营改增之前，这一问题就已明确，没有变化。各地执行口径仍按照《印花税暂行条例》的规定，依据合同所载金额确定计税依据。合同中所载金额和增值税分开注明的，按不含增值税的合同金额确定计税依据；未分开注明的，以合同所载金额为计税依据。"因此，根据上述规定，本例中的出租方和承租方应当同时在 2×16 年 6 月签订租赁协议时，约定不含税价款为 600 万元，征收率为 5%，增值税税额为 30 万元。双方分别按租赁协议注明的不含税价格（5 年租金金额）一次性缴纳印花税 0.6 万元（600 万元 × 1‰）。

本案例实务操作总结：营改增后印花税依据合同或具有合同性质的凭证所载金额确定计税依据。第一，合同或具有合同性质的凭证中所载金额（不含税价）和增值税金额分开注明的，按不含增值税的合同金额确定计税依据；第二，合同或具有合同性质的凭证中所载金额（不含税价）和增值税金额没有分开注明的或直接按照含税价记载的，以合同所载金额（含税价）为计税依据。因此，建议纳税人签订合同或合同性质的凭证时，按照不含税价金额和增值税金额分开注明，可以降低增值税金额部分的印花税税负。

【案例 3-24】 承〖案例 3-20〗，问：A 公司如何计算和申报房产税？

《房产税暂行条例》（国发〔1986〕90 号）第三条规定，房产出租的，以房产租金收入为房产税的计税依据。第四条规定，依照房产租金收入计算缴纳房产税的，税率为 12%。第七条规定，房产税按年征收、分期缴纳。纳税期限由省、自治区、直辖市人民政府规定。《国家税务总局关于房产税城镇土地使用税有关政策规定的通知》（国税发〔2003〕89 号）第二条第（三）项规定，纳税人出租、出借房产，自交付出租、出借房产之次月起计征房产税。

《财政部、国家税务总局关于营改增后契税、房产税、土地增值税、个人所得税计税依据问题的通知》（财税〔2016〕43 号）第二条规定，房产出租的，计征房产税的租金收入不含增值税。

《财政部、国家税务总局关于安置残疾人就业单位城镇土地使用税等政策的通知》（财税〔2010〕121 号）第二条关于出租房产免收租金期间房产税问题规定，对出租房产，租赁双方签订的租赁合同约定有免收租金期限的，免收租金期限由产权所有人按照房产原值缴纳房产税。

依据上述政策规定，本例中 A 公司虽然一次性收取 5 年的房屋租金，但按照房产税按年征收、分期缴纳的一般规定，2×16 年 7~12 月应按照不含增值税租金收入计算申报缴纳房产税 = 60 × 12% = 7.2（万元），2×17 年至 2×20 年各年度应按照不含增值税租金收入计算申报缴纳房产税 = 120 × 12% = 14.4（万元），2×21 年 1~6 月应按照不含增值税租金收入计算申报缴纳房产税 = 60 × 12% = 7.2（万元）。

【案例 3-25】 承〖案例 3-20〗，问：A 公司如何计算和申报土地使用税？

《城镇土地使用税暂行条例》第二条规定，在城市、县城、建制镇、工矿区范围内使用土地的单位和个人,为城镇土地使用税(以下简称土地使用税)的纳税人,应当依照该条例的规定缴纳土地使用税。上述所称单位,包括国有企业、集体企业、私营企业、股份制企业、外商投资企业、外国企业以及其他企业和事业单位、社会团体、国家机关、军队以及其他单位;所称个人,包括个体工商户以及其他个人。按照此规定,土地使用税应当由土地实际使用人缴纳。具体地讲,如果属于应税土地使用税的单位和个人出租土地的,那么应当由出租人缴纳土地使用税;如果是免税单位出租土地的,那么应当由承租人缴纳土地使用税。

但是,需要注意一种特殊情况,即《财政部国家税务总局关于集体土地城镇土地使用税有关政策的通知》(财税〔2006〕56号)规定,在城镇土地使用税征税范围内实际使用应税集体所有建设用地但未办理土地使用权流转手续的,由实际使用集体土地的单位和个人按规定缴纳城镇土地使用税。也就是说,租赁未办理土地使用权流转手续的集体土地进行生产经营的,由实际使用人(承租人)申报缴纳城镇土地使用税。

依据上述政策规定,本例中应由出租人缴纳土地使用税,假设每平方米税额为5元,占地面积为10 000平方米,应纳土地使用税 = 1×5 = 5(万元)。

【案例3-26】承【案例3-20】,问:A公司如何进行各项税费及附加的会计处理?

① 2×16年6月一次性收取了全部租金和增值税并开具增值税发票:

借:银行存款　　　　　　　　　　　　　　　　　　　　　6 300 000
　　贷:预收账款——C公司　　　　　　　　　　　　　　　6 000 000
　　　　应交税费——简易计税(缴纳)　　　　　　　　　　300 000

按照财会〔2016〕22号文件的规定,"应交税费——简易计税"明细科目,核算一般纳税人采用简易计税方法发生的增值税计提、扣减、预缴、缴纳等业务。

②《企业会计准则第21号——租赁》第二十六条规定:"对于经营租赁的租金,出租人应当在租赁期内各个期间按照直线法确认为当期损益;其他方法更为系统合理的,也可以采用其他方法。"本例中属于经营租赁。因此,每月确认经营租赁的租金收入 = 600÷60 = 10(万元)。

借:预收账款——C公司　　　　　　　　　　　　　　　　100 000
　　贷:其他业务收入　　　　　　　　　　　　　　　　　100 000

③ 填写租赁项目《增值税预缴税款表》并向不动产所在地预缴税款后取得完税凭证:

借:应交税费——简易计税(预缴)　　　　　　　　　　　300 000
　　贷:银行存款　　　　　　　　　　　　　　　　　　　300 000

A公司在2×16年7月向机构所在地国税局申报,由于不动产租赁简易计税方式的征收率和预缴率5%相同,不需要补交增值税,凭《增值税预缴税款表》和完税凭证,进行正常纳税申报即可。

④2×16年12月将预缴增值税转入缴纳：

借：应交税费——简易计税（缴纳）　　　　　　　　　　　300 000
　　贷：应交税费——简易计税（预缴）　　　　　　　　　　300 000

⑤2×17年至2×20年和2×21年1~6月，每月分期确认租金收入的会计处理同②：

借：预收账款——C公司　　　　　　　　　　　　　　　　100 000
　　贷：其他业务收入　　　　　　　　　　　　　　　　　　100 000

⑥2×16年城建税、教育费附、印花税、房产税会计处理。《财政部关于印发〈增值税会计处理规定〉的通知》（财会〔2016〕22号）规定，全面试行营业税改征增值税后，"营业税金及附加"科目名称调整为"税金及附加"科目，该科目核算企业经营活动发生的消费税、城市维护建设税、资源税、教育费附加及房产税、土地使用税、车船税、印花税等相关税费；利润表中的"营业税金及附加"项目调整为"税金及附加"项目。注意上述规定，这与《小企业会计准则》的规定相一致。本例中应缴纳的印花税、房产税、土地使用税、城建税、教育费附加均应记入"税金及附加"科目。会计处理如下：

借：税金及附加——城市维护建设税　　　　　　　　　　　 15 000
　　　　　　　——教育费附加　　　　　　　　　　　　　　　9 000
　　　　　　　——地方教育费附加　　　　　　　　　　　　　6 000
　　　　　　　——房产税　　　　　　　　　　　　　　　　 72 000
　　　　　　　——土地使用税　　　　　　　　　　　　　　 50 000
　　贷：应交税费——应交城市维护建设税　　　　　　　　　 15 000
　　　　　　　　——应交教育费附加　　　　　　　　　　　　9 000
　　　　　　　　——应交地方教育费附加　　　　　　　　　　6 000
　　　　　　　　——应交房产税　　　　　　　　　　　　　 72 000
　　　　　　　　——土地使用税　　　　　　　　　　　　　 50 000
借：应交税费——应交城市维护建设税　　　　　　　　　　　 15 000
　　　　　　——应交教育费附加　　　　　　　　　　　　　　9 000
　　　　　　——应交地方教育费附加　　　　　　　　　　　　6 000
　　　　　　——应交房产税　　　　　　　　　　　　　　　 72 000
　　　　　　——应交土地使用税　　　　　　　　　　　　　 50 000
　　贷：银行存款　　　　　　　　　　　　　　　　　　　　152 000
借：税金及附加——印花税　　　　　　　　　　　　　　　　　6 000
　　贷：银行存款　　　　　　　　　　　　　　　　　　　　　6 000

【案例3-27】 A租赁公司为B公司提供有形动产（机器设备）经营租赁服务，增值税适用税率为17%，租赁期3个月，租赁期2×17年1~3月。2×16年12月15日按照合同约定一次性收取B公司2×17年1~3月的租金351万元（含税价）。会计和税务处理如下。

①2×16年12月，一次性收到2×17年1~3月租金计入预收账款：

借：银行存款　　　　　　　　　　　　　　　　　　　　　3 510 000
　　贷：预收账款——承租人B　　　　　　　　　　　　　　3 510 000

②2×16年12月，租赁服务在收到预收款时发生增值税纳税义务并开具发票：

借：预收账款——承租人B　　　　　　　　　　　　　　　　510 000
　　贷：应交税费——应交增值税（销项税额）　　　　　　　510 000

③2×17年1~3月，每月底确认租金收入：

借：预收账款——承租人B　　　　　　　　　　　　　　　1 000 000
　　贷：主营业务收入　　　　　　　　　　　　　　　　　1 000 000

④企业所得税处理。虽然企业提前一次性收到有形动产租赁费300万元，但企业所得税收入确认口径为"在租赁期内，分期均匀计入相关年度收入"，即2×16年度不需要确认企业所得税收入，但会计处理也不确认租赁收入，应在2×17年度确认企业所得税收入和会计收入300万元。

需要注意的是，该业务2×16年存在增值税申报收入（300万元）与企业所得税申报收入（0）、会计收入（0）不一致情况，属于正常的税会、税税差异。

第五节　利息收入税会处理差异

一、利息收入的会计处理

根据会计准则的规定，符合收入确认条件的，即与交易相关的经济利益能够流入企业且收入的金额能够可靠地计量时，企业应在资产负债表日按照他人使用本企业货币资金的时间和实际利率计算确定利息收入金额。按计算确定的利息收入金额，借记"应收利息"、"银行存款"等科目，贷记"利息收入"、"其他业务收入"等科目。不符合收入确认条件的，不确认利息收入。金融企业发放的贷款，应按期计提利息并确认收入。发放贷款到期（含展期，下同）90天后尚未收回的，其应计利息停止计入当期利息收入，纳入表外核算；已计提的贷款应收利息，在贷款到期90天后仍未收回的，或在应收利息逾期90天后仍未收到的，冲减原已计入损益的利息收入，转作表外核算。

《财政部关于缩短金融企业应收利息核算期限的通知》（财金〔2002〕5号）第一

条规定，贷款利息自结息日起，逾期90天（含90天）以内的应收未收利息，应继续计入当期损益；贷款利息逾期90天（不含90天）以上，无论该贷款本金是否逾期，发生的应收未收利息不再计入当期损益，在表外核算，实际收回时再计入损益。第二条规定，对已经纳入损益的应收未收利息，在其贷款本金或应收利息逾期超过90天（不含90天）以后，金融企业要相应作冲减利息收入处理。

【案例3－28】A银行向B企业提供一项100万元的贷款服务，贷款年利率为6.36%（含税），增值税税率为6%，于2×17年3月31日到期，同意展期3个月，按季度在季末计算并结算利息。2×17年6月30日该笔贷款到期，A银行按照贷款合同确认的利率和结算利息的期限计算第二季度不含税利息收入15 000元（1 000 000×6%×3÷12）并已经实际收到利息，会计处理如下：

借：应收利息　　　　　　　　　　　　　　　　　　　　　　15 900
　　贷：利息收入　　　　　　　　　　　　　　　　　　　　15 000
　　　　应交税费——应交增值税（销项税额）　　　　　　　　900
借：银行存款　　　　　　　　　　　　　　　　　　　　　　15 900
　　贷：应收利息　　　　　　　　　　　　　　　　　　　　15 900

假如A银行2×17年9月30日第三季度末尚未收到B企业的贷款利息，则该项贷款属于逾期贷款。逾期贷款利息自结息日（2×17年6月30日）起，逾期90天（含90天）以内即2×17年9月30日的应收未收利息，应继续计入当期损益。A银行在2×17年9月30日确认第三季度应收取利息收入15 000元。会计处理如下：

借：应收利息　　　　　　　　　　　　　　　　　　　　　　15 900
　　贷：利息收入　　　　　　　　　　　　　　　　　　　　15 000
　　　　应交税费——应交增值税（销项税额）　　　　　　　　900

A银行在2×17年12月31日，不确认第四季度应收取利息收入15 000元。同时，对已经纳入损益的应收未收利息，在其贷款本金或应收利息逾期超过90天（不含90天）以后，金融企业要相应作冲减利息收入处理。

借：利息收入　　　　　　　　　　　　　　　　　　　　　　15 000
　　贷：应收利息　　　　　　　　　　　　　　　　　　　　15 000

同时，收：逾期贷款应收利息（表外科目）15 000元。

假如A银行在2×18年3月31日仍然没有收到2×17年9月30日~2×18年3月31日逾期贷款利息，属于应收利息逾期90天后仍未收到，应冲减逾期90天（含90天）计提的贷款利息。会计处理如下：

借：利息收入　　　　　　　　　　　　　　　　　　　　　　45 000
　　贷：应收利息　　　　　　　　　　　　　　　　　　　　45 000

同时，收：逾期贷款应收利息（表外科目）45 000元。

假如 A 银行在 2×18 年 6 月 30 日实际收到逾期贷款利息。会计处理如下：

借：银行存款　　　　　　　　　　　　　　　　　　　　　　60 000
　　贷：应收利息　　　　　　　　　　　　　　　　　　　　　　60 000

同时，付：逾期贷款应收利息（表外科目）60 000 元。

借：应收利息　　　　　　　　　　　　　　　　　　　　　　63 600
　　贷：利息收入　　　　　　　　　　　　　　　　　　　　　　60 000
　　　　应交税费——应交增值税（销项税额）　　　　　　　　　3 600

《营业税改征增值税试点过渡政策的规定》第四条规定，金融企业发放贷款后，自结息日起 90 天内发生的应收未收利息按现行规定缴纳增值税，自结息日起 90 天后发生的应收未收利息暂不缴纳增值税，待实际收到利息时按规定缴纳增值税。也就是说，自结息日起 90 天内发生的应收未收利息，应按照权责发生制的原则，按照应收利息的日期确认利息收入缴纳增值税，而自结息日起 90 天后发生的应收未收利息则按照收付实现制的原则，在实际收到利息时缴纳增值税。

本例中，假如 A 银行在 2×18 年 3 月 31 日仍然没有收到 2×17 年 6 月 30 日到期贷款利息，2×17 年 6 月 30 日~2×17 年 9 月 30 日发生的应收未收利息按现行规定缴纳增值税 900 元，2×17 年 9 月 30 日后发生的应收未收利息，2×18 年 6 月 30 日实际收到时缴纳增值税 900 元。

二、利息收入的税务处理

1. 企业所得税规定。《企业所得税法》第六条规定，利息收入属于收入总额。《企业所得税法实施条例》第十九条规定，利息收入，是指企业将资金提供他人使用但不构成权益性投资，或者因他人占用本企业资金取得的收入，包括存款利息、贷款利息、债券利息、欠款利息等收入。利息收入，按照合同约定的债务人应付利息的日期确认收入的实现。针对金融企业贷款利息收入确认的特殊性，《国家税务总局关于金融企业贷款利息收入确认问题的公告》（国家税务总局公告 2010 年第 23 号）规定，自 2010 年 12 月 5 日起，第一，金融企业按规定发放的贷款，属于未逾期贷款（含展期，下同），应根据先收利息后收本金的原则，按贷款合同确认的利率和结算利息的期限计算利息，并于债务人应付利息的日期确认收入的实现；属于逾期贷款，其逾期后发生的应收利息，应于实际收到的日期，或者虽未实际收到，但会计上确认为利息收入的日期，确认收入的实现。第二，金融企业已确认为利息收入的应收利息，逾期 90 天仍未收回，且会计上已冲减了当期利息收入的，准予抵扣当期应纳税所得额。第三，金融企业已冲减了利息收入的应收未收利息，以后年度收回时，应计入当期应纳税所得额计算纳税。金融机构农户小额贷款的利息收入在计算应纳税所得额时，按 90% 计入收入总额。金融机构应对符合条件的农户小额贷款利息收入进行单独核算，不能单独核算的不得适用上述优惠政策。

《财政部、税务总局关于小额贷款公司有关税收政策的通知》（财税〔2017〕48号）第二条规定，自 2017 年 1 月 1 日至 2019 年 12 月 31 日，对经省级金融管理部门（金融办、局等）批准成立的小额贷款公司取得的农户小额贷款利息收入，在计算应纳税所得额时，按 90% 计入收入总额。

2. 增值税规定。企业收取的利息收入属于金融服务中的贷款服务，其增值税税率为 6%。《财政部、国家税务总局关于全面推开营业税改征增值税试点的通知》（财税〔2016〕36 号）规定，贷款是指将资金贷与他人使用而取得利息收入的业务活动。各种占用、拆借资金取得的收入，包括金融商品持有期间（含到期）利息（保本收益、报酬、资金占用费、补偿金等）收入、信用卡透支利息收入、买入返售金融商品利息收入、融资融券收取的利息收入，以及融资性售后回租、押汇、罚息、票据贴现、转贷等业务取得的利息及利息性质的收入，按照贷款服务缴纳增值税。

财税〔2016〕36 号文件规定下列利息收入免征增值税：（1）2016 年 12 月 31 日前，金融机构农户小额贷款。（2）国家助学贷款。（3）国债、地方政府债。（4）人民银行对金融机构的贷款。（5）住房公积金管理中心用住房公积金在指定的委托银行发放的个人住房贷款。（6）外汇管理部门在从事国家外汇储备经营过程中，委托金融机构发放的外汇贷款。（7）统借统还业务中，企业集团或企业集团中的核心企业以及集团所属财务公司按不高于支付给金融机构的借款利率水平或者支付的债券票面利率水平，向企业集团或者集团内下属单位收取的利息。（8）金融同业往来。

《财政部、国家税务总局关于明确金融、房地产开发、教育辅助服务等增值税政策的通知》（财税〔2016〕140 号）第一条规定，《销售服务、无形资产、不动产注释》（财税〔2016〕36 号）第一条第（五）项第 1 点所称"保本收益、报酬、资金占用费、补偿金"，是指合同中明确承诺到期本金可全部收回的投资收益。金融商品持有期间（含到期）取得的非保本的上述收益，不属于利息或利息性质的收入，不征收增值税。

上述政策可以理解为，以货币资金投资收取的固定利润或者保底利润，即合同中明确承诺到期本金可全部收回的投资收益，按照贷款服务中"利息收入"项目全额缴纳增值税。而金融商品持有期间（含到期）取得的非保本的上述收益，不属于利息或利息性质的收入，不征收增值税。操作实务中需要注意以下问题。

（1）以货币资金投资购买银行理财产品属于非保本浮动收益型产品，是否缴纳增值税？答：依据财税〔2016〕140 号文件的规定，非保本的上述收益不属于利息或利息性质的收入，不征收增值税。

（2）以货币资金投资购买银行理财产品属于保本浮动收益型产品，是否缴纳增值税？答：依据财税〔2016〕140号文件的规定，合同中明确承诺到期本金可全部收回的投资收益，按照贷款服务中"利息收入"项目全额缴纳增值税。

（3）以货币资金投资购买银行理财产品属于非保本固定收益型产品，是否缴纳增值税？答：依据财税〔2016〕140号文件的规定，非保本的上述收益不属于利息或利息性质的收入，不征收增值税。

接受贷款服务的增值税一般纳税人，需要注意的是，应按照贷款服务中各种占用、拆借资金取得的收入全额（全部价款和价外费用）为销售额缴纳增值税，不能扣除支付给其他单位或个人的利息支出。纳税人接受贷款服务支付的利息及向贷款方支付的与该笔贷款直接相关的投融资顾问费、手续费、咨询费等费用，其进项税额均不得从销项税额中抵扣。

《财政部、税务总局关于小额贷款公司有关税收政策的通知》（财税〔2017〕48号）第一条规定，自2017年1月1日至2019年12月31日，对经省级金融管理部门（金融办、局等）批准成立的小额贷款公司取得的农户小额贷款利息收入，免征增值税。

三、利息收入的税会处理差异及纳税调整实务

可以看出，利息收入的税会处理差异主要表现为：第一，确认利息收入的时间不同。会计处理上，企业应在资产负债表日计提确认收入。税务处理上，按照合同约定的债务人应付利息的日期确认收入实现；属于逾期贷款，其逾期后发生的应收利息，应于实际收到的日期，或者虽未实际收到，但会计上确认为利息收入的日期，确认收入的实现。第二，金融企业已冲减了利息收入的应收未收利息，以后年度收回时，应计入当期应纳税所得额，会计处理上，转作表外核算，没有纳入当期应纳税所得额，应纳税调增。第三，确认利息收入的金额可能不同。如果贷款合同利率与其实际利率不相同，会计处理上按实际利率计算确定利息收入，税法按照合同确认的利率和结算利息的期限确定利息收入。

具体来说，采用实际利率法确认各期利息收入，与以名义利率确认利息收入存在以下差异：第一，利息收入确认时间不同。名义利率下贷款结息日往往在每季末月21日（或每月21日），而实际利率法下，对符合收入确认条件的，会计准则要求在资产负债表日予以确认。第二，确认方法不同。名义利率下确认的利息收入是按贷款合同本金和合同利率计算确认的，而实际利率法下会计准则规定，利息收入按照借款人使用贷款的时间和实际利率计算确定，即按贷款的摊余成本和实际利率计算确定利息收入。第三，对逾期贷款应收未收利息的确认不同。实际利率法下，在贷款存续期内按期确认利息收入，不论贷款本金或利息是否逾期；名义利率法下，遵循本金或利息逾期90天以后，贷款应归类为非应计贷款，此后结计的利息转作表外核算，不再确认为当期利息收入，

此前已入账的利息收入和应收未收贷款利息还需冲销;实际利率法下的任何贷款的偿债现金流,首先要确认一部分利息收入,其次才作为本金偿还;名义利率法下的非应计贷款的偿债现金应先归还本金,如有剩余,则剩余部分作贷款利息收入处理。

从上述规定可以看出,国家税务总局2010年第23号公告对金融企业贷款利息收入的税务处理只跟名义利率法下的利息收入会计处理趋同,但与实际利率法下的利息收入的会计处理仍存在较大的差异。

【案例3-29】 甲银行于2×17年10月1日向乙公司发放一笔贷款100万元,期限为1年,实际年利率为5%,合同年利率为6%(不含税),甲银行发放贷款时没有发生交易费用,该贷款合同利率与其实际利率不相同,双方约定债务人到期时支付还本付息。假定甲银行按季度编制财务报表,不考虑其他因素。甲银行的会计处理如下。

①2×17年10月1日对外贷款时:

借:贷款　　　　　　　　　　　　　　　　　　　　　　　1 000 000
　　贷:吸收存款　　　　　　　　　　　　　　　　　　　　1 000 000

②2×17年12月31日确认利息收入时:

每季度的利息收入金额 = 100×5%÷4 = 1.25(万元)

按照合同年利率计算应交增值税 = 100×6%÷4×6% = 0.09(万元)

借:应收利息　　　　　　　　　　　　　　　　　　　　　　13 400
　　贷:利息收入　　　　　　　　　　　　　　　　　　　　12 500
　　　　应交税费——应交增值税(销项税额)　　　　　　　　　900

③收到利息收入时:

借:银行存款　　　　　　　　　　　　　　　　　　　　　　13 400
　　贷:应收利息　　　　　　　　　　　　　　　　　　　　13 400

税务处理:在2×17年12月31日,不确认利息收入,纳税调减12 500元。在2×18年10月1日,应付利息的日期确认利息收入60 000元,纳税调增22 500元(60 000 - 37 500)。

第六节　融资租赁资产收入税会处理差异

一、融资租赁资产收入的会计处理

(一)租赁期开始日的会计处理

由于在融资租赁下,出租人将与租赁资产所有权有关的风险和报酬实质上转移给承租人，将租赁资产的使用权长期转让给承租人，并以此获取租金，因此，出租人的租赁资产在租赁开始日实际上就变成了收取租金的债权。出租人应在租赁期开始日，将租赁开始日最低租赁收款额与初始直接费用之和作为应收融资租赁款的入账价值，并同时记录未担保余值，将应收融资租赁额、未担保余值之和与其现值之和的差额记录为未实现融资收益。计算过程如下。

1. 计算租赁内含报酬率。租赁内含报酬率是指在租赁开始日，使最低租赁收款额的现值与未担保余值的现值之和等于租赁资产公允价值与出租人的初始直接费用之和的折现率。

2. 计算租赁开始日最低租赁收款额及其现值和未实现融资收益，并编制会计分录。(1) "最低租赁收款额 + 未担保余值" = (最低租赁付款额 + 无关第三方担保的余值) + 未担保余值。(2) "最低租赁收款额的现值 + 未担保余值的现值 + 初始直接费用的现值" = 租赁资产的公允价值 + 初始直接费用。(3) 未实现融资收益 = (最低租赁收款额 + 未担保余值 + 初始直接费用) − (最低租赁收款额的现值 + 未担保余值的现值 + 初始直接费用的现值) = (最低租赁收款额 + 未担保余值 + 初始直接费用) − (租赁资产的公允价值 + 初始直接费用) = (最低租赁收款额 + 未担保余值) − 租赁资产的公允价值。(4) 在租赁开始日其会计处理为：在租赁开始日，应按租赁开始日最低租赁收款额与初始直接费用之和，借记"长期应收款"科目；按未担保余值，借记"未担保余值"科目；按融资租赁资产的公允价值（最低租赁收款额和未担保余值的现值之和），贷记"融资租赁资产"科目；按融资租赁资产的公允价值与账面价值的差额，借记"营业外支出"或贷记"营业外收入"科目；按发生的初始直接费用，贷记"银行存款"科目；按其差额，贷记"未实现融资收益"科目。

(二) 未实现融资收益的分配

在分配未实现融资收益时，出租人应当采用实际利率法计算当期应确认的融资收入。由于在计算内含报酬率时已考虑了初始直接费用的因素，为了避免未实现融资收益高估，在初始确认时应对未实现融资收益进行调整。其会计处理为：出租人每期收到租金时，按收到的租金，借记"银行存款"科目，贷记"长期应收款——应收融资租赁款"科目。在未确认融资收益初始确认时对其进行调整，借记"未实现融资收益"科目，贷记"长期应收款——应收融资租赁款"科目。每期采用合理方法分配未实现融资收益时，按当期应确认的融资收入金额，借记"未实现融资收益"科目，贷记"租赁收入"科目。

(三) 增值税会计处理

按照财税〔2016〕36号文件的规定，融资租赁收入应按照书面合同确定的付款日期发生纳税义务，即每年年末合同约定收取租金收入时发生增值税纳税义务，但是，会计处理确认融资租赁资产转让收入或利得的时点（租赁期开始日）早于按照增值税制度确认增值税纳税义务发生时点，按照财会〔2016〕22号文件的规定，应将相关销项税额记入"应交税费——待转销项税额"科目，待实际发生纳税义务时再转入"应交税费——应交增值税（销项税额）"或"应交税费——简易计税"科目。

（四）应收融资租赁款坏账准备的计提

为了更加真实、客观地反映出租人在融资租赁中的债权，出租人应当定期根据承租人的财务及经营管理情况以及租金的逾期期限等因素，分析应收融资租赁款的风险程度和回收的可能性，对应收融资租赁款合理计提坏账准备。出租人应对应收融资租赁款减去未实现融资收益的差额部分（在金额上等于本金的部分）合理计提坏账准备，而不是对应收融资租赁款全额计提坏账准备。计提坏账准备的方法由出租人根据有关规定自行确定。坏账准备的计提方法一经确定，不得随意变更。其会计处理为：

1. 根据有关规定计提坏账准备时，借记"资产减值损失"科目，贷记"坏账准备"科目。

2. 对于确实无法收回的应收融资租赁款，经批准作为坏账损失，冲销计提的坏账准备，借记"坏账准备"科目，贷记"长期应收款——应收融资租赁款"科目。

3. 已确认并转销的坏账损失，如果以后又收回，按实际收回的金额，借记"长期应收款——应收融资租赁款"科目，贷记"坏账准备"科目；同时，借记"银行存款"科目，贷记"长期应收款——应收融资租赁款"科目。

（五）或有租金的处理

出租人在融资租赁下收到的或有租金，应在实际发生时确认为当期收入。其会计处理为：借记"应收账款"等科目，贷记"租赁收入"科目。

（六）租赁期届满时的处理

租赁期届满时，出租人应区别收回租赁资产、优惠续租租赁资产和留购租赁资产情况分别进行会计处理。

二、融资租赁资产收入的税务处理及税会处理差异

《企业所得税法实施条例》第十九条规定，租金收入按照合同约定的承租人应付租金的日期确认收入的实现。企业租金收入金额应当按照有关租赁合同或协议约

定的金额全额确定。租赁合同或协议约定的金额应当包括承租人行使优惠购买租赁资产的选择权所支付的价款。根据该规定，某一纳税年度按照合同约定应收租金即使没有收到，也应在当年确认计税收入。可以看出，税法对于租金收入确认的时间和金额与会计处理存在差异。《企业所得税法实施条例》第五十五条规定，不符合国务院财政、税务主管部门规定的各项资产减值准备、风险准备等准备金支出不得在税前扣除，应收融资租赁款坏账准备和未担保余值减值准备不得在税前扣除。由于或有租金金额具有不确定性，融资租赁资产收到的或有租金应在合同约定能够收到时确认计税收入。

《财政部、国家税务总局关于全面推开营业税改征增值税试点的通知》（财税〔2016〕36号）规定，有形动产融资租赁业务应征收增值税，其是指具有融资性质和所有权转移特点的有形动产租赁业务活动。即出租人根据承租人所要求的规格、型号、性能等条件购入有形动产租赁给承租人，合同期内设备所有权属于出租人，承租人只拥有使用权，合同期满付清租金后，承租人有权按照残值购入有形动产，以拥有其所有权。不论出租人是否将有形动产残值销售给承租人，均属于融资租赁。

三、融资租赁资产收入的纳税调整实务

【案例3-30】甲租赁公司于2×08年1月1日以融资租赁方式出租一台设备给乙公司，该设备购买时取得增值税专用发票注明的不含税价款为510 000元，增值税税额为86 700元，租赁期5年，合同规定每年年末收取租金收入118 708元（不含税），租赁期满后将设备的所有权无偿转移给承租人，出租人的内含报酬率为6%，同期银行贷款利率为8%，增值税税率为17%。

①甲公司购置融资租赁固定资产的会计和税务处理：

借：融资租赁资产　　　　　　　　　　　　　　　　　　510 000
　　应交税费——应交增值税（进项税额）　　　　　　　 86 700
　　贷：银行存款　　　　　　　　　　　　　　　　　　　　　596 700

②2×08年1月1日，甲公司租赁开始日会计和税务处理。

最低租赁收款额 = 最低租赁付款额 + 无关第三方对出租人担保的资产余值

　　　　　　　 = 各期租金之和 + 承租人或与其有关的第三方担保的资产余值
　　　　　　　　 + 优惠购买价格

　　　　　　　 = 118 708 × 5 = 593 540（元）

最低租赁收款额现值 = 118 708 × (P/A，6%，5) = 500 000（元）

应收融资租赁款入账价值（不含税）= 最低租赁收款额 + 初始直接费用

= 593 540（元）

应收融资租赁款入账价值（含税）= 593 540 × 1.17 = 694 441.8（元）

最低租赁收款额现值小于租赁开始日租赁资产公允价值，因此，租赁资产公允价值为 500 000 元；未实现融资收益 =（最低租赁收款额 + 未担保余值）- 租赁资产的公允价值 = 593 540 - 500 000 = 93 540（元）。

增值税处理：按照财税〔2016〕36 号文件的规定，融资租赁收入应按照书面合同确定的付款日期发生纳税义务，即每年年末合同约定收取租金收入时发生增值税纳税义务，但是甲公司会计处理确认融资租赁资产转让收入或利得的时点（租赁期开始日）早于按照增值税制度确认增值税纳税义务发生时点，应确认待转销项税额 = 593 540 × 17% = 100 901.8（元）。

每年年末按照合同约定收取租金收入时，达到增值税纳税义务发生时间，计算确认的销项税额 = 118 708 × 17% = 20 180.36（元），同时由"应交税费——待转销项税额"科目转入"应交税费——应交增值税（销项税额）"科目。

借：长期应收款——应收融资租赁款　　　　　　　　　593 540
　　　　　　　——应收增值税　　　　　　　　　　　100 901.8
　　营业外支出——处理固定资产损失　　　　　　　　10 000
　　贷：融资租赁资产　　　　　　　　　　　　　　　510 000
　　　　未实现融资收益　　　　　　　　　　　　　　 93 540
　　　　应交税费——待转销项税额　　　　　　　　　100 901.8

未确认融资收益摊销如表 3-1 所示。

表 3-1　　　　　　　　　　未确认融资收益摊销表

日期	应收租金 ①	租赁收入 ② = ④ × 6%	本金减少 ③ = ① - ②	期末本金金额 ④ = 上年的④ - ③
2×08 年 1 月 1 日				500 000
2×08 年 12 月 31 日	118 708	30 000	88 708	411 292
2×09 年 12 月 31 日	118 708	24 678	94 030	317 262
2×10 年 12 月 31 日	118 708	19 035	99 672	217 590
2×11 年 12 月 31 日	118 708	13 056	105 652	111 938
2×12 年 12 月 31 日	118 708	6 770	111 938	0
合计	593 540	93 540	500 000	0

③2×08 年年末，甲公司收到租金及增值税时会计和税务处理如下：

借：银行存款　　　　　　　　　　　　　　　　　　118 708
　　贷：长期应收款——应收融资租赁款　　　　　　118 708
借：未实现融资收益　　　　　　　　　　　　　　　 30 000

贷：租赁收入　　　　　　　　　　　　　　　　　　　　　30 000
　借：应交税费——待转销项税额　　　　　　　　　　　　　　20 180.36
　　贷：应交税费——应交增值税（销项税额）　　　　　　　　　20 180.36
　借：银行存款　　　　　　　　　　　　　　　　　　　　　　20 180.36
　　贷：长期应收款——应收增值税　　　　　　　　　　　　　　20 180.36

　　企业所得税处理及税会处理差异调整：一是所得税将收到的租金 118 708 元确认收入，会计确认租赁收入 30 000 元，当期所得税纳税申报时确认纳税调增额为 88 708 元；二是所得税对会计在"营业外支出"科目确认的财产损失 10 000 元不予确认，当期产生所得税纳税调增额 10 000 元；三是融资租赁资产的会计账面价值为 0，所得税的计税基础为 510 000 元；四是所得税和会计的差异为暂时性差异，企业应设台账（纳税调整备查账）对所得税和会计的差异予以记录，所得税和会计的差异在纳税申报表填报时调整。

　　④2×09 年至 2×11 年年末甲公司按照未确认融资收益摊销表中数据进行会计和税务处理同上。

　　⑤2×12 年年末，甲公司收到租金及增值税时会计和税务处理如下：
　借：银行存款　　　　　　　　　　　　　　　　　　　　　118 708
　　贷：长期应收款——应收融资租赁款　　　　　　　　　　　118 708
　借：未实现融资收益　　　　　　　　　　　　　　　　　　　6 770
　　贷：租赁收入　　　　　　　　　　　　　　　　　　　　　6 770
　借：应交税费——待转销项税额　　　　　　　　　　　　　　20 180.36
　　贷：应交税费——应交增值税（销项税额）　　　　　　　　　20 180.36
　借：银行存款　　　　　　　　　　　　　　　　　　　　　　20 180.36
　　贷：长期应收款——应收增值税　　　　　　　　　　　　　　20 180.36

　　租赁期满甲公司将租赁设备的所有权转移给承租人，在会计上不确认收入，由于融资租赁资产的账面价值为 0，所以此项业务不需进行会计处理。

　　⑥税会处理差异及纳税调整：一是所得税将收到的租金 118 708 元确认收入，会计确认租赁收入 6 770 元，当期所得税纳税申报时确认纳税调增额为 111 938 元；二是租赁期满乙公司将租赁设备的所有权转移给承租人，所得税收入为 0，配比租赁资产的计税成本为 510 000 元，所得税对租赁设备的所有权转移应确认增加支出 510 000 元，当期应作纳税调减的处理。

　　⑦融资租赁资产收入会计和所得税处理差异总结：一是从资产租赁的角度，租赁期每期企业所得税以收到的租金 118 708 元确认收入，总计 593 540 元，会计确认的租金收入共计 93 540 元，在租赁期所得税和会计对租金收入计量上的差异总计为 500 000 元（593 540 − 93 540），在各纳税期作纳税调增的处理；二是从租赁资产所有权转移的角

度，会计确认损失为 10 000 元，所得税确认损失为 510 000 元，所得税和会计的差异为 500 000 元，在相关纳税期进行纳税调整，纳税调减额为 500 000 元；三是上述业务在租赁期内纳税调增和纳税调减相等，所以融资租赁租金收入的确定，企业所得税和会计的差异为暂时性差异。具体如表 3-2 所示。

表 3-2　　　　　　　　　融资租赁固定资产纳税调整备查账

日期	凭证号	摘要	租金收入			资产处置收益	
			会计	企业所得税	纳税调整	会计	企业所得税
2×08 年 12 月	略	收入调整	30 000	118 708	88 708	-10 000	0
2×09 年 12 月	略	收入调整	24 678	118 708	94 030		
2×10 年 12 月	略	收入调整	19 035	118 708	99 672		
2×11 年 12 月	略	收入调整	13 056	118 708	105 652		
2×12 年 12 月	略	收入调整	6 770	118 708	111 938	0	-510 000
合计			93 540	593 540	500 000	-10 000	-510 000

第七节　销售退回和销售折让税会处理差异

一、销售退回和销售折让的会计处理

会计准则规定，销售折让是指企业因售出商品的质量不合格等原因而在售价上给予的减让。销售退回是指企业售出的商品由于质量、品种不符合要求等原因而发生的退货。企业已经确认销售商品收入的售出商品发生销售折让或销售退回的，应当在发生时冲减当期销售商品收入。销售折让或销售退回属于资产负债表日后事项的，适用《企业会计准则第 29 号——资产负债表日后事项》进行会计处理。按照《财政部关于印发〈增值税会计处理规定〉的通知》（财会〔2016〕22 号）的规定，企业销售货物、加工修理修配劳务、服务、无形资产或不动产，应当按应收或已收的金额借记"应收账款"、"应收票据"、"银行存款"等科目，按取得的收入金额贷记"主营业务收入"、"其他业务收入"、"固定资产清理"、"工程结算"等科目，按现行增值税制度规定计算的销项税额（或采用简易计税方法计算的应纳增值税税额）贷记"应交税费——应交增值税（销项税额）"或"应交税费——简易计税"科目（小规模纳税人应贷记"应交税费——应交增值税"科目）。发生销售退回的，应根据按规定开具的红字增值税专用发票编制相反的会计分录。

【案例 3-31】甲股份有限公司是一家汽车制造厂，属于增值税一般纳税人，2×12

年12月销售一批汽车给乙经销商,销售价格为100万元,成本为80万元。经销商在销售中发现该批汽车存在质量问题,于2×13年3月15日全部退回。汽车适用消费税税率为3%。已知甲股份有限公司2×12年度财务报告于2×13年4月10日经董事会批准对外报出,2×12年度的所得税汇算清缴于2×13年2月20日完成,已按照税务机关审核的《信息单》开具红字专用发票。

分析:甲公司2×13年3月15日退回的商品是2×12年12月完成销售的,退回时2×12年度财务报告尚未报出,所以该销售退回属于资产负债表日后调整事项,但是属于2×12年度所得税汇算清缴之后的调整事项。所以2×13年3月15日甲公司销售退回的会计处理如下。

①冲减2×12年度销售收入:

借:以前年度损益调整　　　　　　　　　　　　　　　1 000 000
　　应交税费——应交增值税(销项税额)　　　　　　170 000
　　贷:应收账款——乙公司　　　　　　　　　　　　1 170 000

②冲减2×12年度销售成本:

借:库存商品　　　　　　　　　　　　　　　　　　　800 000
　　贷:以前年度损益调整　　　　　　　　　　　　　　800 000

③冲减2×12年度消费税:

借:应交税费——应交消费税　　　　　　　　　　　　30 000
　　贷:以前年度损益调整　　　　　　　　　　　　　　30 000

二、销售退回和销售折让的税务处理

《国家税务总局关于确认企业所得税收入若干问题的通知》(国税函〔2008〕875号)规定,企业因售出商品质量、品种不符合要求等原因而发生的退货属于销售退回;企业因售出商品的质量不合格等原因而在售价上给予的减除属于销售折让。企业已经确认销售收入的售出商品发生销售折让和销售退回,应当在发生当期冲减当期销售商品收入。

《增值税暂行条例实施细则》第十一条规定,一般纳税人因销售货物退回或者折让而退还给购买方的增值税税额,应从发生销售货物退回或者折让当期的销项税额中扣减;因购进货物退出或者折让而收回的增值税税额,应从发生购进货物退出或者折让当期的进项税额中扣减。一般纳税人销售货物或者应税劳务,开具增值税专用发票后,发生销售货物退回或者折让、开票有误等情形,应按国家税务总局的规定开具红字增值税专用发票;未按规定开具红字增值税专用发票的,增值税额不得从销项税额中扣减。

《营业税改征增值税试点实施办法》第三十二条规定,纳税人适用一般计税方法计税的,因销售折让、中止或者退回而退还给购买方的增值税税额,应当从当期的销项税额中扣减;因销售折让、中止或者退回而收回的增值税税额,应从当期的进项税额中扣减。第四十二条规定,纳税人发生应税行为,开具增值税专用发票后,发生开票有误或者销售折让、中止、退回等情形的,应当按照国家税务总局的规定开具红字增值税专用发票;未按照规定开具红字增值税专用发票的,不得扣减销项税额或者销售额。

《消费税暂行条例实施细则》第二十三条规定,纳税人销售的应税消费品,如因质量等原因由购买者退回时,经机构所在地主管税务机关审核批准后,可退还已缴纳的消费税税款。

三、销售退回和折让的税会处理差异及纳税调整实务

从上述规定可知,对于企业日常发生的销售退回,会计和税务处理一致,不存在纳税调整。但是,对属于资产负债表日后事项的销售退回,会计与税法的处理不同。税法不考虑资产负债表日后事项,企业已经确认销售收入的售出商品发生销售折让和销售退回,应当在发生当期冲减当期销售商品收入和增值税销项税额。无论报告年度企业所得税汇算清缴之前或之后发生的属于资产负债表日后事项的销售退回,都调整实际退回或折让年度的应纳税所得额,不调整报告年度应纳税所得额,从而使得该销售退回的会计处理同税务处理存在暂时性差异,需要进行纳税调整。

【案例3-32】承〖案例3-31〗,假设甲股份有限公司2×12年度该销售退回调整前应纳税所得额为1 000万元,2×13年度利润总额为1 217万元。甲公司适用所得税税率为25%。

分析:由于该销售退回属于发生在报告年度所得税汇算清缴后的资产负债表日后调整事项,但是,按照《国家税务总局关于确认企业所得税收入若干问题的通知》(国税函〔2008〕875号)的规定,企业已经确认销售收入的售出商品发生销售折让和销售退回,应当在发生当期冲减当期销售商品收入。因此,不能调整2×12年度的应交所得税,而应该作为2×13年的纳税调整事项。根据〖案例3-31〗中的税务处理,该项销售退回应调减退回年度的应纳税所得额,而不影响报告年度的应纳税所得,所以企业报告年度所得税汇算清缴后发生的属于资产负债表日后事项的销售退回会产生纳税的暂时性差异。对于该暂时性差异,应当采用资产负债表债务法进行会计核算。

甲股份有限公司在报告年度和销售退回年度的会计和税务处理具体如下。

①2×12年度(报告年度)计算缴纳企业所得税时:

2×12年度应纳所得税税额 = 1 000×25% = 250(万元)

借:所得税费用　　　　　　　　　　　　　　　　2 500 000
　　贷:应交税费——应交所得税　　　　　　　　　　　2 500 000

②2×13年3月15日销售退回时,对2×12年度递延所得税进行纳税调整:

递延所得税资产=(100-80-3)×25%=4.25(万元)

借:递延所得税资产　　　　　　　　　　　　　　　　　42 500
　　贷:以前年度损益调整　　　　　　　　　　　　　　　　　42 500

③将"以前年度损益调整"科目余额转入未分配利润:

借:利润分配——未分配利润　　　　　　　　　　　　　127 500
　　贷:以前年度损益调整　　　　　　　　　　　　　　　　　127 500

④因净利润变动,调整盈余公积:

借:盈余公积　　　　　　　　　　　　　　　　　　　　12 750
　　贷:利润分配——未分配利润　　　　　　　　　　　　　　12 750

⑤2×13年度计算缴纳企业所得税时:

应纳税所得额=1 217-(100-80-3)=1 200(万元)

应纳所得税税额=1 200×25%=300(万元)

借:所得税费用——当期所得税费用　　　　　　　　　3 000 000
　　贷:应交税费——应交所得税　　　　　　　　　　　　　3 000 000

借:所得税费用——递延所得税费用　　　　　　　　　　　42 500
　　贷:递延所得税资产　　　　　　　　　　　　　　　　　42 500

⑥企业所得税年度纳税申报表。2×12年度填报A105000《纳税调整项目明细表》第10行"(八)销售折扣、折让和退回"第1列"账载金额"170 000元,第2列"税收金额"0元,第3列"调增金额"170 000元;2×13年度填报A105000《纳税调整项目明细表》第10行"(八)销售折扣、折让和退回"第1列"账载金额"0元,第2列"税收金额"170 000元,第4列"调减金额"170 000元,即第4列"调减金额"仅为销货退回影响损益的跨期时间性差异。

第八节　在建工程试运行收入税会处理差异

一、在建工程试运行收入的会计处理

《企业会计准则》规定,工程达到预定可使用状态前因进行试运转所发生的净支出(负荷联合试车费),应计入工程成本。企业的在建工程项目在达到预定可使用状态前所取得的试运转过程中形成的能够对外销售的产品,其发生的成本,计入在建工程成本,借记"在建工程——待摊支出"科目,贷记"原材料"、"银行存款"等科目,销售或转为库存商品时，按实际销售收入或按预计售价冲减工程成本，借记"银行存款"、"库存商品"科目，贷记"在建工程——待摊支出"科目。

二、在建工程试运行收入的税务处理

《企业所得税法》第六条规定，企业每一纳税年度的收入总额，减除不征税收入、免税收入、各项扣除以及允许弥补的以前年度亏损后的余额，为应纳税所得额。企业以货币形式和非货币形式从各种来源取得的收入，为收入总额。在建工程试运行生产产品的收入，既不属于不征税收入，也不属于免税收入，当然应该计入当期应纳税所得额，而相应的成本也应允许扣除。《企业所得税汇算清缴管理办法》（国税发〔2009〕79号）第三条规定，凡在纳税年度内从事生产、经营（包括试生产、试经营），均应按照《企业所得税法》及其实施条例的有关规定进行企业所得税汇算清缴。因此，在建工程试生产产品的收入和成本当然应计入当期应纳税所得额。

三、在建工程试运行收入的税会处理差异及纳税调整实务

会计准则与税法对在建工程试运行收入和成本处理不一致，会造成两者对固定资产初始成本计量的差异。《企业所得税法实施条例》规定，自行建造的固定资产，以竣工结算前发生的支出为计税基础。即税法以固定资产竣工时间作为固定资产计税基础计量标准，这与会计准则规定达到预定可使用状态不一致，因为达到了可使用状态不一定是竣工结算时，因此，会计准则从谨慎性原则出发把这一期间的收入和费用也作为固定资产的初始成本，而税法从防止企业避税的角度出发，把在建工程试运行销售产品所得作为应税收入纳税，以防止国家税款流失。

【案例3-33】 A公司是增值税一般纳税人，2×12年某在建工程试投产运行期间共生产出产品2 000件，总成本为20万元，销售产品后取得款项29.25万元（含增值税）。A公司当年利润总额为100万元。设A公司所得税税率为25%。请问A如何进行纳税调整？

会计处理：A公司试运行阶段取得销售收入29.25万元，其中不含增值税的价格 = $29.25 \div (1 + 17\%) = 25$（万元）。根据会计准则的规定，这25万元应冲减在建工程成本，并且生产这批产品发生的总成本20万元应计入在建工程成本。

税务处理：A公司在建工程的试运行收入不能直接冲减在建工程成本，应调增的应纳税所得额 = $25 - 20 = 5$（万元），应纳税所得额 = $100 + 5 = 105$（万元），应交所得税税额 = $105 \times 25\% = 26.25$（万元）。由于在建工程以后转入固定资产时，其账面价值比计税基础少5万元，产生可抵扣暂时性差异，未来期间很可能取得用来抵扣该差异的应

纳税所得额，则应确认递延所得税资产 1.25 万元。在建工程转为固定资产后计提折旧时，则相应调减应税所得额，同时转回以前期间确认的递延所得税资产。A 公司相关会计和税务处理如下：

借：在建工程——待摊支出	200 000
贷：银行存款	200 000
借：银行存款	292 500
贷：在建工程——待摊支出	250 000
应交税费——应交增值税（销项税额）	42 500
借：所得税费用——当期所得税费用	262 500
贷：应交税费——应交所得税	262 500
借：递延所得税资产	12 500
贷：所得税费用——递延所得税费用	12 500

第九节　接受捐赠收入税会处理差异

一、接受捐赠收入的会计处理

会计处理上，《企业会计准则》规定，企业接受捐赠收入是企业非日常活动产生的经济利益的流入，属于利得。会计准则将其记入当期"营业外收入——捐赠利得"科目。《企业会计制度》规定，企业将接受捐赠直接记入"资本公积"科目。《企业会计准则解释公告第 5 号》（财会〔2012〕19 号）第六条规定，企业接受代为偿债、债务豁免或捐赠，按照企业会计准则的规定符合确认条件的，通常应当确认为当期收益；但是，企业接受非控股股东（或非控股股东的子公司）直接或间接代为偿债、债务豁免或捐赠，经济实质表明属于非控股股东对企业的资本性投入，应当将相关利得计入所有者权益（资本公积）。

二、接受捐赠收入的税务处理

税务处理上，《企业所得税法》第六条规定，企业以货币形式和非货币形式从各种来源取得的收入，为收入总额。其中包括接受捐赠收入。《企业所得税法实施条例》第十三条规定，接受捐赠收入，是指企业接受的来自其他企业、组织或者个人无偿给予的货币性资产、非货币性资产。接受捐赠收入，按照实际收到捐赠资产的日期确认收入的实现。《国家税务总局关于企业取得财产转让等所得企业所得税处理问题的公告》（国家税务总局公告 2010 年第 19 号）规定，企业取得财产（包括各类资产、股权、债权等）转让收入、债务重组收入、接受捐赠收入、无法偿付的应付款收入等，不论是以货币形式还是以非货币形式体现，除另有规定外，均应一次性计入确认收入的年度计算缴纳企业所得税。这说明接受捐赠收入按照收付实现制确认收入的实现。

按照《国家税务总局关于企业所得税应纳税所得额若干问题的公告》（国家税务总局公告 2014 年第 29 号）有关企业接收股东划入资产的企业所得税处理的规定，企业接收股东划入资产（包括股东赠与资产、上市公司在股权分置改革过程中接收原非流通股股东和新非流通股股东赠与的资产、股东放弃本企业的股权，下同），凡合同、协议约定作为资本金（包括资本公积）且在会计上已作实际处理的，不计入企业的收入总额，企业应按公允价值确定该项资产的计税基础。企业接收股东划入资产，凡作为收入处理的，应按公允价值计入收入总额，计算缴纳企业所得税，同时按公允价值确定该项资产的计税基础。

三、接受捐赠收入的税会处理差异

执行《企业会计准则》的企业，接受资产捐赠的，直接计入当期损益，与税法规定无差异。执行《企业会计制度》的企业，将接受捐赠直接计入资本公积，但税法明确了接受捐赠收入属于收入总额，除税法另有规定外，应一次性计入确认收入的年度计算缴纳企业所得税，需要进行纳税调增。

【案例 3-34】2×15 年 12 月，某企业接受捐赠原材料一批，对方开具了增值税专用发票，价款金额 85.47 万元，税额 14.53 万元，价税合计 100 万元。如果该企业执行《企业会计制度》，则会计和税务处理如下：

借：原材料　　　　　　　　　　　　　　　　　　　854 700
　　应交税费——应交增值税（进项税额）　　　　　145 300
　　贷：资本公积　　　　　　　　　　　　　　　　　　　1 000 000

2×15 年将会计核算计入资本公积的 100 万元填入《企业所得税年度纳税申报表》附表 A105000《纳税调整项目明细表》第 11 行"（九）其他"项目"税收金额"和"调增金额"。

【案例 3-35】A 公司和 B 公司是甲集团公司的全资子公司，2×17 年甲集团为了优化集团内资产配置，将甲公司拥有的 A 公司 30% 股权划转到 B 公司，划转资产的公允价值为 2 000 万元。股权划转合同、协议约定 B 公司作为资本公积且在会计实际上作资本公积处理。

①甲集团公司的会计处理：

借：资本公积　　　　　　　　　　　　　　　20 000 000
　　贷：长期股权投资——A 公司　　　　　　　　　　　20 000 000

②A 公司股东变更的会计处理：

借：实收资本——甲集团公司　　　　　　　　20 000 000
　　贷：实收资本——B 公司　　　　　　　　　　　　　20 000 000

③B 公司划入资产的会计处理：

借：长期股权投资——A 公司　　　　　　　　20 000 000
　　贷：资本公积　　　　　　　　　　　　　　　　　　20 000 000

由于上述情况同时满足国家税务总局公告 2014 年第 29 号有关不视同接受捐赠的条件，因此，B 公司可不视为接受捐赠收入，甲集团公司不按捐赠支出进行税务处理。

第十节　建造合同收入税会处理差异

一、建造合同概念界定差异

《企业会计准则第 15 号——建造合同》规定，建造合同是指为建造一项或数项在设计、技术、功能、最终用途等方面密切相关的资产而订立的合同。建造合同分为固定造价合同和成本加成合同。《企业所得税法》规定，建造合同收入属于提供劳务收入。企业受托加工制造大型机械设备、船舶、飞机等以及从事建筑、安装、装配工程业务等而取得的建造合同收入，均应计入收入总额。企业在确认建造合同收入、成本、费用和损失等方面，会计与税务处理存在差异。

二、建造合同收入的税会处理差异

会计处理上，合同收入应当包括下列内容：合同规定的初始收入和因合同变更、索赔、奖励等形成的收入。按照《企业会计准则第 15 号——建造合同》的规定，区分相关建造合同的结果能够可靠估计和相关建造合同的结果不能可靠估计两种情况分别处理。

企业所得税处理上，企业以货币形式和非货币形式从各种来源取得的建造合同收入，都应计入收入总额，包括建造合同价款和价外费用。因合同变更、索赔、奖励等形成的收入都属应税收入。《企业所得税法实施条例》第二十三条第（二）项规定，企业受托加工制造大型机械设备、船舶、飞机以及从事建筑、安装、装配工程业务或者提供其他劳务等,持续时间超过12个月的,按照纳税年度内完工进度或者完成的工作量确认收入的实现。

增值税处理上,建造合同收入应按照《财政部、国家税务总局关于全面推开营业税改征增值税试点的通知》(财税〔2016〕36号)、《国家税务总局关于发布〈纳税人跨县(市、区)提供建筑服务增值税征收管理暂行办法〉的公告》(国家税务总局公告2016年第17号公告)、《国家税务总局关于进一步明确营改增有关征管问题的公告》(国家税务总局公告2017年第11号)和《财政部、税务总局关于建筑服务等营改增试点政策的通知》(财税〔2017〕58号)等相关规定交纳增值税。

三、建造合同成本的税会处理差异

会计处理上,合同成本应当包括从合同签订开始至合同完成止所发生的与执行合同有关的直接费用和间接费用。合同的直接费用应当包括下列内容:耗用的材料费用、耗用的人工费用、耗用的机械使用费。间接费用是企业下属的施工单位或生产单位为组织和管理施工生产活动所发生的费用。直接费用在发生时直接计入合同成本,间接费用在资产负债表日按照系统、合理的方法分摊计入合同成本。合同完成后处置残余物资取得的收益等与合同有关的零星收益,应当冲减合同成本。

税会处理差异主要为:第一,合同完成后处置残余物资取得的收益等与合同有关的收益,一般不能冲减合同成本,应计入收入总额。第二,已计入合同成本的借款费用,不能再重复扣除财务费用,应作纳税调整。第三,已在会计处理上计入合同成本,税法规定不允许扣除、有限额扣除的成本项目,应作纳税调整。

四、建造合同的税会处理差异

(一)结果能够可靠估计的建造合同

会计处理上,在资产负债表日,建造合同的结果能够可靠估计的,应当根据完工百分比法确认合同收入和合同费用。完工百分比法,是指根据合同完工进度确认收入与费用的方法。

税务处理上,企业受托加工制造大型机械设备、船舶、飞机等以及从事建筑、安装、装配工程业务或者提供劳务等,持续时间超过12个月的,按照纳税年度内完工进度或者完成的工作量确认收入的实现。

（二）结果不能够可靠估计的建造合同

会计处理上，建造合同的结果不能可靠估计的，应当分别下列情况处理：（1）合同成本能够收回的，合同收入根据能够收回的实际合同成本予以确认，合同成本在其发生的当期确认为合同费用。（2）合同成本不可能收回的，在发生时立即确认为合同费用，不确认合同收入。（3）使建造合同的结果不能可靠估计的不确定因素不复存在的，应当按照会计准则的规定确认与建造合同有关的收入和费用。

税务处理上，税法不认同建造合同的结果不能可靠估计的处理，应区别情况进行纳税调整：（1）合同成本能够收回的，合同收入应根据合同规定的建造合同收入计入收入总额。合同收入不能根据能够收回的实际合同成本予以确认，但合同成本在其发生的当期计算应纳税所得额时扣除。（2）合同成本不可能收回的，不能直接不确认合同收入。应根据《企业所得税法实施条例》第二十三条第（二）项规定，在纳税年度内按照完工进度或者完成的工作量确认收入的实现，计入当期收入总额，如果以后期间实际发生资产损失即无法收回建造合同款项时，按照税法规定进行资产损失申报后再税前扣除。

（三）合同预计损失的税会处理差异

会计处理上，合同预计总成本超过合同总收入时，形成合同预计损失，应提取损失准备，将预计损失确认为当期费用。合同完工时，将已提取的损失准备冲减合同费用。

税务处理上，《企业所得税法》第八条规定，合同预计总成本超过合同总收入形成合同预计损失，不属于实际发生的损失，在计算应纳税所得额时不得扣除。企业提取的损失准备，属于未经核定的准备金支出，在计算应纳税所得额时不得扣除，不得将预计损失确认为当期费用，应按照税法的规定进行纳税调整。

五、建造合同税会处理差异及纳税调整实务

【案例 3-36】 A 企业于 2017 年 12 月 15 日开始提供一项外省建筑服务，预计工期为 3 个月，建筑服务合同约定总收入 600 000 元（不含税），2017 年 12 月 15 日开工前（2017 年 11 月 1 日）按照合同约定已经预收款 444 000 元（含税），截至 2017 年 12 月 31 日，实际发生建筑服务成本 280 000 元，估计还会发生成本 120 000 元，合同约定 2017 年 12 月 31 日按照工程完工进度办理工程结算手续，其余建筑服务收入在工程完工后办理结算和付款。但为保证工程质量，合同约定工程完工后发包方将 60 000 元（不含税）作为质押金、保证金留扣，待工程完工一年后如果检验工程质量合格，办理质押金结算和开具发票。假定 A 企业对该建筑项目选择一般计税方法，并按照实际发生的服

务成本占预计总成本的比例计算确定完工进度。

分析：按照《财政部关于印发〈增值税会计处理规定〉的通知》（财会〔2016〕22号，以下简称"22号文件"）及其《财政部会计司关于〈增值税会计处理规定〉有关问题的解读》（以下简称《解读》）的规定，企业提供建筑服务会计处理的时点是在向业主办理工程价款结算时。本例中，2017年度企业提供该建筑服务会计处理的时点是建筑服务合同约定的2017年12月31日，按照该项建筑工程完工进度，开具结算单并向业主办理结算。这个时点也正好是按照《企业会计准则第15号——建造合同》规定的建造合同收入确认时点。若建造合同的结果能够可靠估计，应当根据完工百分比法确认合同收入和合同费用。具体会计核算科目及分录为，借记"应收账款"等科目，贷记"工程结算"科目，贷记"应交税费——应交增值税（销项税额）"等科目。需要注意的是，企业实际操作中，应按照双方办理结算时进行会计处理，合同双方约定的办理结算的时点可以是月初、月中、月末任意时间，当然也可以合同约定在资产负债表日。

（1）2017年11月1日，收到发包方支付的工程预付款时的会计和税务处理。《财政部、国家税务总局关于全面推开营业税改征增值税试点的通知》（财税〔2016〕36号，以下简称"36号文件"）附件一《营业税改征增值税试点实施办法》第四十五条第（二）项规定，纳税人提供建筑服务、租赁服务采取预收款方式的，其纳税义务发生时间为收到预收款的当天。但自2017年7月1日起，按照《财政部、税务总局关于建筑服务等营改增试点政策的通知》（财税〔2017〕58号）第二条的规定，《营业税改征增值税试点实施办法》（财税〔2016〕36号）第四十五条第（二）项修改为"纳税人提供租赁服务采取预收款方式的，其纳税义务发生时间为收到预收款的当天"。第三条规定，纳税人提供建筑服务取得预收款，应在收到预收款时，以取得的预收款扣除支付的分包款后的余额，按照该条第三款规定的预征率预缴增值税。按照现行规定应在建筑服务发生地预缴增值税的项目，纳税人收到预收款时在建筑服务发生地预缴增值税。按照现行规定无须在建筑服务发生地预缴增值税的项目，纳税人收到预收款时在机构所在地预缴增值税。适用一般计税方法计税的项目预征率为2%，适用简易计税方法计税的项目预征率为3%。上述文件的修改将导致自2017年7月1日起，纳税人提供建筑服务取得预收款时，除先开具发票外，并未达到增值税纳税义务发生时间，只需要在收到预收款时，以取得的预收款扣除支付的分包款后的余额，按照税法规定的预征率预缴增值税。

本例中，按照财税〔2017〕58号文件的相关规定，A企业只需要在收到预收款时，以取得的预收款扣除支付的分包款后的余额，按照税法规定的预征率预缴增值税。按照现行规定应在建筑服务发生地预缴增值税的项目，纳税人收到预收款时在建筑服务发生地预缴增值税，适用一般计税方法计税的项目预征率为2%。即应在实际收到预收款当月在外省建筑服务发生地国税机关预缴税款，应预缴税款=（全部价款和价外费用－支付的分包款）÷（1+11%）×2%。应预缴税款=444 000÷（1+11%）×2%=400 000×2%=8 000（元），并按照建筑项目填写《增值税预缴税款表》。

  借：银行存款   444 000
    贷：预收账款   444 000
  借：应交税费——预交增值税   8 000
    贷：银行存款   8 000

《国家税务总局关于纳税人跨县（市、区）提供建筑服务增值税征收管理》（国家税务总局公告2016年第17号，以下简称"17号公告"）规定，纳税人跨县（市、区）提供建筑服务，应按照36号文件第四十五条规定的纳税义务发生时间和计税方法，向建筑服务发生地主管国税机关预缴税款，向机构所在地主管国税机关申报纳税。需要注意的是，《国家税务总局关于进一步明确营改增有关征管问题的公告》（国家税务总局公告2017年第11号）第三条规定，纳税人在同一地级行政区范围内跨县（市、区）提供建筑服务，不适用17号公告。

本例中，该预收款是2017年11月1日实际收到的，在收到预收款时已经按照现行规定在建筑服务发生地国税机关预缴了增值税8 000元，不应再对该笔预收款444 000元按照17号公告相关规定在预收款纳税义务发生时间进行重复预缴，即时间上的预缴可以抵减空间上的预缴。

（2）假设该建筑项目2017年11月5日购入项目所用建筑材料时，取得一张增值税专用发票，注明价款为100 000元，增值税进项税额为17 000元。企业取得专用发票尚未认证时：

  借：原材料等   100 000
    应交税费——待认证进项税额   17 000
    贷：银行存款   117 000

（3）2017年11月15日，将上述增值税专用发票查询勾选认证通过时：

  借：应交税费——应交增值税（进项税额）   17 000
    贷：应交税费——待认证进项税额   17 000

（4）17号公告第八条规定，纳税人跨县（市、区）提供建筑服务，向建筑服务发生地主管国税机关预缴的增值税税款，可以在当期增值税应纳税额中抵减，抵减不完的，结转下期继续抵减。22号文件明确规定，企业预缴增值税时，借记"应交税费——预交增值税"科目，贷记"银行存款"科目。月末，企业应将"预交增值税"明细科目余额转入"未交增值税"明细科目，借记"应交税费——未交增值税"科目，贷记"应交税费——预交增值税"科目。本例中，2017年11月末，A企业应将"预交增值税"明细科目余额转入"未交增值税"明细科目：

  借：应交税费——未交增值税   8 000

贷：应交税费——预交增值税　　　　　　　　　　　　　　　　　　8 000

　　（5）2017年11月，按照财税〔2017〕58号文件的相关规定，由于实际收到预收款不产生增值税纳税义务，当月该建筑项目的销项税额为0，应纳增值税=0，进项税额17 000元作为期末留抵税额，预交增值税8 000元结转下期继续抵减。

　　（6）2017年12月1日，企业开始提供建筑服务，按照财税〔2016〕36号文件第四十五条第一款的规定，增值税纳税义务、扣缴义务发生时间为：纳税人发生应税行为并收讫销售款项或者取得索取销售款项凭据的当天；先开具发票的，为开具发票的当天。收讫销售款项，是指纳税人销售服务、无形资产、不动产过程中或者完成后收到款项。取得索取销售款项凭据的当天，是指书面合同确定的付款日期；未签订书面合同或者书面合同未确定付款日期的，为服务、无形资产转让完成的当天或者不动产权属变更的当天。

　　本例中，2017年11月10日A企业实际收到预收款444 000元（含税）时不发生增值税纳税义务，只是按照财税〔2017〕58号文件的规定在建筑服务发生地预缴增值税8 000元，但2017年12月1日开始提供建筑服务时则符合纳税人发生应税行为并收讫销售款项的纳税义务时间规定，应该将该笔预收款444 000元确认为增值税纳税义务已经发生，按照一般计税方法计算销项税额44 000元，并按照国税发〔2006〕156号文件第十一条第四款的规定为甲方开具增值税发票。

　　会计核算时，按照《企业会计准则第15号——建造合同》的规定，在期末资产负债表日，采用完工百分比法确认合同收入和合同费用，这时，增值税收入的纳税义务发生时点早于会计核算收入时点（企业向业主办理工程价款结算时）。按照22号文件的规定，企业提供建筑服务会计处理的时点是在向业主办理工程价款结算时点。增值税纳税义务发生的时点早于企业向业主办理工程价款结算的，借记"银行存款"等科目，贷记"预收账款"和"应交税费——应交增值税（销项税额）"等科目。

　　借：预收账款　　　　　　　　　　　　　　　　　　　　　　　44 000
　　　　贷：应交税费——应交增值税（销项税额）　　　　　　　　　　44 000

　　（7）2017年12月31日，按照《企业会计准则第15号——建造合同》的规定，采用完工百分比法确认合同收入和合同费用，会计处理如下：

　　①计算完工进度=280 000÷（280 000+120 000）=70%

　　2017年12月31日，确认的建造合同收入=600 000×70%-0=420 000（元）

　　2017年12月31日，结转的建造合同成本=（280 000+120 000）×70%-0
　　　　　　　　　　　　　　　　　　　　　　=280 000（元）

　　②2017年实际发生劳务成本时：

　　借：工程施工——合同成本　　　　　　　　　　　　　　　　　280 000
　　　　贷：应付职工薪酬等　　　　　　　　　　　　　　　　　　　280 000

③2017年12月31日，即业主办理工程价款结算的时点，按照结算金额420 000元进行建筑服务会计处理。其中，待转销项税额＝420 000×11%－44 000＝2 200（元）：

借：应收账款　　　　　　　　　　　　　　　　　422 200
　　贷：工程结算　　　　　　　　　　　　　　　　420 000
　　　　应交税费——待转销项税额　　　　　　　　　2 200

④2017年12月31日，确认建造合同收入和成本：

借：主营业务成本　　　　　　　　　　　　　　　280 000
　　工程施工——合同毛利　　　　　　　　　　　140 000
　　贷：主营业务收入　　　　　　　　　　　　　420 000

（8）2018年3月1日完工时，办理竣工结算时会计处理：

借：应收账款　　　　　　　　　　　　　　　　　199 800
　　贷：工程结算　　　　　　　　　　　　　　　　180 000
　　　　应交税费——待转销项税额　　　　　　　　19 800

（9）2018年实际发生劳务成本时：

借：工程施工——合同成本　　　　　　　　　　　120 000
　　贷：应付职工薪酬等　　　　　　　　　　　　120 000

（10）2018年3月1日完工时，确认剩余劳务收入并结转成本：

借：主营业务成本　　　　　　　　　　　　　　　120 000
　　工程施工——合同毛利　　　　　　　　　　　 60 000
　　贷：主营业务收入　　　　　　　　　　　　　180 000

（11）2018年3月1日完工后，将工程施工和工程结算对冲：

借：工程结算　　　　　　　　　　　　　　　　　600 000
　　贷：工程施工——合同毛利　　　　　　　　　200 000
　　　　　　　　——合同成本　　　　　　　　　400 000

至此，"工程施工"科目和"工程结算"科目余额均为0。

（12）未开具发票的质押金的会计和税务处理。《国家税务总局关于在境外提供建筑服务等有关问题的公告》（国家税务总局公告2016年第69号，以下简称"69号公告"）第四条规定，纳税人提供建筑服务，被工程发包方从应支付的工程款中扣押的质押金、保证金，未开具发票的，以纳税人实际收到质押金、保证金的当天为纳税义务发生时间。财会〔2016〕22号文件明确规定，将企业向业主办理工程价款结算的时点早于增值税纳税义务发生的时点的，先通过"应交税费——待转销项税额"等科目过渡，待增值税纳税义务发生时再转入"应交税费——应交增值税（销项税额）"等科目。因此，本例中未开具发票的60 000元质押金对应的增值税6 600元（60 000×11%），应按照69号公告的规定，在工程完工一年后确认，这时发生了工程完工时会计处理确认合同收入的时点早于增值税纳税义务发生时点的情况，6 600元仍在"应交税费——待转销项税额"科目借方保留。

（13）2018年3月1日，建筑服务完工结算后，应结转除了质保金以外的剩余建筑服务达到增值税纳税义务发生时间时的"应交税费——待转销项税额"至"应交税费——应交增值税（销项税额）"科目为15 400元（600 000×11% − 44 000 − 60 000×11%），并按照156号文件第十一条第（四）款的规定，在增值税纳税义务的发生时间开具增值税专用发票。此时，"应交税费——待转销项税额"余额＝（19 800 + 2 200）− 15 400 = 6 600（元），即今后实际收到质保金时应纳增值税税额。

借：应交税费——待转销项税额　　　　　　　　　　　　　　15 400
　　贷：应交税费——应交增值税（销项税额）　　　　　　　　15 400

（14）2018年3月1日，预缴增值税会计和税务处理如下：

①17号公告规定，适用一般计税方法计税的，除合同约定尚未实际收到的60 000元质保金外，应预缴税款 =（200 000 − 60 000）×2% = 2 800（元），并按照建筑项目填写《增值税预缴税款表》。

借：应交税费——预交增值税　　　　　　　　　　　　　　　2 800
　　贷：银行存款　　　　　　　　　　　　　　　　　　　　2 800

②2018年3月末，企业应将"预交增值税"明细科目余额转入"未交增值税"明细科目。

借：应交税费——未交增值税　　　　　　　　　　　　　　　2 800
　　贷：应交税费——预交增值税　　　　　　　　　　　　　2 800

③假设2018年3月当期进项税额为10 000元，则应纳增值税 = 15 400 − 10 000 = 5 400（元）。

借：应交税费——应交增值税（转出未交增值税）　　　　　　5 400
　　贷：应交税费——未交增值税　　　　　　　　　　　　　5 400

④2018年4月10日，申报缴纳2018年3月税款时，计算3月应补缴增值税 = 5 400 − 2 800 = 2 600（元）。

借：应交税费——未交增值税　　　　　　　　　　　　　　　2 600
　　贷：银行存款　　　　　　　　　　　　　　　　　　　　2 600

（15）2018年3月，企业应补收除了项目质保金（含税价）以外的"应收账款"科目借方余额与"预收账款"科目贷方差额 =（422 200 + 199 800）−（444 000 − 44 000）− 60 000×（1 + 11%）= 155 400（元）。

借：预收账款　　　　　　　　　　　　　　　　　　　　　400 000
　　贷：应收账款　　　　　　　　　　　　　　　　　　　400 000
借：银行存款　　　　　　　　　　　　　　　　　　　　　155 400

贷：应收账款　　　　　　　　　　　　　　　　　　　　　　　155 400

　　(16) 2019 年 3 月 31 日，工程质量合格，按照合同约定已经实际收到 60 000 元质保金及增值税，按照 156 号文件第十一条第（四）款的规定，在增值税纳税义务的发生时间开具增值税专用发票。

　　借：应交税费——待转销项税额　　　　　　　　　　　　　　　6 600
　　　　贷：应交税费——应交增值税（销项税额）　　　　　　　　　6 600
　　借：银行存款　　　　　　　　　　　　　　　　　　　　　　　66 600
　　　　贷：应收账款　　　　　　　　　　　　　　　　　　　　　66 600

至此，"应收账款"、"预收账款"科目和"应交税费——待转销项税额"余额均为 0。

　　(17) 2019 年 3 月 31 日，预缴增值税会计和税务处理如下：

①17 号公告规定，适用一般计税方法计税的，合同约定的 60 000 元质保金，应预缴税款 = 60 000 × 2% = 1 200（元），并按照建筑项目填写《增值税预缴税款表》。

　　借：应交税费——预交增值税　　　　　　　　　　　　　　　　1 200
　　　　贷：银行存款　　　　　　　　　　　　　　　　　　　　　1 200

②2019 年 3 月末，企业应将"预交增值税"明细科目余额转入"未交增值税"明细科目：

　　借：应交税费——未交增值税　　　　　　　　　　　　　　　　1 200
　　　　贷：应交税费——预交增值税　　　　　　　　　　　　　　1 200

③假设 2019 年 3 月当期可抵扣进项税额为 6 000 元。

应纳增值税 = 60 000 × 11% − 6 000 = 600（元）

　　借：应交税费——应交增值税（转出未交增值税）　　　　　　　　600
　　　　贷：应交税费——未交增值税　　　　　　　　　　　　　　　600

④2019 年 4 月 10 日，申报缴纳 2019 年 3 月税款时，计算 2019 年 3 月应补缴增值税 = 600 − 600 = 0（元）。

⑤17 号公告第八条规定，纳税人跨县（市、区）提供建筑服务，向建筑服务发生地主管国税机关预缴的增值税税款，可以在当期增值税应纳税额中抵减，抵减不完的，结转下期继续抵减。本例中，预缴增值税在当期增值税应纳税额中抵减不完的 600 元结转下期继续抵减，期末"应交税费——未交增值税"明细科目借方余额 600 元，为当期抵减不完、结转下期继续抵减的预缴增值税税款。

22 号文件第三条财务报表相关项目列示规定，"应交税费"科目下的"应交增值税"、"未交增值税"、"待抵扣进项税额"、"待认证进项税额"、"增值税留抵税额"等明细科目期末借方余额应根据情况，在资产负债表中的"其他流动资产"或"其他非流动资产"项目列示。本例中，期末"应交税费——未交增值税"明细科目借方余额 600 元，在资产负债表中的"其他流动资产"或"其他非流动资产"项目列示。

(18) A企业2017年度企业所得税处理。《企业所得税实施条例》第二十三条第（二）款规定，企业受托加工制造大型机械设备、船舶、飞机，以及从事建筑、安装、装配工程业务或者提供其他劳务等，持续时间超过12个月的，按照纳税年度内完工进度或者完成的工作量确认收入的实现。

本例中，A企业提供建筑服务持续时间不超过12个月，按照上述企业所得税法相关规定，2017年度不确认所得税收入和成本，应纳所得税额为0；但按照《企业会计准则第15号——建造合同》的规定，会计处理确认主营业务收入420 000元，主营业务成本280 000元，利润总额140 000元，企业所得税和会计处理差异为140 000元，应纳税调减140 000元。

具体调整：在2017年度企业所得税汇算清缴时，收入420 000元在A105020《未按权责发生制确认收入纳税调整明细表》第7行"（二）持续时间超过12个月的建造合同收入"项目中进行纳税调减，成本280 000元在A105000《纳税调整项目明细表》中第29行"其他"项目进行纳税调增。

(19) A企业2018年度企业所得税处理。A企业提供建筑服务完工后，2018年度应全额确认所得税收入600 000元和成本400 000元，应纳税所得额200 000元；按照《企业会计准则第15号——建造合同》的规定，会计处理确认主营业务收入180 000元，主营业务成本120 000元，利润总额为60 000元，企业所得税和会计处理差异为140 000元，应纳税调增140 000元。

具体调整：在2018年度企业所得税汇算清缴时，收入420 000元（600 000 - 180 000）在A105020《未按权责发生制确认收入纳税调整明细表》第7行"（二）持续时间超过12个月的建造合同收入"项目中进行纳税调增，成本280 000元（400 000 - 120 000）在A105000《纳税调整项目明细表》中第29行"其他"项目进行纳税调减。

【案例3-37】 B建筑公司为增值税一般纳税人，2×17年向A公司（增值税一般纳税人）提供一项清包工建筑服务（开工和完工在同一会计年度），选择采用简易计税方式。工程完工后办理结算并收取业主全部工程款1 000 000元，自建部分成本为160 000元（假设全部为人工成本），支付C公司分包款800 000元。B建筑公司向发包方A公司开具了增值税专用发票。

（1）B公司简易计税方式税务处理。B公司按差额计税方式计算申报税额：(1 000 000 - 800 000) ÷ (1 + 3%) × 3% = 5 825.24（元）。B公司按全额向业主开具建筑服务增值税专用发票，发票不含税金额 = 1 000 000 - 29 126.21 = 970 873.79（元），增值税税额 = 1 000 000 ÷ (1 + 3%) × 3% = 29 126.21（元）。建筑服务差额纳税属于可以全额开具增值税专用发票的情况，且不通过新系统差额纳税功能开具。发包方A公司取得增值税专用发票经过认证后，可以申报抵扣进项税额为29 126.21元，承包方B公司通过填写《增值税纳税申报表》相关附表，按差额计税方式计算申报缴纳的税额为

5 825.24 元。

(2) B 公司简易计税方法下差额征税会计处理如下。

①建筑工程发生成本费用：

借：工程施工——合同成本　　　　　　　　　　　　　160 000
　　贷：应付职工薪酬　　　　　　　　　　　　　　　　　160 000

②支付 C 公司分包款：

借：工程施工——合同成本　　　　　　　　　　　　　800 000
　　贷：银行存款　　　　　　　　　　　　　　　　　　　800 000

③取得分包发票且增值税发生纳税义务时，取得合法有效凭证。

抵减税额 = 800 000 ÷ (1 + 3%) × 3% = 23 300.97（元）

借：应交税费——简易计税（扣减）　　　　　　　　　23 300.97
　　贷：工程施工——合同成本　　　　　　　　　　　　23 300.97

④确认合同收入和费用：

合同总收入 = 1 000 000 ÷ (1 + 3%) = 970 873.79（元）

合同总成本 = 160 000 + (800 000 − 23 300.97) = 936 699.03（元）

借：主营业务成本　　　　　　　　　　　　　　　　　936 699.03
　　工程施工——合同毛利　　　　　　　　　　　　　　34 174.76
　　贷：主营业务收入　　　　　　　　　　　　　　　　970 873.79

⑤实际收取业主工程款：

借：银行存款　　　　　　　　　　　　　　　　　　1 000 000
　　贷：工程结算　　　　　　　　　　　　　　　　　　970 873.79
　　　　应交税费——简易计税（计提）　　　　　　　　29 126.21

⑥工程项目结束，工程施工与结算对冲：

借：工程结算　　　　　　　　　　　　　　　　　　　970 873.79
　　贷：工程施工——合同成本　　　　　　　　　　　　936 699.03
　　　　　　　　——合同毛利　　　　　　　　　　　　34 174.76

⑦缴纳剩余增值税 = 29 126.21 − 23 300.97 = 5 825.24（元）

借：应交税费——简易计税（缴纳）　　　　　　　　　5 825.24
　　贷：银行存款　　　　　　　　　　　　　　　　　　5 825.24

⑧将"应交税费——简易计税"各明细专栏对冲：

借：应交税费——简易计税（计提）　　　　　　　　　29 126.21
　　贷：应交税费——简易计税（缴纳）　　　　　　　　5 825.24
　　　　　　　　——简易计税（扣减）　　　　　　　　23 300.97

第十一节 政府补助收入税会处理差异

一、政府补助收入的会计处理

1. 政府补助的概念及特征。2017年5月新修订的《企业会计准则第16号——政府补助》(财会〔2017〕15号)第二条规定,政府补助是指企业从政府无偿取得货币性资产或非货币性资产。第三条规定,政府补助具有下列特征:第一,来源于政府的经济资源。对于企业收到的来源于其他方的补助,有确凿证据表明政府是补助的实际拨付者,其他方只起到代收代付作用的,该项补助也属于来源于政府的经济资源。第二,无偿性。即企业取得来源于政府的经济资源,不需要向政府交付商品或服务等对价。无偿性是政府补助的基本特征。这一特征将政府补助与政府作为企业所有者投资的资本、政府购买货物或服务等互惠性交易区分开来。

按照上述规定,企业从政府取得的经济利益或资源,要先判断其性质是政府补助、政府资本性投入还是政府购买企业货物或提供的服务,区分不同性质进行相应的会计处理。政府补助包括政府对企业的无偿拨款、税收返还、财政贴息以及无偿给予非货币性资产等。直接免征增值税、增加计税抵扣额、抵免部分税额等不涉及资产直接转移的经济资源,不适用《企业会计准则第16号——政府补助》。

第五条规定,下列各项适用其他相关会计准则:第一,企业从政府取得的经济资源,如果与企业销售商品或提供服务等活动密切相关,且是企业商品或服务的对价或者是对价的组成部分适用《企业会计准则第14号——收入》等相关会计准则。第二,所得税减免适用《企业会计准则第18号——所得税》。政府以投资者身份向企业投入资本,享有相应的所有者权益,不适用《企业会计准则第16号——政府补助》。

【案例3-38】甲公司是生产新能源A设备的企业,A设备市场售价为23.4万元/台(含税),成本为16万元/台,但在纳入国家新能源产业政策体系后,甲公司A设备售价为21.06万元/台(含税),另外中央财政按照甲公司实际销售数量给予2.34万元/台的补贴。2×17年甲公司共销售国家政策范围内A设备1 000台。甲公司2×17年12月收到中央财政部门实际拨付的执行国家新能源产业政策补贴2 340万元。

分析:本例中,甲公司虽然取得财政部门的2 340万元补贴款,但最终受益人是从甲公司购买新能源设备的终端客户,相当于政府先以23.4万元/台的价格从甲公司购入新能源设备,再以上述价格扣除财政补贴资金2.34万元/台的价格21.06万元/台将产品销售给终端客户。甲公司销售新能源设备是其日常活动,其不含税销售收入包括两部分：终端客户支付的购买价款 18 万元/台和国家财政给予 2.34 万元/台的补贴。按照上述分析，该补贴款项与企业销售商品或提供服务等活动密切相关，与具有明确商业实质的交易相关，且是企业商品对价的组成部分，不是从国家无偿取得的经济资源，不属于政府补助，应作为企业销售收入按照《企业会计准则第 14 号——收入》的规定进行会计处理。会计处理如下：

①收到终端客户支付的销售收入和增值税税款。

借：银行存款　　　　　　　　　　　　　　　　　　　210 600 000
　　贷：主营业务收入　　　　　　　　　　　　　　　180 000 000
　　　　应交税费——应交增值税（销项税额）　　　　　30 600 000

②结转商品的销售成本。

借：主营业务成本　　　　　　　　　　　　　　　　　160 000 000
　　贷：库存商品　　　　　　　　　　　　　　　　　160 000 000

③实际收到政府补贴资金。

借：银行存款　　　　　　　　　　　　　　　　　　　 23 400 000
　　贷：主营业务收入　　　　　　　　　　　　　　　 23 400 000

④取得的中央财政补贴不征收增值税。《国家税务总局关于中央财政补贴增值税有关问题的公告》（国家税务总局公告 2013 年第 3 号）规定，按照现行增值税政策的规定，纳税人取得的中央财政补贴，不属于增值税应税收入，不征收增值税。

【案例 3-39】 A 公司为上市公司，受政府部门委托进口医药类特种原料 M，再将 M 销售给国内的生产企业，加工出产品 N 销售给最终顾客。产品 N 的销售价格由政府确定。由于国际市场上原料 M 的价格上涨，而国内产品 N 的价格保持稳定不变，形成进销倒挂的局面。A 公司销售给生产企业的时候以原料 M 的进口价格为基础定价，国家财政对生产企业进行补贴；国家补贴款管理规定限定 A 公司对生产企业的销售价格，然后对 A 公司的进销差价损失由国家财政给予返还，差价返还金额以销售价格减去加权平均采购成本的价差乘以销售给生产企业的数量计算。那么，A 公司收到的差价返还款是否应作为政府补助进行处理？

分析：在本例中，A 公司从政府取得货币资金，从形式上看符合政府补助的定义，按照《企业会计准则第 16 号——政府补助》的规定，如果将收到的政府补助计入营业外收入核算，会导致 A 公司的报表呈现主营业务的负毛利和较大金额的营业外收入，这样的结果不能反映企业的真实经营状况。

从交易的实质看，A 公司代替政府履行从国外采购材料的职能，也就是说，A 公司从政府取得的资产并不是无偿的，而是交易对价的一部分。将在同一项交易中针对同一资产标的从指定企业收到的销售款作为收入，而将从政府收到的对价部分确认为营业外收入，这样处理在一定程度上并没有公允地反映交易实质。

从公司的经营模式看，从国外进口 M 材料，按照固定价格销售给指定企业，然后从政府获取差价，就是 A 公司的日常经营活动，从政府收取的部分对价属于企业的日常活动，符合收入的界定。

综上所述，A 公司与政府发生交易所取得的收入，如果该交易具有商业实质，且与公司销售商品或提供劳务等日常经营活动密切相关的，应当按照《企业会计准则第 14 号——收入》的规定进行会计处理。

【案例 3-40】2×18 年 2 月，乙企业与所在城市的开发区人民政府签订了项目合作投资协议，实施"出城入园"技改搬迁。根据协议，乙企业在开发区内投资约 10 亿元建设电子信息设备生产基地。生产基地占地面积 1 000 亩，该宗项目用地按开发区工业用地基准地价挂牌出让，乙企业摘牌并按挂牌出让价格缴纳土地款及相关税费 1.2 亿元。

乙企业自开工之日起须在 18 个月内完成搬迁工作，从原址搬迁至开发区，同时将乙企业位于城区繁华地段的原址用地 500 亩，按照所在地段工业用地基准地价评估为 2.5 亿元，有偿移交给开发区政府收储，开发区政府将向乙企业支付补偿资金 2.5 亿元。乙企业收到的 2.5 亿元搬迁补偿资金是否作为政府补助处理？

分析：本例中，为实施"出城入园"技改搬迁，乙企业将其位于城区繁华地段的原址用地交给开发区政府收储，开发区政府为此向乙企业支付补偿资金 2.5 亿元。由于开发区政府对乙企业的搬迁补偿是基于乙企业原址用地的公允价值确定的，实质是政府按照相应资产市场价格向企业购买资产。企业从政府取得的经济资源是企业让渡其资产的对价，双方交易是互惠性交易，不符合政府补助无偿性的特点，所以乙企业收到的 2.5 亿元搬迁补偿资金不作为政府补助处理，而应作为处置非流动资产利得处理。

另外，我国一些新能源企业的风力发电、垃圾处理等价格补贴，与此类似的还有处置废弃电子产品补贴，基本都不符合无偿性特点，不属于政府补助，应按照《企业会计准则第 14 号——收入》的规定进行处理。

2. 政府补助的分类及确认条件。《企业会计准则第 16 号——政府补助》第四条规定，政府补助分为与资产相关的政府补助和与收益相关的政府补助。与资产相关的政府补助，是指企业取得的、用于购建或以其他方式形成长期资产的政府补助。与收益相关的政府补助，是指除与资产相关的政府补助之外的政府补助。第六条规定，政府补助同时满足下列条件的，才能予以确认：第一，企业能够满足政府补助所附条件；第二，企业能够收到政府补助。

3. 政府补助的计量及会计核算。《企业会计准则第 16 号——政府补助》第七条规定，政府补助为货币性资产的，应当按照收到或应收的金额计量。政府补助为非货币性资产的，应当按照公允价值计量；公允价值不能可靠取得的，按照名义金额计量。第八条规定，与资产相关的政府补助，应当冲减相关资产的账面价值或确认为递延收益。与资产相关的政府补助确认为递延收益的,应当在相关资产使用寿命内按照合理、系统的方法分期计入损益。按照名义金额(1元)计量的政府补助,直接计入当期损益。相关资产在使用寿命结束前被出售、转让、报废或发生毁损的,应当将尚未分配的相关递延收益余额转入资产处置当期的损益。

实务中,企业通常先收到政府补助资金,再按照政府要求将补助资金用于取得、购建或以其他方式形成长期资产。与资产相关的政府补助有两种会计处理方法可供选择:一是总额法。收到补助资金时,借记"银行存款"科目,贷记"递延收益"科目。在相关资产使用寿命内按照合理、系统的方法将上述"递延收益"分期记入"其他收益"科目,而不是记入"营业外收入"科目,但是,如果在资产使用寿命结束前被处置(出售、转让、报废等),应将剩余的递延收益全部转入当期的资产处置收益(营业外收入),不再予以递延分期计入损益。二是净额法。直接将收到的政府补助冲减相关资产账面价值,借记"银行存款"科目,贷记"固定资产"等科目,以后按照冲减后的资产账面价值进行会计折旧或摊销。需要注意的是,与资产相关的政府补助,只有收到货币资金才能冲减相关资产的账面价值,如果收到的是长期资产只能确认为递延收益。

【案例 3-41】 按照国家有关政策,企业购置环保设备可以申请财政补贴。A 企业于 2×18 年 1 月向政府有关部门提交了 420 万元的补助申请,作为对其购置环保设备的补贴。2×18 年 3 月 15 日,A 企业实际收到政府补助 420 万元。2×18 年 4 月 20 日,A 企业购入不需要安装环保设备,取得增值税专用发票注明的价款为 960 万元,进项税额为 163.2 万元,预计使用年限 10 年,采用直线法计提折旧,预计净残值为零。2×26 年 4 月 A 企业出售了该设备,取得处置价款 240 万元(不含税),增值税销项税额为 40.8 万元,开具增值税专用发票。

方法一,A 企业采用总额法会计处理如下:

① 2×18 年 3 月 15 日,实际收到财政拨款属于与资产相关的政府补助,确认为递延收益。

借:银行存款　　　　　　　　　　　　　　　　　　　　　4 200 000
　　贷:递延收益　　　　　　　　　　　　　　　　　　　　4 200 000

② 2×18 年 4 月 20 日,购入环保设备并取得增值税专用发票且已认证申报抵扣。

借:固定资产　　　　　　　　　　　　　　　　　　　　　9 600 000
　　应交税费——应交增值税(进项税额)　　　　　　　　1 632 000
　　贷:银行存款　　　　　　　　　　　　　　　　　　　11 232 000

③ 自 2×18 年 5 月起,每月末直线法计提折旧,同时分摊递延收益。

假设该环保设备用于减少产品污染物排放,其折旧费用记入"制造费用"科目。

借:制造费用　　　　　　　　　　　　　　　　　　　　　　80 000
　　贷:累计折旧(9 600 000/10/12)　　　　　　　　　　　80 000

月末在相关资产使用寿命内按照合理、系统的方法分摊递延收益计入损益,由于购置该环保设备取得政府补助属于与企业日常活动有关的政府补助,企业应记入"其他收益"科目。

借:递延收益(4 200 000/10/12)　　　　　　　　　　　　　　35 000
　　贷:其他收益　　　　　　　　　　　　　　　　　　　　　　35 000

④2×26年4月出售设备的同时一次性转销"递延收益"科目余额。

A. 出售设备:

借:固定资产清理　　　　　　　　　　　　　　　　　　　　1 920 000
　　累计折旧[(8+7×12+4)×9 600 000/10×12]　　　　　　7 680 000
　　贷:固定资产　　　　　　　　　　　　　　　　　　　　　 9 600 000
借:银行存款　　　　　　　　　　　　　　　　　　　　　　　2 400 000
　　贷:固定资产清理　　　　　　　　　　　　　　　　　　　 2 400 000
借:固定资产清理　　　　　　　　　　　　　　　　　　　　　 408 000
　　贷:应交税费——应交增值税(销项税额)　　　　　　　　　 408 000
借:固定资产清理　　　　　　　　　　　　　　　　　　　　　 72 000
　　贷:营业外收入——处置非流动资产利得　　　　　　　　　　72 000

B. 应将剩余的递延收益全部转入资产处置当期的损益,即一次性转销"递延收益"科目余额=420-420/10×(8+7×12+4)/12=84(万元)。

借:递延收益　　　　　　　　　　　　　　　　　　　　　　　840 000
　　贷:营业外收入——政府补助利得　　　　　　　　　　　　 840 000

⑤作为征税收入的政府补助相关税务处理。2×18年3月15日,实际收到财政拨款属于《企业所得税法》规定的收入总额中的其他收入,如果不符合《企业所得税法》规定的不征税收入条件,应一次性计入实际取得当年的应纳税所得额。

2×18年,按照会计准则的规定计入其他收益为280 000元,按照税法的规定计入当年应纳税所得额为4 200 000元,税会差异为3 920 000元,当年企业所得税汇算清缴时应纳税调增3 920 000元。

2×19年1月至2×25年,按照会计准则的规定计入其他收益420 000元,按照税法的规定企业在实际收到财政拨款年度(2×18年)已经缴纳企业所得税,计入应纳税所得额为0元,税会差异为420 000元,每年企业所得税汇算清缴时应纳税调减420 000元。

2×26年,按照会计准则的规定计入其他收益为140 000元,计入营业外收入为840 000元,按照税法的规定政府补助计入应纳税所得额为0元,税会差异为980 000元,当年企业所得税汇算清缴时应纳税调减980 000元。

⑥作为不征税收入的政府补助相关税务处理。2×18年3月15日,实际收到财政拨款如果符合《企业所得税法》规定的不征税收入条件,不计入实际取得当年的应纳税

所得额，但是，政府补助形成固定资产的计税基础为 540 万元，即 420 万元政府补助部分不得计算相应的资产折旧在税前扣除。

2×18 年，按照会计准则的规定计入其他收益为 280 000 元，按照税法的规定不征税收入计入当年应纳税所得额为 0 元，税会差异为 280 000 元，当年企业所得税汇算清缴时应纳税调减 280 000 元；相应地，不征税收入形成资产折旧 280 000 元也不得在税前扣除，当年企业所得税汇算清缴时应纳税调增 280 000 元。

2×19 年 1 月至 2×25 年，按照会计准则的规定计入其他收益 420 000 元，按照税法的规定不征税收入计入当年应纳税所得额为 0 元，税会差异为 420 000 元，每年企业所得税汇算清缴时应纳税调减 420 000 元；相应地，不征税收入形成资产折旧 420 000 元也不得在税前扣除，当年企业所得税汇算清缴时应纳税调增 420 000 元。

2×26 年，按照会计准则的规定计入其他收益为 140 000 元，计入营业外收入为 840 000 元，按照税法的规定不征税收入计入当年应纳税所得额为 0 元，税会差异为 980 000 元，当年企业所得税汇算清缴时应纳税调减 980 000 元；相应地，不征税收入形成资产折旧 140 000 元也不得在税前扣除，当年企业所得税汇算清缴时应纳税调增 140 000 元。出售固定资产会计核算的"营业外收入——处置非流动资产利得"为 72 000 元，税法计算的财产转让所得 = 2 400 000 - 408 000 - 1 080 000 = 9 120 000（元），税会差异为 840 000 元（9 120 000 - 72 000），当年企业所得税汇算清缴时应纳税调增 840 000 元。

方法二，A 企业采用净额法会计处理如下：

① 2×18 年 3 月 15 日，实际收到财政拨款时确认递延收益。

借：银行存款	4 200 000
贷：递延收益	4 200 000

② 2×18 年 4 月 20 日购入设备。

借：固定资产	9 600 000
应交税费——应交增值税（进项税额）	1 632 000
贷：银行存款	11 232 000

同时，确认属于与资产相关的政府补助，应当冲减固定资产的账面价值。

借：递延收益	4 200 000
贷：固定资产	4 200 000

③ 自 2×18 年 5 月起，每月末按照直线法计提折旧，假设该环保设备用于减少产品污染物排放，折旧费用记入"制造费用"科目。

借：制造费用	45 000
贷：累计折旧[(9 600 000 - 4 200 000)/10/12]	45 000

④ 2×26 年 4 月出售该环保设备。

借：固定资产清理	1 080 000
累计折旧 [（8+7×12+4）×5 400 000/10/12]	4 320 000
贷：固定资产（9 600 000 - 4 200 000）	5 400 000
借：银行存款	2 400 000
贷：固定资产清理	2 400 000
借：固定资产清理	408 000
贷：应交税费——应交增值税（销项税额）	408 000
借：固定资产清理	912 000
贷：营业外收入——处置非流动资产利得	912 000

⑤作为征税收入的政府补助相关税务处理。2×18年3月15日，实际收到财政拨款属于《企业所得税法》规定的收入总额中的其他收入，如果不符合《企业所得税法》规定的不征税收入条件，应一次性计入实际取得当年的应纳税所得额。

2×18年，按照会计准则的规定冲减固定资产账面价值4 200 000元，计入当期损益0元，按照税法的规定计入当年应纳税所得额为4 200 000元，税会差异为4 200 000元，当年企业所得税汇算清缴时应纳税调增4 200 000元。固定资产的初始计税基础为9 600 000元，账面价值为5 400 000元，会计核算折旧为360 000元（45 000×8），税法计算税前扣除折旧为640 000元（80 000×8），税会差异为280 000元，当年企业所得税汇算清缴时应纳税调减280 000元。

2×19年1月至2×25年，会计核算折旧为540 000元（45 000×12），税法计算税前扣除折旧为960 000元（80 000×12），税会差异为420 000元，当年企业所得税汇算清缴时应纳税调减420 000元。

2×26年，按照会计准则的规定出售固定资产计入营业外收入为912 000元，按照税法规定计算的转让固定资产所得=2 400 000 - 408 000 - 1 920 000 = 72 000（元），税会差异为840 000元，当年企业所得税汇算清缴时应纳税调减840 000元。

⑥作为不征税收入的政府补助相关税务处理。2×18年3月15日，实际收到财政拨款如果符合《企业所得税法》规定的不征税收入条件，不计入实际取得当年的应纳税所得额，但是，政府补助形成固定资产的计税基础为540万元，即420万元政府补助部分不得计算相应的资产折旧在税前扣除。

2×18年，按照会计准则的规定冲减固定资产账面价值4 200 000元，计入当期损益0元，按照税法不征税收入规定计入当年应纳税所得额为0元，无税会差异。固定资产的初始计税基础为5 400 000元，账面价值为5 400 000元，会计核算折旧为360 000元（45 000×8），税法计算税前扣除折旧为360 000元（45 000×8），无税会差异。

2×19年1月至2×25年，会计核算折旧为540 000元（45 000×12），税法计算税前扣除折旧为540 000元（45 000×12），无税会差异。

2×26 年，按照会计准则的规定出售固定资产计入营业外收入为 912 000 元，按照税法规定计算的转让固定资产所得 = 2 400 000 - 408 000 - 1 080 000 = 912 000（元），无税会差异。

第九条规定，与收益相关的政府补助，应当分情况按照以下规定进行会计处理：第一，用于补偿企业以后期间的相关成本费用或损失的，确认为递延收益，并在确认相关成本费用或损失的期间，计入当期损益或冲减相关成本；第二，用于补偿企业已发生的相关成本费用或损失的，直接计入当期损益或冲减相关成本。

实务操作中，与收益相关的政府补助会计处理也分为总额法和净额法。企业实际收到与日常活动相关的且与收益相关的政府补助，可以选择按照总额法记入"其他收益"科目，也可以选择净额法冲减相应的"管理费用"、"财务费用"、"生产成本"等科目；但是，企业实际收到的与日常活动无关的且与收益相关的政府补助，则应直接记入"营业外收入"科目。

第十条规定，对于同时包含与资产相关部分和与收益相关部分的政府补助，应当区分不同部分分别进行会计处理；难以区分的，应当整体归类为与收益相关的政府补助。

第十一条规定，与企业日常活动相关的政府补助，应当按照经济业务实质计入其他收益或冲减相关成本费用。与企业日常活动无关的政府补助应当计入营业外收支。

笔者理解，此处的"日常活动"概念应与《企业会计准则第 1 号——存货》中"日常活动"的概念一致。日常活动是指企业为完成其经营目标所从事的经常性活动以及与之相关的活动。比如，工业企业制造并销售产品、商品流通企业销售商品、保险公司签发保单、咨询公司提供咨询服务、软件企业为客户开发软件、安装公司提供安装服务、商业银行对外贷款、租赁公司出租资产等，均属于企业为完成其经营目标所从事的经常性活动，由此产生的经济利益的总流入构成收入。工业企业转让无形资产使用权、出售不需用原材料等，属于与经营性活动相关的活动，由此产生的经济利益的总流入也构成收入。

企业处置固定资产、无形资产等活动，不是企业为完成其经营目标所从事的经常性活动，也不属于与经营性活动相关的活动，由此产生的经济利益的总流入不构成收入，应当确认为营业外收入。

按照上述界定，通常情况下，若政府补助补偿的成本费用是营业利润之中的项目，或该补助与日常销售活动密切相关，如增值税即征即退等，则认为该政府补助与日常活动相关。

【案例 3-42】乙企业于 2×18 年 3 月 15 日与当地地方政府签订合作协议，协议约定当地政府向甲企业提供高层次引进人才奖励基金，专门用于企业的人才激励和人才引进奖励。乙企业必须按年向当地政府报送详细的高层次引进人才的名单、资金使用计划并按规定用途使用资金。乙企业于 2×18 年 4 月 10 日收到 500 万元补助资金，分别在

2×18年12月、2×19年12月、2×20年12月使用了200万元、150万元、150万元用于发放给符合政府规定高层次引进人才奖金。

分析：本例中，乙企业在实际收到补助资金时，应先记入"递延收益"科目，实际按规定用途使用资金时再结转计入其他收益或冲减当期损益。会计处理如下：

①2×18年4月10日乙企业实际收到补助资金。

  借：银行存款   5 000 000
    贷：递延收益   5 000 000

②2×18年12月乙企业将200万元补贴资金发放奖金。

  借：管理费用   2 000 000
    贷：应付职工薪酬   2 000 000
  借：应付职工薪酬   2 000 000
    贷：银行存款等   2 000 000
  借：递延收益   2 000 000
    贷：其他收益或管理费用   2 000 000

③2×19年12月、2×20年12月甲企业用补贴资金发放奖金时，会计处理同上。

④作为征税收入的政府补助相关税务处理。2×18年，乙企业实际收到补助资金5 000 000元按照税法规定应计入应纳税所得额。会计核算计入其他收益2 000 000元，税会差异为3 000 000元，当年企业所得税汇算清缴时应纳税调增3 000 000元。2×19年和2×20年企业所得税汇算清缴时应纳税调增3 000 000元。

⑤作为不征税收入的政府补助相关税务处理。2×18年，乙企业实际收到补助资金5 000 000元按照税法规定不计入应纳税所得额。会计核算计入其他收益2 000 000元，计入管理费用2 000 000元，影响利润总额为0元，无税会差异。2×19年和2×20年同上。

【案例3-43】丙企业是芳烃生产销售企业，按照国家有关规定，对于按芳烃生产企业实际耗用的石脑油数量退还石脑油成本中所含的消费税，当期实际收到退还的消费税24万元。另外，该企业因遭受台风灾害发生严重经济损失，实际收到政府支付的补助资金20万元。

分析：丙企业当期实际收到退还的消费税，属于与企业日常活动相关的、与收益相关的政府补助，应当冲减芳烃生产成本。收到台风自然灾害补助资金20万元，属于与企业日常活动无关的、与收益相关的政府补助，应当计入营业外收入。会计处理如下：

  借：银行存款   200 000
    贷：营业外收入——政府补助利得   200 000
  借：银行存款   240 000
    贷：生产成本   240 000

税务处理：丙企业当期实际收到退还的消费税 200 000 元属于政府补助利得，应计入当期应纳税所得额，与会计核算一致，无税会差异。

【案例 3-44】 丙企业生产一种先进的模具产品，按照国家相关规定，该企业的这种产品适用增值税先征后返政策，即先按规定征收增值税，然后按实际缴纳增值税税额返还 70%。2×18 年 1 月，该企业实际缴纳增值税 120 万元。2×18 年 2 月，该企业实际收到返还的增值税税额 84 万元。

分析：本例中，丙企业收到返还的增值税属于与收益相关的政府补助，且用于补偿企业已发生的相关费用，且增值税先征后返属于与企业日常活动密切相关的补助，应在实际收到时直接计入当期损益（其他收益）。2×18 年 2 月，丙企业实际收到返还的增值税时，会计处理如下：

借：银行存款　　　　　　　　　　　　　　　　　　840 000
　　贷：其他收益　　　　　　　　　　　　　　　　　　840 000

税务处理：丙企业当期实际收到退还增值税税额 84 万元属于政府补助利得，应计入当期应纳税所得额，与会计核算一致，无税会差异。

【案例 3-45】 甲公司为数字印刷产品生产销售公司，2×18 年 12 月申请某国家级专项研发补贴。项目申报书中的有关内容如下：本公司于 2×18 年 1 月启动数字印刷技术开发项目，预计项目总投资 3 600 万元、为期 3 年，已投入资金 1 200 万元。项目还需新增投资 2 400 万元（其中，购置固定资产 1 200 万元，场地租赁费 600 万元，人员费 300 万元，市场营销费 300 万元），计划自筹资金 1 200 万元、申请财政拨款 1 200 万元。

2×19 年 1 月 1 日，主管部门批准了甲公司的项目申报，签订的补贴协议规定，批准甲公司财政补贴申请，共补贴款项 1 200 万元，分两次拨付。申请批准日实际拨付 600 万元，结项验收时支付 600 万元。2×19 年 1 月 10 日，购置固定资产 1 200 万元。假定该开发项目于 2×20 年年末完工，2×21 年 3 月 1 日通过结项验收并收到第二笔补贴款。假设为简化起见按年分配递延收益。甲公司对政府补助采用总额法处理。

分析：本例中属于针对综合性项目的政府补助，与购置固定资产相关的政府补助属于与资产相关的政府补助，场地租赁费、人员费、市场营销费等属于与收益相关的政府补助，应分别进行会计处理。该项研发活动属于企业日常活动。甲公司的会计处理如下：

①2×19 年 1 月 1 日，实际收到拨款 600 万元。

借：银行存款　　　　　　　　　　　　　　　　　　6 000 000
　　贷：递延收益　　　　　　　　　　　　　　　　　　6 000 000

②2×19 年 1 月 10 日，购置固定资产。

借：固定资产　　　　　　　　　　　　　　　　　　12 000 000

贷：银行存款　　　　　　　　　　　　　　　　　　　　　　　　　　12 000 000

③自 2×19 年 2 月起，每月末计提折旧，同时分摊递延收益。

A. 假设该设备用于研发项目测试，折旧费用记入"研发支出"科目。

　　借：研发支出　　　　　　　　　　　　　　　　　　　　　　　　　　　100 000
　　　贷：累计折旧（12 000 000/10/12）　　　　　　　　　　　　　　　　　100 000

B. 月末在相关资产使用寿命内按照合理、系统的方法分摊递延收益计入损益。

　　借：递延收益（6 000 000/10/12）　　　　　　　　　　　　　　　　　　 50 000
　　　贷：其他收益　　　　　　　　　　　　　　　　　　　　　　　　　　 50 000

④按照规定用途实际发生场地租赁费、人员费、市场营销费 200 万元，属于与收益相关的政府补助，根据当期期末累计使用的金额计入损益。

　　借：递延收益　　　　　　　　　　　　　　　　　　　　　　　　　　 2 000 000
　　　贷：其他收益　　　　　　　　　　　　　　　　　　　　　　　　　 2 000 000

⑤2×21 年项目通过验收，于 3 月 1 日实际收到拨付 600 万元。

　　借：银行存款　　　　　　　　　　　　　　　　　　　　　　　　　　 6 000 000
　　　贷：递延收益　　　　　　　　　　　　　　　　　　　　　　　　　 3 000 000
　　　　　其他收益　　　　　　　　　　　　　　　　　　　　　　　　　 3 000 000

【案例 3-46】承〖案例 3-45〗，属于针对综合性项目的政府补助，且不能区分是属于与资产相关的政府补助还是属于与收益相关的政府补助，则应按照与收益相关的政府补助原则进行会计处理。甲公司采用总额法进行会计处理如下：

①2×19 年 1 月 1 日，实际收到拨款 600 万元。

　　借：银行存款　　　　　　　　　　　　　　　　　　　　　　　　　　 6 000 000
　　　贷：递延收益　　　　　　　　　　　　　　　　　　　　　　　　　 6 000 000

②用于补偿企业 2×18 年已发生的相关成本费用或损失 150 万元。

　　借：递延收益　　　　　　　　　　　　　　　　　　　　　　　　　　 1 500 000
　　　贷：其他收益　　　　　　　　　　　　　　　　　　　　　　　　　 1 500 000

③自 2×19 年 1 月 1 日至 2×20 年 12 月 31 日，每个资产负债表日，按照实际使用补助资金金额 300 万元，在确认费用和损失期间计入当期损益（其他收益），或冲减相关成本。

　　借：递延收益　　　　　　　　　　　　　　　　　　　　　　　　　　 3 000 000
　　　贷：其他收益　　　　　　　　　　　　　　　　　　　　　　　　　 3 000 000

④2×21 年项目通过验收，于 3 月 1 日实际收到拨付 600 万元，属于补偿企业 2×19 年和 2×20 年已发生的相关成本费用，直接计入当期损益（其他收益），或冲减相关成本。

　　借：银行存款　　　　　　　　　　　　　　　　　　　　　　　　　　 6 000 000

贷：其他收益　　　　　　　　　　　　　　　　　　　　　　　6 000 000

第十二条规定，企业取得政策性优惠贷款贴息的，应当区分财政将贴息资金拨付给贷款银行和财政将贴息资金直接拨付给企业两种情况，分别进行会计处理。第十三条规定，财政将贴息资金拨付给贷款银行，由贷款银行以政策性优惠利率向企业提供贷款的，企业可以选择下列方法之一进行会计处理：第一，以实际收到的借款金额作为借款的入账价值，按照借款本金和该政策性优惠利率计算相关借款费用。第二，以借款的公允价值作为借款的入账价值并按照实际利率法计算借款费用，实际收到的金额与借款公允价值之间的差额确认为递延收益。递延收益在借款存续期内采用实际利率法摊销，冲减相关借款费用。企业选择了上述两种方法之一后，应当一致地运用，不得随意变更。第十四条规定，财政将贴息资金直接拨付给企业，企业应当将对应的贴息冲减相关借款费用。

【案例 3-47】 20×1 年 1 月 1 日，A 企业为建造一项环保工程向 B 银行申请财政贴息贷款 1 000 万元，期限 3 年，年利率为 3%，利息每年年末支付，本金到期支付，同期银行贷款利率为 6%。A 企业有两种会计处理方法可以选择。

分析：方法一，以实际收到的借款金额作为借款的入账价值，按照借款本金和该政策性优惠利率计算相关借款费用。

①收到借款时：

借：银行存款　　　　　　　　　　　　　　　　　　　　　10 000 000

　　贷：长期借款　　　　　　　　　　　　　　　　　　　　10 000 000

②每年计提利息时：

借：在建工程/财务费用　　　　　　　　　　　　　　　　　　 300 000

　　贷：应付利息　　　　　　　　　　　　　　　　　　　　　 300 000

方法二，以借款的公允价值作为借款的入账价值并按照实际利率法计算借款费用，实际收到的金额与借款公允价值之间的差额确认为递延收益。递延收益在借款存续期内采用实际利率法摊销，冲减相关借款费用。

①收到借款时：

借款的公允价值 = 1 000 × 3% × (P/A, 6%, 3) + 1 000 × (P/F, 6%, 3)

　　　　　　　 = 919.8（万元）

实际收到的金额 = 1 000（万元）

应确认递延收益 = 1 000 - 919.80 = 80.2（万元）

借：银行存款　　　　　　　　　　　　　　　　　　　　　10 000 000

　　贷：长期借款　　　　　　　　　　　　　　　　　　　　 9 198 000

　　　　递延收益　　　　　　　　　　　　　　　　　　　　　 802 000

②确认利息支出、摊销递延收益：

20×1 年利息支出 = 919.80×6% = 55.19（万元）

借：在建工程/财务费用　　　　　　　　　　　　　551 900
　　贷：应付利息　　　　　　　　　　　　　　　　　　　551 900

摊销递延收益 = 919.80×6% - 1 000×3% = 25.19（万元）

借：递延收益　　　　　　　　　　　　　　　　　　251 900
　　贷：在建工程/财务费用　　　　　　　　　　　　　　251 900

20×2 年利息支出 = [919.80×(1+6%) - 1 000×3%]×6% = 56.70（万元）

借：在建工程/财务费用　　　　　　　　　　　　　567 000
　　贷：应付利息　　　　　　　　　　　　　　　　　　　567 000

摊销递延收益 = 56.70 - 1 000×3% = 26.7（万元）

借：递延收益　　　　　　　　　　　　　　　　　　267 000
　　贷：在建工程/财务费用　　　　　　　　　　　　　　267 000

20×3 年利息支出 = {[919.8×(1+6%) - 1 000×3%]×(1+6%) - 1 000×3%}×6%
　　　　　　　 = 58.31（万元）

借：在建工程/财务费用　　　　　　　　　　　　　583 100
　　贷：应付利息　　　　　　　　　　　　　　　　　　　583 100

摊销递延收益 = 58.30 - 1 000×3% = 28.31（万元）

借：递延收益　　　　　　　　　　　　　　　　　　283 100
　　贷：在建工程/财务费用　　　　　　　　　　　　　　283 100

接下来再举例说明第二种情况：财政将贴息资金直接拨付给企业，企业应当将对应的贴息冲减相关借款费用。

【案例 3-48】 20×1 年 1 月 1 日，A 企业为建造一项环保工程向 B 银行贷款 1 000 万元，期限 3 年，年利率为 6%。当地政府批准按照实际贷款金额和年利率 3% 的财政贴息直接拨付给 A 企业，财政贴息按年支付，假设该笔专门借款发生的利息全部符合资本化条件。

①20×1 年收到借款时：

借：银行存款　　　　　　　　　　　　　　　　10 000 000
　　贷：长期借款　　　　　　　　　　　　　　　　　　10 000 000

②每年计提利息时：

借：在建工程　　　　　　　　　　　　　　　　　600 000
　　贷：应付利息　　　　　　　　　　　　　　　　　　　600 000

③收到财政贴息时：

借：银行存款　　　　　　　　　　　　　　　　　300 000
　　贷：递延收益　　　　　　　　　　　　　　　　　　　300 000

④冲减相关借款费用时:

借:递延收益 300 000
　　贷:在建工程 300 000

以上三种方法中,第一种方法的特点是核算简单,但无法直观地反映政府补助的相关信息,而后两种方法则更真实、完整地反映了政府补助的相关信息。但第二种方法核算繁琐,且借款的入账价值与实际不符,实务中可能很少被选择运用。

第十五条规定,已确认的政府补助需要退回的,应当在需要退回的当期分情况按照以下规定进行会计处理:第一,初始确认时冲减相关资产账面价值的,调整资产账面价值;第二,存在相关递延收益的,冲减相关递延收益账面余额,超出部分计入当期损益;第三,属于其他情况的,直接计入当期损益。

【案例3-49】 2×19年5月,政府有关部门在财政补贴专项检查中发现,A企业申请对其购置环保设备的补贴不符合国家相关政策的要求和条件,要求该企业退还全部财政补助资金,该企业以银行存款全部退回该笔财政补贴。

方法一,A企业选择总额法进行会计处理,应当结转递延收益,并将超过部分计入当期损益(营业外支出)。

借:递延收益 37 800 000
　　营业外支出 420 000
　　贷:银行存款 4 200 000

方法二,A企业选择净额法进行会计处理,视同没有取得政府补助,调整相关固定资产账面原值和累计折旧,将实际退回政府补助金额与固定资产原值和累计折旧调整数之间的差额计入当期损益(营业外支出)。

借:固定资产 4 200 000
　　营业外支出 420 000
　　贷:银行存款 4 200 000
　　　　累计折旧 420 000

4. 政府补助的列报及披露。《企业会计准则第16号——政府补助》第十六条规定,企业应当在利润表中"营业利润"项目之上单独列报"其他收益"项目,计入其他收益的政府补助在该项目中反映。第十七条规定,企业应当在附注中单独披露与政府补助有关的下列信息:政府补助的种类、金额和列报项目;计入当期损益的政府补助金额;本期退回的政府补助金额及原因。

二、政府补助收入的税务处理

《国家税务总局关于中央财政补贴增值税有关问题的公告》(国家税务总局公告

2013年第3号）规定，按照现行增值税政策的规定，纳税人取得的中央财政补贴不属于增值税应税收入，不征收增值税。《国家税务总局办公厅关于〈中央财政补贴增值税有关问题的公告〉的解读》第一条指出，请介绍该公告出台的背景。近年来，为促进可再生能源的开发利用，支持新能源及高效节能等产品的推广使用，国家出台了多项中央财政补贴。对于中央财政补贴是否属于应税收入，是否征收增值税问题，基层税务机关存在争议，因而报来请示，请求我局予以明确。第二条指出，如何理解该公告的规定？据了解，为便于补贴发放部门实际操作，中央财政补贴有的直接支付给予销售方，有的先补给购买方，再由购买方转付给销售方。笔者认为，无论采取何种方式，购买者实际支付的购买价格均为原价格扣减中央财政补贴后的金额。根据现行《增值税暂行条例》的规定，销售额为纳税人销售货物或者应税劳务向购买方收取的全部价款和价外费用。纳税人取得的中央财政补贴，其取得渠道是中央财政，因此，不属于增值税应税收入，不征收增值税。

【案例3-50】风力发电企业从电网公司收到的中央财政可再生能源电价补贴收入，是否征收增值税？

分析：按照《中华人民共和国可再生能源法》、《国家发展改革委关于完善风力发电上网电价政策的通知》（发改价格〔2009〕1906号）、《财政部、国家发展改革委、国家能源局关于印发〈可再生能源发展基金征收使用管理暂行办法〉的通知》（财综〔2011〕115号）等相关新能源政策的有关规定可以分析得出：第一，风力发电电价由两部分构成，一部分是脱硫燃煤机组标杆上网电价，另一部分是可再生能源电价补贴。目前电网公司每月只是给风力发电企业结算第一部分即标杆电价部分，另一部分需要由各省财政厅定期分批上报财政部，经过审核后，财政部再分批下拨可再生能源电价附加资金补助。第二，可再生能源发展基金包括国家财政公共预算安排的专项资金和依法向电力用户征收的可再生能源电价附加收入等。可再生能源发展专项资金由中央财政从年度公共预算中予以安排。第三，从可再生能源补贴实际拨付的流程来看，补贴资金先由财政部直接拨付给各省财政厅，再由各省财政厅转拨付给电网公司，最后由电网公司拨付给风力发电企业。这完全是按照中央财政预算资金的拨付流程进行资金拨付的。综上所述，按照《国家税务总局关于中央财政补贴增值税有关问题的公告》（国家税务总局公告2013年第3号）的规定，风力发电企业从电网公司收到的可再生能源电价补贴收入，属于中央财政补贴范畴，应免予征收增值税。

《企业所得税法》第六条规定，企业以货币形式和非货币形式从各种来源取得的收入，为收入总额。《企业所得税法实施条例》第二十一条规定，补贴收入属于其他收入。《企业所得税法》第七条规定，收入总额中财政拨款为不征税收入。财政拨款是指各级人民政府对纳入预算管理的事业单位、社会团体等组织拨付的财政资金，但国务院和国务院财政、税务主管部门另有规定的除外。

《财政部、国家税务总局关于财政性资金、行政事业性收费、政府性基金有关企业所得税政策问题的通知》（财税〔2008〕151号）规定，企业取得的各类财政性资金，除属于国家投资和资金使用后要求归还本金外，均应计入企业当年收入总额。对企业取得的由国务院财政、税务主管部门规定专项用途并经国务院批准的财政性资金，准予作为不征税收入，在计算应纳税所得额时从收入总额中减除。财政性资金，是指企业取得的来源于政府及其有关部门的财政补助、补贴、贷款贴息，以及其他各类财政专项资金，包括直接减免的增值税和即征即退、先征后退、先征后返的各种税收，但不包括企业按规定取得的出口退税款；所称国家投资，是指国家以投资者身份投入企业并按有关规定相应增加企业实收资本（股本）的直接投资。

《财政部、国家税务总局关于专项用途财政性资金企业所得税处理问题的通知》（财税〔2011〕70号）规定，第一，企业从县级以上各级人民政府财政部门及其他部门取得的应计入收入总额的财政性资金，凡同时符合以下条件的，可以作为不征税收入，在计算应纳税所得额时从收入总额中减除：一是企业能够提供规定资金专项用途的资金拨付文件；二是财政部门或其他拨付资金的政府部门对该资金有专门的资金管理办法或具体管理要求；三是企业对该资金以及以该资金发生的支出单独进行核算。第二，根据《企业所得税法实施条例》第二十八条的规定，上述不征税收入用于支出所形成的费用，不得在计算应纳税所得额时扣除；用于支出所形成的资产，其计算的折旧、摊销不得在计算应纳税所得额时扣除。第三，企业将符合规定条件的财政性资金作不征税收入处理后，在5年（60个月）内未发生支出且未缴回财政部门或其他拨付资金政府部门的部分，应计入取得该资金第六年的应税收入总额；计入应税收入总额的财政性资金发生的支出，允许在计算应纳税所得额时扣除。《国家税务总局关于企业所得税应纳税所得额若干税务处理问题的公告》（国家税务总局2012年第15号公告）规定，凡未按照财税〔2011〕70号文件的规定进行管理的，应作为企业应税收入计入应纳税所得额，依法缴纳企业所得税。

《国家税务总局关于企业所得税应纳税所得额若干问题的公告》（国家税务总局公告2014年第29号）第一条规定，企业接收政府划入资产的企业所得税处理如下：（1）县级以上人民政府（包括政府有关部门，下同）将国有资产明确以股权投资方式投入企业，企业应作为国家资本金（包括资本公积）处理。该项资产如为非货币性资产，应按政府确定的接收价值确定计税基础。（2）县级以上人民政府将国有资产无偿划入企业，凡指定专门用途并按《财政部 国家税务总局关于专项用途财政性资金企业所得税处理问题的通知》（财税〔2011〕70号）规定进行管理的，企业可作为不征税收入进行企业所得税处理。其中，该项资产属于非货币性资产的，应按政府确定的接收价值计算不征税收入。县级以上人民政府将国有资产无偿划入企业，属于上述两项以外情形的，应按政府确定的接收价值计入当期收入总额计算缴纳企业所得税。政府没有确定接收价值的，按资产的公允价值计算确定应税收入。

三、政府补助收入的税会处理差异及纳税调整实务

1. 财政拨款。会计准则规定，财政拨款是政府无偿拨付给企业的资金，通常在拨款时明确规定了资金用途。例如，财政部门拨付给企业用于购建固定资产或进行技术改造的专项资金，拨付企业的粮食定额补贴，拨付企业开展研发活动的研发经费等，均属于财政拨款。税法规定，财政拨款是指各级人民政府对纳入预算管理的事业单位、社会团体等组织拨付的财政资金，但国务院和国务院财政、税务主管部门另有规定的除外。

2. 财政贴息。会计准则规定，企业取得政策性优惠贷款贴息的，应当区分财政将贴息资金拨付给贷款银行和财政将贴息资金直接拨付给企业两种情况，分别进行会计处理。财政将贴息资金直接拨付给企业，企业应当将对应的贴息冲减相关借款费用。税法规定，区分财政贴息的不同方式进行处理：第一，对财政将贴息资金直接拨付给受益企业的，财政贴息收入作为补贴收入处理，利息支出按规定在税前扣除；第二，财政将贴息资金拨付给贷款银行，由贷款银行以政策性优惠利率向企业提供贷款，受益企业按照实际发生的利率计算和确认税前可以扣除的利息费用；第三，财政将贴息资金直接拨付给企业，企业应当将应的财政贴息收入作为补贴收入处理，企业应当将实际支付的借款利息支出按照税法相关规定作资本化或费用化处理，进行税前扣除。

3. 税收返还。会计准则规定，税收返还是政府按照国家有关规定采取先征后返（退）、即征即退等办法向企业返还的税款，属于以税收优惠形式给予的一种政府补助，计入其他收益。增值税出口退税不属于政府补助。根据税法的规定，在对出口货物取得的收入免征增值税的同时，退付出口货物前道环节发生的进项税额，增值税出口退税实际上是政府退回企业事先垫付的进项税，所以不属于政府补助。例如，《财政部、税务总局、民政部关于继续实施扶持自主就业退役士兵创业就业有关税收政策的通知》（财税〔2017〕46号）规定，对商贸企业、服务型企业、劳动就业服务企业中的加工型企业和街道社区具有加工性质的小型企业实体，在新增加的岗位中，当年新招用自主就业退役士兵，与其签订1年以上期限劳动合同并依法缴纳社会保险费的，在3年内按实际招用人数予以定额扣减增值税的，会计处理应当将减征的税额计入当期损益（其他收益），借记"应交税费——应交增值税（减免税款）"科目，贷记"其他收益"科目。税法规定，直接减免的增值税和即征即退、先征后退、先征后返的各种税收返还作为财政性资金应计入当期应纳税所得额，计算缴纳企业所得税。

4. 县级以上人民政府将国有非货币性资产无偿划入企业。会计准则规定，政府补助为非货币性资产的，应当按照公允价值计量；公允价值不能可靠取得的，按照名义金额计量，即以1元金额计量。国家税务总局公告2014年第29号规定，应按政府确定的

接收价值计入当期收入总额计算缴纳企业所得税。政府没有确定接收价值的，按资产的公允价值计算确定应税收入。例如，县级以上人民政府将国有资产（房产）无偿划入某企业，该固定资产公允价值为 15 000 万元，政府确定的接收价值为 12 000 万元，会计处理上，应按照公允价值 15 000 万元计入固定资产原值，税务处理上，按照政府确定的接收价值 12 000 万元计入当期收入总额计算缴纳企业所得税。

5. 政府补助的税会处理差异。一是税法对企业实际收到的政府补助，在收到政府补助的当期一次性全部计入应纳税所得额，不确认递延收益，也不在以后期间内分期摊销确认损益，这时递延收益产生账面价值与计税基础的暂时性差异。二是《企业所得税法》对不征税收入支出形成的资产，在计算应纳税所得额时不得扣除相关的折旧、摊销费用，同时造成资产账面价值与计税基础差异。三是根据《财政部、国家税务总局关于进一步鼓励软件产业和集成电路产业发展企业所得税政策的通知》（财税〔2012〕27号）的规定，符合条件的软件企业按照《财政部、国家税务总局关于软件产品增值税政策的通知》（财税〔2011〕100号）规定取得的即征即退增值税税款，由企业专项用于软件产品研发和扩大再生产并单独进行核算，可以作为不征税收入，在计算应纳税所得额时从收入总额中减除。会计处理上，收到即征即退、先征后返（退）的增值税税款，属于与企业日常活动相关的政府补助，应当按照经济业务实质计入其他收益。四是县级以上人民政府将国有非货币资产无偿划入企业。会计处理上，非货币性资产的初始账面价值按照公允价值计量。税务处理上，非货币性资产的计税基础应按政府确定的接收价值计入当期收入总额计算缴纳企业所得税。政府没有确定接收价值的，按资产的公允价值计算确定应税收入。初始账面价值和计税基础不同，将导致非货币性资产持有期间折旧或摊销税前扣除的纳税调整以及处置时资产转让所得或损失的纳税调整。五是与资产相关的政府补助，会计处理如果采用净额法核算时，冲减长期资产成本使得账面价值减少，资产折旧或摊销减少；税务处理上，长期资产取得时的计税基础按照税法规定的方法确认，不因取得政府补助而减少，以后期间也按照税法规定计算在税前扣除的折旧或摊销金额。这种资产账面价值与计税基础的差异，也将导致资产处置时会计处置损益与税法计算的资产处置损益差异。六是与资产相关的政府补助发生退回时，作为应税收入进行处理时，会计处理和税务处理有差异。

6. 政府补助在纳税申报表中的填列。政府补助在《企业所得税年度纳税申报表》的多张附表中体现，一部分在 A105020《未按权责发生制确认收入纳税调整明细表》反映，一部分在 A105040《专项用途财政性资金纳税调整明细表》反映，还有可能在 A105080《资产折旧、摊销情况及纳税调整明细表》出现，且这些表中的纳税调整信息都要勾稽到 A105000《纳税调整项目明细表》中并最终反映到主表。因此，为了避免被重复调整，政府补助填表时要进行分类，属于不征收收入的政府补助填入 A105040《专项用途财政性资金纳税调整明细表》；属于应征税的政府补助填入 A105020《未按权责发生制确认收入纳税调整明细表》；属于不征税收入的政府补助用于企业资本性支出填入 A105080《资产折旧、摊销情况及纳税调整明细表》。

【案例 3-51】 甲公司为一家高新技术企业，2×12 年 3 月、2×17 年 10 月分别从该市财政部门取得技术研发专项资金，公司将其全额计入当年的营业外收入，专项资金支出全部用于今后技术研发支出，具体情况见表 3-3。假设该专项资金符合不征税收入条件，且公司已作为不征税收入处理，公司研发支出不符合资本化条件，专项资金结余部分未上缴相应资金拨付部门，留公司自行支配使用。2×18 年，甲公司使用历年结存的财政性资金 80 万元进行技术项目研究开发。

表 3-3　　　　　　　　　财政性资金收入支出明细表　　　　　　　　单位：万元

年度	2×12 年	2×17 年	2×18 年
当年取得的财政性资金	200	100	
2×12 年资金使用情况	40		20
2×13 年资金使用情况	50		
2×14 年资金使用情况	10		
2×15 年资金使用情况	20		
2×16 年资金使用情况	30		
2×17 年资金使用情况	30	40	60

① 2×17 年会计处理如下：

A. 2×17 年 10 月取得专项资金。

借：银行存款　　　　　　　　　　　　　　　　　　　　　1 000 000

　　贷：营业外收入　　　　　　　　　　　　　　　　　　　　　1 000 000

B. 2×17 年使用专项资金进行技术研发。

借：研发支出——费用化支出　　　　　　　　　　　　　　700 000

　　贷：银行存款　　　　　　　　　　　　　　　　　　　　　　700 000

借：管理费用　　　　　　　　　　　　　　　　　　　　　　700 000

　　贷：研发支出——费用化支出　　　　　　　　　　　　　　　700 000

② 2×17 年的税务处理。2×17 年取得的技术研发专项资金，公司作为不征税收入处理，应调减应纳税所得额 100 万元；2×17 年分别使用 2×12 年、2×17 年的财政资金 30 万元和 40 万元用于研发，由于其是不征税收入对应的支出，不允许在所得税前进行扣除，应调增应纳税所得额 70 万元；2×12 年 3 月取得的技术研发资金 200 万元，到 2×17 年 4 月已超过 60 个月，其中有 20 万元尚未使用也未缴回，应调增应纳税所得额 20 万元。

③ 2×18 年度的会计处理如下：

借：研发支出——费用化支出　　　　　　　　　　　　　　800 000
　　贷：银行存款　　　　　　　　　　　　　　　　　　　　　　800 000
借：管理费用　　　　　　　　　　　　　　　　　　　　　　　800 000
　　贷：研发支出——费用化支出　　　　　　　　　　　　　　　800 000

④ 2×18 年的税务处理。2×18 年使用 2×12 年结余的财政资金 20 万元进行研发，由于其取得后已超过 60 个月，未使用也未缴回的不征税收入，在 2×17 年已调增了当年的应纳税所得额，因此，使用时可以在税前进行扣除，不需要进行纳税调整。2×18 年使用 2×17 年剩余的财政资金 60 万元进行研发，由于其是不征税收入对应的支出，不允许在所得税前进行扣除，应调增应纳税所得额 60 万元。

【案例 3-52】 甲公司为一家粮食储备企业，执行《企业会计准则》，2×17 年实际粮食储备量 1.5 亿斤，根据国家有关规定，财政部门按照企业当年的实际储备量给予每斤 0.04 元的粮食保管费补贴，款项于次年 2 月份支付。2×18 年 2 月 10 日，甲公司收到财政拨付的补贴款，甲公司作为不征税收入处理，2×18 年实际支出粮食保管费 580 万元。

分析：① 2×17 年的会计和税务处理。

2×17 年 12 月 31 日，确认应收的粮食保管费补贴款 = 15 000 × 0.04 = 600（万元）。

借：其他应收款　　　　　　　　　　　　　　　　　　　　6 000 000
　　贷：其他收益　　　　　　　　　　　　　　　　　　　　　　6 000 000

税务处理：2×17 年，对于应收的粮食保管费补贴，由于并未实际收到，不确认为当年的收入，因此，甲公司在 2×17 年度企业所得税汇算清缴时，应调减应纳税所得额 600 万元。

② 2×18 年的会计和税务处理如下。

A. 2×18 年 2 月 10 日，实际收到粮食保管费补贴款 600 万元。

借：银行存款　　　　　　　　　　　　　　　　　　　　　6 000 000
　　贷：其他应收款　　　　　　　　　　　　　　　　　　　　　600 000

B. 2×18 年，实际支出粮食保管费 580 万元。

借：管理费用　　　　　　　　　　　　　　　　　　　　　5 800 000
　　贷：银行存款　　　　　　　　　　　　　　　　　　　　　　5 800 000

税务处理：对于实际收到的粮食保管费补贴 600 万元，符合不征税收入条件作为不征税收入处理，但不征税收入用于实际支出粮食保管费 580 万元也不得税前扣除。因此，甲公司 2×18 年度企业所得税汇算清缴时，应调增应纳税所得额 580 万元。

【案例 3-53】 某公司 2×17 年 2 月从政府获得 1 170 万元政府补助，专项用于购买某项技术升级型机器设备，该项补助符合税法规定的不征税收入条件。该公司于 2×17

年12月购入该项固定资产并在当月投入使用,取得增值税专用发票注明价款为1 000万元,增值税进项税额为170万元,预计使用年限10年,直线法计提折旧,预计净残值为0。会计和税务处理如下。

①2×17年2月,实际收到与资产相关的政府补助时:

借:银行存款 11 700 000
  贷:递延收益 11 700 000

②2×17年12月,用专项政府补助购买机器设备并认证增值税专用发票时:

借:固定资产 10 000 000
  应交税费——应交增值税(进项税额) 1 700 000
  贷:银行存款 11 700 000

③2×18年计提固定资产折旧时(简化按年计算折旧):

借:制造费用 1 000 000
  贷:累计折旧 1 000 000

④将递延收益按照固定资产折旧进度转入其他收益时:

借:递延收益 1 170 000
  贷:其他收益 1 170 000

税务处理:2×17年度企业所得税汇算清缴时,填报A105040《专项用途财政性资金纳税调整表》第6行本年度第2列"财政性资金"1 170万元,第3列"其中:符合不征税收入条件的财政性资金——金额"1 170万元,第4列"计入本年损益的金额"0万元,第10列"本年支出情况——支出金额"1 170万元,第11列"其中:费用化支出金额"0万元。2×17年度纳税调整金额为0万元。

2×18年度企业所得税汇算清缴时,填报A105040《专项用途财政性资金纳税调整表》第5行前一年度第2列"财政性资金"1 170万元,第3列"其中:符合不征税收入条件的财政性资金——金额"1 170万元,第4列"计入本年损益的金额"117万元,并作纳税调减处理;由于不征税收入用于支出所形成的资产,其计算的折旧、摊销不得在计算应纳税所得额时扣除,其资产折旧调整则要在A105080《资产折旧、摊销情况及纳税调整明细表》第5列按税收一般规定计提的折旧额中剔除100万元,从而达到纳税调增100万元的目的。即:纳税调减117万元在A105040表,纳税调增100万元在A105080表,2×18年度纳税调减金额为17万元。

【案例3-54】A公司为进行节能环保改造,2×17年12月初购置一批环保设备,不含税价为500万元。12月底公司收到当地政府财政性资金100万元,作为购置设备的补助。该批设备会计与税法上预计净残值均为50万元,以直线法计提折旧,折旧年限为10年。2×19年当地政府对该公司的节能环保项目评估后,于当年12月收回政府补助60万元。A公司如何进行会计和税务处理?

分析：财会〔2017〕15号文件第八条规定，与资产相关的政府补助，应当冲减相关资产的账面价值或确认为递延收益。政府补助确认为递延收益并不影响资产的价值，与修订前的准则处理方法一致；而冲减资产账面价值，则是修订后的准则中净额法下的会计处理。因此，只有在企业收到的政府补助与资产相关且采用净额法核算时，退回政府补助才会涉及资产账面价值的调整。会计和税务处理如下：

①企业收到与资产相关的政府补助时，按照净额法进行会计处理。

借：银行存款　　　　　　　　　　　　　　　　　　1 000 000
　　贷：固定资产　　　　　　　　　　　　　　　　　　1 000 000

②2×19年12月退回政府补助。

借：固定资产　　　　　　　　　　　　　　　　　　600 000
　　贷：银行存款　　　　　　　　　　　　　　　　　　600 000

2×18年和2×19年固定资产共计提折旧额=(400-50)÷10×2=70（万元）；2×19年12月退回政府补助后固定资产账面价值=400-70+60=390（万元）。政府补助被收回而调整固定资产的账面价值，但并不涉及会计确认、计量基础选择或列报项目的变更，因此，该事项属于会计估计变更而非会计政策变更，应采用未来适用法，对已计提的折旧不作追溯调整。2×20年开始，该批环保设备每年计提折旧=(390-50)÷8=42.5（万元）。

2×19年12月政府补助退回时，企业所得税分两种情况进行纳税调整。

①政府补助作为不征税收入时企业所得税处理。政府补助符合税法规定的不征税收入时，2×17年收到政府补助在企业所得税汇算清缴时，在A105040《专项用途财政性资金纳税调整明细表》中，本年的"财政性资金"的"金额"列和"支出情况"的"支出金额"列分别填写100万元。2×19年退回政府补助，在企业所得税汇算清缴时，在上述A105040中的相应列填写-60万元。

属于不征税收入的政府补助，收到与退回对企业应纳税所得额都无影响。如果该政府补助与资产相关且以净额法核算，对会计利润也无影响，且资产的账面价值等于计税基础，无须作其他纳税调整。

②政府补助作为应税收入时企业所得税处理。

第一，2×17年收到政府补助100万元，在企业所得税汇算清缴时，应填报A105020《未按权责发生制确认收入纳税调整明细表》，税收金额为100万元，账载金额为0，纳税调整金额为100万元。

2×18年和2×19年，会计上每年计提折旧额35万元；每年税前扣除折旧额45万元〔(500-50)÷10〕，每年纳税调减10万元。该税会差异的调整应填报A105080《资产折旧、摊销情况及纳税调整明细表表》。

(2) 2×19年退回政府补助60万元，在企业所得税汇算清缴时，应填报表A105020《未按权责发生制确认收入纳税调整明细表》，税收金额为-60万元，账载金额为 0，纳税调整金额为 -60 万元。

退回政府补助后，固定资产账面价值为 390 万元，2×20 年起会计上每年计提折旧 42.5 万元，每年税前扣除折旧额 45 万元。每年纳税调整额为 -2.5 万元（42.5-45）。固定资产折旧期满后，通过表 A105020 调整的应纳税所得额为 40 万元（100-60），通过表 A105080 调整的应纳税所得额为 -40 万元 [（-10）×2+（-2.5）×8]，最终调增和调减的应纳税所得额相等。

【案例 3-55】某软件公司（一般纳税人）销售其自行开发生产的软件产品，增值税税率为 17%。假如该公司当月销售软件系统 500 万元（含税价），当月可抵扣进项税额 20 万元。请计算应退税额并进行会计和税务处理。

①增值税处理。按照《财政部、国家税务总局关于软件产品增值税政策的通知》（财税〔2011〕100 号）的规定，增值税一般纳税人销售其自行开发生产的软件产品，按 17% 的税率征收增值税后，对其增值税实际税负超过 3% 的部分实行即征即退政策。享受退税的软件销售，软件需到税务局备案，备案所需材料如下：一是《软件著作权证书》或《软件产品证书》；二是软件测试报告等材料。

软件产品增值税即征即退税额的计算：

即征即退税额 = 当期软件产品增值税应纳税额 - 当期软件产品销售额 ×3%

$$= [500/(1+17\%) \times 17\% - 20] - 500/(1+17\%) \times 3\%$$

$$= 39.83（万元）$$

②企业所得税处理。取得的即征即退增值税税款 39.83 万元，由企业专项用于软件产品研发和扩大再生产并单独进行核算，可以作为不征税收入，在计算应纳税所得额时从收入总额中减除。也可以按照国家税务总局公告 2012 年第 15 号第七条的规定，企业取得的不征税收入，应按照财税〔2011〕70 号文件的规定进行处理。凡未按照上述文件规定进行管理的，应作为企业应税收入计入应纳税所得额，依法缴纳企业所得税。

③会计准则的规定。税收返还是政府按照国家有关规定采取先征后返（退）、即征即退等办法向企业返还的税款，属于以税收优惠形式给予的一种政府补助。会计和税务处理如下：

借：银行存款等　　　　　　　　　　　　　　　　　　　　5 000 000
　　贷：主营业务收入　　　　　　　　　　　　　　　　　　4 273 500
　　　　应交税费——应交增值税（销项税额）　　　　　　　　726 500
借：其他应收款——增值税退税　　　　　　　　　　　　　　　398 300
　　贷：其他收益　　　　　　　　　　　　　　　　　　　　　398 300
借：银行存款　　　　　　　　　　　　　　　　　　　　　　　398 300
　　贷：其他应收款——增值税退税　　　　　　　　　　　　　398 300

【案例 3-56】某蔬菜批发企业享受直接减免增值税的优惠政策，当月蔬菜销售额

111万元，当月取得的进项税额为10万元。企业如何进行会计和税务处理？

分析：涉及直接减免的增值税处理，平时，取得进项税额10万元全部不得抵扣直接计入相关资产成本或者当期损益；但对于商品销售收入，要求作价税分离，分离出增值税销项税额。再将分离的增值税销项税额转入主营业务收入。按照财会〔2016〕22号文件的规定，"应交税费——应交增值税（减免税款）"专栏，记录一般纳税人按现行增值税制度的规定准予减免的增值税税额。对于当期直接减免的增值税，借记"应交税费——应交增值税（减免税款）"科目，贷记损益类相关科目。会计和税务处理如下：

借：银行存款　　　　　　　　　　　　　　　　　　　　　1 110 000
　　贷：主营业务收入　　　　　　　　　　　　　　　　　　1 000 000
　　　　应交税费——应交增值税（销项税额）　　　　　　　　110 000
借：应交税费——应交增值税（减免税款）　　　　　　　　　　110 000
　　贷：主营业务收入　　　　　　　　　　　　　　　　　　　110 000

上述会计处理严格依据财会〔2016〕22号文件的规定，全面反映了增值税直接减免业务的来龙去脉，还原了营业收入符合业务实质；同时也考虑到税法规定，便于与增值税纳税申报表相关数据和减免税备案及优惠统计数据一致，兼顾了会计核算和税法规定。另外，对于企业所得税减免税项目中收入的认定，避免出现纳税人与税务机关就所谓营业外收入部分的减免税所得不享受优惠政策产生争议，还有从财务报表分析的角度，计入营业收入属于经常性损益，而计入营业外收入属于非经常性损益，对财务指标和现金流量表都有影响，是"一举四得"的会计处理方法。

【案例3-57】 某小额贷款公司取得农户小额贷款利息收入100万元，如何进行增值税会计处理和税务处理？

分析：《财政部、税务总局关于小额贷款公司有关税收政策的通知》（财税〔2017〕48号）第一条规定，自2017年1月1日至2019年12月31日，对经省级金融管理部门（金融办、局等）批准成立的小额贷款公司取得的农户小额贷款利息收入，免征增值税。第二条规定，自2017年1月1日至2019年12月31日，对经省级金融管理部门（金融办、局等）批准成立的小额贷款公司取得的农户小额贷款利息收入，在计算应纳税所得额时，按90%计入收入总额。

会计处理方法一，不核算免征增值税，全额确认主营业务收入：

借：银行存款　　　　　　　　　　　　　　　　　　　　　1 000 000
　　贷：主营业务收入　　　　　　　　　　　　　　　　　　1 000 000

会计处理方法二，按照财会〔2016〕22号文件准确完整地核算增值税直接减免：

借：银行存款　　　　　　　　　　　　　　　　　　　　　　100 000
　　贷：主营业务收入　　　　　　　　　　　　　　　　　　　943 400
　　　　应交税费——应交增值税（销项税额）　　　　　　　　 56 600

借：应交税费——应交增值税（减免税款）　　　　　　　　　　56 600
　　　贷：其他收益　　　　　　　　　　　　　　　　　　　　　　56 600

这样进行会计核算，一方面可以完整准确地反映税金的形成和减免过程；另一方面确实有实质性的区别。按照财税〔2017〕48 号文件第二条的规定，小额贷款公司取得的农户小额贷款利息收入，在计算应纳税所得额时，按 90% 计入收入总额。笔者理解为，按照主营业务收入 94.34 万元的 90% 计入收入总额，而其他收益 5.66 万元就不能按照其 90% 计入收入总额，应全部计入收入总额；如果不完整核算的话，可能直接按照 100 万元的 90% 计入收入总额。

需要注意的是，减免增值税部分的会计核算按照财会〔2016〕22 号文件的规定计入当期损益，但是，记入"营业外收入"科目、"主营业务收入"科目还是"其他收益"科目，需要按照《企业会计准则第 14 号——收入》的规定来判断，日常活动形成的计入主营业务收入，非日常活动形成的计入营业外收入。

按照财税〔2008〕151 号文件的规定，直接减免增值税属于财政性资金，应该计入收入总额。即：从税法角度看，不论企业会计核算将直接减免的增值税计入营业外收入还是主营业务收入，都属于税法规定的应税财政性资金，都应计入当期收入总额，计入应纳税所得额，这部分收入不属于《企业所得税法》规定的减计收入的部分，且一般也不符合不征税收入条件。

第十二节　房地产企业预售业务收入的税会处理差异

一、预售业务收入的会计处理

会计准则规定，房地产企业预售业务的会计处理为：当企业收到预售款项时，由于不符合收入的确认原则，所以不确认收入，而是作为负债计入预收账款，待房屋交付给购买方时，符合收入确认条件，再确认销售收入。即：收到预售款项时，借记"银行存款"科目，贷记"预收账款"科目；房屋交给购买方时，借记"预收账款"科目，贷记"主营业务收入"科目，同时结转成本，借记"主营业务成本"科目，贷记"开发产品"科目。

《财政部关于印发〈增值税会计处理规定〉的通知》（财会〔2016〕22 号）规定，"预交增值税"明细科目，核算一般纳税人转让不动产、提供不动产经营租赁服务、提供建筑服务、采用预收款方式销售自行开发的房地产项目等，以及其他按现行增值税制度规定应预缴的增值税税额。企业预缴增值税时，借记"应交税费——预交增值税"

科目,贷记"银行存款"科目。月末,企业应将"预交增值税"明细科目余额转入"未交增值税"明细科目,借记"应交税费——未交增值税"科目,贷记"应交税费——预交增值税"科目。房地产开发企业等在预缴增值税后,应直至纳税义务发生时方可从"应交税费——预交增值税"科目结转至"应交税费——未交增值税"科目。

《财政部关于印发〈企业交纳土地增值税会计处理规定〉的通知》(财会字〔1995〕015号)第四条规定,企业在项目全部竣工结算前转让房地产取得的收入,按税法规定预交的土地增值税,借记"应交税金——应交土地增值税"科目,贷记"银行存款"等科目。待该房地产营业收入实现时,再按规定转入"营业税金及附加"进行会计处理;该项目全部竣工、办理结算后进行清算,收到退回多交的土地增值税,借记"银行存款"等科目,贷记"应交税金——应交土地增值税"科目,补交的土地增值税编制相反的会计分录。

二、预售业务收入的税务处理

1. 增值税处理。《房地产开发企业销售自行开发的房地产项目增值税征收管理暂行办法》(国家税务总局公告第18号)规定,一般纳税人采取预收款方式销售自行开发的房地产项目,应在收到预收款时按照3%的预征率预缴增值税。应预缴税款按照以下公式计算:应预缴税款 = 预收款 ÷ (1 + 适用税率或征收率) × 3%。适用一般计税方法计税的,按照11%的适用税率计算;适用简易计税方法计税的,按照5%的征收率计算。一般纳税人应在取得预收款的次月纳税申报期向主管国税机关预缴税款。房地产开发企业中的一般纳税人销售自行开发的房地产项目,适用一般计税方法计税,按照取得的全部价款和价外费用,扣除当期销售房地产项目对应的土地价款后的余额计算销售额。销售额 = (全部价款和价外费用 - 当期允许扣除的土地价款) ÷ (1 + 11%)。

2. 土地增值税处理。《土地增值税暂行条例》规定,纳税人在项目全部竣工结算前转让房地产取得的收入,由于涉及成本确定或其他原因而无法据以计算土地增值税的,可以预征土地增值税,待该项目全部竣工、办理结算后再进行清算,多退少补。具体办法由各省、自治区、直辖市地方税务局根据当地情况制定。《财政部、国家税务总局关于营改增后契税、房产税、土地增值税、个人所得税计税依据问题的通知》(财税〔2016〕43号)第三条规定,土地增值税纳税人转让房地产取得的收入为不含增值税收入。

依据上述规定,营改增后在计算土地增值税计税收入时,计算公式为:

$$\begin{aligned}
\text{土地增值税计税收入} &= \text{全部价款和价外费用} - \text{增值税销项税额} \\
&= \text{全部价款和价外费用} - (\text{全部价款和价外费用} \\
&\quad - \text{当期允许扣除的土地价款}) / (1 + 11\%) \times 11\%
\end{aligned}$$

《国家税务总局关于营改增后土地增值税若干征管规定的公告》（国家税务总局公告 2016 年第 70 号）第一条规定，营改增后，纳税人转让房地产的土地增值税应税收入不含增值税。适用增值税一般计税方法的纳税人，其转让房地产的土地增值税应税收入不含增值税销项税额；适用简易计税方法的纳税人，其转让房地产的土地增值税应税收入不含增值税应纳税额。为方便纳税人，简化土地增值税预征税款计算，房地产开发企业采取预收款方式销售自行开发的房地产项目的，可按照以下方法计算土地增值税预征计征依据：

土地增值税预征的计征依据 = 预收款 − 应预缴增值税税款

3. 企业所得税处理。《国家税务总局关于印发〈房地产开发经营业务企业所得税处理办法〉的通知》（国税发〔2009〕31 号）规定，房地产开发企业开发、建造的住宅、商业用房以及其他建筑物、附着物、配套设施等开发产品，在其未完工前采取预售方式销售的，其通过正式签订《房地产销售合同》或《房地产预售合同》所取得的收入，应确认为销售收入的实现。企业销售未完工开发产品取得的收入，应先按预计计税毛利率分季（或月）计算出预计毛利额，计入当期应纳税所得额。开发产品完工后，企业应及时结算其计税成本并计算此前销售收入的实际毛利额，同时将其实际毛利额与其对应的预计毛利额之间的差额，计入当年度企业本项目与其他项目合并计算的应纳税所得额。在年度纳税申报时，企业须出具对该项开发产品实际毛利额与预计毛利额之间差异调整情况的报告以及税务机关需要的其他相关资料。

由于营改增后企业销售未完工开发产品收入，企业所得税计税依据尚未明确，一种操作方式是按照增值税原理处理，将预收款（销售未完工开发产品取得的收入）直接进行价税分离，不含税预收款 = 预收款 ÷（1 + 适用税率或征收率），适用一般计税方法计税，按照 11% 的适用税率计算；适用简易计税方法计税的，按照 5% 的征收率计算。另一种操作方式是将预收款（销售未完工开发产品取得的收入）减去企业实际预缴增值税税款。不含税预收款 = 预收款 − 应预缴增值税税款。为减少企业涉税风险，具体采用何种方式计算，建议企业咨询当地主管税务机关。

房地产企业预售业务的会计和企业所得税处理差异为：会计准则对预售业务不确认收入，而税法规定取得预收款项时应缴纳企业所得税，从而使得预收账款的账面价值和计税基础不同，产生可抵扣暂时性差异。房地产企业应确认递延所得税资产，借记"递延所得税资产"科目，贷记"所得税费用"科目，同时要调整该年度的应纳税所得额。待开发产品完工后，再按该项目开发产品实际毛利额与预计毛利额之间差异在完工年度进行纳税调整。

三、预售业务收入税会处理差异及纳税调整实务

【案例 3-58】 某房地产企业 2×15 年度开发 A 项目（坐落在省会城市），预售房款

7 800万元（不含税），当年开发产品尚未完工。当年按照预售收入缴纳土地增值税及附加432.9万元，并计入"应交税费"科目借方，完工后记入"税金及附加"科目，期间费用650万元。2×16年度A项目全部完工，实现销售收入12 000万元，开发成本6 000万元，该项目2×16年度缴纳土地增值税及附加233.1万元。2×16年度又开发了B项目，截至年底项目也已完工，实现销售收入4 500万元，开发成本2 700万元，缴纳土地增值税及附加249.75万元。该企业2×16年度期间费用共发生890万元，预计计税毛利率15%。计算该企业2×15年和2×16年两年应缴纳的企业所得税。

①2×15年：企业会计利润总额 = 0 - 650 = -650（万元）。该开发项目未完工，应根据国税发〔2009〕31号文件第八条、第九条的规定计算缴纳企业所得税。应纳税所得额 = 7 800 × 15% - 432.9 - 650 = 87.1（万元），应纳税额 = 87.1 × 25% = 21.775（万元）。

②2×16年：企业会计利润总额 = (12 000 + 4 500) - (6 000 + 2 700) - (432.9 + 233.1 + 249.75) - 890 = 5 994.25（万元）。本期扣除的前期土地增值税及附加432.9万元应作纳税调增（调整税金填入年度纳税申报表A105010《视同销售和房地产开发企业特定业务纳税调整明细表》中第25行"实际发生的营业税金及附加、土地增值税"）；上期按预计毛利率计算的预计毛利为1 170万元，应予以调减。调整的"预计毛利额"填在A105010《视同销售和房地产开发企业特定业务纳税调整明细表》中第24行"销售未完工产品预计毛利额"栏内。应纳税所得额 = 5 994.25 + 432.9 - 1 170 = 5 257.15（万元），应纳税额 = 5 257.15 × 25% = 1 314.2875（万元）。

【案例3-59】甲房地产开发经营公司为一般纳税人，机构所在地为A省，在B省开发甲房地产项目。该项目《建筑工程施工许可证》登记的开工日期为2×16年1月30日。甲房地产项目选择一般计税方法计税，该项目取得土地150 000平方米，土地出让金的财政收据金额为30 000万元；该项目总可售面积300 000平方米。2×17年5月，甲项目尚未完工，取得预售收入11 100万元（含税价），对应的建筑面积10 000平方米。2×17年6月，甲项目预售收入11 100万元的房屋已经达到增值税纳税义务发生时间，当月购进用于甲项目的建材钢筋100万元，进项税额17万元，期初没有进项税额留抵，假设暂不考虑除增值税以外的其他税种。会计和税务处理具体如下。

（1）通过"招、拍、挂"取得土地使用权时：

借：开发成本——土地价款　　　　　　　　　　　　300 000 000
　　贷：银行存款　　　　　　　　　　　　　　　　　　　300 000 000

（2）2×17年5月收到预售房款时：

借：银行存款　　　　　　　　　　　　　　　　　111 000 000
　　贷：预收账款　　　　　　　　　　　　　　　　　　　111 000 000

（3）预售房款增值税发票开具。按照《国家税务总局关于营改增试点若干征管问题的公告》（国家税务总局公告 2016 年 53 号）的规定，该项预收款应使用防伪税控系统开具增值税普通发票，不能开具增值税专用发票。商品和服务编码使用"未发生销售行为的不征税项目"编码，选择 602"销售自行开发的房地产项目预收款"。货物及应税劳务：填写不动产名称及房屋产权证书号码（无房屋产权证书的可不填写），即商品房。单位栏：填写面积单位"平方米"；发票金额栏填写 111 000 万元，税率栏填写不征税，税额为 ***。备注栏注明不动产详细地址。

（4）国家税务总局 2016 年 18 号公告第十条和第十一条规定，一般纳税人采取预收款方式销售自行开发的房地产项目，应在收到预收款时按照 3% 的预征率预缴增值税。甲公司在次月申报期之内，按照 3% 预征率，预缴税款 = 11 100 ÷ (1 + 11%) × 3% = 300（万元），向项目所在地 B 省国税局预缴税款。甲公司应在取得预收款的次月（2×17 年 6 月）纳税申报期向 B 省主管国税机关预缴税款。即在 6 月的纳税申报期填写《增值税预缴申报表》，向 B 省主管国税机关预缴增值税，无须在《增值税纳税申报表》第 1 行"按适用税率计税销售额"栏中填报。具体在《增值税预缴税款表》中第 2 行的第 1 列"销售额"填写 11 100 万元（含税），第 2 列"扣除金额"不需要填写，第 3 列"预征率"填写 3%，第 4 列"预征税额"填写 300 万元。会计处理如下：

借：应交税费——预交增值税　　　　　　　　　　　　3 000 000
　　　贷：银行存款　　　　　　　　　　　　　　　　　3 000 000

（5）2×17 年 6 月的会计和税务处理。

①收到建材并验收入库时：

借：原材料　　　　　　　　　　　　　　　　　　　　1 000 000
　　应交税费——待认证进项税额　　　　　　　　　　　170 000
　　　贷：银行存款　　　　　　　　　　　　　　　　　1 170 000

②增值税发票认证通过并申报时：

借：应交税费——应交增值税（进项税额）　　　　　　170 000
　　　贷：应交税费——待认证进项税额　　　　　　　　170 000

③按照国家税务总局 2016 年 18 号公告第四条的规定，允许扣除的土地价款 = 10 000 ÷ 300 000 × 30 000 = 1 000（万元），土地价款所对应的税额 = 1 000 ÷ (1 + 11%) × 11% = 99.1（万元）。按照财会〔2016〕22 号文件的规定，记入"应交税费——应交增值税（销项税额抵减）"明细专栏，会计处理如下：

借：应交税费——应交增值税（销项税额抵减）　　　　991 000
　　　贷：主营业务成本　　　　　　　　　　　　　　　991 000

（6）2×17 年 6 月，甲项目房屋已经达到增值税纳税义务发生时间，应确认销售收入：

借：预收账款　　　　　　　　　　　　　　　　　　111 000 000

贷：主营业务收入 100 000 000
　　　应交税费——应交增值税（销项税额） 11 000 000

（7）申报缴纳增值税 =（1 100 - 99.1 - 17）- 300 = 683.9（万元），按照财税〔2016〕36号文件的规定，向甲公司机构所在地A省国税局纳税申报。

借：应交税费——应交增值税（转出未交增值税） 9 839 000
　　贷：应交税费——未交增值税 9 839 000
借：应交税费——未交增值税 3 000 000
　　贷：应交税费——预交增值税 3 000 000
借：应交税费——未交增值税 6 839 000
　　贷：银行存款 6 839 000

（8）填写《增值税纳税申报表》。第一步，计算销项税额。销项税额 = 11 100 ÷（1 + 11%）× 11% = 1 100（万元）。第二步，计算不含税销售额。不含税销售额 = 11 100 - 1 100 = 10 000（万元）。第三步，按照上述销售额和销项税额的数据全额开具增值税专用发票，价款10 000万元，增值税1 100万元。购买方取得该增值税专用发票后，可以抵扣进项税额1 100万元。第四步，甲公司在《增值税纳税申报表附列资料（一）》第14列"销项（应纳）税额"，填报1 000.9万元[（11 100 - 1 000）÷（1 + 11%）× 11%]。第五步，甲公司在《增值税纳税申报表》主表第1行"按适用税率计税销售额"中填报销售额10 000万元，并将《增值税纳税申报表附列资料（一）》中第4行第14列"销项（应纳）税额"1 000.9万元（扣除之后的销项税额），填报在《增值税纳税申报表》主表第11行"销项税额"栏次中。第六步，进项税额17万元填报在《增值税纳税申报表》主表第12行"进项税额"栏次中，预交增值税300万元填报在《增值税纳税申报表》主表第28行分次"预缴税额"栏次中，应缴纳增值税683.9万元填报在《增值税纳税申报表》主表第34行分次"本期应补（退）税额"栏次中。第七步，A公司在《增值税纳税申报表附列资料（三）》（服务、不动产和无形资产扣除项目明细）第2行"11%税率的项目"第1列"本期服务、不动产和无形资产价税合计额（免税销售额）"填写11 100万元，第3列"本期发生额"填写1 000万元，第4列"本期应扣除金额"填写1 000万元，第5列"本期实际扣除金额"填写1 000万元；《增值税纳税申报表附列资料（四）》（税额抵减情况表）第4行"销售不动产预征缴纳税款"第2列"本期发生额"填写300万元，第3列本期应抵减税额填写300万元，第4列"本期实际抵减税额"填写300万元。至此，上述业务的会计处理、增值税发票、纳税申报表三者相互勾稽且保持一致。

第四章

企业特殊交易或事项税会处理差异及纳税调整

第一节 视同销售业务税会处理差异

视同销售业务是指因会计准则和税法在确认收入方面的口径不同,会计上一般不作为销售而税法上作为销售处理的经济事项。视同销售是税法相对于会计而言的,如果会计处理不作为销售或与税法确认收入不一致,而税务处理应作为销售确认计税收入时,则属于视同销售。

一、视同销售业务的会计处理

《企业会计准则第14号——收入》规定,收入是指企业在日常活动中形成的、会导致所有者权益增加的、与所有者投入资本无关的经济利益的总流入。无论以何种形式取得销售收入,只有同时符合收入定义并满足其确认条件,才能进行确认和计量。会计准则关于视同销售行为的具体处理规定包括:第一,《企业会计准则第9号——应付职工薪酬》及其应用指南规定,企业以自产产品发放给职工的,应当根据受益对象,按照该产品的公允价值,计入相关资产的成本或当期损益,同时确认应付职工薪酬。第二,《企业会计准则第7号——非货币性资产交换》及其应用指南规定,换出资产为存货的,应当作为销售处理,按照《企业会计准则第14号——收入》的规定以其公允价值确认收入,同时结转相应成本。第三,《企业会计准则第12号——债务重组》规定,债务人以非现金资产存货抵偿债务的,应当作为销售处理,按照《企业会计准则第14号——收入》的规定以其公允价值确认收入,同时结转相应成本。

《财政部关于印发〈增值税会计处理规定〉的通知》(财会〔2016〕22号)规定,

企业发生税法上视同销售的行为,应当按照会计准则、会计制度的相关规定进行相应的会计处理,并按照现行增值税制度规定计算的销项税额(或采用简易计税方法计算的应纳增值税税额),借记"应付职工薪酬"、"利润分配"等科目,贷记"应交税费——应交增值税(销项税额)"或"应交税费——简易计税"科目(小规模纳税人应记入"应交税费——应交增值税"科目)。

二、视同销售业务的税务处理

《增值税暂行条例实施细则》第四条规定,以下八种行为视同销售:(1)将货物交付其他单位或者个人代销;(2)销售代销货物;(3)设有两个以上机构并实行统一核算的纳税人,将货物从一个机构移送其他机构用于销售,但相关机构设在同一县(市)的除外;(4)将自产或者委托加工的货物用于非增值税应税项目[①];(5)将自产、委托加工的货物用于集体福利或者个人消费;(6)将自产、委托加工或者购进的货物作为投资,提供给其他单位或者个体工商户;(7)将自产、委托加工或者购进的货物分配给股东或者投资者;(8)将自产、委托加工或者购进的货物无偿赠送其他单位或者个人。

《财政部、国家税务总局关于全面推开营业税改征增值税试点的通知》(财税〔2016〕36号)第十四条规定,下列情形视同销售服务、无形资产或者不动产:(1)单位或者个体工商户向其他单位或者个人无偿提供服务,但用于公益事业或者以社会公众为对象的除外。(2)单位或者个人向其他单位或者个人无偿转让无形资产或者不动产,但用于公益事业或者以社会公众为对象的除外。(3)财政部和国家税务总局规定的其他情形。

《国家税务总局关于进一步明确营改增有关征管问题的公告》(国家税务总局公告2017年第11号)第一条规定,纳税人销售活动板房、机器设备、钢结构件等自产货物的同时提供建筑、安装服务,不属于《营业税改征增值税试点实施办法》(财税〔2016〕36号文件印发)第四十条规定的混合销售,应分别核算货物和建筑服务的销售额,分别适用不同的税率或者征收率。

《消费税暂行条例实施细则》第六条规定的视同销售行为包括:纳税人将自产自用应税消费品用于生产非应税消费品、在建工程、管理部门、非生产机构、提供劳务、馈赠、赞助、集资、广告、样品、职工福利、奖励等方面。

土地增值税视同销售是指按照《国家税务总局关于房地产开发企业土地增值税清算管理有关问题的通知》(国税发〔2006〕187号)第三条的规定,房地产开发企业将开

[①] 营改增后已经不存在此类视同销售行为。

发产品用于职工福利、奖励、对外投资、分配给股东或投资人、抵偿债务、换取其他单位和个人的非货币性资产等，发生所有权转移时应视同销售房地产，其收入按下列方法和顺序确认：(1) 按本企业在同一地区、同一年度销售的同类房地产的平均价格确定；(2) 由主管税务机关参照当地当年、同类房地产的市场价格或评估价值确定。

《国家税务总局关于营改增后土地增值税若干征管规定的公告》（国家税务总局公告2016年第70号）第二条规定，纳税人将开发产品用于职工福利、奖励、对外投资、分配给股东或投资人、抵偿债务、换取其他单位和个人的非货币性资产等，发生所有权转移时应视同销售房地产，其收入应按照《国家税务总局关于房地产开发企业土地增值税清算管理有关问题的通知》（国税发〔2006〕187号）第三条的规定执行。纳税人安置回迁户，其拆迁安置用房应税收入和扣除项目的确认，应按照《国家税务总局关于土地增值税清算有关问题的通知》（国税函〔2010〕220号）第六条的规定执行。

企业所得税视同销售是指会计处理不确认销售收入，而税法规定确认为应税收入。《企业所得税法实施条例》第二十五条规定，企业发生非货币性资产交换，以及将货物、财产、劳务用于捐赠、偿债、赞助、集资、广告、样品、职工福利或者利润分配等用途的，应当视同销售货物、转让财产或者提供劳务，但国务院财政、税务主管部门另有规定的除外。企业所得税法不仅列举了所得税视同销售行为，而且明确了财产和劳务的视同销售问题，如果企业将财产和劳务用于捐赠等项目时，会计未确认收入的，则应当进行年终纳税调整，同时计算应税项目会计成本与计税成本之间的差异。

《国家税务总局关于企业处置资产所得税处理问题的通知》（国税函〔2008〕828号）规定：(1) 企业发生下列情形的处置资产，除将资产转移至境外以外，由于资产所有权属在形式和实质上均不发生改变，可作为内部处置资产，不视同销售确认收入，相关资产的计税基础延续计算。第一，将资产用于生产、制造、加工另一产品；第二，改变资产形状、结构或性能；第三，改变资产用途（如自建商品房转为自用或经营）；第四，将资产在总机构及其分支机构之间转移；第五，上述两种或两种以上情形的混合；第六，其他不改变资产所有权属的用途。(2) 企业将资产移送他人的下列情形，因资产所有权属已发生改变而不属于内部处置资产，应按规定视同销售确定收入。第一，用于市场推广或销售；第二，用于交际应酬；第三，用于职工奖励或福利；第四，用于股息分配；第五，用于对外捐赠；第六，其他改变资产所有权属的用途。(3) 企业发生该通知第二条规定情形时，属于企业自制的资产，应按企业同类资产同期对外销售价格确定销售收入；属于外购的资产，可按照购入时的价格确定销售收入。

《国家税务总局关于企业所得税有关问题的公告》（国家税务总局公告2016年第80号）第二条关于企业移送资产所得税处理问题规定，企业发生国税函〔2008〕828号文件第二条规定情形的，除另有规定外，应按照被移送资产的公允价值确定销售收入。

《国家税务总局关于印发〈房地产开发经营业务企业所得税处理办法〉的通知》（国税发〔2009〕31号）第七条规定，企业将开发产品用于捐赠、赞助、职工福利、奖励、对外投资、分配给股东或投资人、抵偿债务、换取其他企事业单位和个人的非货币性资产等行为，应视同销售，于开发产品所有权或使用权转移，或于实际取得利益权利时，确认收入（或利润）的实现。

但需要注意的是，不同税种之间税法规定的视同销售行为的界定也存在差异，即税税差异。

三、视同销售业务的税会处理差异

（一）将货物用于对外捐赠、广告及业务宣传和交际应酬等方面

企业将货物用于对外捐赠、广告及业务宣传、业务招待等方面，按照《企业所得税法实施条例》的规定，视同销售缴纳企业所得税；同时，按照《增值税暂行条例实施细则》的规定，将自产、委托加工或者购进的货物无偿赠送其他单位或者个人应视同销售计算销项税额；会计处理上，按照《企业会计准则第14号——收入》的规定，对外捐赠货物不符合收入的确认条件，因此，在会计上不确认销售商品收入。

【案例4-1】 某企业将自产产品用于业务宣传，该产品的实际成本是100万元，市场售价是150万元（不含税）。问：企业发生该项所得税视同销售业务，填报《视同销售和房地产开发企业特定业务纳税调整明细表》（A105010），涉及的视同销售具体项目按照会计口径可以税前扣除的金额，与按照税收口径扣除的金额之间会有差额，如何在纳税申报表中反映？

分析：按照《国家税务总局关于发布〈中华人民共和国企业所得税年度纳税申报表（A类，2014年版）〉的公告》（国家税务总局公告2014年第63号）的规定，企业发生所得税视同销售业务，填报A105010《视同销售和房地产开发企业特定业务纳税调整明细表》，涉及的视同销售具体项目按照会计口径填报。

借：销售费用——业务宣传费　　　　　　　　　　　　　1 255 000
　　贷：库存商品　　　　　　　　　　　　　　　　　　1 000 000
　　　　应交税费——应交增值税（销项税额）　　　　　　255 000

对于这笔业务，按照《企业所得税法实施条例》的规定应该视同销售。因此，填报企业所得税申报表时，应该将视同销售收入150万元填报到A105010《视同销售和房地产开发企业特定业务纳税调整明细表》第4行"（二）用于市场推广或销售视同销售收入"中，视同销售成本100万元填入该表第13行"（二）用于市场推广或销售视同销售成本"中。按照A105060《广告费和业务宣传费跨年度纳税调整明细表》填报说明

的规定，第 1 行填列纳税人按会计核算计入当年损益的广告费和业务宣传费 125.5 万元。此问题在对外捐赠、职工奖励和福利的视同销售中都存在。

（二）将货物用于职工集体福利或个人消费

企业将货物用于职工集体福利或个人消费，按照《企业所得税法实施条例》的规定要视同销售缴纳企业所得税；按照《增值税暂行条例》的规定，对于企业的货物用于职工福利或个人消费的，还要视货物是自产的或委托加工收回的，还是外购的，分别作销项税额和进项税额转出处理。在会计处理上，符合收入确认条件，将其确认为营业收入。

1. 企业将自产的、委托加工收回的货物用于职工福利等的处理。这种情况下企业应按货物的公允价值确认收入，计算增值税销项税额。

借：应付职工薪酬
　　贷：主营业务收入
　　　　应交税费——应交增值税（销项税额）
借：主营业务成本
　　贷：库存商品（或委托加工物资）

2. 企业将外购的货物用于职工福利等的处理。会计处理上不确认收入，但企业所得税处理上，按照国税函〔2008〕828 号和国家税务总局公告 2016 年第 80 号文件的规定，应以货物的公允价值确认视同销售收入，购入价格确认视同销售成本。在增值税处理上，由于将外购货物用于集体福利或者个人消费，其进项税额不得抵扣，如果之前已经抵扣，本期应将已抵扣的进项税额转出。

借：应付职工薪酬
　　贷：库存商品
　　　　应交税费——应交增值税（进项税额转出）

【案例 4－2】某企业事先外购一批货物用于职工福利，购入货物时取得增值税专用发票，注明的价款为 10 万元，增值税税额 1.7 万元，待发放时该批货物的市场售价是 12 万元。会计和税务处理如下。

①购入货物取得增值税专用发票时：

借：库存商品　　　　　　　　　　　　　　　　　　　　　　100 000
　　应交税费——待认证进项税额　　　　　　　　　　　　　 17 000
　　贷：银行存款　　　　　　　　　　　　　　　　　　　　117 000

②增值税专用发票经税务机关认证（包括扫描认证或网络查询、勾选认证方式）时：

借：应交税费——应交增值税（进项税额）　　　　　　　　　 17 000
　　贷：应交税费——待认证进项税额　　　　　　　　　　　 17 000

③购进货物用于集体福利,其进项税额按照现行增值税制度的规定不得从销项税额中抵扣,应作进项税额转出:

借:库存商品　　　　　　　　　　　　　　　　　　　　　　17 000
　　贷:应交税费——应交增值税(进项税额转出)　　　　　　17 000

④实际发放货物时:

借:应付职工薪酬——短期薪酬(非货币性福利)　　　　　　117 000
　　贷:库存商品　　　　　　　　　　　　　　　　　　　　　117 000
借:管理费用等　　　　　　　　　　　　　　　　　　　　　117 000
　　贷:应付职工薪酬——短期薪酬(非货币性福利)　　　　　117 000

⑤企业所得税处理。按照国税函〔2008〕828号文件和国家税务总局2016年第80号公告的规定,外购货物用于职工福利,应确认视同销售收入12万元,视同销售成本11.7万元,视同销售所得=12-11.7=0.3(万元)。企业所得税汇算清缴时,在A105010《视同销售和房地产开发企业特定业务纳税调整明细表》第5行"(四)用于职工奖励或福利视同销售收入"税收金额中填报12万元,第13行"(四)用于职工奖励或福利视同销售成本"税收金额中填报11.7万元。

(三) 将货物用于非货币性资产交换和对外投资

企业所得税处理上,用非货币性资产对外投资时,按视同销售计算资产转让所得或损失。按照《财政部、国家税务总局关于非货币性资产投资企业所得税政策问题的通知》(财税〔2014〕116号)的规定,符合条件的企业可以选择递延纳税。增值税处理上,以货物对外投资和非货币性资产交换都应按视同销售以其公允价值计算销项税额,而不论该货物是自产或委托加工收回还是外购的。会计处理上,企业将货物用于非货币性资产交换和对外投资属于非货币性资产交换。按照《企业会计准则第7号——非货币性资产交换》的规定进行处理,税会处理差异案例详见本章第四节。

(四) 将货物用于偿债和利润分配方面

企业将货物用于偿债及利润分配等方面,按照《企业所得税法实施条例》的规定要视同销售缴纳企业所得税;同时,按照《增值税暂行条例》的规定,对用于偿债和作为给股东分配利润的货物,无论是自产或委托加工收回还是外购的,都应视同销售以其公允价值计算销项税额;会计处理上,按照《企业会计准则第14号——收入》的规定,应确认销售收入并结转相应销售成本。因此,这种情形会计与税务处理不产生差异,在企业所得税上不需要进行纳税调整。

借:应付账款或应付股利
　　贷:主营业务收入

应交税费——应交增值税（销项税额）
　　营业外收入——债务重组利得
同时，结转相应的销售成本：
　　借：主营业务成本
　　　　贷：库存商品

【案例4-3】 甲公司欠乙公司购货款350 000元。由于甲公司财务发生困难，短期内不能支付已于2×17年5月1日到期的货款。2×17年7月1日，经双方协商，乙公司同意甲公司以其生产的产品偿还债务。该产品的公允价值为200 000元，实际成本为120 000元。甲公司为增值税一般纳税人，适用的增值税税率为17%。甲公司会计处理如下：

借：应付账款　　　　　　　　　　　　　　　　　　　　350 000
　　贷：主营业务收入　　　　　　　　　　　　　　　　200 000
　　　　应交税费——应交增值税（销项税额）　　　　　 34 000
　　　　营业外收入——债务重组利得　　　　　　　　　116 000
借：主营业务成本　　　　　　　　　　　　　　　　　　120 000
　　贷：库存商品　　　　　　　　　　　　　　　　　　120 000

四、视同销售业务税会处理差异及纳税调整实务

【案例4-4】 某纺织企业将生产的500套家纺床上用品发放给职工作为福利，并按成本15万元作为收入入账。税务人员在该企业检查时，要求其按同类家纺床上用品同期对外销售价格20万元确认为收入。该企业认为，发放给职工作为福利的家纺床上用品属于自制产品，未实际发生销售情形，应按成本确认收入。税务人员进行相关税收政策法规辅导，并送达《税收自查通知书》，该企业对作为福利发放给职工的床上用品按同类资产同期对外销售价格作为收入，自查补缴相关税款及滞纳金。

　　分析：该企业账务处理有错误，应按照该家纺产品的公允价值和相关税费作为主营业务收入，但少作了5万元收入，同时也少确认了职工福利费5万元。税务机关也没有调整完全：一是只调整收入5万元；二是未调整企业职工福利费5万元，不但需要关注企业职工福利费支出，还要符合扣除标准；三是没有考虑增值税调整。正确的会计和税务处理如下。

①归集分配成本费用：
借：管理费用等——非货币性福利　　　　　　　　　　　234 000
　　贷：应付职工薪酬——短期薪酬——非货币性福利　　234 000
②确认销售收入：

借：应付职工薪酬——短期薪酬——非货币性福利　　　　　　234 000
　　贷：主营业务收入　　　　　　　　　　　　　　　　　　200 000
　　　　应交税费——应交增值税（销项税额）　　　　　　　　34 000

③结转销售成本：

借：主营业务成本　　　　　　　　　　　　　　　　　　　　150 000
　　贷：库存商品　　　　　　　　　　　　　　　　　　　　　150 000

由于会计处理确认了收入并结转了成本，不需要按照视同销售进行纳税调整，如果再填写A105010《视同销售和房地产开发企业特定业务纳税调整明细表》将导致重复纳税。另外，需要注意的是，有观点认为，记入"管理费用——非货币性福利"科目的金额也应该按照公允价值确认，将存货公允价值20万元与账面价值之间的差额15万元，纳税调增福利费5万元，记入A105000第14行"职工薪酬"第1列账载金额，与其他福利费合并计算，与税前扣除限额比较，再对超限额部分统一进行纳税调整。但这种观点目前缺乏具体的税收法律、法规及规范性文件支持，税务机关一般不认可（例如青岛国税），建议纳税人咨询当地税务机关后进行处理。将资产用于广告和业务宣传、对外捐赠同理处理。

综上所述，企业如果按照会计准则的相关规定确认收入和成本，会计确认收入和成本确认金额与税收规定不一致，存在会计与税法差异，需要进行纳税调整，但只需调整确认收入和成本确认金额与税收规定的差额。如果按照会计准则的相关规定无须确认收入和成本，存在会计与税法差异，需要进行纳税调整，应对收入和成本确认金额全额调整。

【案例4-5】某家具公司将自产的一批课桌500套通过当地民政部门赠送给希望工程，市场价每套100元（不含税），产品实际成本80元。会计和税务处理如下：

借：营业外支出——捐赠支出　　　　　　　　　　　　　　　48 500
　　贷：库存商品　　　　　　　　　　　　　　　　　　　　　40 000
　　　　应交税费——应交增值税（销项税额）　　　　　　　　 8 500

可以看出，对外捐赠的货物：第一，会计上按成本转账。第二，增值税上则视同销售，按照公允价值计算销项税额。第三，在年终进行企业所得税汇算清缴时，要进行纳税调整，确认视同销售收入50 000元，视同销售成本40 000元。另外，由于企业所得税法规定企业发生的公益性捐赠支出不超过年度利润总额12%的部分准予扣除，会计处理上记入"营业外支出"科目的捐赠支出48 500元，要看其是否超过年度利润总额的12%，如果没有超过，可以在税前扣除，此时会计和税务处理一致，不需要进行纳税调整；如果超过，则超过部分不能在税前扣除，需要进行纳税调整。《企业所得税法》（2017年修正案）第九条规定，企业发生的公益性捐赠支出，在年度利润总额12%以内的部分，准予在计算应纳税所得额时扣除；超过年度利润总额12%的部分，准予结转以后3年内在计算应纳税所得额时扣除。

【案例 4-6】不满足公允价值计价模式条件的视同销售纳税调整。

①交易情况。A 公司拥有一台专用设备，其账面原价 450 万元，已计提折旧 330 万元，换取 B 公司拥有的一项长期股权投资，账面价值 90 万元，两项资产均未计提减值准备。A 公司决定以其专有设备交换 B 公司的长期股权投资，该专有设备是生产某种产品必须的设备。A 公司专有设备系当时专门制造、性质特殊，其公允价值不能可靠计量；B 公司拥有的长期股权投资在活跃市场中没有报价，其公允价值也不能可靠计量。经双方商定，B 公司支付了 20 万元补价。假设 A 公司目前执行《企业会计准则》。

②非货币性交易的判断。该项资产交换涉及收付货币性资产，即补价 20 万元。对 A 公司而言，收到的补价 20 万元÷换出资产账面价值 120 万元 = 16.7% < 25%，因此，该项交换属于非货币性资产交换，B 公司的情况也相类似。

③计量模式的判断。由于两项资产的公允价值不能可靠计量，因此，对于该项资产交换，换入资产的成本应当按照换出资产的账面价值确定。

④初始投资成本确认。长期股权投资的初始成本 100 万元（换出资产账面价值 120 万元 - 收到的补价 20 万元）；换出资产的账面价值 120 万元（换出资产账面原价 450 万元 - 已计提折旧 330 万元）。

⑤投资方 A 公司的账务处理。根据会计准则的规定，尽管 B 公司支付了 20 万元补价，但由于整个非货币性资产交换是以账面价值为基础计量的，支付补价方和收到补价方均不确认损益。对 A 公司而言，换入资产是长期股权投资和银行存款 20 万元，换出资产是专有设备的账面价值减去货币性补价的差额，即 100 万元（120 - 20）；对 B 公司而言，换出资产是长期股权投资和银行存款 20 万元，换入资产专有设备的成本等于换出资产的账面价值，即 110 万元（90 + 20）。由此可见，在账面价值计量情况下，发生的补价是用来调整换入资产的成本，不涉及确认损益问题。

借：固定资产清理　　　　　　　　　　　　　　　　1 200 000
　　累计折旧　　　　　　　　　　　　　　　　　　3 300 000
　　贷：固定资产——专有设备　　　　　　　　　　　　　　4 500 000
借：长期股权投资　　　　　　　　　　　　　　　　1 000 000
　　银行存款　　　　　　　　　　　　　　　　　　　200 000
　　贷：固定资产清理　　　　　　　　　　　　　　　　　1 200 000

⑥企业所得税税务处理。根据国税函〔2008〕828 号文件的规定，本案例中非货币资产交换，因资产所有权属已发生改变而不属于内部处置资产，应按规定确认视同销售收入。按换出资产账面价值 120 万元和收到补价 20 万元的合计 140 万元，确认视同销售收入；按换出资产的账面价值 120 万元，确认视同销售成本，确认视同销售所得 20 万元（140 - 120）。

【案例 4-7】承〖案例 4-6〗假设 A 公司非货币性资产交换视同销售换出的专用

设备，账面原价450万元，已计提折旧330万元，是纳入营改增试点之日前取得的固定资产。计算视同销售应交增值税并进行会计处理。

①增值税税务处理。按照财税〔2016〕36号文件的规定，营改增试点纳税人中的一般纳税人销售自己使用过的纳入营改增试点之日前取得的固定资产，按照现行旧货相关增值税政策执行。使用过的固定资产，是指纳税人符合《营业税改征增值税试点实施办法》第二十八条规定并根据财务会计制度已经计提折旧的固定资产。根据财税〔2009〕9号文件第二条第（二）项和财税〔2014〕57号文件的规定，纳税人销售旧货，按照简易办法依照3%征收率减按2%征收增值税。财税〔2008〕170号文件规定，纳税人发生《增值税暂行条例实施细则》第四条的规定固定资产视同销售行为，对已使用过的固定资产无法确定销售额的，以固定资产净值为销售额。

销售额 = 含税销售额/(1 + 3%) = (450 − 330)/(1 + 3%) = 116.5（万元）

应纳税额 = 销售额 × 2% = 116.5 × 2% = 2.33（万元）

减免税额 = 销售额 × 1% = 116.5 × 1% = 1.165（万元）

②增值税会计处理。按照财会〔2016〕22号文件的规定，"应交税费——简易计税"明细科目，核算一般纳税人采用简易计税方法发生的增值税计提、扣减、预缴、缴纳等业务。

借：固定资产清理（1 165 000 × 3%）	34 590
贷：应交税费——简易计税（计提）	34 590
借：应交税费——简易计税（扣减）	11 650
贷：固定资产清理	11 650
借：应交税费——简易计税（缴纳）	23 300
贷：银行存款	23 300
借：应交税费——简易计税（计提）	34 590
贷：应交税费——简易计税（缴纳）	23 300
——简易计税（扣减）	11 650
借：营业外支出——处理非流动资产净损失	22 940
贷：固定资产清理	22 940

第二节　分期收款销售商品收入税会处理差异

一、分期收款销售商品收入的会计处理

会计处理上，按照《企业会计准则第14号——收入》的规定，企业应当按照从购

货方已收或应收的合同或协议价款确定商品销售收入金额，已收或应收的合同或协议价款显失公允的除外。但采用递延方式收取应收合同或协议价款的，如分期收款方式（通常超过3年）销售货物，实质上具有融资性质，应按照销售货物的公允价值确定销售商品收入金额，应收的合同或协议价款与其公允价值之间的差额（未实现融资收益），应当在合同或协议约定的收款期间内采用实际利率法进行摊销，计入当期损益（财务费用）。即采用递延方式分期收款销售商品或提供劳务，在符合收入确认条件时，企业应当按照含税的应收合同或协议价款确认长期应收款，按照不含税的应收合同或协议价款的公允价值确认营业收入，按照不含税的应收合同或协议价款与其公允价值之间的差额确认未实现融资收益。未实现融资收益应当在合同或协议期间内，按照不含税的长期应收款的摊余成本和实际利率计算确定的金额进行摊销，作为财务费用的抵减额进行处理。

1. 应收的合同或协议价款的公允价值，通常应当按照其未来现金流量现值或商品现销价格计算确定。在商品同时存在现销和赊销两种情况的企业，应收的合同或协议价款的公允价值应当按照该商品的现销价格计算确定；在商品只有赊销情况的企业，应收的合同或协议价款的公允价值应当按照该商品的未来现金流量现值计算确定。

2. 长期应收款的摊余成本，是指长期应收款的初始确认金额，扣除已偿还的本金（货款）和已发生的减值损失，加上或减去采用实际利率法将该初始确认金额与到期日金额之间的差额进行摊销形成的累计摊销额。实际利率，是指具有类似信用等级的企业发行类似工具的现时利率，或者将应收的合同或协议价款折现为商品现销价格时的折现率等。之所以在计算确定未实现融资收益时无须考虑增值税因素，是因为增值税是价外税，其本身与损益无关，而未实现融资收益在摊销时应当计入摊销期的损益（财务费用）。

二、分期收款销售商品收入的税务处理

税务处理上，《企业所得税法实施条例》第二十三第一款规定，以分期收款方式销售货物的，按照合同约定的收款日期确认收入的实现。对分期收款方式销售货物的，按照合同或协议约定的金额确认销售收入金额。按照合同约定的收款日期确认收入的实现，其实是权责发生制的例外，更接近于收付实现制，两者产生的差异应进行纳税调整。

《增值税暂行条例实施细则》第三十八条规定，采取赊销和分期收款方式销售货物，为书面合同约定的收款日期的当天，无书面合同或者书面合同没有约定收款日期的，为货物发出的当天。但如果销售方先开发票的，纳税义务发生时间应根据《增值税暂行条例》第十九条的规定，为开具发票的当天。此时，由于所得税和增值税纳税义务发生时间不同，会造成增值税收入和企业所得税收入存在差异。

从税法角度来看,在采用递延方式分期收款销售商品的情况下,按照合同约定的收款日期分期收回货款,只是强调企业所得税和增值税纳税义务发生时间,无论是所得税处理还是增值税处理,确认营业收入的时间通常是一致的。即在采用递延方式分期收款销售商品或提供劳务时,企业应在合同约定的收款日期确认营业收入,并以不含税的应收合同或协议价款确认为营业收入。

三、分期收款销售商品收入的税会处理差异及纳税调整实务

通过上述分析可以看出,会计准则与增值税、企业所得税法在具有融资性分期收款方式销售货物时,确认会计收入和计税收入、结转会计成本与计税成本、增值税纳税义务时间以及确认未实现融资收益和财务费用等方面存在差异。即使不具有融资性分期收款方式销售货物,在增值税纳税义务时间方面也存在差异。按照《企业会计准则第18号——所得税》的规定,会计期末,企业还应分别确认递延所得税资产和递延所得税负债。

【案例4-8】 具有融资性分期收款方式销售。甲企业于2×14年1月2日出售一套大型设备给乙企业,协议约定采用分期收款销售方式,货款从销售当年年末分5年分期收取,每年收款200万元,合计1 000万元(含增值税)。如果购货方在销售成立日支付价款,只需支付800万元。增值税按每年协议约定的收款金额计算缴纳。该套大型设备的成本为600万元。甲企业的增值税税率为17%,企业所得税税率为25%。2×14年度分期收款销售的会计处理及企业所得税和增值税处理如下。

(1) 销售收入和未实现融资收益的确认。

增值税待转销项税额 = 1 000 ÷ 1.17 × 17% = 145.3(万元)

不含税的应收价款 = 1 000 ÷ 1.17 = 854.7(万元)

不含税应收价款的现值 = 800 ÷ 1.17 = 683.76(万元)

未实现融资收益的初始入账价值 = 854.7 - 683.76 = 170.94(万元)

(2) 实际利率计算。假设折现率为r,则根据公式"不含税的未来5年收款额的现值 = 不含税的应收价款的现值",可以得出:200 ÷ 1.17 × (P/A, r, 5) = 800 ÷ 1.17;(P/A, r, 5) = 4。可以用插值法求得:r = 7% + (4.1002 - 4)/(4.1002 - 3.9927) × (8% - 7%) ≈ 7.93%。

(3) 用实际利率法计算每期摊销计入财务费用的金额。具体如表4-1所示。

表4-1　　　　　　　　未实现融资收益摊销计算表　　　　　　　　单位:万元

日期	未收本金 ① = 上期① - 上期④	财务费用 ② = ① × 7.93%	收现总额 ③	已收本金 ④ = ③ - ②
2×14年1月2日	683.76			
2×14年12月31日	683.76	54.22	200	145.78

续表

日期	未收本金 ① = 上期① - 上期④	财务费用 ② = ① × 7.93%	收现总额 ③	已收本金 ④ = ③ - ②
2×15年12月31日	537.98	42.66	200	157.34
2×16年12月31日	380.64	30.18	200	169.82
2×17年12月31日	210.82	16.72	200	183.28
2×18年12月31日	27.54	1.52*	200	198.48
总额		145.30	1 000	854.70

注：*尾数调整。

(4) 甲企业会计和税务处理。2×14年1月2日销售时，甲企业应当确认主营业务收入，同时在1月末结转主营业务成本。

借：长期应收款——乙企业——货款　　　　　　　　　8 547 000
　　长期应收款——乙企业——增值税税款　　　　　　1 453 000
　　　贷：主营业务收入　　　　　　　　　　　　　　6 837 600
　　　　　未实现融资收益　　　　　　　　　　　　　1 709 400
　　　　　应交税费——待转销项税额　　　　　　　　1 453 000
借：主营业务成本　　　　　　　　　　　　　　　　　6 000 000
　　贷：库存商品　　　　　　　　　　　　　　　　　6 000 000

需要注意的是，在采用递延方式分期收款销售商品的情况下，企业应当根据《企业会计准则第14号——收入》的规定，在商品交付给购货方时一次性确认为当期营业收入，同时结转销售成本。根据《增值税暂行条例实施细则》的规定，在合同约定的收款日期确认增值税纳税义务发生时间。因此，在会计处理上确认营业收入时，税务处理上并不需要当即计算增值税销项税额，而应当在合同约定的收款日期计算缴纳，会计准则与税法之间在增值税上产生的差异，按照《增值税会计处理规定》（财会〔2016〕22号）的规定，"应交税费——待转销项税额"明细科目，核算一般纳税人销售货物、加工修理修配劳务、服务、无形资产或不动产，已确认相关收入（或利得）但尚未发生增值税纳税义务而需于以后期间确认为销项税额的增值税税额。

本例中，甲企业于2×14年1月2日确认主营业务收入时，确认"应交税费——待转销项税额"145.30万元，从2×14年年末起，分5年分期平均由"应交税费——待转销项税额"转为"应交税费——应交增值税（销项税额）"29.06万元。"应交税费——待转销项税额"等科目期末贷方余额应根据情况在资产负债表中的"其他流动负债"或"其他非流动负债"项目列示。

①2×14年12月31日收款时。甲企业应当在每年年末收款时，一方面应将"应交

税费——待转销项税额"转化为"应交税费——应交增值税（销项税额）"，另一方面应将本期分摊的未实现融资收益抵减当期财务费用。

借：银行存款　　　　　　　　　　　　　　　　　　　2 000 000
　　贷：长期应收款——乙企业——货款　　　　　　　　　1 709 400
　　　　长期应收款——乙企业——税款　　　　　　　　　　290 600
借：应交税费——待转销项税额　　　　　　　　　　　　290 600
　　贷：应交税费——应交增值税（销项税额）　　　　　　　290 600
借：未实现融资收益　　　　　　　　　　　　　　　　　542 200
　　贷：财务费用　　　　　　　　　　　　　　　　　　　　542 200

②2×14年12月31日长期应收款暂时性差异的计算及递延所得税的确认。

A. 2×14年12月31日，该项长期应收款的账面价值 =（854.70+145.30－170.94）－（170.94+29.06－54.22）=683.28（万元）。其中，该项长期应收款（增值税）20×9年12月31日的账面价值 =145.3－29.06=116.24（万元），该项长期应收款（货款）20×9年12月31日的账面价值 =683.28－116.24=567.04（万元）。

B. 由于企业所得税法以合同约定的收款日期作为纳税义务发生时间，并不认可因采用递延方式分期收款销售商品而产生的长期应收款，因此，该项长期应收款2×14年12月31日的计税基础应为0万元。

C. 由于该项长期应收款（增值税）不是产生于企业合并，同时在确认时既不影响会计利润又不影响应纳税所得额，因此，无须确认与此相关的递延所得税负债，仅需确认与该项长期应收款（货款）相关的递延所得税负债。该项长期应收款（货款）2×14年12月31日产生的应纳税暂时性差异 =567.04－0=567.04（万元）。甲企业在计算确定2×14年度应纳税所得额时，应当在利润总额的基础上调减本期所产生的应纳税暂时性差异567.04万元。

D. 确认与长期应收款（货款）相关的递延所得税负债141.76万元（567.04×25%）。

借：所得税费用　　　　　　　　　　　　　　　　　　1 417 600
　　贷：递延所得税负债　　　　　　　　　　　　　　　　1 417 600

③2×14年12月31日存货暂时性差异的计算及递延所得税资产的确认。按照税法的规定，如果不确认收入，相关的存货成本也不能结转在税前扣除。

A. 由于会计上已将该项存货成本全部结转至主营业务成本，因此，该项存货2×14年12月31日的账面价值应为0万元。

B. 该项存货2×14年12月31日的计税基础 =600－600÷5=480（万元）。

C. 该项存货2×14年12月31日产生的可抵扣暂时性差异 =480－0=480（万元）。甲企业在计算确定2×14年度应纳税所得额时，应当在利润总额的基础上调增本期所产生的可抵扣暂时性差异480万元。

D. 确认与存货相关的递延所得税资产 = 480 × 25% = 120（万元）。

借：递延所得税资产　　　　　　　　　　　　　　1 200 000
　　贷：所得税费用　　　　　　　　　　　　　　　　　　1 200 000

（5）2×14年度企业所得税年度纳税申报表及其附表的填制。

①将会计上确认的2×14年度营业收入683.76万元，填入《企业所得税年度纳税申报表（A类）》第1行"一、营业收入"，同时填入附表A101010《一般企业收入明细表》第3行"1. 销售商品收入"。

②将会计上确认的2×14年度营业成本600万元，填入《企业所得税年度纳税申报表》第2行"营业成本"，同时填入附表A102010《一般企业成本支出明细表》第3行"1. 销售商品成本"。

③会计上将本期摊销的未实现融资收益54.22万元冲减财务费用，以负数填入《企业所得税年度纳税申报表（A类）》第6行"财务费用"，同时以负数填入附表A104000《期间费用明细表》第24行"其他"。

④本期所产生的应纳税暂时性差异567.04万元，实际上是对2×14年度营业收入683.76万元的纳税调整，即税收上应确认的营业收入为170.94万元（683.76 + 54.22 - 567.04）。甲企业应纳税调减567.04万元，并填入《企业所得税年度纳税申报表（A类）》附表A105000《纳税调整项目明细表》第3行"未按权责发生制原则确认的收入"账载金额683.76万元，税收金额170.94万元，调减金额512.82万元。附表A105000第22行"与未实现融资收益相关在当期确认的财务费用"账载金额54.22万元，税收金额0万元，调减金额54.22万元。

⑤本期所产生的可抵扣暂时性差异480万元，实际上是对2×14年度营业成本600万元的纳税调整，即税收上应确认的营业成本为120万元（600 - 480）。甲企业应将纳税调增480万元，填入附表A105000《纳税调整项目明细表》第29行"其他"。

（6）假设本例中甲企业和乙企业约定，2×14年1月2日出售设备时立即开具增值税专用发票，其他条件不变。这时，尽管增值税税款尚未收到，但增值税纳税义务已经发生，计算当期应纳增值税145.30万元。上述会计处理中，不再用"应交税费——待转销项税额"科目，直接用"应交税费——应交增值税（销项税额）"科目，以后分期收款期间，也不需将"应交税费——待转销项税额"科目转入"应交税费——应交增值税（销项税额）"科目，其他财税处理同上。

【案例4-9】不具有融资性分期收款方式销售。2×14年9月，A公司向B公司销售材料10万吨，每吨含税价500元，成本价300元。合同约定分三期付款，B公司收到材料后1个月即2×14年10月付款50%，也即2 500万元，2×15年9月付款30%，2×16年9月付款20%。A公司收到第一期货款后，货物所有权归属于B公司。2×14年10月15日，A公司收到首笔价款。A公司企业所得税税率为25%，各年度均盈利。

分析：由于本例中分期收款销售材料收款时间未超过 3 年，实质上不具有融资性质，各年度相关会计处理和税务处理如下。

① 2×14 年 9 月发出货物，不符合会计收入确认条件。

借：发出商品　　　　　　　　　　　　　　　　　　　　30 000 000
　　贷：库存商品　　　　　　　　　　　　　　　　　　　30 000 000

② A 公司 2×14 年 10 月收到第一笔货款并确认全部收入，但开具 2 500 万元的增值税发票。

借：银行存款　　　　　　　　　　　　　　　　　　　　25 000 000
　　长期应收款——B 公司　　　　　　　　　　　　　　　25 000 000
　　贷：主营业务收入　　　　　　　　　　　　　　　　　42 735 000
　　　　应交税费——应交增值税（销项税额）　　　　　　 3 632 500
　　　　　　　　——待转销项税额　　　　　　　　　　　 3 632 500

同时，结转销售商品的成本：

借：主营业务成本　　　　　　　　　　　　　　　　　　30 000 000
　　贷：发出商品　　　　　　　　　　　　　　　　　　　30 000 000

③ 2×14 年 12 月 31 日，长期应收款（货款）的账面价值为 2 136.75 万元，计税基础为 0，确认与长期应收款有关的递延所得税负债 534.187 5 万元（2 136.75×25%）：

借：所得税费用　　　　　　　　　　　　　　　　　　　 5 341 875
　　贷：递延所得税负债　　　　　　　　　　　　　　　　 5 341 875

④ 2×14 年 12 月 31 日，存货的账面价值为 0 万元，计税基础为 1 500 万元，确认与存货有关的递延所得税资产 375 万元（1 500×25%）：

借：递延所得税资产　　　　　　　　　　　　　　　　　 3 750 000
　　贷：所得税费用　　　　　　　　　　　　　　　　　　 3 750 000

⑤ A 公司进行 2×14 年度企业所得税申报时，企业所得税按照合同约定时间及金额确认收入 =2 500÷1.17=2 136.75（万元），扣除销售成本 =3 000×50%=1 500（万元），会计处理上确认收入 4 273.50 万元，结转销售成本 3 000 万元。应作收入纳税调减 2 136.75 万元（4 273.50－2 136.75），并填入《企业所得税年度纳税申报表（A 类）》附表 A105000《纳税调整项目明细表》第 3 行"未按权责发生制原则确认的收入"账载金额 4 273.50 万元，税收金额 2 136.75 万元，调减金额 2 136.75 万元，销售成本纳税调增 1 500 万元（3 000－1 500）；附表 A105000 第 29 行"其他"账载金额 3 000 万元，税收金额 1 500 万元，调增金额 1 500 万元。

⑥ A 公司 2×15 年 9 月收到第二笔货款并向 B 公司开具 1 500 万元的增值税发票。

借：银行存款　　　　　　　　　　　　　　　　　　　　15 000 000
　　贷：长期应收款　　　　　　　　　　　　　　　　　　15 000 000

借：应交税费——待转销项税额　　　　　　　　　　　　　　　2 179 500
　　贷：应交税费——应交增值税（销项税额）　　　　　　　　　　2 179 500

⑦2×15年12月31日递延所得税负债余额为213.6752万元（1 000÷1.17×25%），需转回递延所得税负债320.5123万元（534.1875－213.6752）。

借：递延所得税负债　　　　　　　　　　　　　　　　　　　　3 205 123
　　贷：所得税费用　　　　　　　　　　　　　　　　　　　　　　3 205 123

⑧2×15年12月31日递延所得税资产余额为150万元（600×25%），需转回递延所得税资产225万元（375－150）。

借：所得税费用　　　　　　　　　　　　　　　　　　　　　　2 250 000
　　贷：递延所得税资产　　　　　　　　　　　　　　　　　　　　2 250 000

⑨A公司进行2×15年度企业所得税申报时，企业所得税按照合同约定时间及金额确认销售收入=1 500÷1.17=1 282.05（万元），扣除销售成本=3 000×30%=900（万元），会计处理上，不确认收入和结转销售成本。应作纳税调增382.05万元（1 500÷1.17－900），并填入《企业所得税年度纳税申报表（A类）》附表A105000《纳税调整项目明细表》第3行"未按权责发生制原则确认的收入"账载金额0万元，税收金额1 282.05万元，调增金额1 282.05万元；附表A105000第29行"其他"账载金额0万元，税收金额900万元，调减金额900万元。

⑩A公司2×16年9月收到第三笔货款并向B公司开具1 000万元的增值税发票。

借：银行存款　　　　　　　　　　　　　　　　　　　　　　10 000 000
　　贷：长期应收款　　　　　　　　　　　　　　　　　　　　　10 000 000
借：应交税费——待转销项税额　　　　　　　　　　　　　　　1 453 000
　　贷：应交税费——应交增值税（销项税额）　　　　　　　　　　1 453 000

⑪2×16年12月31日递延所得税负债余额为零，转回递延所得税负债余额：

借：递延所得税负债　　　　　　　　　　　　　　　　　　　　2 136 752
　　贷：所得税费用　　　　　　　　　　　　　　　　　　　　　　2 136 752

⑫2×16年12月31日递延所得税资产余额为零，转回递延所得税资产余额：

借：所得税费用　　　　　　　　　　　　　　　　　　　　　　1 500 000
　　贷：递延所得税资产　　　　　　　　　　　　　　　　　　　　1 500 000

⑬2×16年度A公司年度企业所得税申报时，企业所得税按照合同约定时间及金额确认销售收入=1 000÷1.17=854.70（万元），扣除销售成本=3 000×20%=600（万元），会计处理上不确认收入和结转销售成本。应纳税调增254.70万元（1 000÷1.17－600），并填入《企业所得税年度纳税申报表（A类）》附表A105000《纳税调整项目明细表》第3行"未按权责发生制原则确认的收入"账载金额0万元，税收金额854.70万元，调增金额854.70万元；附表A105000第29行"其他"账载金额0万元，税收金

额600万元，调减金额600万元。

第三节 债务重组税会处理差异

一、债务重组的会计处理

会计处理上，债务人以现金、非现金资产以及债务转换为资本方式清偿债务的，应当将重组债务的账面价值与实际支付的现金之间的差额、与转让的非现金资产公允价值之间的差额、与股权公允价值之间的差额，分别确认为债务重组利得，计入当期损益；债权人应当将重组债权的账面余额与收到的现金之间的差额、与接受的非现金资产公允价值之间的差额、与股权公允价值之间的差额，分别确认为债务重组损失，计入当期损益。修改其他债务条件的，债务人应当将修改其他债务条件后债务的公允价值作为重组后债务的入账价值。重组债务的账面价值与重组后债务的入账价值之间的差额，确认为债务重组利得。债权人和债务人应当在债务重组完成日，对债务重组事项进行确认、计量及会计处理。

如涉及或有应付金额，且该或有应付金额符合《企业会计准则第13号——或有事项》中有关预计负债确认条件的，债务人应当将该或有应付金额确认为预计负债。重组债务的账面价值与重组后债务的入账价值和预计负债金额之和的差额，确认为债务重组利得。债权人应当将修改其他债务条件后债权的公允价值作为重组后债权的账面价值，重组债权的账面余额与重组后债权的账面价值之间的差额，确认为债务重组损失。如涉及或有应收金额，债权人不应当确认或有应收金额，不得将其计入重组后债权的账面价值。另外，按照《企业会计准则第18号——所得税》的规定，由于税会处理差异形成的可抵减暂时性差异，企业应采用资产负债表债务法核算。

《企业会计准则解释公告第5号》（财会〔2012〕19号）第六条规定，企业接受代为偿债、债务豁免或捐赠，按照会计准则的规定符合确认条件的，通常应当确认为当期收益；但是，企业接受非控股股东（或非控股股东的子公司）直接或间接代为偿债、债务豁免或捐赠，经济实质表明属于非控股股东对企业的资本性投入，应当将相关利得计入所有者权益（资本公积）。

二、债务重组的税务处理

《企业所得税法实施条例》第二十一条规定，债务重组收入属于收入总额中的其他收入。《国家税务总局关于贯彻落实企业所得税法若干税收问题的通知》（国税函〔2010〕79号）规定，企业发生债务重组，应在债务重组合同或协议生效时确认收入的实现。

《财政部、国家税务总局关于企业重组业务企业所得税处理若干问题的通知》（财税〔2009〕59号）第一条第（二）项规定，债务重组，是指在债务人发生财务困难的情况下，债权人按照其与债务人达成的书面协议或者法院裁定书，就其债务人的债务做出让步的事项。企业重组的税务处理区分不同条件分为一般性债务重组和特殊性债务重组。一般性债务重组，债务人应当按照支付的债务清偿额低于债务计税基础的差额，确认债务重组所得；债权人应当按照收到的债务清偿额低于债权计税基础的差额，确认债务重组损失。

企业债务重组符合特殊性重组规定条件的，即债务重组确认的应纳税所得额占该企业当年应纳税所得额50%以上，可以在5个纳税年度的期间内均匀计入各年度的应纳税所得额。企业发生债权转股权业务，对债务清偿和股权投资两项业务暂不确认有关债务清偿所得或损失，股权投资的计税基础以原债权的计税基础确定。企业的其他相关所得税事项保持不变。适用特殊性重组的应按规定书面备案。企业未按规定书面备案的，一律不得按特殊性债务重组业务进行税务处理。

《国家税务总局关于股权分置改革中上市公司取得资产及债务豁免对价收入征免所得税问题的批复》（国税函〔2009〕375号）规定，至股权分置试点改革结束止，股权分置改革中，上市公司因股权分置改革而接受的非流通股股东作为对价注入资产和被非流通股股东豁免债务，上市公司应增加注册资本或资本公积，不征收企业所得税。

《国家税务总局关于〈发布企业重组业务企业所得税管理办法〉的公告》（国家税务总局公告2010年第4号）规定，企业发生债务重组，应准备以下相关资料，以备税务机关检查：一是以非货币资产清偿债务的，应保留当事各方签订的清偿债务的协议或合同，以及非货币资产公允价格确认的合法证据等；二是债权转股权的，应保留当事各方签订的债权转股权协议或合同。

【案例4-10】A公司欠B公司（均为一般纳税人）应付账款500万元，由于A公司财务困难，经双方协商，A公司以自产产品偿还债务。该产品账面价值380万元（账面余额430万元，已计提存货跌价准备50万元），公允价值400万元。B公司已对该债权计提坏账准备10万元。

分析：对于A公司，由于重组债务的账面价值与计税基础相同，税法上确认债务重组所得=500-400-400×17%=32（万元）；转让库存商品的计税基础为430万元，公允价值为400万元，税法上确认资产转让所得=400-430=-30（万元），而会计上确认资产转让收益=400-380=20（万元），应调减应纳税所得额=20-(-30)=50（万元）。对于B公司，重组债权计税基础为500万元，税法上应确认债务重组损失=500-

400 - 400 × 17% = 32（万元），而会计上确认的债务重组损失 = 500 - 400 - 400 × 17% - 10 = 22（万元），应调减应纳税所得额 = 32 - 22 = 10（万元）。

A 公司会计处理如下：

借：应付账款　　　　　　　　　　　　　　　　　　　　　　5 000 000
　　贷：主营业务收入　　　　　　　　　　　　　　　　　　　4 000 000
　　　　应交税费——应交增值税（销项税额）　　　　　　　　680 000
　　　　营业外收入——债务重组利得　　　　　　　　　　　　320 000
借：主营业务成本　　　　　　　　　　　　　　　　　　　　3 800 000
　　存货跌价准备　　　　　　　　　　　　　　　　　　　　　500 000
　　贷：库存商品　　　　　　　　　　　　　　　　　　　　4 300 000

B 公司会计处理如下：

借：库存商品　　　　　　　　　　　　　　　　　　　　　　4 000 000
　　应交税费——应交增值税（进项税额）　　　　　　　　　　680 000
　　坏账准备　　　　　　　　　　　　　　　　　　　　　　　100 000
　　营业外支出——债务重组损失　　　　　　　　　　　　　　220 000
　　贷：应收账款　　　　　　　　　　　　　　　　　　　　5 000 000

【案例 4 - 11】A 公司欠 B 公司应付账款 500 万元，由于 A 公司财务困难，经双方协商，A 公司以其对控股公司的部分股权偿还债务，该股权账面价值与计税基础均为 300 万元，公允价值为 350 万元，免除剩余部分债务。假设 A 公司当年应纳税所得额为 250 万元。

分析：A 公司债务重组确认的应纳税所得额 = 500 - 300 = 200（万元），占当年应纳税所得额 250 万元的比例为 80%，超过 50%，符合特殊性税务处理条件，债务清偿所得 150 万元和股权投资所得 50 万元可暂不一次性计入应纳税所得额，而选择在 5 个纳税年度期间内均匀计入各年度应纳税所得额，即当年计入应纳税所得额 40 万元（200/5），进行纳税调减 160 万元，以后 4 个年度每年纳税调增 40 万元。但由于会计处理将债务重组利得和转让股权收益已全部计入当期损益，因而形成应纳税暂时性差异 160 万元，应确认递延所得税负债 = 160 × 25% = 40（万元），以后每年调增应纳税所得额 40 万元，相应转回递延所得税负债 7.5 万元。

A 公司会计处理如下：

借：应付账款　　　　　　　　　　　　　　　　　　　　　　5 000 000
　　贷：长期股权投资　　　　　　　　　　　　　　　　　　3 000 000
　　　　营业外收入——债务重组利得　　　　　　　　　　　1 500 000
　　　　投资收益（3 500 000 - 3 000 000）　　　　　　　　　500 000

B 公司也应暂不确认债务重组损益 = 500 - 350 = 150（万元），同时，长期股权投资的计税基础以原债权计税基础 500 万元确认，会计账面价值 350 万元，产生可抵扣暂时性差异 150 万元，应确认递延所得税资产 = 150 × 25% = 37.5（万元）。以后 B 公司处置该股权投资时，其股权计税基础按照 500 万元确认，可抵扣暂时性差异予以转回。

B 公司会计处理如下：

借：长期股权投资　　　　　　　　　　　　　　3 500 000
　　营业外支出——债务重组损失　　　　　　　1 500 000
　　贷：应收账款　　　　　　　　　　　　　　　　　5 000 000

三、债务重组的税会处理差异

1. 以现金、非现金资产以及债务转换为资本方式清偿债务的税会处理差异。依据财税处理相关规定，以上几种方式清偿债务，会计与税法的处理基本一致。但是，需要注意的是，通常情况下，会计准则中重组债务的账面价值、重组债权的账面余额与税法中重组债务的计税成本、重组债权的计税成本的金额是相同的，但有时也会出现不一致，比如，债权人对重组债权计提了坏账准备，这时重组债权的账面价值与计税成本就不相同，需要进行纳税调整。

2. 以修改其他债务条件方式清偿债务的税会处理差异。对于不涉及或有应付和应收金额的，会计准则和税法规定基本相同。但对于涉及或有应付和应收金额的，按照会计准则的规定，或有应付金额在符合有关条件时应当确认为预计负债，这时的债务重组利得为债务重组的账面价值与重组后债务的入账价值及预计负债金额之和的差额；但依据实际发生原则和确定性原则，由于或有应付金额不一定发生，其金额也是事先预计的，因此，企业在计算债务重组所得时不得减除预计负债，应对会计核算的营业外收入进行纳税调增，此时，预计负债的账面价值为最佳估计数但其计税基础为零，应确认递延所得税资产。待以后年度实现或有条件并实际支付预计负债金额时，再进行纳税调减并转回递延所得税资产。

3. 特殊性债务重组问题的税会处理差异。如果债务人企业符合财税〔2009〕59 号文件规定的特殊性重组条件并选择特殊性税务处理，会计和税务处理存在暂时性差异，即债务重组确认的应纳税所得额占该企业当年应纳税所得额 50% 以上，可以在 5 个纳税年度的期间内，均匀计入各年度的应纳税所得额。企业发生债权转股权业务，对债务清偿和股权投资两项业务暂不确认有关债务清偿所得或损失，股权投资的计税基础以原债权的计税基础确定。

四、债务重组税会处理差异及纳税调整实务

【案例 4-12】甲公司于 2×17 年 1 月 20 日销售一批材料给乙公司，不含税价格为

200 000 元，增值税税率为 17%，按合同规定，乙公司应于 2×17 年 4 月 1 日前偿付货款。由于乙公司发生财务困难，无法按合同规定的期限偿还债务，经双方协议于 9 月 1 日进行债务重组。债务重组协议规定，甲公司同意减免乙公司 30 000 元债务，余额用现金立即偿清。乙公司于当日通过银行转账支付了该笔剩余款项，甲公司随即收到了通过银行转账偿还的款项。甲公司已为该项应收债权计提了 20 000 元的坏账准备。

①乙公司会计处理如下：

借：应付账款　　　　　　　　　　　　　　　　　　　　　　234 000
　　贷：银行存款　　　　　　　　　　　　　　　　　　　　204 000
　　　　营业外收入——债务重组利得　　　　　　　　　　　 30 000

②甲公司会计处理如下：

借：银行存款　　　　　　　　　　　　　　　　　　　　　　204 000
　　营业外支出——债务重组损失　　　　　　　　　　　　　 10 000
　　坏账准备　　　　　　　　　　　　　　　　　　　　　　 20 000
　　贷：应收账款　　　　　　　　　　　　　　　　　　　　234 000

③甲公司的企业所得税处理。会计处理确认的债务重组损失为 10 000 元，税前扣除的债务重组损失为 30 000 元（234 000 - 204 000），2×17 年企业所得税汇算清缴时，应纳税调减 20 000 元。具体在 A105090《资产损失税前扣除及纳税调整明细表》和 A105091《资产损失（专项申报）税前扣除及纳税调整明细表》相关项目调整。

【案例 4-13】 2×17 年 4 月 3 日，甲股份有限公司因购买材料而欠乙企业购货款及税款合计 500 万元，由于甲公司发生财务困难，无法偿付应付账款，2×17 年 7 月 2 日经双方协商同意，甲公司以发行普通股偿还债务，假设普通股每股面值为 1 元，股票市价为每股 2.5 元，甲公司以 120 万股偿还该项债务，假定无相关税费。2×17 年 7 月 30 日办理完增资手续，乙企业对应收账款提取坏账准备 10 万元。假定乙企业将债权转为股权后，长期股权投资按照成本法核算。

①甲公司会计处理如下：

借：应付账款——乙企业　　　　　　　　　　　　　　　 5 000 000
　　贷：股本　　　　　　　　　　　　　　　　　　　　　1 200 000
　　　　资本公积——股本溢价（1 200 000×2.5 - 1 200 000）　1 800 000
　　　　营业外收入——债务重组利得　　　　　　　　　　 2 000 000

②乙公司会计处理如下：

借：长期股权投资　　　　　　　　　　　　　　　　　　 3 000 000
　　坏账准备　　　　　　　　　　　　　　　　　　　　　 100 000
　　营业外支出——债务重组损失　　　　　　　　　　　　1 900 000

贷：应收账款——甲公司　　　　　　　　　　　　　　　　　　　　5 000 000

③企业所得税处理。甲公司当年选择特殊性重组，不确认债务重组利得 200 万元，应作纳税调减，同时，乙公司也不确认债务重组损失 190 万元，应作纳税调增，长期股权投资的计税基础仍为 500 万元。

【案例 4-14】甲公司于 2×17 年 1 月 1 日销售给乙公司一批材料，价值 400 000 元（包括应收取的增值税税额），按购销合同约定，乙公司应于 2×17 年 10 月 31 日前支付货款，但至 2×18 年 1 月 31 日乙公司尚未支付货款。由于乙公司财务发生困难，短期内不能支付货款。2×18 年 2 月 3 日，与甲公司协商，甲公司同意乙公司以一台设备偿还债务。该设备的账面原价为 350 000 元，已提折旧 50 000 元，购入时已抵扣过增值税进项税额，设备的公允价值为 360 000 元（含税）。甲公司对该项应收账款已提取坏账准备 20 000 元。抵债设备已于 2×18 年 3 月 10 日运抵甲公司。

2×18 年 3 月 10 日，乙公司会计和税务处理如下。

①将固定资产净值转入固定资产清理：

借：固定资产清理　　　　　　　　　　　　　　　　　　　　　300 000
　　累计折旧　　　　　　　　　　　　　　　　　　　　　　　　50 000
　　贷：固定资产　　　　　　　　　　　　　　　　　　　　　　350 000

②按照财税〔2008〕170 号文件的规定，销售自己使用过的 2009 年 1 月 1 日以后购进或者自制的固定资产，按照适用税率征收增值税。该抵债设备应按照 17% 适用税率缴纳增值税 = 360 000/1.17 × 17% = 52 307.7（元），并已向甲公司开具增值税专用发票。

借：固定资产清理　　　　　　　　　　　　　　　　　　　　　52 307.7
　　贷：应交税费——应交增值税（销项税额）　　　　　　　　　52 307.7

③确认债务重组利得：

借：应付账款　　　　　　　　　　　　　　　　　　　　　　　400 000
　　贷：固定资产清理　　　　　　　　　　　　　　　　　　　　307 692.31
　　　　营业外收入——债务重组利得　　　　　　　　　　　　　92 307.69

④确认固定资产处置利得：

借：固定资产清理　　　　　　　　　　　　　　　　　　　　　44 615.39
　　贷：营业外收入——处置固定资产利得　　　　　　　　　　　44 615.39

2×18 年 3 月 10 日，甲公司会计处理如下：

借：固定资产　　　　　　　　　　　　　　　　　　　　　　　307 692.31
　　应交税费——应交增值税（进项税额）　　　　　　　　　　　52 307.7
　　坏账准备　　　　　　　　　　　　　　　　　　　　　　　　20 000
　　营业外支出——债务重组损失　　　　　　　　　　　　　　　20 000
　　贷：应收账款　　　　　　　　　　　　　　　　　　　　　　400 000

企业所得税处理：会计处理确认的债务重组损失为20 000元，税前扣除的债务重组损失为40 000元（400 000 - 360 000），2×17年企业所得税汇算清缴时，应纳税调减20 000元。具体在A105090《资产损失税前扣除及纳税调整明细表》和A105091《资产损失（专项申报）税前扣除及纳税调整明细表》相关项目调整。

【案例4-15】 甲企业于2×17年1月20日销售一批材料给乙企业，不含税价格为200万元，增值税税率为17%，按合同规定，乙企业应于2×17年4月1日前偿付货款。由于乙企业发生财务困难，无法按合同规定的期限偿还债务，经双方协议于2×17年12月1日进行债务重组。假设乙企业当年应纳税所得额为40万元。债务重组协议规定，甲企业同意减免乙企业债务30万元，剩余金额用现金立即偿清。乙企业于当日通过银行转账支付了该笔剩余款项。甲企业已为该项应收债权计提了20万元的坏账准备。

①乙企业会计处理如下：

借：应付账款　　　　　　　　　　　　　　　　　　　　　2 340 000
　　贷：银行存款　　　　　　　　　　　　　　　　　　　　2 040 000
　　　　营业外收入——债务重组利得　　　　　　　　　　　　300 000

②乙企业企业所得税处理。按照财税〔2009〕第59号文件的规定，债务重组确认的应纳税所得额占该企业当年应纳税所得额比例 = 30÷40×100% = 75% > 50%。若选择特殊性税务处理，即债务重组所得可以在5个纳税年度均匀计入应纳税所得额，每年计入6万元（30÷5）。在2×17年企业所得税汇算清缴时，纳税调减24万元。具体填报在A105100《企业重组纳税调整明细表》第1行"一、债务重组"项目第1列"特殊性税务处理"账载金额30万元，税收金额6万元，纳税调整金额24万元。2×18年至2×21年企业所得税汇算清缴时，纳税调增6万元。具体填报在A105100《企业重组纳税调整明细表》第3行"一、债务重组：债转股"项目第1列"特殊性税务处理"账载金额0万元，税收金额6万元，纳税调整金额+6万元。

③甲企业会计处理如下：

借：银行存款　　　　　　　　　　　　　　　　　　　　　204
　　坏账准备　　　　　　　　　　　　　　　　　　　　　　20
　　营业外支出——债务重组损失　　　　　　　　　　　　　10
　　　　贷：应收账款　　　　　　　　　　　　　　　　　　234

④甲企业企业所得税处理。会计处理确认债务重组损失10万元，按照国家税务总局2011年第25号公告的规定专项申报扣除的资产损失30万元，应作纳税调减20万元。具体填报在A105090《资产损失税前扣除及纳税调整明细表》和A105091《资产损失（专项申报）税前扣除及纳税调整明细表》相关项目调整。

【案例4-16】 甲企业欠乙企业购货款200 000元，于2×17年10月15日到期。由于甲企业现金流量严重不足，不能及时清偿欠款。12月20日，经协商，乙企业同意减免债务本金 100 000 元，并将还款期限延长至 2×18 年 12 月 31 日，双方还约定甲企业若 2×18 年盈利，则还款时加收利息 20 000 元，若亏损则不加收利息。2×17 年年底，甲企业根据经营情况认为，有足够证据表明 2×18 年很可能实现盈利，因此，甲企业确认了这项预计负债 20 000 元，假设企业所得税税率为 25%。甲企业会计处理如下：

借：应付账款——乙企业　　　　　　　　　　　　　　　　200 000
　　贷：应付账款——债务重组　　　　　　　　　　　　　100 000
　　　　预计负债　　　　　　　　　　　　　　　　　　　 20 000
　　　　营业外收入——债务重组利得　　　　　　　　　　　80 000

税法不允许扣除或有应付金额，应确认债务重组所得 100 000 元（200 000 − 100 000），比会计处理多计所得 20 000 元（100 000 − 80 000）。因此，甲企业在 2×17 年企业所得税汇算清缴时，应调增应纳税所得额 20 000 元。同时，确认由于预计负债产生的递延所得税资产。

借：递延所得税资产（20 000×25%）　　　　　　　　　　 5 000
　　贷：所得税费用　　　　　　　　　　　　　　　　　　　5 000

假设 2×18 年年末甲企业实现盈利，并按照约定支付了上述本息。

借：应付账款——债务重组　　　　　　　　　　　　　　　100 000
　　预计负债　　　　　　　　　　　　　　　　　　　　　 20 000
　　贷：银行存款　　　　　　　　　　　　　　　　　　　120 000

税法规定或有应付金额在实际发生时扣除，2×18 年允许扣除预计负债对应的利息支出 20 000 元，但会计处理未将其计入当期损益。因此，甲企业在 2×18 年企业所得税汇算清缴时，应调减应纳税所得额 20 000 元。

【案例 4 – 17】承【案例 4 – 16】，假设 2×18 年年末甲企业未实现盈利，仅支付了债务本金 100 000 元，这时应将原计入预计负债的利息 20 000 元全部冲回。同时，转回递延所得税资产。

借：应付账款——债务重组　　　　　　　　　　　　　　　100 000
　　贷：银行存款　　　　　　　　　　　　　　　　　　　100 000
借：预计负债　　　　　　　　　　　　　　　　　　　　　 20 000
　　贷：营业外收入——债务重组利得　　　　　　　　　　 20 000
借：所得税费用　　　　　　　　　　　　　　　　　　　　 5 000
　　贷：递延所得税资产　　　　　　　　　　　　　　　　　5 000

由于税法在 2×17 年年底未确认甲企业计提的预计负债，此时也不应确认预计负债冲回的收益。同样，甲企业在 2×18 年企业所得税汇算清缴时，应调减应纳税所得额 20 000 元。

第四节　非货币性交换税会处理差异

一、非货币性交换处理的会计处理

《企业会计准则第7号——非货币性资产交换》规定，当非货币性资产交换同时满足交换具有商业实质和换入资产或换出资产的公允价值能够可靠计量这两项确认条件时，应以换出资产的公允价值和应支付的相关税费作为换入资产成本，公允价值与换出资产账面价值的差额计入当期损益。涉及补价时，企业在按公允价值和应支付的相关税费作为换入资产成本的情况下，若支付补价，将换入资产成本与换出资产账面价值加支付的补价、应支付的相关税费之和的差额，计入当期损益；若收到补价，将换入资产成本加收到的补价之和与换出资产账面价值加应支付的相关税费之和的差额，计入当期损益。未同时满足上述两项条件的非货币性资产交换，则以换出资产的账面价值和应支付的相关税费作为换入资产成本，不确认损益。

二、非货币性交换的税务处理及税会处理差异

税法规定，非货币性资产交换业务应分解为转让持有的非货币性资产和购置新非货币性资产两项业务进行税务处理，分别计算相应的流转税和企业所得税。《企业所得税法实施条例》第二十五条规定，企业发生非货币性资产交换，以及将货物、财产、劳务用于捐赠、偿债、赞助、集资、广告、样品、职工福利或者利润分配等用途的，应当视同销售货物、转让财产或者提供劳务，但国务院财政、税务主管部门另有规定的除外。

《财政部、国家税务总局关于非货币性资产投资企业所得税政策问题的通知》（财税〔2014〕116号）规定：第一，居民企业以非货币性资产对外投资确认的非货币性资产转让所得，可在不超过5年期限内，分期均匀计入相应年度的应纳税所得额，按规定计算缴纳企业所得税。第二，企业以非货币性资产对外投资，应对非货币性资产进行评估并按评估后的公允价值扣除计税基础后的余额，计算确认非货币性资产转让所得。企业以非货币性资产对外投资，应于投资协议生效并办理股权登记手续时，确认非货币性资产转让收入的实现。第三，企业以非货币性资产对外投资而取得被投资企业的股权，应以非货币性资产的原计税成本为计税基础，加上每年确认的非货币性资产转让所得，逐年进行调整。被投资企业取得非货币性资产的计税基础，应按非货币性资产的公允价值确定。第四，企业在对外投资5年内转让上述股权或投资收回的，应停止执行递延纳

税政策,并就递延期内尚未确认的非货币性资产转让所得,在转让股权或投资收回当年的企业所得税年度汇算清缴时,一次性计算缴纳企业所得税;企业在计算股权转让所得时,可按该《通知》第三条第一款的规定将股权的计税基础一次调整到位。企业在对外投资5年内注销的,应停止执行递延纳税政策,并就递延期内尚未确认的非货币性资产转让所得,在注销当年的企业所得税年度汇算清缴时,一次性计算缴纳企业所得税。第五,非货币性资产,是指现金、银行存款、应收账款、应收票据以及准备持有至到期的债券投资等货币性资产以外的资产。非货币性资产投资,限于以非货币性资产出资设立新的居民企业,或将非货币性资产注入现存的居民企业。第六,企业发生非货币性资产投资,符合《财政部、国家税务总局关于企业重组业务企业所得税处理若干问题的通知》(财税〔2009〕59号)等文件规定的特殊性税务处理条件的,也可选择按特殊性税务处理规定执行。

对于税会处理差异分析,若不同时满足交换具有商业实质和换入资产或换出资产的公允价值能够可靠计量这两项确认条件的,即账面价值计量模式下,则会出现差异:第一,会计处理不确认损益,而企业所得税处理应视同销售,按照换出资产的公允价值与账面价值之间的差额,确认资产转让损益,计入应纳税所得额;第二,会计处理上换入资产的初始入账价值以换出资产的账面价值为基础确定,而按企业所得税法确认换入资产的初始计税基础以公允价值为基础确定,由此产生初始账面价值与计税基础的差异。从而会造成在非货币性资产交换的纳税年度当期和以后期间需要对换入资产在计算折旧、摊销和处置损益时进行相应的纳税调整。第三,会计处理一次性将非货币性资产交换利得计入当期损益,但纳税人可以按照财税〔2014〕116号文件的规定选择递延纳税,在不超过5年期限内,分期均匀计入相应年度的应纳税所得额,按规定计算缴纳企业所得税。

三、非货币性交换税会处理差异及纳税调整实务

【案例4-18】2×17年1月10日,A公司股东大会同意以自有无形资产(专利权)投入B公司取得其10%的长期股权投资。该无形资产账面原值为2 000万元,在交换日累计摊销为500万元,计税基础1 500万元,经评估后确认公允价值为2 500万元(不含税),并在当月办理权属变更和工商股权登记手续,长期股权投资账面价值为1 000万元,计税基础为1 000万元,公允价值为2 500万元(不含税)。假设该交换具有商业实质。A公司会计和税务处理如下:

(1)增值税处理。《营业税改征增值税试点实施办法》(财税〔2016〕36号)第十一条规定,有偿是指取得货币、货物或者其他经济利益。这里的"有偿"包括以投资入股的形式销售不动产和转让无形资产。因此,营改增后,财税〔2002〕191号文件

"以无形资产、不动产投资入股,参与接受投资方利润分配、共同承担投资风险的行为,不征收营业税"的规定不再延续执行,对将不动产投资入股换取股权行为,按有偿销售不动产、无形资产行为征收增值税。2016年5月6日,国家税务总局政策组明确解答:"投资入股一定有所有权转移,同时取得股权就是取得了经济利益。下面的问题就是既然要征税,计税依据是什么。很明显,就是其取得的股权价值。任何一个股份制企业的股权价值都是明确的。既然认识到了这个问题,在这次起草实施办法的过程中,不动产和无形资产投资入股的问题就没有单独明确。"因此,无形资产(专利权)投资入股应缴纳增值税 = 2 500 × 6% = 150(万元),并向B公司开具增值税专用发票,注明不含税价款为2 500万元,增值税销项税额为150万元。

借:长期股权投资　　　　　　　　　　　　　　　　26 500 000
　　累计摊销　　　　　　　　　　　　　　　　　　 5 000 000
　　贷:无形资产——专利权　　　　　　　　　　　　20 000 000
　　　　应交税费——应交增值税(销项税额)　　　　1 500 000
　　　　营业外收入——非货币性资产交换利得　　　10 000 000

(2)企业所得税处理。

①换出无形资产的计税基础 = 2 000 - 500 = 1 500(万元)

②换出无形资产的公允价值 = 2 500(万元)

③换出无形资产的转让所得 = 公允价值 - 计税基础 = 2 500 - 1 500 = 1 000(万元)

④如果A公司税务处理选择一次性确认非货币性资产转让所得1 000万元,则不存在财税处理差异。

⑤如果A公司选择按财税〔2014〕116号文件的规定递延纳税,分5年均匀计入相应年度的应纳税所得额,2×17年当年纳税调减800万元,以后四个纳税年度逐年调增应纳税所得额200万元(1 000÷5),企业所得税年度纳税申报时,填报A105100《企业重组纳税调整明细表》"以非货币性资产对外投资——特殊性税务处理"相关项目进行纳税调整。

⑥换入长期股权投资的初始计税基础(公允价值) = 1 000 + 150 = 1 150(万元),2×17年年末调整为1 350万元(1 000 + 150 + 200),以后四个纳税年度逐年调增长期股权投资的计税基础200万元。

⑦被投资企业B取得无形资产的计税基础应按其公允价值2 500万元确定,取得增值税专用发票经认证符合税法相关规定的,可以抵扣增值税进项税额150万元。

【案例4-19】2×17年1月10日,A公司以无形资产(专利权甲)交换B公司持有的无形资产(专利权乙)。无形资产甲账面原值为2 000万元,在交换日累计摊销为500万元,公允价值为2 500万元;无形资产乙账面原值为1 500万元,累计摊销为500万元,公允价值为2 500万元。假设该交换不具有商业实质。

(1) A 公司会计处理：

借：无形资产——专利权乙　　　　　　　　　　　　　　15 000 000
　　应交税费——应交增值税（进项税额）　　　　　　　　1 500 000
　　累计摊销　　　　　　　　　　　　　　　　　　　　　5 000 000
　　贷：无形资产——专利权甲　　　　　　　　　　　　　　　20 000 000
　　　　应交税费——应交增值税（销项税额）　　　　　　　　1 500 000

(2) A 公司增值税和企业所得税处理。

①按照财税〔2016〕36 号文件的规定，无形资产投资按照销售无形资产纳税额 = 2 500×6% = 150（万元）

②换出无形资产甲的计税基础 = 2 000 - 500 = 1 500（万元）

③换出无形资产甲的公允价值 = 2 500（万元）

④转让财产所得。转让财产所得 = 换出无形资产的公允价值 - 换出无形资产的计税基础 = 2 500 - 1 500 = 1 000（万元），A 公司 2017 年汇算清缴时应纳税调增 1 000 万元。

⑤换入无形资产（专利权乙）的计税基础 = 2 500 万元，同时，由于会计核算的无形资产（专利权乙）账面原值是 1 500 万元，应备查登记无形资产（专利权乙）的计税基础为 2 500 万元。假设专利权乙按照直线法 10 年摊销，会计核算每年摊销额为 150 万元，企业所得税每年税前扣除计算摊销额 250 万元，税会差异为 100 万元，具体调整在年度纳税申报表 A105080《资产折旧、摊销情况及纳税调整明细表》相关项目进行。

第五节　售后回租业务税会处理差异

一、售后回租业务的会计处理

售后回租是指销售商品的同时，销售方同意在日后再将同样的商品租回的销售方式。在这种方式下，销售方应根据合同或协议条款判断是否已将商品所有权上的主要风险和报酬转移给购货方，以确定是否确认销售商品收入。在大多数情况下，售后回租属于融资性交易，企业不应确认销售商品收入，收到的款项应确认为负债，售价与资产账面价值之间的差额应当分不同情况进行会计处理：若售后回租交易认定为融资租赁，记入"递延收益"科目的金额应按租赁资产的折旧进度进行分摊，作为折旧费用的调整；若售后回租交易认定为经营租赁，记入"递延收益"科目的金额应在租赁期内按照与确认租金费用相一致的方法进行分摊，作为租金费用的调整。但有确凿证据表明售后回租交易是按照公允价值达成的，资产售价与其账面价值之间的差额应当计入当期损益。

出租人对经营租赁提供激励措施的，出租人与承租人应当分情况进行处理：（1）出租人提供免租期的，承租人应将租金总额在不扣除免租期的整个租赁期内，按直线法或其他合理的方法进行分摊，免租期内应当确认租金费用；出租人应将租金总额在不扣除免租期的整个租赁期内，按直线法或其他合理的方法进行分配，免租期内出租人应当确认租金收入。（2）出租人承担了承租人某些费用的，出租人应将该费用自租金收入总额中扣除，按扣除后的租金收入余额在租赁期内进行分配；承租人应将该费用从租金费用总额中扣除，按扣除后的租金费用余额在租赁期内进行分摊。

二、售后回租业务的税务处理及税会处理差异

《财政部、国家税务总局关于全面推开营业税改征增值税试点的通知》（财税〔2016〕36号）规定：（1）经人民银行、银监会或者商务部批准从事融资租赁业务的试点纳税人，提供融资租赁服务，以取得的全部价款和价外费用，扣除支付的借款利息（包括外汇借款和人民币借款利息）、发行债券利息和车辆购置税后的余额为销售额。（2）经人民银行、银监会或者商务部批准从事融资租赁业务的试点纳税人，提供融资性售后回租服务，以取得的全部价款和价外费用（不含本金），扣除对外支付的借款利息（包括外汇借款和人民币借款利息）、发行债券利息后的余额作为销售额。（3）融资性售后回租，是指承租方以融资为目的，将资产出售给从事融资性售后回租业务的企业后，从事融资性售后回租业务的企业将该资产出租给承租方的业务活动，按照贷款服务缴纳增值税。

《国家税务总局关于融资性售后回租业务中承租方出售资产行为有关税收问题的公告》（国家税务总局公告2010年第13号）规定，融资性售后回租业务是指承租方以融资为目的将资产出售给经批准从事融资租赁业务的企业后，又将该项资产从该融资租赁企业租回的行为。融资性售后回租业务中，承租方出售资产时，资产所有权以及与资产所有权有关的全部报酬和风险并未完全转移。第一，增值税和营业税。根据现行增值税和营业税的有关规定，融资性售后回租业务中承租方出售资产的行为，不属于增值税和营业税征收范围，不征收增值税和营业税。第二，企业所得税。根据现行企业所得税法及有关收入确定的规定，融资性售后回租业务中，承租人出售资产的行为，不确认为销售收入，对融资性租赁的资产仍按承租人出售前原账面价值作为计税基础计提折旧。租赁期间，承租人支付的属于融资利息的部分，作为企业财务费用在税前扣除。

三、售后回租业务税会处理差异及纳税调整实务

【案例4-20】 2×11年12月20日，甲公司将一台塑钢机按700万元的价格销售给

乙融资租赁公司（国家批准从事融资租赁业务的企业）。该机器的公允价值为700万元，账面原价为1 000万元，已提折旧400万元。同时又签订了一份融资租赁协议将机器租回，租赁期为5年，每年支付租金150万元，租赁期满后该设备归还甲公司，双方约定的合同利率为10%。

分析：第一步，判断租赁类型。最低租赁付款额的现值为568.5万元（计算过程见后），大于租赁资产原账面价值的90%即540万元（600×90%），满足融资租赁的第4条标准，因此，甲公司应当将该项租赁认定为融资租赁。第二步，计算租赁开始日最低租赁付款额的现值，确定租赁资产入账价值。最低租赁付款额现值＝150×3.79（5年期、利率10%的年金现值系数为3.79）＝568.5（万元）。第三步，计算未实现售后回租损益。未实现售后回租损益＝售价－资产的账面价值＝700－（1 000－400）＝100（万元）。第四步，在租赁期内采用实际利率法分摊未确认融资费用和计提租赁资产折旧。甲公司会计和税务处理如下。

①2×11年12月20日出售资产时会计和税务处理：

借：固定资产清理　　　　　　　　　　　　　6 000 000
　　累计折旧　　　　　　　　　　　　　　　4 000 000
　　贷：固定资产　　　　　　　　　　　　　　　　10 000 000
借：银行存款　　　　　　　　　　　　　　　7 000 000
　　贷：固定资产清理　　　　　　　　　　　　　　6 000 000
　　　　递延收益——未实现售后回租损益（融资租赁）　1 000 000

税务处理：根据税法的相关规定，甲公司出售塑钢机的行为不征收增值税，不确认为销售收入，也不征收企业所得税，会计与税务处理无差异。

②融资性租回该设备时会计和税务处理：

借：融资租赁资产　　　　　　　　　　　　　5 685 000
　　未确认融资费用　　　　　　　　　　　　1 815 000
　　贷：长期应付款　　　　　　　　　　　　　　　7 500 000

税务处理：对融资性租赁资产，会计上虽然按租赁资产的公允价值700万元与最低租赁付款额的现值568.5万元两者中的较低者568.5万元作为融资租赁资产的入账价值，但税法仍按承租人出售前原账面价值作为计税基础，计税基础仍为600万元。

③计提折旧及分摊的未实现售后回租损益会计处理：

2×12年会计处理计提折旧＝568.5÷5＝113.7（万元）

借：制造费用　　　　　　　　　　　　　　　1 137 000
　　贷：累计折旧　　　　　　　　　　　　　　　　1 137 000

未实现售后回租损益分摊如表4-2所示。

表 4-2　　　　　　　未实现售后回租损益分摊表（年限平均法）

2×12 年 1 月 1 日　　　　　　　　　　　　　　　　　　金额单位：元

日期	售价	固定资产账面价值	摊销期	分摊率	摊销额	未实现售后回租损益
2×11 年 12 月 20 日	7 000 000	6 000 000	5 年			1 000 000
2×12 年 12 月 31 日				20%	200 000	800 000
2×13 年 12 月 31 日				20%	200 000	600 000
2×14 年 12 月 31 日				20%	200 000	400 000
2×15 年 12 月 31 日				20%	200 000	200 000
2×16 年 12 月 31 日				20%	200 000	0
合计	7 000 000	6 000 000		100%	1 000 000	

2×12 年对递延收益的分摊：

借：递延收益——未实现售后回租损益（融资租赁）　　200 000

　　贷：制造费用　　　　　　　　　　　　　　　　　　　　　　200 000

税务处理：根据税法的规定，对融资性租赁资产，仍按承租人出售前原账面价值作为计税基础计提折旧。税收上允许税前扣除折旧 = 600÷5 = 120（万元）。会计上影响当期利润的折旧为 113.7 - 20 = 93.7（万元），而税收允许税前扣除折旧为 120 万元，会计与税收的差异 = 120 - 93.7 = 26.3（万元）。在 2×12 年企业所得税汇算清缴时企业要作纳税调减所得额 26.3 万元。以后年度企业所得税汇算清缴时折旧费用和制造费用纳税调整同上。

④未确认融资费用的分摊的会计和税务处理。未确认融资费用分摊如表 4-3 所示。

表 4-3　　　　　　　　未确认融资费用分摊表（实际利率法）

2×12 年 1 月 1 日　　　　　　　　　　　　　　　　　　金额单位：元

日期	租金	未确认融资费用	应付本金减少额	应付本金余额
2×11 年 12 月 20 日				5 685 000
2×12 年 12 月 31 日	1 500 000	568 500	931 500	4 753 500
2×13 年 12 月 31 日	1 500 000	475 350	1 024 650	3 728 850
2×14 年 12 月 31 日	1 500 000	372 885	1 127 115	2 601 735
2×15 年 12 月 31 日	1 500 000	260 174	1 239 827	1 361 908
2×16 年 12 月 31 日	1 500 000	138 091	1 361 908	0
合计	7 500 000	1 815 000	5 685 000	

2×12 年分摊的未确认融资费用会计处理：

借：财务费用　　　　　　　　　　　　　　　　　　568 500

　　贷：未确认融资费用　　　　　　　　　　　　　　　　568 500

税务处理：根据税法的规定，税收每年允许扣除的财务费用 =（750 - 700）÷5 = 10（万元），会计上 2×12 年计提的财务费用为 56.85 万元，会计与税收的差异 = 56.85 -

10 = 46.85（万元），在 2×12 年企业所得税汇算清缴时，企业要作纳税调增 46.85 万元。在以后年度的企业所得税汇算清缴时，会计与税收在财务处理上都有差异，要根据表中的未确认融资费用金额与税收允许扣除的金额进行纳税调整。

乙融资租赁公司按照财税〔2016〕36 号文件的规定，计算贷款服务的销售额 50 万元（750 - 700），按照每期合同约定的收取租赁收入的时间确认纳税义务发生，每年计算缴纳增值税税额 = 10 ÷ 1.06 × 6% = 0.566（万元）。

【案例 4 - 21】 20×2 年 1 月 1 日，A 公司将全新市价为 950 000 元的办公设备一台，按照 1 000 000 元的价格售给 B 公司，该设备 20×2 年 1 月 1 日的账面价值为 900 000元，并立即签订了一份租赁合同，租期为 4 年，每年年末支付租金 200 000 元（假定 A公司和 B 公司均在年末确认租金费用和租金收入，并且不存在租金逾期支付的情况。A公司和 B 公司均非批准从事融资租赁业务的企业）。A 公司的会计和税务处理如下。

①判断租赁类型。此项租赁没有满足融资租赁的任何一条标准，应作为经营租赁处理。确认租金费用时，不能依据各期实际支付的租金的金额确定，而应采用直线法分摊确认各期的租金费用。此项租赁租金费用总额为 750 000 元，按直线法每年应分摊的租金费用为 250 000 元。

②计算未实现售后回租损益。未实现售后回租损益 = 售价 - 资产的账面价值 = 1 000 000 - 900 000 = 100 000（元）。

③在租赁期内按租金支付比例分摊未实现售后回租损益。具体如表 4 - 4 所示。

表 4 - 4　　　　　　　　　　未实现售后回租收益分摊表

20×2 年 1 月 1 日　　　　　　　　　　　　　　　　　　　　金额单位：元

日期	售价	固定资产账面价值	支付租金	租金支付比例	摊销额	未实现售后回租损益
20×2 年 01 月 01 日	1 000 000	900 000				100 000
20×2 年 12 月 31 日			200 000	25%	25 000	75 000
20×3 年 12 月 31 日			200 000	25%	25 000	50 000
20×4 年 12 月 31 日			200 000	25%	25 000	25 000
20×5 年 12 月 31 日			200 000	25%	25 000	0
合计	1 000 000	900 000	800 000	100.0%	100 000	

④会计和税务处理。

A. 20×2 年 1 月 1 日，结转出售固定资产的成本：

借：固定资产清理　　　　　　　　　　　　　　　　　　　　　　　　900 000
　　贷：固定资产　　　　　　　　　　　　　　　　　　　　　　　　900 000

B. 20×2 年 1 月 1 日，向 B 公司出售设备：

借：银行存款　　　　　　　　　　　　　　　　　　　　　　　　1 000 000

贷：固定资产清理　　　　　　　　　　　　　　　　　　　　900 000
　　　　递延收益——未实现售后回租损益（经营租赁）　　　　100 000

税务处理：售后回租业务，出售设备时，应于资产转让当天确认资产转让所得，假设出售固定资产的计税基础和账面价值相同，转让所得为100 000元（1 000 000 - 900 000），应进行纳税调增。

C. 20×2年12月31日，确认本年应分摊的未实现售后回租损益（在本例中，按年分摊未实现售后回租损益只是为了简化核算。在实际工作中，承租人一般应在按月确认租金费用的同时合理分摊未实现售后回租损益）：

　　借：递延收益——未实现售后回租损益（经营租赁）　　　　25 000
　　　　贷：管理费用——租赁费　　　　　　　　　　　　　　25 000

税务处理：由于销售时已经确认所得，各期转回递延收益（即调整租金费用）时应进行纳税调减，20×2年应纳税调减25 000元。其他年度会计和税务处理略。

D. 每年年末支付租金200 000元：

　　借：管理费用——租赁费　　　　　　　　　　　　　　　200 000
　　　　贷：银行存款　　　　　　　　　　　　　　　　　　200 000

【案例4-22】 承〖案例4-21〗，假设企业有确凿证据表明，售后回租交易是按照公允价值达成的，售价与资产账面价值之间的差额应当计入当期损益。在这种情况下，账务处理为：

①20×2年1月1日，结转出售固定资产的成本：

　　借：固定资产清理　　　　　　　　　　　　　　　　　　900 000
　　　　贷：固定资产　　　　　　　　　　　　　　　　　　900 000

②20×2年1月1日，向B公司出售设备：

　　借：银行存款　　　　　　　　　　　　　　　　　　　1 000 000
　　　　营业外支出　　　　　　　　　　　　　　　　　　　45 299.15
　　　　贷：固定资产清理　　　　　　　　　　　　　　　　900 000
　　　　　　应交税费——应交增值税（销项税额）　　　　145 299.15

③税务处理：与会计处理一致，本期确认资产转让损失45 299.15元，申报后税前扣除。

第六节　外币交易业务税会处理差异

一、记账本位币与计税货币选择差异

会计处理上，《企业会计准则第19号——外币折算》规定，记账本位币是指企业经营所处的主要经济环境中的货币。企业通常应选择人民币作为记账本位币。业务收支以人民币以外的货币为主的企业，可以按照准则规定选定其中一种货币作为记账本位币。但是，编报的财务报表应当折算为人民币。企业记账本位币一经确定，不得随意变更，除非企业经营所处的主要经济环境发生重大变化。企业因经营所处的主要经济环境发生重大变化，确需变更记账本位币的，应当采用变更当日的即期汇率将所有项目折算为变更后的记账本位币。企业发生外币交易时，应当在交易日初始确认时，采用交易日的即期汇率或即期汇率的近似汇率，将外币金额折算为记账本位币金额。

税务处理上，根据《企业所得税法》第五十六条的规定，依照该法缴纳的企业所得税，以人民币计算。所得以人民币以外的货币计算的，应当按照中国人民银行公布的人民币基准汇价折合成人民币计算并缴纳税款。可见，无论企业以何种货币作为记账本位币，在计算缴纳企业所得税时，都以人民币计算并缴纳税款。税法所称所得以人民币以外的货币计算的，主要是考虑香港、澳门和台湾都是中国领土，港币、澳元和台币都不是外币，所以称为人民币以外的货币。

二、外币折算的会计处理

会计处理上，企业在资产负债表日应当按照下列规定对外币货币性项目和外币非货币性项目进行处理。

外币货币性项目，采用资产负债表日即期汇率折算。因资产负债表日即期汇率与初始确认时或者前一资产负债表日即期汇率不同而产生的汇兑差额，计入当期损益。对于外币货币性项目，因结算或采用资产负债表日的即期汇率折算而产生的汇兑差额，计入当期损益（财务费用），同时调增或调减外币货币性项目的记账本位币金额。

外币非货币性项目，是指货币性项目以外的项目，包括存货、长期股权投资、固定资产、无形资产等，其分两种情况进行处理：（1）以历史成本计量的外币非货币性项目，由于已在交易发生日按当日即期汇率折算，资产负债表日不应改变其原记账本位币金额，不产生汇兑差额。（2）以公允价值计量的外币非货币性项目，如交易性金融资产（股票、基金等），采用公允价值确定日的即期汇率折算，折算后的记账本位币金额与原记账本位币金额的差额，作为公允价值变动（含汇率变动）处理，计入当期损益。对于企业收到投资者以外币投入的资本，应当采用交易发生日即期汇率折算，不得采用合同约定汇率和即期汇率的近似汇率折算，外币投入资本与相应的货币性项目的记账本位币金额之间不产生外币资本折算差额。

三、外币折算的税务处理及税会处理差异调整实务

税务处理上,相关流转税法规定,纳税人销售应税货物或劳务时,以人民币以外的货币结算销售额的,其销售额的人民币折合率可以选择销售额发生的当天或者当月1日的人民币汇率中间价。纳税人应在事先确定采用何种折合率,确定后1年内不得变更。《企业所得税法》第六条和《实施条例》第二十二条规定,企业的汇兑收益应计入收入总额中的其他收入,作为应税收入计算应纳税所得额。《实施条例》第三十九条规定,企业在货币交易中产生的汇兑损失,在计算应纳税所得额时准予扣除。企业在货币交易中以及纳税年度终了时,将人民币以外的货币性资产、负债按照期末即期人民币汇率中间价折算为人民币时产生的汇兑损失,除已经计入有关资产成本以及与向所有者进行利润分配相关的部分外,准予扣除。但税法只规定货币性资产、负债的汇兑损失允许在税前扣除,外币非货币性项目的汇兑损益没有规定允许在税前扣除,即公允价值变动损益在税务上不作为应纳税所得或损失处理,应作纳税调整。

【案例4-23】 某境外上市公司2×12年4月30日股东大会作出决议,向海外投资者分配100万美元股利,股利支付日为5月31日。4月30日的汇率为1:6.2,5月31日的汇率为1:6.3。

①4月30日,会计处理如下:

借:利润分配——支付普通股股利　　　　　　　　　　　6 200 000
　　贷:应付股利　　　　　　　　　　　　　　　　　　　6 200 000

②5月31日,会计处理如下:

借:应付股利　　　　　　　　　　　　　　　　　　　　6 200 000
　　财务费用　　　　　　　　　　　　　　　　　　　　　100 000
　　贷:银行存款　　　　　　　　　　　　　　　　　　　6 300 000

本例中,10万元的汇兑损失就是与向所有者进行利润分配相关的部分,税法上不允许扣除。

《实施条例》第一百三十条规定,企业所得以人民币以外的货币计算的,预缴企业所得税时,应当按照月度或者季度最后一日的人民币汇率中间价,折合成人民币计算应纳税所得额。年度终了汇算清缴时,对已经按照月度或者季度预缴税款的,不再重新折合计算,只就该纳税年度内未缴纳企业所得税的部分,按照纳税年度最后一日的人民币汇率中间价,折合成人民币计算应纳税所得额。经税务机关检查确认,企业少计或者多计上述规定的所得的,应当按照检查确认补税或者退税时的上个月最后一日的人民币汇率中间价,将少计或者多计的所得折合成人民币计算应纳税所得额,再计算应补缴或者应退税款。可见,企业应纳税所得额的计算,只采用人民币汇率中间价,不采用买入

价、卖出价和即期汇率的近似汇率。

《实施条例》第一百三十条规定，企业所得以人民币以外的货币计算的，应当区分以下四种情况折算成人民币，计算缴纳（或退还）企业所得税：第一，预缴企业所得税的折合计算。企业所得税分月或者分季度预缴，企业应当自月份或者季度终了之日起15日内预缴。预缴企业所得税时，应当按照月度或者季度最后一日的人民币汇率中间价，折合成人民币计算应纳所得税额。第二，汇算清缴期间多退少补企业所得税的折合计算。企业应当自年度终了之日起5个月内，向税务机关报送年度企业所得税纳税申报表，并汇算清缴，结清应缴应退税款。对企业年度终了汇算清缴期间，对已经按照月度或者季度预缴税款的，不再重新折合计算，只就该纳税年度内未缴纳企业所得税的部分，按照纳税年度最后一日的人民币汇率中间价，折合成人民币计算应纳税所得额，计算应补缴或者应退的税款。第三，税务机关查出的多计或少计企业所得税的折合计算。属于税务机关检查确认的企业少计或者多计企业所得税应纳税所得额的部分，应当按照检查确认补税或者退税时的上个月最后一日的人民币汇率中间价，将少计或者多计的所得折合成人民币计算应纳税所得额，再计算应补缴或者应退的税款。第四，企业在年度中间终止经营活动的企业所得税的折合计算。《企业所得税法》规定，企业在年度中间终止经营活动的，应当自实际经营终止之日起60日内，向税务机关办理当期企业所得税汇算清缴；企业应当在办理注销登记前，就其清算所得向税务机关申报并依法缴纳企业所得税。由此可以理解，清算所得应当以实际经营终止之日的人民币汇率中间价折合成人民币计算缴纳企业所得税。

第七节　资产负债表日后事项税会处理差异

一、资产负债表日后事项的界定差异

会计准则规定，资产负债表日后事项是指资产负债表日至财务报告批准报出日之间发生的有利或不利事项。资产负债表日一般是指会计年度末，即公历12月31日。财务报告批准报出日是指董事会或类似机构批准财务报告报出的日期。资产负债表日后事项包括资产负债表日后调整事项和资产负债表日后非调整事项。资产负债表日后调整事项是指对资产负债表日已经存在的情况提供了新的或进一步证据的事项。资产负债表日后非调整事项是指表明资产负债表日后发生的情况的事项。

《企业所得税法》第五十三条规定，企业所得税按纳税年度计算。纳税年度自公历1月1日起至12月31日止。企业在一个纳税年度中间开业，或者终止经营活动，使该

纳税年度的实际经营期不足 12 个月的，应当以其实际经营期为一个纳税年度。企业依法清算时，应当以清算期间作为一个纳税年度。第五十四条规定，企业所得税分月或者分季预缴。企业应当在月份或者季度终了之日起 15 日内，向税务机关报送预缴企业所得税纳税申报表，预缴税款。年度终了之日起 5 个月内，企业向税务机关报送年度企业所得税纳税申报表，并汇算清缴，结清应缴应退税款。企业在报送企业所得税纳税申报表时，应当按照规定附送财务报告和其他有关资料。

二、资产负债表日后调整事项的税会处理差异

会计处理上，企业发生的资产负债表日后调整事项，应当调整资产负债表日的财务报表。企业发生的资产负债表日后调整事项，通常包括下列各项：资产负债表日后诉讼案件结案，法院判决证实了企业在资产负债表日已经存在现时义务，需要调整原先确认的与该诉讼案件相关的预计负债，或确认一项新负债；资产负债表日后取得确凿证据，表明某项资产在资产负债表日发生了减值或者需要调整该项资产原先确认的减值金额；资产负债表日后进一步确定了资产负债表日前购入资产的成本或售出资产的收入；资产负债表日后发现了财务报表舞弊或差错。

税务处理上，企业发生的资产负债表日后调整事项，在调整资产负债表日的财务报表后，如果是在纳税年度终了之日起 5 个月内尚未办理纳税申报的，应按调整后的会计处理依照税法规定计算应纳税所得额；如果是在纳税年度终了之日起 5 个月内已办理纳税申报的，应重新按调整后的会计处理依照税法规定计算应纳税所得额，办理更正纳税申报；如果是在纳税年度终了之日起 5 个月后发生调整事项，所涉及的应纳所得税，应作为本年度的纳税调整事项。但需要注意的是，按照《国家税务总局关于确认企业所得税收入若干问题的通知》（国税函〔2008〕875 号）的规定，企业已经确认销售收入的售出商品发生销售折让和销售退回，应当在发生当期冲减当期销售商品收入。即不区分销售折让和销售退回是否属于资产负债表日后事项。

三、资产负债表日后非调整事项的税会处理差异

会计处理上，企业发生的资产负债表日后非调整事项，不应当调整资产负债表日的财务报表。企业发生的资产负债表日后非调整事项，通常包括下列各项：资产负债表日后发生重大诉讼、仲裁、承诺；资产负债表日后资产价格、税收政策、外汇汇率发生重大变化；资产负债表日后因自然灾害导致资产发生重大损失；资产负债表日后发行股票和债券以及其他巨额举债；资产负债表日后资本公积转增资本；资产负债表日后发生巨

额亏损；资产负债表日后发生企业合并或处置子公司。

税务处理上，因为企业发生的资产负债表日后非调整事项，不调整资产负债表日的财务报表，对纳税年度应纳税所得额的计算不产生影响，企业只要根据会计处理的结果，依照税法规定计算应纳税所得额即可。

四、资产负债表日后事项税会处理差异及纳税调整实务

【案例4-24】甲公司与乙公司签订购销合同，合同约定甲公司在2×15年10月供应给乙公司一批物资。由于甲公司未能按照合同发货，致使乙公司发生重大经济损失。乙公司通过法律程序，要求甲公司赔偿经济损失100万元。该诉讼案件在2×15年12月31日尚未判决，甲公司记录了60万元的预计负债；乙公司未记录应收赔偿款。2×16年3月5日，经法院一审判决，甲公司需要偿付乙公司经济损失80万元，甲公司不再上诉，并假定赔偿款已经支付。本年度除上述预计负债外，无其他纳税调整事项。企业所得税税率均是25%，两公司均于2×16年3月25日前完成了2×15年所得税汇算清缴。甲公司2×15年财务报告于2×16年4月30日对外报出，盈余公积的提取比例为10%。甲公司的会计处理如下：

①诉讼案件在2×15年12月31日尚未判决，甲公司记录了60万元的预计负债。

  借：营业外支出   600 000
    贷：预计负债   600 000
  借：递延所得税资产（600 000×25%）   150 000
    贷：所得税费用   150 000
  借：所得税费用   150 000
    贷：应交税费——应交所得税   150 000

②2×16年3月5日，实际支付的赔偿款比资产负债表日前多20万元，该赔偿款应该记入"营业外支出"科目。因该事项属于资产负债表日后调整事项，涉及损益的账户应记入"以前年度损益调整"科目。会计处理为：

  借：以前年度损益调整（800 000 - 600 000）   200 000
    贷：其他应付款——乙公司   200 000
  借：预计负债   600 000
    贷：其他应付款——乙公司   600 000
  借：其他应付款——乙公司   800 000
    贷：银行存款   800 000

需要注意的是，资产负债表日后发生的调整事项，如涉及现金收支项目，均不调整报告年度资产负债表的货币资金项目和现金流量表正表各项目数字。本例中，虽然用银

行存款支付了赔款,但在调整会计报表相关项目数字时,只需要调整上述第一、二笔分录,不需要调整第三笔分录,第三笔分录作为2×16年的会计事项处理。

③此诉讼案件结案发生于报告年度所得税汇算清缴之前,应调整报告年度的应纳税所得额。

借:应交税费——应交所得税(800 000×25%)   200 000
    贷:以前年度损益调整   200 000

④转回预计负债产生的递延所得税资产。

借:以前年度损益调整(600 000×25%)   150 000
    贷:递延所得税资产   150 000

⑤将"以前年度损益调整"科目余额转入利润分配。

借:利润分配——未分配利润   150 000
    贷:以前年度损益调整   150 000

⑥调整利润分配有关数字。

借:盈余公积   15 000
    贷:利润分配——未分配利润   15 000

【案例4-25】 承〔案例4-24〕,假定甲公司不服并提出上诉,但甲公司的法律顾问认为二审判决可能维持一审判决。其他条件不变。甲公司会计处理为:

①借:以前年度损益调整   200 000
    贷:预计负债   200 000

②税法规定,预计负债发生的损失只有实际发生时才能税前扣除,由于甲公司不服,此资产负债表日后事项不需要调整报告年度"应交税费——应交所得税"科目,但需要确认预计负债产生的暂时性差异。

借:递延所得税资产(200 000×25%)   50 000
    贷:以前年度损益调整——所得税费用   50 000

③将"以前年度损益调整"科目余额转入利润分配。

借:利润分配——未分配利润   150 000
    贷:以前年度损益调整   150 000

【案例4-26】 承〔案例4-24〕,假定甲公司2×16年2月25日完成了2×15年度汇算清缴,其他条件不变。资产负债表日后事项中涉及报告年度所属期间的调整事项发生于报告年度所得税汇算清缴之后,应调整报告年度利润表的收入、费用等,但按照税法的规定,在此期间所涉及的应缴纳所得税可从以下两个方面考虑:

第一,纳税人企业所得税汇算清缴自纳税年度终了之日起5个月内,依照税收法律、法规、规章及其他有关企业所得税的规定,自行计算本纳税年度应纳税所得额和应纳所得税税额,纳税人在汇算清缴期内发现当年企业所得税申报有误的,可在汇算清期内重新办理企业所得税年度纳税申报。因此,企业在自行汇算清缴日之后发生的资产负债表日后调整事项,可以在税法规定的清缴期内(5月31日)重新到税务机关办理所得税的纳税申报,调整报告年度的"应交税费——应交所得税"科目,其会计处理与所得税汇算清缴之前资产负债表日后调整事项相同。

第二,资产负债表日后调整事项发生在企业自行汇算清缴之后,企业并没有在汇算清缴日内重新办理企业所得税年度纳税申报,按照税法的"据实扣除"原则,资产负债表日后调整事项在实际发生时税法上可以作为本年度的纳税调整事项。但按照《企业会计准则第18号——所得税》的规定,调整事项产生的资产、负债的账面价值与计税基础的暂时性差异应确认为报告年度的递延所得税资产。其会计处理与〖案例4-24〗相比,只有第二步会计分录不同,其余完全相同。

①实际支付的赔偿款比资产负债表日前多20万元,该赔偿款应该记入"营业外支出"科目,因为该事项属于资产负债表日后调整事项,涉及损益的账户应记入"以前年度损益调整"科目。

借:以前年度损益调整(800 000 - 600 000)　　　　　　200 000
　　贷:其他应付款——乙公司　　　　　　　　　　　　　200 000
借:预计负债　　　　　　　　　　　　　　　　　　　　600 000
　　贷:其他应付款——乙公司　　　　　　　　　　　　　600 000
借:其他应付款——乙公司　　　　　　　　　　　　　　800 000
　　贷:银行存款　　　　　　　　　　　　　　　　　　　800 000

②此诉讼案件结案发生于报告年度所得税汇算清缴之后,应调整本年度的应纳税所得额,计入报告年度的递延所得税。

借:递延所得税资产(800 000×25%)　　　　　　　　　200 000
　　贷:以前年度损益调整　　　　　　　　　　　　　　　200 000

③转回预计负债产生的递延所得税资产。

借:以前年度损益调整——所得税费用(600 000×25%)　150 000
　　贷:递延所得税资产　　　　　　　　　　　　　　　　150 000

④将"以前年度损益调整"科目余额转入利润分配。

借:利润分配——未分配利润　　　　　　　　　　　　　150 000
　　贷:以前年度损益调整　　　　　　　　　　　　　　　150 000

⑤调整利润分配有关数字。

借:盈余公积　　　　　　　　　　　　　　　　　　　　15 000
　　贷:利润分配——未分配利润　　　　　　　　　　　　15 000

【案例4-27】甲公司2×17年11月8日销售一批商品给乙公司,取得销售收入1 200万元(不含税,增值税税率17%)。甲公司发出商品后,按照正常情况已确认收入,并结转成本 1 000 万元。2×17 年 12 月 31 日,该笔货款尚未收到,甲公司未对应收账款计提坏账准备。2×18 年 3 月 12 日,乙公司发现产品存在部分质量问题,随即双方达成协议,由甲公司给予乙公司 100 万元(不含税)销售折让,并已按照税法规定开具了相应的红字增值税专用发票。甲公司于 2×18 年 4 月 10 日完成 2×17 年所得税汇算清缴。本年度除上述销售折让外,无其他纳税调整事项,企业所得税税率为 25%,销售折让发生前的应纳税所得额为 800 万元。甲公司 2×17 年度的财务报告于 2×18 年 4 月 30 日批准对外报出,盈余公积的提取比例为 10%。甲公司的会计处理如下。

分析:本例中,销售折让业务发生在资产负债表日后事项涵盖期间内,属于资产负债表日后调整事项。虽然销售退让发生在甲公司报告年度所得税汇算清缴之前,但是,按照《国家税务总局关于确认企业所得税收入若干问题的通知》(国税函〔2008〕875号)的规定,企业已经确认销售收入的售出商品发生销售折让和销售退回,应当在发生当期冲减当期销售商品收入。因此,不能调整 2×17 年度的销售收入和应交所得税,而应该作为 2×18 年的纳税调整事项。

①销售折让发生前的应纳税所得额为 800 万元,应交所得税为 200 万元(800×25%)。

借:所得税费用   2 000 000
    贷:应交税费——应交所得税   2 000 000

②2×18 年 3 月 12 日,调整销售收入。

借:以前年度损益调整   1 000 000
   应交税费——应交增值税(销项税额)   17 000
    贷:应收账款   117 000

需要注意的是,根据《国家税务总局关于红字增值税发票开具有关问题的公告》(国家税务总局公告 2016 第 47 号)的相关规定,纳税人需要开具红字增值税专用发票可分为三种情况:第一,购买方认证相符后,发生销货退回、开票有误、应税服务中止等情形但不符合发票作废条件,或者因销货部分退回及发生销售折让需要开具红字发票的;第二,购买方取得专用发票未用于申报抵扣但发票联或抵扣联无法退回的;第三,销售方开具专用发票尚未交付购买方,以及购买方未用于申报抵扣并将发票联及抵扣联退回的。上述第一种和第二种情况由购买方申请红字信息表,第三种情况由销售方申请红字信息表。

③按照《企业会计准则第 18 号——所得税》的规定,应确认可以在 2×18 年税前扣除的销售折让产生的可抵扣暂时性差异 100 万元,并确认相应递延所得税资产 = 100×25% = 25(万元)。

借:递延所得税资产   250 000
    贷:以前年度损益调整   250 000

④将"以前年度损益调整"科目的余额转入利润分配：

借：利润分配——未分配利润　　　　　　　　　　　750 000
　　贷：以前年度损益调整　　　　　　　　　　　　　　750 000

⑤调整盈余公积：

借：盈余公积　　　　　　　　　　　　　　　　　　75 000
　　贷：利润分配——未分配利润　　　　　　　　　　　75 000

⑥调整2×17年相关财务报表。资产负债表项目调整为：应收账款调减117万元，递延所得税资产调增25万元，应交税费调减17万元，盈余公积调减7.5万元，未分配利润调减67.5万元。利润表项目调整为：营业收入调减100万元，营业利润调减100万元，利润总额调减100万元，所得税费用调减25万元，净利润调减25万元。

⑦2×18年4月10日进行2×17年所得税汇算清缴时，由于会计处理上已调减利润总额100万元，但按照国税函〔2008〕875号文件的规定，该项销售折让不得调整2×17年应纳税所得额，应纳税调增100万元。具体填报在《企业所得税年度纳税申报表（A类，2014年版）》附表A105000《纳税调整项目明细表》第10行"销售折扣、折让和退回"第1列"账载金额"100万元，第2列"税收金额"0万元，第3列"调增金额"100万元。

⑧2×19年度进行2×18年所得税汇算清缴时，按照国税函〔2008〕875号文件的规定，2×18年发生的销售折让应调整2×18年应纳税所得额，应纳税调减100万元。具体填报在《企业所得税年度纳税申报表（A类，2014年版）》附表A105000《纳税调整项目明细表》第10行"销售折扣、折让和退回"第1列"账载金额"0万元，第2列"税收金额"100万元，第4列"调增金额"100万元，即第4列仅为销货退回影响损益的跨期时间性差异。

⑨按照《企业会计准则第18号——所得税》的规定，将2×18年发生销售折让产生的递延所得税资产转回。

借：所得税费用　　　　　　　　　　　　　　　　　250 000
　　贷：递延所得税资产　　　　　　　　　　　　　　　250 000

【案例4-28】承〔案例4-27〕，假设其他条件不变，甲公司于2×18年2月25日完成2×17年所得税汇算清缴。

分析：本例中，销售折让业务发生在资产负债表日后事项涵盖期间内，属于资产负债表日后调整事项，会计处理分录同上。企业所得税处理，由于销售折让发生在甲公司2×17年（报告年度）所得税汇算清缴之后，按照国税函〔2008〕875号文件的规定，不能调减2×17年度的销售收入、应纳税所得额和应交所得税，而应作为2×18年的纳税调整事项。企业可以考虑对《企业所得税年度纳税申报表（A类，2014年版）》进行更正申报，依据调整后的财务报表，按照上例方法对"销售折扣、折让和退回"相关项目进行纳税调整,这样,既可以保证比较财务报表相关项目数据一致,也可以保证年度纳税申报表与对外批准报出的财务报表数据一致;当然,如果考虑简化处理,也可以不进行更正申报,直接在2×19年度进行2×18年所得税汇算清缴时,按照上例方法对"销售折扣、折让和退回"项目进行纳税调整,但这样处理不利于比较财务报表相关项目数据保持一致,也不利于纳税申报表与对外批准报出的财务报表数据一致。

第八节 政策性搬迁收入税会处理差异

一、政策性搬迁收入的会计处理

《财政部关于企业收到政府拨给的搬迁补偿款有关财务处理问题的通知》(财企〔2005〕123号)规定,企业收到政府拨给的搬迁补偿款,作为专项应付款核算。搬迁补偿款存款利息,一并转增专项应付款。企业在搬迁和重建过程中发生的损失或费用,区分以下情况进行处理:第一,因搬迁出售、报废或毁损的固定资产,作为固定资产清理业务核算,其净损失核销专项应付款;第二,机器设备因拆卸、运输、重新安装、调试等原因发生的费用,直接核销专项应付款;第三,企业因搬迁而灭失的原已作为资产单独入账的土地使用权,直接核销专项应付款;第四,用于安置职工的费用支出,直接核销专项应付款。企业搬迁结束后,专项应付款如有贷方余额,作调增资本公积金处理,由此增加的资本公积金由全体股东共享;专项应付款如有不足(借方余额),应计入当期损益。企业收到的政府拨给的搬迁补偿款的总额及搬迁结束后计入资本公积金或当期损益的金额应当单独披露。

《财政部关于印发〈企业会计准则解释第3号〉的通知》(财会〔2009〕8号)第四条规定,企业因城镇整体规划、库区建设、棚户区改造、沉陷区治理等公共利益进行搬迁,收到政府从财政预算直接拨付的搬迁补偿款,应作为专项应付款处理。其中,属于对企业在搬迁和重建过程中发生的固定资产和无形资产损失、有关费用性支出、停工损失及搬迁后拟新建资产进行补偿的,应自专项应付款转入递延收益,并按照《企业会计准则第16号——政府补助》的规定进行会计处理。企业取得的搬迁补偿款扣除转入递延收益的金额后如有结余的,应当作为资本公积处理。企业收到除上述之外的搬迁补偿款,应当按照《企业会计准则第4号——固定资产》、《企业会计准则第16号——政府补助》等会计准则的规定进行处理。

二、政策性搬迁收入的税务处理及税会处理差异

（一）政策性搬迁收入的企业所得税税务处理

1. 企业政策性搬迁的界定。《国家税务总局关于发布〈企业政策性搬迁所得税管理办法〉的公告》（国家税务总局公告 2012 年第 40 号，以下简称《办法》）规定，企业政策性搬迁，是指由于社会公共利益的需要，在政府主导下企业进行整体搬迁或部分搬迁。《办法》执行范围仅限于企业政策性搬迁过程中涉及的所得税征收管理事项，不包括企业自行搬迁或商业性搬迁等非政策性搬迁的税务处理事项。企业需要提供相关文件证明资料，证明属于政策性搬迁。政策性搬迁与非政策性搬迁所得税处理的区别主要为：一是企业取得搬迁补偿收入，不立即作为当年度的应税收入征税，而是在搬迁周期内扣除搬迁支出后统一核算；二是给予最长五年的搬迁期限；三是企业以前年度发生尚未弥补的亏损的，搬迁期间从法定亏损结转年限中减除。

2. 企业政策性搬迁的税务处理。

（1）税务处理原则。企业应按《办法》的要求，就政策性搬迁过程中涉及的搬迁收入、搬迁支出、搬迁资产税务处理、搬迁所得等所得税征收管理事项，单独进行税务管理和核算。不能单独进行税务管理和核算的，应视为企业自行搬迁或商业性搬迁等非政策性搬迁进行所得税处理，不得执行《办法》规定。

（2）搬迁收入。企业的搬迁收入，包括搬迁过程中从本企业以外（包括政府或其他单位）取得的搬迁补偿收入，以及本企业搬迁资产处置收入等。企业取得的搬迁补偿收入，是指企业由于搬迁取得的货币性和非货币性补偿收入。具体包括：对被征用资产价值的补偿；因搬迁、安置而给予的补偿；对停产停业形成的损失给予的补偿；资产搬迁过程中遭到毁损而取得的保险赔款；其他补偿收入。企业搬迁资产处置收入，是指企业由于搬迁而处置企业各类资产所取得的收入。企业由于搬迁处置存货而取得的收入，应按正常经营活动取得的收入进行所得税处理，不作为企业搬迁收入。

（3）搬迁支出。企业的搬迁支出，包括搬迁费用支出以及由于搬迁所发生的企业资产处置支出。搬迁费用支出，是指企业搬迁期间所发生的各项费用，包括安置职工实际发生的费用、停工期间支付给职工的工资及福利费、临时存放搬迁资产而发生的费用、各类资产搬迁安装费用以及其他与搬迁相关的费用。资产处置支出，是指企业由于搬迁而处置各类资产所发生的支出，包括变卖及处置各类资产的净值、处置过程中所发生的税费等支出。企业由于搬迁而报废的资产，如无转让价值，其净值作为企业的资产处置支出。

（4）搬迁资产税务处理。企业搬迁的资产，简单安装或不需要安装即可继续使用

的，在该项资产重新投入使用后，就其净值按《企业所得税法》及其实施条例规定的该资产尚未折旧或摊销的年限，继续计提折旧或摊销。企业搬迁的资产，需要进行大修理后才能重新使用的，应就该资产的净值，加上大修理过程中所发生的支出，为该资产的计税成本。在该项资产重新投入使用后，按该资产尚可使用的年限，计提折旧或摊销。企业搬迁中被征用的土地，采取土地置换的，换入土地的计税成本按被征用土地的净值，以及该换入土地投入使用前所发生的各项费用支出，为该换入土地的计税成本，在该换入土地投入使用后，按《企业所得税法》及其实施条例规定的年限摊销。企业搬迁期间新购置的各类资产，应按《企业所得税法》及其实施条例等有关规定，计算确定资产的计税成本及折旧或摊销年限。企业发生的购置资产支出，不得从搬迁收入中扣除。

《国家税务总局关于企业政策性搬迁所得税有关问题的公告》（国家税务总局公告2013年第11号）规定：第一，凡在国家税务总局2012年第40号公告生效前已经签订搬迁协议且尚未完成搬迁清算的企业政策性搬迁项目，企业在重建或恢复生产过程中购置的各类资产，可以作为搬迁支出，从搬迁收入中扣除。但购置的各类资产，应剔除该搬迁补偿收入后，作为该资产的计税基础，并按规定计算折旧或费用摊销。凡在《办法》生效后签订搬迁协议的政策性搬迁项目，应按《办法》的有关规定执行。第二，企业政策性搬迁被征用的资产，采取资产置换的，其换入资产的计税成本按被征用资产的净值，加上换入资产所支付的税费（涉及补价，还应加上补价款）计算确定。

（5）搬迁应税所得。企业在搬迁期间发生的搬迁收入和搬迁支出，可以暂不计入当期应纳税所得额，而在完成搬迁的年度对搬迁收入和支出进行汇总清算。企业的搬迁收入，扣除搬迁支出后的余额，为企业的搬迁所得。企业应在搬迁完成年度，将搬迁所得计入当年度企业应纳税所得额计算纳税。下列情形之一的，为搬迁完成年度，企业应进行搬迁清算，计算搬迁所得：从搬迁开始，5年内（包括搬迁当年度）任何一年完成搬迁的；从搬迁开始，搬迁时间满5年（包括搬迁当年度）的年度。企业搬迁收入扣除搬迁支出后为负数的，应为搬迁损失。搬迁损失可在下列方法中选择其一进行税务处理：在搬迁完成年度，一次性作为损失进行扣除；自搬迁完成年度起分3个年度，均匀在税前扣除。上述方法由企业自行选择，但一经选定，不得改变。

企业同时符合下列条件的，视为已经完成搬迁：搬迁规划已基本完成；当年生产经营收入占规划搬迁前年度生产经营收入50%以上。企业边搬迁、边生产的，搬迁年度应从实际开始搬迁的年度计算。企业以前年度发生尚未弥补的亏损的，凡企业由于搬迁停止生产经营无所得的，从搬迁年度次年起，至搬迁完成年度前一年度止，可作为停止生产经营活动年度，从法定亏损结转弥补年限中减除；企业边搬迁、边生产的，其亏损结转年度应连续计算。

(二) 政策性搬迁收入其他税种的税务处理

1. 增值税。《财政部、国家税务总局关于全面推开营业税改征增值税试点的通知》(财税〔2016〕36号)附件3《营业税改征增值税试点过渡政策的规定》规定,土地所有者出让土地使用权和土地使用者将土地使用权归还给土地所有者,免征增值税。

2. 土地增值税。《土地增值税暂行条例》第八条规定,因国家建设需要依法征用、收回的房地产免征土地增值税。

3. 契税。《契税暂行条例细则》(财法字〔1997〕52号)第十五条规定,土地、房屋被县级以上人民政府征用、占用后,重新承受土地、房屋权属的,是否减征或者免征契税,由省、自治区、直辖市人民政府确定。

三、政策性搬迁收入的税会处理差异及纳税调整实务

【案例4-29】甲公司2×12年5月进行政策性搬迁,按照与政府签订的《搬迁补偿协议》约定,当月实际收到政府拨付5000万元用于异地搬迁重建,原土地使用权由政府收回。2×12年7月处置清理搬迁的固定资产——房屋,其账面原值为1500万元,累计折旧500万元;无形资产——土地使用权的账面原值为1600万元,累计折旧1000万元;处置相关资产取得收入50万元。按照企业重建计划,企业在实施搬迁过程中,2×12年12月共购置管理用固定资产2000万元投入使用,预计使用10年,按照直线法计提折旧,假设不考虑净残值;2×13年1月新购置土地使用权500万元,按照50年摊销,2×12年12月支付职工安置费100万元,当年搬迁过程中销售一批存货,不含税价200万元,成本150万元。2×15年完成搬迁,其会计和税务处理如下。

①2×12年5月收到政府补偿款时:

借:银行存款　　　　　　　　　　　　　　　　　　　　50 000 000
　　贷:专项应付款　　　　　　　　　　　　　　　　　　50 000 000

税务处理:该搬迁补偿收入可暂不计入2×12年度应纳税所得额,待搬迁完成年度汇总清算。

②2×12年处置清理搬迁的固定资产(房屋)时:

借:固定资产清理　　　　　　　　　　　　　　　　　　10 000 000
　　累计折旧　　　　　　　　　　　　　　　　　　　　 5 000 000
　　贷:固定资产——房屋　　　　　　　　　　　　　　　15 000 000
借:银行存款　　　　　　　　　　　　　　　　　　　　　　500 000

贷：固定资产清理　　　　　　　　　　　　　　　　　　　　　　　　500 000
　　借：营业外支出　　　　　　　　　　　　　　　　　　　　　　　　9 500 000
　　　　贷：固定资产清理　　　　　　　　　　　　　　　　　　　　　9 500 000
③处置无形资产时：
　　借：营业外支出　　　　　　　　　　　　　　　　　　　　　　　　6 000 000
　　　　累计摊销　　　　　　　　　　　　　　　　　　　　　　　　　10 000 000
　　　　贷：无形资产　　　　　　　　　　　　　　　　　　　　　　　16 000 000
④将搬迁资产损失，自专项应付款转入递延收益并转入营业外收入时：
　　借：专项应付款　　　　　　　　　　　　　　　　　　　　　　　　15 500 000
　　　　贷：递延收益　　　　　　　　　　　　　　　　　　　　　　　15 500 000
　　借：递延收益　　　　　　　　　　　　　　　　　　　　　　　　　15 500 000
　　　　贷：营业外收入　　　　　　　　　　　　　　　　　　　　　　15 500 000
　　税务处理：该搬迁收入可暂不计入2×12年度应纳税所得额，待搬迁完成年度汇总清算。

⑤支付安置职工安置费时：
　　借：管理费用　　　　　　　　　　　　　　　　　　　　　　　　　1 000 000
　　　　贷：应付职工薪酬　　　　　　　　　　　　　　　　　　　　　1 000 000
　　借：应付职工薪酬　　　　　　　　　　　　　　　　　　　　　　　1 000 000
　　　　贷：银行存款　　　　　　　　　　　　　　　　　　　　　　　1 000 000
⑥将搬迁安置职工费用，自专项应付款转入递延收益并转入营业外收入时：
　　借：专项应付款　　　　　　　　　　　　　　　　　　　　　　　　1 000 000
　　　　贷：递延收益　　　　　　　　　　　　　　　　　　　　　　　1 000 000
　　借：递延收益　　　　　　　　　　　　　　　　　　　　　　　　　1 000 000
　　　　贷：营业外收入　　　　　　　　　　　　　　　　　　　　　　1 000 000
　　税务处理：该搬迁费用支出可暂不计入2×12年度应纳税所得额，待搬迁完成年度汇总清算。

⑦2×12年12月购置固定资产：
　　借：固定资产　　　　　　　　　　　　　　　　　　　　　　　　　20 000 000
　　　　贷：银行存款　　　　　　　　　　　　　　　　　　　　　　　20 000 000
　　借：专项应付款　　　　　　　　　　　　　　　　　　　　　　　　20 000 000
　　　　贷：递延收益　　　　　　　　　　　　　　　　　　　　　　　20 000 000
　　税务处理：凡在国家税务总局2012年第40号公告生效前已经签订搬迁协议且尚未完成搬迁清算的企业政策性搬迁项目，企业在重建或恢复生产过程中购置的各类资产，可以作为搬迁支出，从搬迁收入中扣除。但购置的各类资产，应剔除该搬迁补偿收入后，作为该资产的计税基础，并按规定计算折旧或费用摊销。因此，固定资产账面原值为 2 000 万元，计税基础为 0。

⑧2×13 年 1 月购置土地使用权时：

借：无形资产——土地使用权　　　　　　　　　　　　5 000 000
　　贷：银行存款　　　　　　　　　　　　　　　　　　　　5 000 000
借：专项应付款　　　　　　　　　　　　　　　　　　　5 000 000
　　贷：递延收益　　　　　　　　　　　　　　　　　　　　5 000 000

税务处理：同上所述，该无形资产账面原值为 500 万元，计税基础为 0。

⑨计提固定资产折旧和无形资产摊销时：

借：管理费用等　　　　　　　　　　　　　　　　　　 2 100 000
　　贷：累计折旧（20 000 000÷10）　　　　　　　　　　　 2 000 000
　　　　累计摊销（5 000 000÷50）　　　　　　　　　　　　 100 000
借：递延收益　　　　　　　　　　　　　　　　　　　　2 100 000
　　贷：营业外收入　　　　　　　　　　　　　　　　　　　 2 100 000

税务处理：由于资产计税基础为 0，会计折旧和摊销 210 万元不能在税前扣除，应纳税调增，递延收益转入营业外收入的 210 万元，可暂不计入 2×13 年度应纳税所得额，应纳税调减，待搬迁完成年度汇总清算。

⑩2×15 年完成搬迁时，企业将专项应付款余额转入资本公积。

借：专项应付款　　　　　　　　　　　　　　　　　　 8 500 000
　　贷：资本公积　　　　　　　　　　　　　　　　　　　　 8 500 000

⑪搬迁过程中销售一批存货，不含税价 200 万元，成本 150 万元。

借：银行存款　　　　　　　　　　　　　　　　　　　　2 340 000
　　贷：主营业务收入　　　　　　　　　　　　　　　　　　 2 000 000
　　　　应交税费——应交增值税（销项税额）　　　　　　　　340 000
借：主营业务成本　　　　　　　　　　　　　　　　　　1 500 000
　　贷：库存商品　　　　　　　　　　　　　　　　　　　　 1 500 000

⑫2×15 年政策性搬迁完成，甲公司对搬迁收入和支出进行汇总清算。应计入政策性搬迁收入=5 000+50=5 050（万元）；搬迁支出=（1 500−500）+（1 600−1 000）+100+2 000+500=4 200（万元）；搬迁所得=5 050−4 200=850（万元），该搬迁所得应在 2×15 年度企业所得税纳税申报时计入应纳税所得额。2×15 年甲公司完成搬迁，应在该年度将搬迁收入 5 050 万元和搬迁支出 4 200 万元分别填入《企业政策性搬迁清算损益表》中的相关行次，计算出搬迁所得 850 万元。甲公司由于搬迁处置存货而取得的收入，应按正常经营活动取得的收入进行所得税处理，不作为甲公司搬迁收入，即存货销售所得 50 万元（200−150）计入 2×12 年应纳税所得额，计算缴纳企业所得税。

另外，由于甲公司在重建或恢复生产过程中购置的固定资产和无形资产已经作为搬迁支出从搬迁收入中扣除，以后年度在对该资产计提折旧和摊销时，会计折旧和摊销不能在税前扣除，需要纳税调增。同时，由于会计处理时按照固定资产与无形资产的折旧和摊销进度将"递延收益"转入"营业外收入"的部分，已经在搬迁完成时缴纳过企业所得税，因此，以后年度需要作纳税调减。

第五章

企业资产税会处理差异及纳税调整

第一节　存货税会处理差异

一、存货概念界定的差异

会计准则规定，存货是指企业在日常活动中持有以备出售的产成品或商品、处在生产过程中的在产品、在生产过程或提供劳务过程中耗用的材料和物料等。存货同时满足下列条件的应予以确认：第一，与该存货有关的经济利益很可能流入企业；第二，该存货的成本能够可靠地计量。《企业所得税法实施条例》第七十二条规定，存货是指企业持有以备出售的产品或者商品、处在生产过程中的在产品、在生产或者提供劳务过程中耗用的材料和物料等。但税法没有明确规定存货的确认条件。

二、存货初始计量的差异

会计准则规定，存货应当按照成本进行初始计量。存货成本包括采购成本、加工成本和其他成本。存货的采购成本，包括购买价款、相关税费、运输费、装卸费、保险费以及其他可归属于存货采购成本的费用。存货的加工成本，包括直接人工以及按照一定方法分配的制造费用。存货的其他成本，是指除采购成本、加工成本以外的使存货达到目前场所和状态所发生的其他支出。投资者投入存货的成本，应当按照投资合同或协议约定的价值确定，但合同或协议约定价值不公允的除外。盘盈的存货按重置完全成本作为入账价值，直接冲减当期管理费用。

《企业所得税法实施条例》第五十六条规定，存货以历史成本为计税基础。历史成本是指企业取得该项资产时实际发生的支出。第七十二条规定，存货按照以下方法确定成本：通过支付库存现金方式取得的存货，以购买价款和支付的相关税费为成本；通过支付库存现金以外的方式取得的存货，以该存货的公允价值和支付的相关税费为成本；生产性生物资产收获的农产品，以产出或者采收过程中发生的材料费、人工费和分摊的间接费用等必要支出为成本。

《国家税务总局关于企业所得税若干问题的公告》（国家税务总局公告2011年第34号）关于企业提供有效凭证时间问题的规定指出，企业当年度实际发生的相关成本、费用，由于各种原因未能及时取得该成本、费用的有效凭证，企业在预缴季度所得税时，可暂按账面发生金额进行核算；但在汇算清缴时，应补充提供该成本、费用的有效凭证。

可以看出，会计准则和税法对存货的初始计量规定基本一致。但是，如果会计处理中出现销售暂估入账的存货等特殊业务，则会产生税会处理差异。企业购入存货由于各种原因未能及时取得该成本、费用的有效凭证，在汇算清缴结束前取得有效凭证的，对上年估价入库结转损益部分的成本不调增应纳税所得额，按有效凭证实际金额调整已结转损益的成本；在汇算清缴期结束后仍未取得有效凭证的，应就暂估入库结转损益部分的成本调增应纳税所得额，待实际取得有效凭证时，调减成本费用发生年度的应纳税所得额。这种情况会产生可抵扣暂时性差异，应确认递延所得税资产，待有效凭证到达后再按实际成本作纳税调减处理，并转回递延所得税资产。具有融资性质的分期付款取得存货，会计处理按现值作为存货入账价值，税务处理按历史成本即实际支付金额作为计税基础，并不考虑未确认融资费用摊销产生的财务费用，两者存在较大差异。

【案例5-1】20×7年1月5日A公司从B公司购买材料。考虑到A公司资金紧张但是信誉很好，双方签订购销合同，购买价格为400 000元，增值税税率为17%，20×8年6月30日偿还材料款。20×7年1月15日B公司发出了材料，并按400 000元的价格开具了增值税专用发票，当日该材料的市场价格为360 000元，多支付的40 000元实际上是A公司占用B公司资金而给予的补偿。

①A公司采购材料时，会计分录为：

借：原材料　　　　　　　　　　　　　　　　　　　　360 000
　　应交税费——应交增值税（进项税额）　　　　　　68 000
　　未确认融资费用　　　　　　　　　　　　　　　　40 000
　　贷：长期应付款——B公司　　　　　　　　　　　468 000

②假设A公司每半年采用实际利率法摊销未确认融资费用。根据年金现值的计算公式可得：$360\,000 = 400\,000 \times (P/F, i, 3)$，采用插值法求得$i = 3.6\%$。每期应摊销未确认融资费用见表5-1。

表 5-1　　　　　　　　　　　未确认融资费用摊销表　　　　　　　　　　单位：元

时间	本金	未确认融资费用摊销
20×7年1月5日	360 000	0
20×7年6月30日	360 000	12 960
20×7年12月31日	372 960	13 426
20×8年6月30日	386 386	13 614
合计	400 000	40 000

20×7年6月30日，摊销未确认融资费用的会计分录为：
借：财务费用　　　　　　　　　　　　　　　　　　　　　　　　12 960
　　贷：未确认融资费用　　　　　　　　　　　　　　　　　　　　　12 960
20×7年12月31日、20×8年6月30日摊销未确认融资费用的核算方法同上。
③20×8年6月30日偿还全部款项，会计分录为：
借：长期应付款——B公司　　　　　　　　　　　　　　　　　468 000
　　贷：银行存款　　　　　　　　　　　　　　　　　　　　　　　　468 000

在本例中，购进材料的入账金额为 360 000 元，而计税基础为 400 000 元，因此，存在 40 000 元的差异，在将来材料消耗、处置计入损益时还要转回差异。另外，会计核算中 40 000 元的未确认融资费用要分期采用实际利率法摊销计入财务费用，在计算当期利润时予以扣除，但是，按照税法规定则不允许在计算当期应纳税所得额时扣除，因此，还需要进行纳税调整。

三、非货币性资产交换取得存货计价的差异

会计准则规定，如果非货币性资产交换同时满足具有商业实质和换入资产或换出资产的公允价值能够可靠计量条件的，按公允价值和应支付的相关税费作为换入存货的成本，公允价值与换出资产账面价值的差额计入当期损益。不满足上述条件的，应以换出资产的账面价值和应支付的相关税费作为换入存货的成本。

税法规定，通过支付现金以外的方式取得的存货，以该存货的公允价值和支付的相关税费为成本。但企业所得税法没有规定，非货币性资产交换是否具有商业实质或换入资产或换出资产的公允价值能够可靠地计量；同时，税法规定不是以换出资产的公允价值作为确定换入资产成本的基础，而是以换入资产自身的公允价值和支付的相关税费为计税基础。除国务院财政、税务主管部门另有规定外，企业发生非货币性资产交换，应当视同销售货物、转让财产或者提供劳务，交易双方均需作视同销售和购进存货处理，计算增值税进项税额和销项税额。如果换出的存货提取了减值准备，在确认存货转让所得的同时，还需对会计结转的减值准备金额进行纳税调减处理。

四、企业合并取得存货计价的差异

会计准则规定，同一控制下的企业合并取得的存货，合并方在企业合并中取得的存货应当按照合并日在被合并方的账面价值计量；非同一控制下的企业合并取得的存货，合并中取得的被购买方存货，其带来的经济利益很可能流入企业且公允价值能够可靠计量的，应当单独予以确认并按照公允价值计量。

《企业所得税法实施条例》第七十五条规定，除国务院财政、税务主管部门另有规定外，企业在重组过程中，应当在交易发生时确认有关资产的转让所得或者损失，相关资产应当按照交易价格重新确定计税基础。

会计准则和企业所得税法对于企业合并取得的存货成本的计价规定存在明显差异。会计上以是否为同一控制下的企业合并为条件，分别确定通过企业合并取得存货的计价方法；而一般性税务重组按照交易价格重新确定计税基础。

五、通过提供劳务取得存货计价的差异

会计准则规定，通过提供劳务交换取得的存货，其成本按照从事劳务提供人员的直接人工和其他直接费用以及可归属于该存货的间接费用确定，即加工成本和其他成本之和。

《企业所得税法实施条例》规定，以提供劳务换取存货，属于视同销售行为，应当按照提供劳务的公允价值确认劳务收入，扣除相应成本后计入当期应纳税所得额。存货的计税基础按劳务收入的公允价值确定。此时，存货账面价值与计税基础之间的差异在存货处置时需要进行纳税调整。

六、接受捐赠取得存货计价的差异

会计处理上，接受捐赠取得存货计价分两种情况。（1）捐赠方提供了有关凭据的，按凭据上标明的金额加上应付的相关税费作为实际成本。（2）捐赠方没有提供有关凭据的，按以下顺序确定其实际成本：同类或类似存货存在活跃市场的，按其同类或类似存货的市场价格估计的金额，加上应支付的相关税费，作为实际成本；同类或类似存货不存在活跃市场的，按接受捐赠的存货的预计未来现金流量现值，作为实际成本。

《企业所得税法实施条例》规定，接受捐赠取得存货按公允价值和应支付的相关税费作为计税基础。此时，账面价值与计税基础之间的差异在存货处置时需要进行纳税调整。

七、存货后续计量的差异

会计准则规定，企业应当采用先进先出法、加权平均法或者个别计价法确定发出存货的实际成本。对于性质和用途相似的存货，应当采用相同的成本计算方法确定发出存货的成本。对于不能替代使用的存货、为特定项目专门购入或制造的存货以及提供劳务的成本，通常采用个别计价法确定发出存货的成本。对于已售存货，应当将其成本结转为当期损益，相应的存货跌价准备也应当予以结转。企业的周转材料如包装物和低值易耗品，应当采用一次转销法进行摊销。企业应当采用一次转销法对周转材料进行摊销，计入相关资产的成本或者当期损益。企业的存货应当在期末时按成本与可变现净值孰低计量，对可变现净值低于存货成本的差额，计提存货跌价准备。

《企业所得税法》第十五条规定，企业使用或者销售存货，按照规定计算的存货成本，准予在计算应纳税所得额时扣除。第七十三条规定，企业使用或者销售存货的成本计算方法，可以在先进先出法、加权平均法、个别计价法中选用一种。计价方法一经选用，不得随意变更。如确需改变的，应在下一纳税年度开始前报主管税务机关批准。否则，对应纳税所得额造成影响的，税务机关有权调整。对于企业计提存货跌价准备金，在计算应纳税所得额时，未经核定的准备金支出不得扣除。

八、存货资产损失的差异

会计准则规定，存货发生的盘亏或毁损，应先作为待处理财产损溢核算，同时应将存货取得时计入应交增值税进项税额的部分转出，不得抵扣以后的销项税额。按企业管理权限报经批准后，根据造成存货盘亏或毁损的原因，分以下情况进行处理：第一，属于计量收发差错和管理不善等原因造成的存货短缺，应先扣除残料价值、可以收回的保险赔偿和过失人赔偿，将净损失计入管理费用。第二，属于自然灾害等非常原因造成的存货毁损，应先扣除处置收入（如残料价值）、可以收回的保险赔偿和过失人赔偿，将净损失计入营业外支出。

《企业所得税法》第八条规定，企业实际发生的与取得收入有关的、合理的支出，包括成本、费用、税金、损失和其他支出，准予在计算应纳税所得额时扣除。《企业所得税法实施条例》第三十二条规定，损失是指企业在生产经营活动中发生的固定资产和存货的盘亏、毁损、报废损失、转让财产损失、呆账损失、坏账损失、自然灾害等不可抗力因素造成的损失以及其他损失。企业发生的损失，减除责任人赔偿和保险赔款后的余额，依照国务院财政、税务主管部门的规定扣除。具体按照《财政部、国家税务总局关于企业资产损失税前扣除政策的通知》（财税〔2009〕57号）和《国家税务总局关于发布〈企业资产损失所得税税前扣除管理办法〉的公告》（国家税务总局公告2011年第25号）的有关规定扣除。企业已经作为损失处理的资产，在以后纳税年度又全部收回或者部分收回时，应当计入当期收入。另外，商业零售企业存货损失税前扣除按照《国家税务总局关于商业零售企业存货损失税前扣除问题的公告》（国家税务总局公告2014年第3号）的相关规定执行。即商业零售企业存货因零星失窃、报废、废弃、过期、破损、腐败、鼠咬、顾客退换货等正常因素形成的损失，为存货正常损失，准予按会计科目进行归类、汇总，然后再将汇总数据以清单的形式进行企业所得税纳税申报，同时出具损失情况分析报告。存货因风、火、雷、震等自然灾害，仓储、运输失事，重大案件等非正常因素形成的损失，为存货非正常损失，应当以专项申报形式进行企业所得税纳税申报。存货单笔（单项）损失超过500万元的，无论何种因素形成的，均应以专项申报方式进行企业所得税纳税申报。

《增值税暂行条例》第十条规定，非正常损失的购进货物及相关的应税劳务，非正常损失的在产品、产成品所耗用的购进货物或者应税劳务，其进项税额不得从销项税额中抵扣。《增值税暂行条例实施细则》第二十四条规定，非正常损失是指因管理不善造成被盗、丢失、霉烂变质的损失。《营业税改征增值税试点实施办法》第二十八条规定，非正常损失是指因管理不善造成货物被盗、丢失、霉烂变质，以及因违反法律法规造成货物或者不动产被依法没收、销毁、拆除的情形。

需要注意的是，将企业所得税资产损失纳税申报要求与增值税非正常损失的处理对比可知，增值税的非正常损失不包括企业所得税非正常损失中商业零售企业存货因风、火、雷、震等自然灾害所导致的损失，发生此类损失其相应的进项税额无须转出，但包括企业所得税正常损失中商业零售企业存货因管理不善导致的失窃形成的损失，发生此类损失其相应的进项税额需转出。

第二节 固定资产税会处理差异

一、固定资产界定的差异

《企业会计准则第4号——固定资产》规定，固定资产是指同时具有下列特征的有形资产：第一，为生产商品、提供劳务、出租或经营管理而持有的；第二，使用寿命超过一个会计年度。固定资产同时满足下列条件的，才能予以确认：第一，与该固定资产有关的经济利益很可能流入企业；第二，该固定资产的成本能够可靠地计量。固定资产应当按照成本进行初始计量。

《企业所得税法实施条例》第五十七条规定，固定资产是指企业为生产产品、提供劳务、出租或者经营管理而持有的使用时间超过 12 个月的非货币性资产，包括房屋、建筑物、机器、机械、运输工具以及其他与生产经营活动有关的设备、器具、工具等。

《增值税暂行条例实施细则》规定，固定资产是指使用期限超过 12 个月的机器、机械、运输工具以及其他与生产经营有关的设备、工具、器具等。

《营业税改征增值税试点实施办法》规定，不动产是指不能移动或者移动后会引起性质、形状改变的财产，包括建筑物、构筑物等。建筑物，包括住宅、商业营业用房、办公楼等可供居住、工作或者进行其他活动的建造物。构筑物，包括道路、桥梁、隧道、水坝等建造物。

二、固定资产初始计量的差异

会计准则规定，外购固定资产的成本，包括购买价款、相关税费、使固定资产达到预定可使用状态前所发生的可归属于该项资产的运输费、装卸费、安装费和专业人员服务费等。以一笔款项购入多项没有单独标价的固定资产，应当按照各项固定资产公允价值比例对总成本进行分配，分别确定各项固定资产的成本。自行建造固定资产的成本，由建造该项资产达到预定可使用状态前所发生的必要支出构成。应计入固定资产成本的借款费用，按照《企业会计准则第 17 号——借款费用》处理。投资者投入固定资产的成本，应当按照投资合同或协议约定的价值确定，但合同或协议约定价值不公允的除外。盘盈的固定资产，作为前期差错处理，在按管理权限报经批准处理前，应先通过"以前年度损益调整"科目核算。按照其重置成本，借记"固定资产"科目，贷记"以前年度损益调整"、"累计折旧"科目。

对于特殊行业的特定固定资产，确定其初始入账成本时，还应考虑弃置费用。弃置费用通常是指根据国家法律和行政法规、国际公约等的规定，企业承担的环境保护和生态恢复等义务所确定的支出，如核电站核设施等的弃置和恢复环境义务。弃置费用的金额与其现值比较，通常相差较大，需要考虑货币时间价值，对于这些特殊行业的特定固定资产，企业应当根据《企业会计准则第 13 号——或有事项》的规定，按照现值计算确定应计入固定资产成本的金额和相应的预计负债。在固定资产的使用寿命内按照预计负债的摊余成本和实际利率计算确定的利息费用应计入财务费用。一般工商企业的固定资产发生的报废清理费用不属于弃置费用，应当在发生时作为固定资产处置费用处理。

《企业所得税法实施条例》第五十七条规定，企业固定资产以历史成本为计税基础。企业持有各项资产期间资产增值或者减值，除国务院财政、税务主管部门规定可以确认损益外，不得调整该资产的计税基础。第五十八条规定，固定资产按照以下方法确定计税基础：第一，外购的固定资产，以购买价款和支付的相关税费以及直接归属于使该资产达到预定用途发生的其他支出为计税基础；第二，自行建造的固定资产，以竣工结算前发生的支出为计税基础。第三，融资租入的固定资产，以租赁合同约定的付款总额和承租人在签订租赁合同过程中发生的相关费用为计税基础，租赁合同未约定付款总额的，以该资产的公允价值和承租人在签订租赁合同过程中发生的相关费用为计税基础；第四，盘盈的固定资产，以同类固定资产的重置完全价值为计税基础；第五，通过捐赠、投资、非货币性资产交换、债务重组等方式取得的固定资产，以该资产的公允价值和支付的相关税费为计税基础；第六，改建的固定资产，除《企业所得税法》第十三条第（一）项和第（二）项规定的支出外，以改建过程中发生的改建支出增加计税基础。

通过比较可以发现固定资产初始计量的税会处理差异主要表现在以下方面：第一，借款费用资本化的金额不同。税法对税前扣除的利息支出有限制条款，即企业建造或购置需要安装的固定资产，如果从非金融机构借款或向关联方借款且支付的借款利息支出超过计税标准的部分不得计入当期损益在税前扣除，也不得计入固定资产价值进行资本化处理在以后年度扣除（详见本书借款费用税会处理差异）。第二，超过正常信用条件延期支付购买固定资产的计量属性不同。税法不承认固定资产按现值计量。第三，固定资产弃置费用的处理存在差异。由于固定资产的计税基础不考虑预计发生的弃置费用，所以弃置费用形成的财务费用和计提折旧计入当期损益的部分与按照税法规定的固定资产折旧存在差异，应当进行纳税调整。但参与开采海上油气资源的中国企业和外国企业可以按照《国家税务总局关于发布〈海上油气生产设施弃置费企业所得税管理办法〉的公告》（国家税务总局公告2011年第22号）的相关规定，可以计提和税前扣除弃置费。第四，已达到预定可使用状态但尚未办理竣工决算的固定资产，税法规定，如果发票取得在固定资产投入使用后12个月内，可以对固定资产已提折旧按新的计税基础进行调整，而会计准则规定要在办理竣工决算后再按实际成本调整原来的暂估价值，但不需要调整原已计提的折旧额。第五，取得固定资产是否可以抵扣相应的进项税额，要严格依据税法处理，不得抵扣的进项税额应计入固定资产初始成本。第六，盘盈固定资产，会计作为前期差错处理，在按管理权限报经批准处理前，应先通过"以前年度损益调整"科目核算。企业所得税法要求按照以同类固定资产的重置完全价值计入当期收入总额纳税。

【案例5-2】 H公司经国家批准，2×13年12月1日建造完成核电站核反应堆并交付使用，建造成本为2 500 000万元，预计使用寿命40年。该核反应堆将会对当地的生态环境产生一定的影响，根据法律规定，企业应在该项设施使用期满后将其拆除，并对造成的污染进行整治，预计发生弃置费用250 000万元。H公司确认固定资产成本的会计处理如下（假设折现率为10%，净残值为0，单位：万元）。

弃置费用的现值 = 250 000 × (P/F, 10%, 40) = 5 525（万元）

借：固定资产　　　　　　　　　　　　　　　　　　2 505 525
　　贷：在建工程　　　　　　　　　　　　　　　　　　2 500 000
　　　　预计负债　　　　　　　　　　　　　　　　　　　　5 525

差异分析：H公司该项固定资产的计税基础为2 500 000万元，预计负债的计税基础为0。如果会计和税法都以直线法计提折旧，那么40年内每年应当调增应纳税所得额138.125万元。

H公司2×14年按照实际利率法计算应确认的利息费用为552.5万元。H公司账务处理如下（以后39年的账务处理及纳税调整略）：

借：财务费用　　　　　　　　　　　　　　　　　　　　552.5
　　贷：预计负债　　　　　　　　　　　　　　　　　　　　552.5

差异分析：H公司因提取预计负债而发生的财务费用不得税前扣除，应调增应纳税所得额5 525 000元，该项预计负债的计税成本为0。

40年后，H公司实际发生弃置费用240 000万元，H公司账务处理如下：

借：预计负债　　　　　　　　　　　　　　　　　　　250 000
　　贷：银行存款　　　　　　　　　　　　　　　　　　　240 000
　　　　财务费用　　　　　　　　　　　　　　　　　　　　10 000

差异分析：H公司实际发生的弃置费用可在税前扣除，应调减应纳税所得额240 000万元，H公司冲回剩余的预计负债10 000万元会增加利润，应调减应纳税所得额10 000万元。至此，该项预计负债的账面价值和计税基础均为0，因确认弃置费用而发生的暂时性差异全部转回。

【案例5-3】甲企业于2×17年5月31日对企业全部固定资产进行盘查，盘盈一台6成新的机器设备，该设备同类产品市场价格为100 000元，企业所得税税率为25%，按净利润的10%提取法定盈余公积金。甲企业执行《企业会计准则》。则该企业的会计和税务处理如下。

（1）会计处理。"待处理财产损溢"科目核算企业在清查财产过程中查明的各种财产盘盈、盘亏和毁损的价值。企业如有盘盈固定资产的，应作为前期差错记入"以前年度损益调整"科目。

①借：固定资产　　　　　　　　　　　　　　　　　　100 000
　　贷：累计折旧　　　　　　　　　　　　　　　　　　　40 000
　　　　以前年度损益调整　　　　　　　　　　　　　　　60 000
②借：以前年度损益调整（60 000×25%）　　　　　　　15 000
　　贷：应交税费——应交所得税　　　　　　　　　　　15 000
③借：以前年度损益调整〔(60 000 − 15 000)×10%〕　　4 500

  贷：盈余公积——法定盈余公积   4 500
 ④借：以前年度损益调整（45 000 – 4 500）   40 500
  贷：利润分配——未分配利润   40 500

  （2）税务处理。第一，《企业所得税法实施条例》第五十八条第四项规定，盘盈的固定资产以同类固定资产的重置完全价值为计税基础。所谓重置完全价值计价，即按现有的生产能力、技术标准重新购置同样的固定资产所需要付出的代价。通过这种方法计算的计税基础，相对较为科学、合理，也符合这种固定资产来源形式的特殊需要。具体来说，如果同类或者类似固定资产存在活跃市场的，按同类或者类似固定资产的市场价格，减去按该项资产的新旧程度估计的价值损耗后的余额，作为入账价值；如果同类或者类似固定资产不存在活跃市场的，按该项固定资产的预计未来现金流量现值，作为入账价值。第二，《企业所得税法实施条例》第二十二条规定，固定资产盘盈应作为资产溢余收入计入当期应纳税所得额。企业执行《企业会计准则》，会计上视为以前年度会计差错，通过"以前年度损益调整"科目核算，不作为当期收入；而税法上作为资产溢余收入，计入当期应纳税所得额。甲企业年度申报时，不填列《企业所得税年度纳税申报表》附表 A101010《一般企业收入明细表》，而直接填列附表 A105000《纳税调整明细表》第 11 行"其他"第 3 列"调增金额"6 万元。第三，盘盈固定资产事项属于非正常事项，建议企业完备盘盈事项内部控制制度和具体处理说明（含管理层签署的处理意见及评估重置价值报告等资料），以备税务机关查核。

三、融资性分期付款取得固定资产计量的差异

  会计准则规定，购买固定资产的价款超过正常信用条件延期支付，实质上具有融资性质的，固定资产的成本以购买价款的现值为基础确定。实际支付的价款与购买价款的现值之间的差额，除按照《企业会计准则第 17 号——借款费用》的规定应予资本化的以外，应当在信用期间内计入当期损益。

  《企业所得税法实施条例》第五十八条规定，外购的固定资产，以购买价款和支付的相关税费以及直接归属于使该资产达到预定用途发生的其他支出为计税基础。显然，税法规定的融资性分期付款购入固定资产的计税基础与账面价值不同，因而造成各期折旧金额也不同，各期折旧金额应纳税调减。同时，税法不认可会计上未确认融资费用摊销计入各期的财务费用，应纳税调减。

  《增值税暂行条例实施细则》第三十八条规定，采取赊销和分期收款方式销售货物，为书面合同约定的收款日期的当天，无书面合同的或者书面合同没有约定收款日期的，为货物发出的当天。可知，购货方取得增值税专用发票抵扣进项税额的时间应为书面合同约定的收款日期的当天。

第五章 企业资产税会处理差异及纳税调整

【案例5-4】2×14年1月1日，甲公司与乙公司签订一项购货合同，甲公司从乙公司购入一台不需要安装的大型机器设备。合同约定，甲公司采用分期付款方式支付价款。该设备价款共计1 000万元（含税），款项从2×14年至2×18年的5年期间平均支付，每年的付款日期为当年12月31日。如果购买方在销售日支付只需800万元（含税）即可（甲公司与乙公司均是增值税一般纳税人，适用税率17%）。2×14年度分期付款购入设备的会计和税务处理如下。

①甲公司在2×14年1月1日购入设备时：

今后发生增值税纳税义务需要缴纳增值税进项税额 = 1 000 ÷ 1.17 × 17%
= 145.3（万元）

不含税的应收价款 = 1 000 ÷ 1.17 = 854.7（万元）

不含税的应收价款的现值 = 800 ÷ 1.17 = 683.76（万元）

未实现融资费用的初始入账价值 = 854.7 − 683.76 = 170.94（万元）

借：固定资产——生产用固定资产　　　　　　　　6 837 600
　　未确认融资费用　　　　　　　　　　　　　　1 709 400
　　贷：长期应付款　　　　　　　　　　　　　　　　　8 547 000

按实际利率r计算：各期付款额的现值 = 现购方式下的应支付款项，即200 × (P/A, r, 5) = 800，用插入法得出：r ≈ 7.93%。

企业通过分期付款方式购买符合抵扣条件的机器设备，其分期支付的进项税额可从当期销项税额中抵扣；另外，企业分期付款额中既包含价款也包含增值税税款，因此，企业分期确认的融资费用、应付本金减少额及余额都是含相应的增值税的价税合计款。

②2×14年12月31日支付第1期款项时，会计处理如下：

借：长期应付款——价款　　　　　　　　　　　　1 709 400
　　应交税费——应交增值税（进项税额）　　　　　290 600
　　贷：银行存款　　　　　　　　　　　　　　　　　　2 000 000
借：财务费用（6 837 600 × 7.93%）　　　　　　　　542 222
　　贷：未确认融资费用——价款　　　　　　　　　　　542 222

通过上述分析，税法上确认分期付款每期应缴纳的增值税进项税额应该按照增值税纳税义务发生时间，分期从销售方实际取得并认证申报的增值税。2×15年至2×18年各年付款、未确认融资费用的摊销以及增值税进项税额的确认与2×14年处理类似。

③假设会计和税法对设备按照直线法计提折旧，预计使用年限10年，净残值为0。2×14年年会计折旧 = 683.76/10 = 68.376（万元），税收折旧 = 854.70/10 = 85.47（万元），差异 = 85.47 − 68.376 = 17.094（万元）。2×14年企业汇算清缴时，在A105080《资产折旧、摊销情况及纳税调整明细表》相关项目中纳税调减17.094万元，原因是原值不同；在A105000《纳税调整项目明细表》"（十）与未实现融资收益相关在当期确

认的财务费用"将会计处理计入财务费用的54.22万元，进行纳税调增。

四、固定资产折旧时间和范围的差异

会计准则规定，固定资产应当按月计提折旧，当月增加的固定资产，当月不计提折旧，从下月起计提折旧；当月减少的固定资产，当月仍计提折旧，从下月起不计提折旧。企业应当对所有固定资产计提折旧。但是，已提足折旧仍继续使用的固定资产和单独计价入账的土地除外。

《企业所得税法实施条例》第五十九条规定，企业应当自固定资产投入使用月份的次月起计算折旧；停止使用的固定资产，应当自停止使用月份的次月起停止计算折旧。《企业所得税法》第十一条规定，在计算应纳税所得额时，企业按照规定计算的固定资产折旧，准予扣除。下列固定资产不得计算折旧扣除：房屋、建筑物以外未投入使用的固定资产；以经营租赁方式租入的固定资产；以融资租赁方式租出的固定资产；已足额提取折旧仍继续使用的固定资产；与经营活动无关的固定资产；单独估价作为固定资产入账的土地；其他不得计算折旧扣除的固定资产。另外，《国家税务总局关于印发〈房地产开发经营业务企业所得税处理办法〉的通知》（国税发〔2009〕31号）规定，房地产企业开发产品转为自用的，其实际使用时间累计未超过12个月又销售的，不得在税前扣除折旧费用。

差异分析：（1）开始折旧时间。会计上强调是"增加"，只要增加了，无论是否使用，均要折旧；税务上强调是"使用"，如果仅仅是"增加"了而没有投入"使用"，是不得在税前扣除折旧的。（2）停止折旧。会计上强调的是"减少"，只有"减少"了，次月才停止折旧；税务上强调的是"停止使用"，虽然没有"减少"，只要是"停止使用"，税务的折旧就要在次月停止。（3）会计上规定可以折旧和应该折旧的范围比较广，只有已提足折旧仍继续使用的固定资产和单独计价入账的土地不计提折旧；而税务上规定不得计算折旧的范围较广，与会计存在差异。

五、固定资产未取得全额发票的差异

会计准则规定，对自行建造的固定资产，已达到预定可使用状态但尚未办理竣工决算的，应当按照估计价值确定其成本并计提折旧；待办理竣工决算后，再按固定资产的实际成本调整原来的暂估价值，但不需要调整原已计提的折旧额。

《国家税务总局关于贯彻落实企业所得税法若干税收问题的通知》（国税函〔2010〕79号）规定，企业固定资产投入使用后，由于工程款项尚未结清未取得全额发票的，可暂按合同规定的金额计入固定资产计税基础计提折旧，待发票取得后进行调整。但该

项调整应在固定资产投入使用后 12 个月内进行。《国家税务总局关于企业所得税应纳税所得额若干税务处理问题的公告》（国家税务总局公告 2012 年第 15 号）规定，根据《税收征管法》的相关规定，对企业发现以前年度实际发生的按照税收规定应在企业所得税前扣除而未扣除或者少扣除的支出，企业做出专项申报及说明后，准予追补至该项目发生年度计算扣除，但追补确认期限不得超过 5 年。

需要注意的是，会计处理与国税函〔2010〕79 号文件规定的差异为：第一，在固定资产实际投入使用时，没有全额发票的，可以先按照合同规定金额暂估入账计提折旧，但是缓冲期只有 12 个月，并且发票取得后还要进行纳税调整。第二，取得全额发票后，如果与暂估价格有差异，税务处理须进行追溯调整，但会计处理不需要调整原已计提的折旧额。第三，企业固定资产投入使用后，超过 5 年无法取得发票的，未取得发票部分的折旧额不得在税前扣除。

【案例 5-5】某企业发包建造固定资产（厂房），合同预算总造价为 200 万元（不含税），2×11 年 9 月达到预定使用状态并在当月投入使用，但由于工程款项尚未结清未取得全额发票，只取得部分发票合计 150 万元。企业预计该项固定资产使用年限 5 年，净残值为零。

分析：上述案例中，固定资产由于已投入使用，并且合同预算总造价可以确定，可暂按合同规定的金额 200 万计入固定资产计税基础计提折旧。第一，2×11 年固定资产会计处理按照入账金额为 200 万元，计算税前扣除折旧 10 万元（200÷5÷12×3），但该调整应在固定资产投入使用后 12 个月内进行。第二，如果至 2×12 年 9 月的 12 个月内又取得 30 万元发票，未取得剩余 20 万元发票，则计税基础调整为 180 万元，调增 2×11 年折旧 1 万元（10-180÷5÷12×3），之后按计税基础 180 万元继续计提折旧。第三，如果 2×12 年度 9 月后仍未取得剩余发票，该项固定资产的计税基础只能确认为取得发票部分 150 万元。在 2×12 年汇算清缴的时候，首先需要对 2×11 年计提的折旧进行调整，纳税调增 2.5 万元（200÷5÷12×3-150÷5÷12×3）。第四，如果至 2×12 年 10 月以后无法取得剩余发票，应将以前期间无发票多计提的折旧全部纳税调增。第五，如果自 2×12 年 9 月至 2×16 年 9 月，取得部分剩余发票，该项固定资产的计税基础可以按照国家税务总局 2012 年第 15 号公告的规定，追补确认为取得发票部分的计税基础和计算税前扣除的折旧。第六，如果 2×16 年 9 月以后（超过 5 年追补扣除期限），不能取得部分剩余发票，不得追补扣除折旧，计税基础按照实际取得发票金额确认。

六、固定资产折旧年限和预计净残值的差异

会计准则规定，企业应当根据固定资产的性质和使用情况，合理确定固定资产的使用寿命和预计净残值。企业至少应当于每年年度终了，对固定资产的使用寿命、预计净

残值和折旧方法进行复核。使用寿命预计数与原先估计数有差异的，应当调整固定资产使用寿命。预计净残值预计数与原先估计数有差异的，应当调整预计净残值。企业确定固定资产使用寿命，应当考虑下列因素：预计生产能力或实物产量；预计有形损耗和无形损耗；法律或者类似规定对资产使用的限制。

《企业所得税法实施条例》第五十九条规定，企业应当根据固定资产的性质和使用情况，合理确定固定资产的预计净残值。固定资产的预计净残值一经确定，不得变更。第六十条规定，除国务院财政、税务主管部门另有规定外，固定资产计算折旧的最低年限如下：房屋、建筑物，为20年；飞机、火车、轮船、机器、机械和其他生产设备，为10年；与生产经营活动有关的器具、工具、家具等，为5年；飞机、火车、轮船以外的运输工具，为4年；电子设备，为3年。《国家税务总局关于企业所得税若干税务事项衔接问题的通知》（国税函〔2009〕98号）规定，新税法实施前已投入使用的固定资产，企业已按原税法规定预计净残值并计提的折旧，不作调整。新税法实施后，对此类继续使用的固定资产可以重新确定其残值，并就其尚未计提折旧的余额，按照新规定的折旧年限减去已经计提折旧的年限后的剩余年限，按照新税法规定的折旧方法计算折旧。新税法实施后，固定资产原确定的折旧年限不违背新税法规定原则的，也可以继续执行。另外，《财政部、国家税务总局关于进一步鼓励软件产业和集成电路产业发展企业所得税政策的通知》（财税〔2012〕27号）规定，集成电路生产企业的生产设备，其折旧年限可以适当缩短，最短可为3年（含）。对于预计净残值一经确定后，税法规定的"不得变更"与会计准则规定的"不得随意变更"的适用是不同的。企业应在固定资产计税基础上结合折旧年限和净残值率，计算按税法规定可税前扣除的折旧，然后与会计折旧进行对比，其差额部分应调整当期应纳税所得额。

《国家税务总局关于企业所得税应纳税所得额若干税务处理问题的公告》（国家税务总局公告2012年第15号）规定，根据《企业所得税法》第二十一条的规定，对企业依据财务会计制度规定，并实际在财务会计处理上已确认的支出，凡没有超过《企业所得税法》和有关税收法规规定的税前扣除范围和标准的，可按企业实际会计处理确认的支出，在企业所得税前扣除，计算其应纳税所得额。

《国家税务总局关于企业所得税应纳税所得额若干问题的公告》（国家税务总局公告2014年第29号）就固定资产折旧的企业所得税处理规定如下。

1. 企业固定资产会计折旧年限如果短于税法规定的最低折旧年限，其按会计折旧年限计提的折旧高于按税法规定的最低折旧年限计提的折旧部分，应调增当期应纳税所得额；企业固定资产会计折旧年限已期满且会计折旧已提足，但税法规定的最低折旧年限尚未到期且税收折旧尚未足额扣除，其未足额扣除的部分准予在剩余的税收折旧年限继续按规定扣除。

【案例5-6】2×16年12月，企业购置机器设备A，会计账面原值为100万元与初始计税基础相同,会计和税法均按照年限平均法计提折旧,会计处理按 5 年计提折旧额,按税法规定以最低折旧年限 10 年计算折旧额。

分析:前 5 年会计比税法多计提的折旧要纳税调增,后 5 年会计折旧为零,按税法规定仍可计算折旧并在税前扣除,后 5 年纳税调减,固定资产账面价值与计税基础不相同,产生可抵扣暂时性差异。假设简化处理按照年度折旧,2×17 年会计处理如下:

借:制造费用——折旧费　　　　　　　　　　　　　　　200 000
　　贷:累计折旧　　　　　　　　　　　　　　　　　　　200 000

2×17 年 12 月 31 日,所得税会计处理:账面价值 = 100 - 20 = 80(万元),计税基础 = 100 - 10 = 90(万元),可抵扣暂时性差异 = 90 - 80 = 10(万元),确认递延所得税资产 2.5 万元。

借:递延所得税资产　　　　　　　　　　　　　　　　　25 000
　　贷:所得税费用　　　　　　　　　　　　　　　　　　25 000

2×17 年企业所得税年度纳税申报时,纳税调增 10 万元,填写 A105080《资产折旧、摊销情况及纳税调整明细表》相关项目,调整原因为折旧年限不同。2×22 年开始会计折旧为零,按税法规定仍可计算折旧在税前扣除,后 5 年进行纳税调减,并将递延所得税资产转回。

2. 企业固定资产会计折旧年限如果长于税法规定的最低折旧年限,其折旧应按会计折旧年限计算扣除,税法另有规定除外。

【案例 5-7】2×16 年 12 月,企业购买账面原值为 1 000 万元的固定资产房屋,税法规定的最低折旧年限 20 年,会计按 50 年折旧,则税法折旧年限也按会计折旧年限 50 年计算,不存在财税处理差异。每年企业所得税年度纳税申报时不进行调整。假设简化处理按照年度折旧,2×17 年会计处理如下:

借:制造费用——折旧费　　　　　　　　　　　　　　　200 000
　　贷:累计折旧　　　　　　　　　　　　　　　　　　　200 000

3. 企业按会计规定提取的固定资产减值准备,不得税前扣除,其折旧仍按税法确定的固定资产计税基础计算扣除。

【案例 5-8】2×16 年 12 月 31 日,企业发现资产减值迹象并经过资产减值测试,会计对账面原值 150 万元、累计折旧 50 万元的机器设备计提了 40 万元的减值准备。

分析:2×16 年 12 月 31 日,计提资产减值准备。

借:资产减值损失　　　　　　　　　　　　　　　　　　400 000
　　贷:固定资产减值准备　　　　　　　　　　　　　　　400 000

2×16 年 12 月 31 日,所得税会计处理:账面价值 = 150 - 50 - 40 = 60(万元),假

设初始计税基础与账面原值相同,折旧方法和年限也相同,计税基础 = 150 - 50 = 100（万元）,产生可抵扣暂时性差异 = 100 - 60 = 40（万元）,确认递延所得税资产 10 万元。

借：递延所得税资产　　　　　　　　　　　　　　　　　　　100 000
　　贷：所得税费用　　　　　　　　　　　　　　　　　　　　100 000

2×16 年企业所得税年度纳税申报时,纳税调增 40 万元,填写 A105000《纳税调整项目明细表》"（二）资产减值准备金"相关项目。2×17 年度假设会计按账面价值 60 万元计提 15 万元折旧,但税法按计税基础 100 万元计算扣除折旧 25 万元,应纳税调减 10 万元,填写 A105080 相关项目。

4. 企业按税法规定实行加速折旧的,其按加速折旧办法计算的折旧额可全额在税前扣除。

【案例 5-9】企业某项固定资产（设备 B）原值 1 000 万元,会计核算按平均年限法折旧,预计使用年限 10 年,但符合税法加速折旧规定,经过备案后允许采用双倍余额法计算税前扣除折旧 200 万元。

分析：按税法加速折旧办法计算的折旧额 200 万元可全额在税前扣除,会计折旧小于税法的部分应纳税调减 100 万元,属于应纳税暂时性差异。假设简化处理按照年度折旧,2×17 年会计处理如下：

借：制造费用——折旧费　　　　　　　　　　　　　　　　1 000 000
　　贷：累计折旧　　　　　　　　　　　　　　　　　　　　1 000 000

2×17 年 12 月 31 日,所得税会计处理：账面价值 = 1 000 - 100 = 900（万元）,计税基础 = 1 000 - 200 = 800（万元）,产生应纳税暂时性差异 = 900 - 800 = 100（万元）,确认递延所得税负债 25 万元。

借：所得税费用　　　　　　　　　　　　　　　　　　　　　250 000
　　贷：递延所得税负债　　　　　　　　　　　　　　　　　　250 000

2×17 年企业所得税年度纳税申报时,纳税调减 100 万元,应分别填写年度纳税申报表 A105080 和 A105081 相关项目,调整原因：折旧方法不同。

5. 石油天然气开采企业在计提油气资产折耗（折旧）时,由于会计与税法规定计算方法不同导致的折耗（折旧）差异,应按税法规定进行纳税调整。《财政部、国家税务总局关于开采油（气）资源企业费用和有关固定资产折耗摊销折旧税务处理问题的通知》（财税〔2009〕49 号）规定,油气企业在开始商业性生产之前形成的开发资产,准予按直线法计提折旧扣除,最低折旧年限为 8 年。按会计准则的规定,企业可以采用产量法或年限平均法对油气资产计提折耗。在采用产量法计提资产折耗的情况下,会形成财税差异,应按税法规定进行纳税调整。

七、固定资产折旧方法的差异

(一) 会计准则规定的固定资产折旧方法

会计准则规定，企业应当根据与固定资产有关的经济利益的预期实现方式，合理选择固定资产折旧方法。可选用的折旧方法包括年限平均法、工作量法、双倍余额递减法和年数总和法等。固定资产的折旧方法一经确定，不得随意变更。但是，与固定资产有关的经济利益预期实现方式有重大改变的，应当改变固定资产折旧方法。固定资产使用寿命、预计净残值和折旧方法的改变应当作为会计估计变更。

(二) 企业所得税法规定的固定资产折旧方法

《企业所得税法实施条例》第五十九条规定，固定资产按照直线法计算的折旧，准予扣除。《企业所得税法》第三十二条规定，企业的固定资产由于技术进步等原因，确需加速折旧的，可以缩短折旧年限或者采取加速折旧的方法。第九十八条规定，可以采取缩短折旧年限或者采取加速折旧方法的固定资产包括：由于技术进步，产品更新换代较快的固定资产；常年处于强震动、高腐蚀状态的固定资产。采取缩短折旧年限方法的，最低折旧年限不得低于税法规定折旧年限的60%；采取加速折旧方法的，可以采取双倍余额递减法或者年数总和法。

因此，对于技术进步、产品更新换代较快或者常年处于强震动、高腐蚀状态的固定资产，在固定资产计税价值、预计使用年限、预计净残值率一定的情况下，纳税人有权灵活选择不得低于规定折旧年限的60%、双倍余额递减法或者年数总和法这三种折旧方法，以实现折旧抵税现值最大化。由于上述三种方法使用期满后的抵税折现金额不同，因此，在企业盈利且有足够多的应纳税所得额扣除固定资产折旧金额的情况下，从实现固定资产折旧抵税现值最大化角度考虑，应当优先选用双倍余额递减法，次优选方案为缩短折旧年限法，最应抛弃的方案则是年数总和法。

具体固定资产加速折旧企业所得税政策包括：《国家税务总局关于企业固定资产加速折旧所得税处理有关问题的通知》（国税发〔2009〕81号）、《财政部、国家税务总局关于完善固定资产加速折旧企业所得税政策的通知》（财税〔2014〕75号）、《国家税务总局关于固定资产加速折旧税收政策有关问题的公告》（国家税务总局公告2014年第64号）、《财政部、国家税务总局关于进一步完善固定资产加速折旧企业所得税政策的通知》（财税〔2015〕106号）等。

(三) 固定资产加速折旧税会处理差异

1. 税务处理。企业固定资产符合《企业所得税法》第三十二条、《实施条例》

第九十八条、国税发〔2009〕81号、财税〔2012〕27号、国家税务总局2014年第29号公告、财税〔2014〕75号和国家税务总局2014年第64号公告等文件的相关规定，采取缩短折旧年限或者加速折旧方法，计算的折旧额可全额在税前扣除。需要强调的是，实务操作中，按照税法规定的加速折旧方法"计算"的折旧额可全额在税前扣除，不是指按照会计准则"核算"的折旧费用，"计算"和"核算"一字之差含义完全不同。根据国家税务总局2014年第29号公告的规定，企业按税法规定实行加速折旧的，其按加速折旧办法计算的折旧额可全额在税前扣除。即企业会计处理上是否采取加速折旧方法，不影响企业享受加速折旧税收优惠政策，企业在享受加速折旧税收优惠政策时，不需要在会计上同时采取与税收上相同的折旧方法。

2. 会计处理。对于固定资产折旧政策属于会计估计，企业应当根据固定资产的性质和使用情况，合理确定固定资产的折旧方法、使用寿命和预计净残值，并允许按照会计准则规定进行会计估计变更。可选用的折旧方法包括年限平均法、工作量法、双倍余额递减法和年数总和法等。由于会计准则没有设定各类固定资产的最低使用寿命，而是由企业按照固定资产会计准则第十六条的规定考虑相关因素后自行估计，因此，会计上加速折旧方法不包括缩短折旧年限法。会计核算是否选用双倍余额递减法和年数总和法等加速折旧方法，取决于与固定资产有关的经济利益的预期实现方式，与是否依据加速折旧税收优惠政策没有必然关系。

3. 税会差异处理方法。会计处理上，由于折旧方法不同导致固定资产账面价值与计税基础不同所产生的暂时性差异，应按照《企业会计准则第18号——所得税》的规定，采用资产负债表债务法进行会计核算。税务处理上，企业在月（季）度预缴所得税时，需要填报《企业所得税月（季）度预缴纳税申报表（A类），2014年版》进行相应的纳税调整，并同时报送《固定资产加速折旧（扣除）预缴情况统计表》，按照国家税务总局所得税司有关负责人对此的解释，企业在预缴时就可以享受加速折旧政策。但由于无法取得主营业务收入占收入总额的比重数据，可由企业合理预估先行享受。到年底时，如果不符合规定比例，则在汇算清缴时一并进行纳税调整。企业在年度所得税汇算清缴时，需要通过填报A100000《企业所得税年度纳税申报表（A类），2014年版）》、附表A105000《纳税调整项目明细表》、A105080《资产折旧、摊销情况及纳税调整明细表》和A105081《固定资产加速折旧、扣除明细表》相关报表项目，进行系统纳税调整。企业应将购进固定资产的发票、记账凭证等有关资料留存备查，并建立台账，准确反映税法与会计差异情况。

4. 避免陷入固定资产标准变为5 000元的误区。财税〔2014〕75号文件虽然规定"对所有行业企业持有的单位价值不超过5 000元的固定资产，允许一次性计入当期成本费用在计算应纳税所得额时扣除，不再分年度计算折旧"，但从法律的级次和文件内容来看，并没有改变《企业会计准则》和企业所得税相关法律关于固定资产的"使用时间"或"使用寿命"标准,也就是说,固定资产的定义还是按照以下规定:《企业会计准则》规定"使用寿命超过一个会计年度"、《企业所得税法》规定"使用时间超过12个月"。

【案例 5-10】 2×16 年 12 月,甲公司购入一台办公用电脑,不含税单位价值 5 000 元,进项税额 850 元,取得增值税专用发票并已经认证申报,假设预计使用年限为 3 年,预计净残值为 500 元。该企业按照税法选择一次性扣除。如何进行会计和税务处理?

分析:按照固定资产的定义和确认条件以及企业自身确定的固定资产分类和名录,作为固定资产核算。

①2×16 年购入时,会计处理不计提折旧:

借:固定资产　　　　　　　　　　　　　　　　　　　5 000
　　应交税费——应交增值税（进项税额）　　　　　　　850
　　贷:银行存款　　　　　　　　　　　　　　　　　　5 850

②2×16 年 12 月 31 日,企业税务处理选择一次性计入当期成本费用在计算应纳税所得额时扣除,固定资产账面价值＝5 000（元）,计税基础＝0,应纳税暂时性差异＝5 000（元）,应确认递延所得税负债。

借:所得税费用　　　　　　　　　　　　　　　　　　1 250
　　贷:递延所得税负债　　　　　　　　　　　　　　　1 250

③企业在年度所得税汇算清缴时,会计折旧 0 元,税收折旧 5 000（元）,纳税调减 5 000（元）,需要通过填报 A105000《纳税调整项目明细表》和 A105080《资产折旧、摊销情况及纳税调整明细表》和 A105081《固定资产加速折旧、扣除明细表》相关报表项目,进行纳税调整。

④2×17 年计提会计折旧时（简化起见,按年计算折旧）:

借:管理费用（5 000－500）/3　　　　　　　　　　　1 500
　　贷:累计折旧　　　　　　　　　　　　　　　　　　1 500

企业在年度所得税汇算清缴时,会计折旧 1 500 元,税收折旧 0 元,纳税调增 1 500 元。以后年度即 2×18 年和 2×19 年,企业在年度所得税汇算清缴时,会计折旧 1 500 元,税收折旧 0 元,均应纳税调增 1 500 元。

⑤固定资产达到预计使用年限后,假设 2×18 年 12 月最终处置该固定资产时,收回处置销售额 117 元。

借:固定资产清理　　　　　　　　　　　　　　　　　500
　　累计折旧　　　　　　　　　　　　　　　　　　　4 500
　　贷:固定资产　　　　　　　　　　　　　　　　　　5 000
借:库存现金　　　　　　　　　　　　　　　　　　　117

　　　　贷：固定资产清理　　　　　　　　　　　　　　　　　　　　　　　　　　117

　⑥假设该固定资产购进时已经抵扣过进项税额，财税〔2008〕170号文件规定，销售时应按照适用税率计算缴纳增值税。

　　　借：固定资产清理　　　　　　　　　　　　　　　　　　　　　　　　　　17
　　　　贷：应交税费——应交增值税（销项税额）（100×17%）　　　　　　　　17
　　　借：营业外支出——处置非流动资产净损失　　　　　　　　　　　　　　400
　　　　贷：固定资产清理　　　　　　　　　　　　　　　　　　　　　　　　　400

　　按照税法规定，取得时企业选择一次性计入当期成本费用，因此，在计算应纳税所得额时扣除5 000元。会计核算确认的"营业外支出——处置非流动资产净损失"400元，按照税法规定不得重复扣除，应纳税调增400元，并将年末递延所得税负债余额全部转回。

（四）固定资产加速折旧财税处理纳税调整及年度纳税申报表填报实务

【**案例5-11**】A公司2×14年12月15日购进专门用于研发的A设备，不含税价600万元，取得增值税专用发票。该企业为一般纳税人，该研发设备预计可使用年限为5年，预计净残值为0，会计上按直线法计提折旧，税法上按照年数总和法计提折旧。企业所得税税率为25%，2×17年取得高新技术企业资格，可以享受15%的优惠税率。假设该公司每年会计利润均为300万元，无其他纳税调整事项。会计分录如下：

　①2×14年购进设备：

　　　借：固定资产——A设备　　　　　　　　　　　　　　　　　　　6 000 000
　　　　应交税费——应交增值税（进项税额）　　　　　　　　　　　　1 020 000
　　　　贷：银行存款等　　　　　　　　　　　　　　　　　　　　　　7 020 000

　②2×15年，会计每年计提折旧=600÷5=120（万元）

　　　借：研发支出——费用化支出　　　　　　　　　　　　　　　　　1 200 000
　　　　贷：累计折旧　　　　　　　　　　　　　　　　　　　　　　　1 200 000

　期末由"研发支出——费用化支出"科目转入"管理费用"科目：

　　　借：管理费用　　　　　　　　　　　　　　　　　　　　　　　　1 200 000
　　　　贷：研发支出——费用化支出　　　　　　　　　　　　　　　　1 200 000

　纳税调整：税务上按年数总和法计提折旧=600×5÷(1+2+3+4+5)=200（万元）。折旧产生的财税差异应调减应纳税所得额=200-120=80（万元）；另外，研发费用可以享受50%加计扣除的税收优惠，应调减应纳税所得额=120×50%=60（万元）。应纳税额=(300-80-60)×25%=40（万元）。A设备期末账面价值=600-120=480（万元），计税基础=600-200=400（万元），前者大于后者80万元，属于应纳税暂时性差异，应确认递延所得税负债=80×25%=20（万元）。

借：所得税费用	600 000	
贷：应交税费——应交所得税		400 000
递延所得税负债		200 000

③2×16年折旧及研发费的会计分录同2×15年。

纳税调整：税务上计提折旧=600×4÷(1+2+3+4+5)=160（万元）。折旧产生的财税差异应调减应纳税所得额=160-120=40（万元），研发费加计扣除应调减应纳税所得额60万元。应纳税额=(300-40-60)×25%=50（万元），A设备期末账面价值=480-120=360（万元），计税基础=400-160=240（万元），前者大于后者120万元，属于应纳税暂时性差异，"递延所得税负债"科目期初余额为20万元，还应确认递延所得税负债=120×25%-20=10（万元）。

借：所得税费用	600 000	
贷：应交税费——应交所得税		500 000
递延所得税负债		100 000

④2×17年折旧及研发费的会计分录同2×15年。

纳税调整：税务上计提折旧=600×3÷(1+2+3+4+5)=120（万元）。会计与税务计提的折旧金额相同，不作纳税调整，研发费加计扣除应调减应纳税所得额60万元。应纳税额=(300-60)×25%=60（万元）。A设备期末账面价值=360-120=240（万元），计税基础=240-120=120（万元），前者大于后者120万元，属于应纳税暂时性差异。2×17年以后适用15%的企业所得税优惠税率，递延所得税负债账面余额=120×15%=18（万元），该科目的期初余额为30万元，应冲回递延所得税负债=30-18=12（万元）。

借：所得税费用	480 000	
递延所得税负债	120 000	
贷：应交税费——应交所得税		600 000

⑤2×18年折旧及研发费的会计分录同2×15年。

纳税调整：税务上计提折旧=600×2÷(1+2+3+4+5)=80（万元）。折旧产生的财税差异应调增应纳税所得额=120-80=40（万元），研发费加计扣除应调减应纳税所得额60万元。应纳税额=(300+40-60)×25%=70（万元）。A设备期末账面价值=240-120=120（万元），计税基础=120-80=40（万元），前者大于后者80万元，属于应纳税暂时性差异。递延所得税负债账面余额=80×15%=12（万元），该科目的期初余额为18万元，应冲回递延所得税负债=18-12=6（万元）。

借：所得税费用	640 000	
递延所得税负债	60 000	
贷：应交税费——应交所得税		700 000

⑥ 2×19 年折旧及研发费的会计分录同 2×15 年。

纳税调整：税务上计提折旧 = 600×1÷（1+2+3+4+5）= 40（万元）。折旧产生的财税差异应调增应纳税所得额 = 120 - 40 = 80（万元），研发费加计扣除应调减应纳税所得额 60 万元。应纳税额 =（300 + 80 - 60）×25% = 80（万元）。A 设备期末账面价值 = 计税基础 = 0，无暂时性差异，应冲回递延所得税负债余额 12 万元。

借：所得税费用　　　　　　　　　　　　　　680 000
　　递延所得税负债　　　　　　　　　　　　120 000
　　贷：应交税费——应交所得税　　　　　　　　　　800 000

八、固定资产后续支出的差异

会计准则规定，固定资产的后续支出是指固定资产在使用过程中发生的更新改造支出、修理费用等。固定资产的更新改造等后续支出，满足固定资产确认条件的，应当计入固定资产成本，如有被替换的部分，应扣除其账面价值；不满足《企业会计准则第 4 号——固定资产》第四条规定确认条件的固定资产修理费用等，应当在发生时计入当期损益。企业以经营租赁方式租入的固定资产发生的改良支出，应予资本化，作为长期待摊费用，合理进行摊销。

《企业所得税法实施条例》第五十八条规定，改建的固定资产，除《企业所得税法》第十三条第（一）项和第（二）项规定的支出外，以改建过程中发生的改建支出增加计税基础。《企业所得税法》第十三条规定，在计算应纳税所得额时，企业发生的下列支出作为长期待摊费用，按照规定摊销的，准予扣除：（1）已足额提取折旧的固定资产的改建支出；（2）租入固定资产的改建支出；（3）固定资产的大修理支出。《企业所得税法实施条例》第六十八条规定，固定资产的改建支出，是指改变房屋或者建筑物结构、延长使用年限等发生的支出。已足额提取折旧的固定资产的改建支出，按照固定资产预计尚可使用年限分期摊销；租入固定资产的改建支出，按照合同约定的剩余租赁期限分期摊销。改建的固定资产延长使用年限的，除《企业所得税法》第十三条第（一）项和第（二）项规定外，应当适当延长折旧年限。第六十九条规定，《企业所得税法》第十三条第（三）项所称固定资产的大修理支出，是指同时符合下列条件的支出：修理支出达到取得固定资产时的计税基础 50% 以上和修理后固定资产的使用年限延长 2 年以上。《企业所得税法》第十三条第（三）项规定的支出，按照固定资产尚可使用年限分期摊销。

需要注意改扩建支出与大修理支出的区别。改扩建支出主要是改变房屋或者建筑物结构、延长使用年限等发生的支出，如推倒重置、增加功能、扩大面积等。大修理支出是由于固定资产不能正常运行，为维持原有功能而发生的支出，两者有本质区别，遵循不同的会计和税务处理方法。

房屋、建筑物固定资产改扩建的税务处理问题,按照《国家税务总局关于企业所得税若干问题的公告》(国家税务总局公告2011年第34号)遵循以下规定。

(1)企业对房屋、建筑物固定资产在未足额提取折旧前进行改扩建的,如属于推倒重置的,该资产原值减除提取折旧后的净值,应并入重置后的固定资产计税成本,并在该固定资产投入使用后的次月起,按照税法规定的折旧年限,一并计提折旧。

【案例5-12】某企业房屋原值1 000万元,已提折旧600万元(税法与会计折旧相同),净值为400万元。另发生推倒重置支出2 000万元。此时,税务处理上,将剩余价值400万元计入重置后固定资产的计税成本。会计处理上,一种处理方式是,借记"固定资产清理"400万元,"累计折旧"600万元,贷记"固定资产"1 000万元,然后将"固定资产清理"400万元转入"营业外支出——处置固定资产净损失"科目。推倒重置支出2 000万元直接计入固定资产原值。另一种处理方式是,借记"在建工程"400万元,"累计折旧"600万元,贷记"固定资产"1 000万元,推倒重置支出2 000万元记入"在建工程"科目,转入固定资产的原值为2 400万元。比较发现,第一种处理方式会产生税会处理差异,影响固定资产的账面价值和计税基础,进而影响该固定资产投入使用后的折旧。第二种处理方式会计和税法处理基本一致。建议企业采取第二种处理方式进行会计处理,减少纳税调整。

(2)企业对房屋、建筑物固定资产在未足额提取折旧前进行改扩建的,如果属于提升功能、增加面积的,该固定资产的改扩建支出并入该固定资产计税基础,并从改扩建完工投入使用后的次月起,重新按税法规定的该固定资产折旧年限计提折旧,如该改扩建后的固定资产尚可使用的年限低于税法规定的最低年限,可以按尚可使用的年限计提折旧。该公告自2011年7月1日起执行。

【案例5-13】某公司房屋账面原值1 000万元,折旧年限20年,已计提了12年折旧,累计折旧600万元。现对该房屋进行改扩建增加了部分面积,支出800万元,会计处理作为固定资产后续资本化支出。假设公司预计改扩建后该房屋尚可使用年限为15年。会计和税务处理如下:

借:在建工程	4 000 000
累计折旧	6 000 000
贷:固定资产	10 000 000
借:在建工程	8 000 000
贷:银行存款	8 000 000
借:固定资产	12 000 000
贷:在建工程	12 000 000
借:管理费用等(1 200÷15)	800 000
贷:累计折旧	800 000

税务处理：此时企业可以重新按照 20 年计提折旧，也可以重新评估房屋尚可使用年限，若不超过 20 年，则可以按照尚可使用的年限计提折旧。本例中，该公司预计改扩建该房屋尚可使用年限为 15 年，没有超过 20 年，则可以按照尚可使用的年限 15 年计提折旧，不存在税会差异，不进行纳税调整。

机器设备、构筑物等固定资产发生的后续支出如果不涉及房产税，则按照上述规定处理即可；如果作为固定资产的房屋发生后续支出，还会涉及房产税计税基础的改变，则应按下列规定处理：

第一，《房产税暂行条例》规定，房产税依照房产原值一次减除 10% ~ 30% 后的余额计算缴纳。《财政部、国家税务总局关于房产税城镇土地使用税有关问题的通知》（财税〔2008〕152 号）规定，自 2009 年 1 月 1 日起，对依照房产原值计税的房产，不论是否记载在会计账簿"固定资产"科目中，均应按照房屋原价计算缴纳房产税。房屋原价应根据国家有关会计制度的规定进行核算。对纳税人未按国家会计制度规定核算并记载的，应按规定予以调整或重新评估。《财政部、国家税务总局关于安置残疾人就业单位城镇土地使用税等政策的通知》（财税〔2010〕121 号）规定，对按照房产原值计税的房产，无论会计上如何核算，房产原值均应包含地价，包括为取得土地使用权支付的价款、开发土地发生的成本费用等。宗地容积率低于 0.5 的，按房产建筑面积的 2 倍计算土地面积并据此确定计入房产原值的地价。

第二，《国家税务总局关于进一步明确房屋附属设备和配套设施计征房产税有关问题的通知》（国税发〔2005〕173 号）规定，为了维持和增加房屋的使用功能或使房屋满足设计要求，凡以房屋为载体，不可随意移动的附属设备和配套设施，如给排水、采暖、消防、中央空调、电气及智能化楼宇设备等，无论在会计核算中是否单独记账与核算，都应计入房产原值，计征房产税。对于更换房屋附属设备和附属设施的，在将其计入房产原值时，可扣减原来相应设备和设施的价值；对附属设备和附属设施中易损坏、需要经常更换的零件，更新后不再计入房产原值。

由上述规定可以看出，税法关于房产后续支出对房产税的影响如下：如果房屋发生日常修理支出，直接计入当期损益，不影响房产税的计税基础；如果房屋已提足折旧，发生的大修理支出直接费用化，也不影响房产税的计税基础，但纳税人须按照房产税法确定的房屋原价作为房产税的计税基础；如果房屋发生改扩建支出和符合资本化条件的大修理支出，在计算房产税确定房屋原价时，应按照取得房屋时的原价（相当于历史成本），加上本次大修理和改建过程中发生的合理的、必要的支出，扣除本次大修理和改建过程中已拆除原来相应设备和设施的历史成本（包括已提取的累计折旧和未提折旧的净值）。此时，会影响房产税的计税基础。

以房屋为载体，与房屋不可随意移动的附属设备和配套设施，如给排水、采暖、消防、中央空调、电气及智能化楼宇设备等，都应计入房产原值，计征房产税；可以随意移动的附属设备和配套设施，如电视机、非中央空调等，可单独作为固定资产或低值易耗品入账，不并入房产价值，无须计算缴纳房产税。

九、固定资产评估增值的差异

会计处理上，企业按照国务院规定进行清产核资或自行聘请社会中介机构进行资产评估，对评估增值的资产，一方面增加相应的资产价值，另一方面增加企业的资本公积，即会计上对评估增值部分不确认为当期损益，后续计量时对资产评估增值部分可以计提折旧和摊销。

税务处理上，《企业所得税法实施条例》第五十六条规定，企业持有各项资产期间资产增值或者减值，除国务院财政、税务主管部门规定可以确认损益外，不得调整该资产的计税基础。《财政部、国家税务总局关于企业重组业务企业所得税处理若干问题的通知》（财税〔2009〕59号）规定，企业资产收购重组交易应按以下规定处理：（1）被收购方应确认资产转让所得或损失。（2）收购方取得资产的计税基础应以公允价值为基础确定。（3）被收购企业的相关所得税事项原则上保持不变。即被收购企业接受的非货币性资产，可按经评估确认后的价值确定有关资产成本。因此，被收购企业将评估增值资产的评估价与计税基础之间的差额，应缴纳企业所得税。但企业符合并选择适用特殊性税务处理的，资产评估增值不纳税，即资产收购，受让企业收购的资产不低于转让企业全部资产的50%且受让企业在该资产收购发生时的股权支付金额不低于其交易支付总额的85%，可以选择按以下规定处理：（1）转让企业取得受让企业股权的计税基础，以被转让资产的原有计税基础确定。（2）受让企业取得转让企业资产的计税基础，以被转让资产的原有计税基础确定。

但需要注意的是，《财政部、国家税务总局关于企业改制上市资产评估增值企业所得税处理政策的通知》（财税〔2015〕65号）规定，符合条件的国有企业，其改制上市过程中发生资产评估增值，应缴纳的企业所得税可以不征收入库，作为国家投资直接转增该企业国有资本金（含资本公积），经确认的评估增值资产，可按评估价值入账并按有关规定计提折旧或摊销，在计算应纳税所得额时允许扣除。

《财政部、国家税务总局关于房产税城镇土地使用税有关问题的通知》（财税〔2008〕152号）规定，房屋原价应根据国家有关会计制度的规定进行核算。因此，纳税人发生房产评估增值以及初始确认"投资性房地产"或持有"投资性房地产"期间公允价值发生变化，并按国家有关会计制度的规定调增（或调减）房产原值，应按调整后的房产原值计征房产税。

【案例5-14】2×14年12月，某非国有企业进行股份制改造，将账面原值1 000万元、累计折旧400万元、账面价值600万元的固定资产房屋进行资产评估，评估价值为700万元。当时,该企业将资产评估价与账面价值之间的差额100万元按《企业财务通则》的规定计入了资本公积。以后会计上按照账面价值700万元计提折旧,但税法计税基础仍为600万元,当对资产评估增值部分100万元提取折旧时,会计计入成本费用,而税法不允许税前扣除。2×14年企业所得税年度纳税申报填报A105080第1列"资产账载金额"1 050万元,第2列"本年折旧、摊销额"30万元,第3列"累计折旧、摊销额"430万元,第4列"资产计税基础"1 000万元,第5列"按税收一般规定计算的本年折旧、摊销额"25万元,第8列"累计折旧、摊销额"425万元,第9、10列"纳税调整"金额5万元,"原因"原值不同。

【案例5-15】 房产评估增值作价入股被投资方被追缴税款逾千万元。近期,深圳市地税局第二稽查局组织企业开展纳税自查工作,辅导企业补缴因房产评估增值作价入股而少缴纳的房产税及滞纳金逾千万元。据了解,第二稽查局稽查人员在对A企业进行纳税自查辅导时,发现A企业以房产评估增值作价入股B企业,但B企业仍按房产未变更前的计价申报缴纳房产税。稽查人员随即要求B企业财务人员提供相关凭证及资料,并到房产登记部门深入取证,同时对财务人员进行了多次约谈辅导。最终,B企业承认了未如实申报缴纳房产税的事实,补缴房产税及滞纳金1 165万元。税务机关在此提醒发生房产评估增值的企业,应及时按照调整后的房产账面原值计算缴纳房产税,以避免不必要的处罚。

十、固定资产减值损失和盘亏损失的差异

会计准则规定,固定资产减值是指由于固定资产发生损坏、技术陈旧或其他经济原因,导致其可收回金额低于其账面价值的情况。因此,企业应当在期末或者至少在每年年度终了对固定资产逐项进行检查,如发现存在减值迹象,应当计算固定资产的可收回金额,以确定固定资产是否已经发生减值,如果固定资产的可收回金额低于其账面价值,企业应当按可收回金额低于账面价值的差额计提固定资产减值准备,计入当期损益。固定资产减值准备应按单项资产计提。已全额计提减值准备的固定资产,不再计提折旧。已部分计提减值准备的固定资产,应当按照该固定资产的账面价值以及尚可使用寿命重新计算确定折旧率和折旧额。因固定资产减值准备而调整固定资产折旧额时,对此前已计提的累计折旧不作调整。

《企业会计准则第8号——资产减值》规定,固定资产、无形资产等资产发生减值并确认减值损失后,在以后会计期间不得转回。已计提的资产减值准备,只有在发生资产处置、出售、对外投资、以非货币性资产交换方式换出、在债务重组中抵偿债务等交易,并符合资产终止确认条件时,予以转销。企业发生固定资产减值时,应按可收回金额低于其账面价值的差额,借记"资产减值损失——计提的固定资产减值准备"科目,

贷记"固定资产减值准备"科目。

企业应当加强管理，健全固定资产清查制度，定期或者至少于每年年末对固定资产进行清查盘点，以保证固定资产核算的真实性和完整性。如果清查中发现固定资产的损溢，应及时查明原因，在期末结账前处理完毕。固定资产盘亏造成的损失，应当计入当期损益。企业在财产清查中盘亏的固定资产，通过"待处理财产损溢——待处理固定资产损溢"科目核算，盘亏造成的损失，通过"营业外支出——盘亏固定资产净损失"科目核算，计入当期损益。

税务处理上，企业只有按照税法标准认定该项资产实际发生损失时，其损失金额才可在税前扣除。《企业所得税法》第十条第（七）项规定，未经核定的准备金支出不得扣除。《企业所得税法实施条例》第五十五条规定，未经核定的准备金支出是指不符合国务院财政、税务主管部门规定的各项资产减值准备、风险准备等准备金支出。这与会计处理产生明显差异，纳税人会计核算计入当期损益的资产减值准备金金额（因价值恢复等原因转回的资产减值准备金应予以冲回）应进行纳税调整，填入 A105000《纳税调整项目明细表》第 32 行"资产减值准备金"。

当企业实际发生固定资产损失时，按照《国家税务总局关于企业资产损失税前扣除政策的通知》（财税〔2009〕57 号）和《国家税务总局关于发布〈企业资产损失所得税税前扣除管理办法〉的公告》（国家税务总局公告 2011 年第 25 号）的相关规定向税务机关申报扣除税收口径的资产损失，由于会计和税务处理在固定资产原值、折旧、减值准备和处置收入等方面存在差异，所以需要在年度企业所得税纳税申报时，在 A105090《资产损失税前扣除及纳税调整明细表》进行纳税调整。

十一、持有待售固定资产的差异

《企业会计准则》规定，企业持有待售的固定资产，应当对其预计净残值进行调整，使该项固定资产的预计净残值能够反映其公允价值减去处置费用后的金额，但不得超过符合持有待售条件时，该项固定资产的原账面价值高于预计净残值的差额，应作为资产减值损失计入当期损益。持有待售固定资产从划归为持有待售之日起停止计提折旧和减值测试。

企业所得税法未对持有待售资产作特殊规定，在出售前仍应按照正常固定资产计税基础和规定的折旧方法计算税前可以扣除的折旧费用，待实际处置时确认税收上的收益或损失。

税会处理差异为，会计对确认为持有待售的固定资产在出售前不确认收益，也不再计提折旧，因此，按税法规定计算的折旧应进行纳税调减。持有待售的固定资产计提的减值损失不得在税前扣除，应调增应纳税所得额。企业在对折旧和减值准备作纳税调整的同时，应记载固定资产账面价值与计税基础之间的差异，待实际处置、出售固定资产时再转回上述差异。

十二、资产无偿划转取得的固定资产差异

按照《财政部关于印发〈关于企业国有资产办理无偿划转手续的规定〉的通知》（财管字〔1999〕301号）的规定，企业国有资产无偿划转是指企业因管理体制改革、组织形式调整和资产重组等原因引起的整体或部分国有资产在不同国有产权主体之间的无偿转移。凡占有、使用国有资产的部门和企业发生下列产权变动情况的，应按上述规定办理企业资产无偿划转手续：（1）企业因管理体制、组织形式调整，改变行政隶属关系的；（2）国有企业之间无偿兼并；（3）企业间国有产权（或国有股权）的无偿划转或置换；（4）组建企业集团，理顺集团内部产权关系；（5）经国家批准的其他无偿划转行为。资产划转具有以下特点：（1）"划转"只能是无偿的；（2）"划转"不是赠与行为；（3）"划转"不是买卖；（4）"划转"不是投资行为。

会计处理上，对于资产划转《企业会计准则》没有明确规定。财政部会计司发布的《企业会计制度讲解》规定，对于按规定无偿调入或调出固定资产的企业，应在"资本公积"科目下增设"无偿调入固定资产"、"无偿调出固定资产"等明细科目进行核算。当企业按照有关规定并报经有关部门批准收到无偿调入的固定资产时，借记"固定资产（按调出单位的固定资产账面价值加上发生的运输费、安装费等，作为调入固定资产的原账面价值）"科目，贷记"资本公积——无偿调入固定资产（按调入固定资产的原账面价值）"、"银行存款（按发生的运输费、安装费等）"等科目。

当企业按规定无偿调出固定资产时，要按固定资产清理进行处理。具体是：当企业按照有关规定并报经有关部门或董事会批准无偿调出固定资产，应当借记"固定资产清理（按无偿调出固定资产的账面净值）"、"累计折旧（按已提折旧额）"、"固定资产减值准备（按已提固定资产减值准备）"科目，贷记"固定资产（固定资产原价）"科目。若无偿调出时发生清理费的，借记"固定资产清理"科目，贷记"银行存款"科目。当企业按规定无偿调出固定资产时，借记"资本公积——无偿调出固定资产（按'固定资产清理'科目借方发生净额）"科目，贷记"固定资产清理"科目。

税务处理如下：（1）契税。《财政部、国家税务总局关于企业事业单位改制重组契税政策的通知》（财税〔2012〕4号）规定，同一投资主体内部所属企业之间土地、房屋权属的划转，包括母公司与其全资子公司之间，同一公司所属全资子公司之间，同一自然人与其设立的个人独资企业、一人有限公司之间土地、房屋权属的划转，免征契税。（2）企业所得税。《国家税务总局关于企业所得税应纳税所得额若干问题的公告》（国家税务总局公告2014年第29号）规定：第一，企业接收政府划入资产的企业所得

税处理。一是县级以上人民政府（包括政府有关部门，下同）将国有资产明确以股权投资方式投入企业，企业应作为国家资本金（包括资本公积）处理。该项资产如为非货币性资产，应按政府确定的接收价值确定计税基础；二是县级以上人民政府将国有资产无偿划入企业，凡指定专门用途并按《财政部、国家税务总局关于专项用途财政性资金企业所得税处理问题的通知》（财税〔2011〕70号）规定进行管理的，企业可作为不征税收入进行企业所得税处理。其中，该项资产属于非货币性资产的，应按政府确定的接收价值计算不征税收入。县级以上人民政府将国有资产无偿划入企业，属于上述两种情形以外的，应按政府确定的接收价值计入当期收入总额计算缴纳企业所得税。政府没有确定接收价值的，按资产的公允价值计算确定应税收入。第二，企业接收股东划入资产的企业所得税处理。一是企业接收股东划入资产（包括股东赠与资产、上市公司在股权分置改革过程中接收原非流通股股东和新非流通股股东赠与的资产、股东放弃本企业的股权，下同），凡合同、协议约定作为资本金（包括资本公积）且在会计上已作实际处理的，不计入企业的收入总额，企业应按公允价值确定该项资产的计税基础。二是企业接收股东划入资产，凡作为收入处理的，应按公允价值计入收入总额，计算缴纳企业所得税，同时按公允价值确定该项资产的计税基础。（3）增值税。划转固定资产、存货和设备是一种视同销售行为，要缴纳增值税。《增值税暂行条例实施细则》第四条第（八）项规定：单位或者个体工商户将自产、委托加工或者购进的货物无偿赠送其他单位或个人，视同销售货物，缴纳增值税。如果将资产的划转符合资产重组条件，则根据《国家税务总局关于纳税人资产重组有关增值税问题的公告》（国家税务总局公告2011年第13号）和财税〔2016〕36号文件的规定，在资产重组过程中，通过合并、分立、出售、置换等方式，将全部或者部分实物资产以及与其相关联的债权、负债和劳动力一并转让给其他单位和个人，其中涉及的不动产、土地使用权转让行为不征收增值税。

十三、房地产开发企业临时施工设施和营销设施的差异

1. 会计处理上。房地产开发企业在基建工地建造为基建工地服务的各种工棚、材料棚、休息棚和办公室、食堂、茶炉房、汽车房等临时性房屋及项目营销设施使用周期一般超过12个月，可以将临时施工设施和营销设施建造成本归集入"在建工程"科目核算，但由于房地产项目开发周期较长，临时性设施一次性计入成本还是分摊计入成本从会计核算效果看没有差别，并且临时性设施均不构成最终开发产品实体，也没必要分摊占地面积的土地成本，对于建造成本，实际发生时直接计入开发成本。借记"开发成本——开发间接费（临时设施和营销设施支出）"科目，贷记"银行存款"等科目，将来开发产品销售时，作为共同成本予以分配转出记入"开发产品"科目。

2. 企业所得税处理。《房地产开发经营业务企业所得税处理办法》（国税发〔2009〕

31号）规定，开发间接费指企业为直接组织和管理开发项目所发生的且不能将其归属于特定成本对象的成本费用性支出。主要包括管理人员工资、职工福利费、折旧费、修理费、办公费、水电费、劳动保护费、工程管理费、周转房摊销以及项目营销设施建造费等。在结算计算成本时，项目基建临时设施可通过"前期工程费——临时设施"科目核算，项目营销设施可通过"开发间接费——项目营销设施"科目进行归集。国税发〔2009〕31号文件第二十六条（一）项以可否销售原则确定计税成本对象规定，开发产品能够对外经营销售的，应作为独立的计税成本对象进行成本核算；不能对外经营销售的，可先作为过渡性成本对象进行归集，然后再将其相关成本摊入能够对外经营销售的成本对象。因此，对于这些临时性辅助设施不作为计税成本核算对象出现，应作为过渡成本处理。

3. 房产税处理。财政部、国家税务总局印发《关于房产税若干具体问题的解释和暂行规定》、《关于车船使用税若干具体问题的解释和暂行规定的通知》（财税地字〔1986〕8号）第二十一条明确规定，凡是在基建工地为基建工地服务的各种工棚、材料棚、休息棚和办公室、食堂、茶炉房、汽车房等临时性房屋，不论是施工企业自行建造还是由基建单位出资建造交施工企业使用，在施工期间，一律免征房产税。但是，如果在基建工程结束以后，施工企业将这种临时性房屋交还或者估价转让给基建单位，应当从基建单位接收的次月起，依照规定征收房产税。第十九条规定，纳税人自建的房屋，自建成次月起征收房产税。纳税人委托施工企业建设的房屋，从办理验收手续次月起征收房产税。该文件对不予征税的临时性建筑物要求必须同时满足两个条件：一是必须为基建工地服务；二是必须处于施工期间。相反，如果基建工程结束，临时性建筑物归基建单位使用，则须从基建单位使用的次月起缴纳房产税。

【案例5-16】 2×11年2月A房地产公司取得某市一宗土地使用权后进入立项开发，先期投入建造的临时设施包括项目基建用房1 000m² 建造成本120万元，售楼部2 000m² 建造成本340万元，样板间200m² 建造成本50万元。该临时设施如何进行会计和税务处理？

①会计处理。基建用房1 000m² 建造成本120万元，售楼部2 000m²，建造成本340万元，样板间200m² 建造成本50万元：

借：开发间接费——项目营销设施（售楼部和样板间）　　3 900 000
　　贷：银行存款　　　　　　　　　　　　　　　　　　3 900 000
借：前期工程费——项目临时设施（工地上各种工棚等临时性设施）
　　　　　　　　　　　　　　　　　　　　　　　　　　1 200 000
　　贷：银行存款　　　　　　　　　　　　　　　　　　1 200 000

②税务处理。在A房地产公司项目施工期间，基建用房1 000m² 暂不用缴纳房产税，但是，项目结束，基建用房未拆除的话，就必须缴纳房产税了。而售楼部、样板间

显然不是为基建工地服务，而是为 A 房地产公司项目销售服务，因而不能满足上述不予征收房产税的两个条件，应当自建造完毕次月起缴纳房产税。对于售楼部、样板间房产税的缴纳，应按自用原值计税。《财政部、国家税务总局关于安置残疾人就业单位城镇土地使用税等政策的通知》（财税〔2010〕121 号）第三条规定，对按照房产原值计税的房产，无论会计上如何核算，房产原值均应包含地价，包括为取得土地使用权支付的价款、开发土地发生的成本费用等。宗地容积率低于 0.5 的，按房产建筑面积的 2 倍计算土地面积并据此确定计入房产原值的地价。由于会计核算中，对于售楼部、样板间的成本费用归集在开发间接费核算，仅包括了建造成本，没有包括土地成本，无法确定房产计税原值，在计算房产税时就要先纳税调整。例如，假设售楼部占地面积 3 000 m^2，土地成本 1 200 元/m^2，则售楼部应计入房产原值的土地成本 = 3 000 × 1 200 元/m^2 = 360（万元），房产税计税原值 = 340 + 360 = 700（万元），年均缴纳房产税 = 700 × (1 - 30%) × 1.2% = 5.88（万元）。假设样板间占地面积 500 m^2，其容积率 = 200 ÷ 500 = 0.4，低于 0.5，则样板间应计入房产原值的土地成本 = 200 × 2 × 1 200 元/m^2 = 48（万元），房产税计税原值 = 50 + 48 = 98（万元），年房产税 = 98 × (1 - 30%) × 1.2% = 0.8232（万元）。

十四、增值税税控系统专用设备和技术维护费用的差异

会计处理上，按现行增值税制度的规定，企业初次购买增值税税控系统专用设备支付的费用以及缴纳的技术维护费允许在增值税应纳税额中全额抵减的，按规定抵减的增值税应纳税额，借记"应交税费——应交增值税（减免税款）"科目（小规模纳税人应借记"应交税费——应交增值税"科目），贷记"管理费用"等科目。

税务处理上，《国家税务总局关于推行增值税防伪税控系统若干问题的通知》（国税发〔2000〕183 号）规定，自 2000 年 1 月 1 日起，企业购置增值税防伪税控系统专用设备和通用设备发生的费用，准予在当期计算缴纳所得税前一次性列支；同时，可凭购货取得的专用发票所注明的税额从增值税销项税额中抵扣。增值税防伪税控专用设备包括税控金税卡、税控 IC 卡和读卡器；通用设备包括用于防伪税控系统开具专用发票的计算机和打印机。《财政部、国家税务总局关于增值税税控系统专用设备和技术维护费用抵减增值税税额有关政策的通知》（财税〔2012〕15 号）规定，增值税纳税人 2011 年 12 月 1 日（含，下同）以后初次购买增值税税控系统专用设备（包括分开票机）支付的费用，可凭购买增值税税控系统专用设备取得的增值税专用发票，在增值税应纳税额中全额抵减（抵减额为价税合计额），不足抵减的可结转下期继续抵减。增值税纳税人非初次购买增值税税控系统专用设备支付的费用，由其自行负担，不得在增值税应纳税额中抵减。增值税纳税人 2011 年 12 月 1 日以后缴纳的技术维护费，可凭技术

维护服务单位开具的技术维护费发票,在增值税应纳税额中全额抵减,不足抵减的可结转下期继续抵减。增值税一般纳税人支付的两项费用在增值税应纳税额中全额抵减的,其增值税专用发票不作为增值税抵扣凭证,其进项税额不得从销项税额中抵扣。

【案例 5-17】2×17 年 12 月某税务师事务所(一般纳税人)用银行存款支付初次购买增值税税控系统专用设备(金税盘)款 490 元(含税价),取得增值税专用发票,价款 418.8 元,税额 71.2 元;缴纳的技术维护费 330 元,取得增值税专用发票,价款 311.32 元,税额 18.68 元;购买计算机和打印机 11 700 元(含税价),取得增值税专用发票,价款 10 000 元,税额 1 700 元。

①支付初次购买增值税税控系统专用设备的费用以及缴纳的技术维护费时,当月认证但同时申报相应的进项税额转出:

借:管理费用　　　　　　　　　　　　　　　　　　　　730.12
　　固定资产　　　　　　　　　　　　　　　　　　　　10 000
　　应交税费——待认证进项税额　　　　　　　　　　　1 789.88
　　贷:银行存款　　　　　　　　　　　　　　　　　　12 520

借:应交税费——应交增值税(进项税额)　　　　　　　1 789.88
　　贷:应交税费——待认证进项税额　　　　　　　　　1 789.88

借:管理费用　　　　　　　　　　　　　　　　　　　　89.88
　　贷:应交税费——应交增值税(进项税额转出)　　　89.88

②在增值税应纳税额中全额抵减初次购买增值税税控系统专用设备支付的费用以及缴纳的技术维护费时:

借:应交税费——应交增值税(减免税款)　　　　　　　820
　　贷:管理费用　　　　　　　　　　　　　　　　　　820

③2×17 年企业所得税汇算清缴。由于当年会计上没有确认损益,但税法规定企业购置增值税防伪税控系统专用设备和通用设备发生的费用,准予在当期的应纳税所得额中一次性列支,所以应纳税调减 10 000 元,但以后期间"固定资产——打印机"会计计提折旧,不得在税前扣除,应将每年会计计提折旧金额,进行纳税调增,并转回以前年度确认递延所得税负债。固定资产的账面价值为 10 000 元,计税基础为 0 元,形成应纳税暂时性差异,确认递延所得税负债 = 10 000 × 25% = 2 500(元)。

借:所得税费用　　　　　　　　　　　　　　　　　　2 500
　　贷:递延所得税负债　　　　　　　　　　　　　　　2 500

十五、销售使用过固定资产会计和税务处理

会计处理上,企业以出售、转让、非货币性资产交换、抵债等方式销售使用过的固

定资产，应当将处置收入扣除账面价值和相关税费后的金额计入当期损益，并通过"固定资产清理"科目核算。按照财会〔2016〕22号文件的规定，一般纳税人销售固定资产按照税法规定适用简易计税方式的，会计核算通过"应交税费——简易计税"明细科目，核算一般纳税人采用简易计税方法发生的增值税计提、扣减、预缴、缴纳等业务；适用一般计税方式的，会计核算通过"应交税费——应交增值税（销项税额）"明细科目。

1. 将固定资产转入清理。出售固定资产转入清理时，按固定资产账面价值，借记"固定资产清理"科目，按已计提的累计折旧，借记"累计折旧"科目，按已计提的减值准备，借记"固定资产减值准备"科目，按固定资产原价，贷记"固定资产"科目。

2. 发生的清理费用和税金。固定资产清理过程中发生的相关税费及其他费用，借记"固定资产清理"科目，贷记"银行存款"、"应交税费——简易计税"或"应交税费——应交增值税（销项税额）"等科目。

3. 收回残料或出售价款或保险赔偿。收回残料或出售价款、计算或收到应收保险公司或过失人赔偿的损失等，借记"银行存款"、"原材料"、"其他应收款"等科目，贷记"固定资产清理"科目。

4. 结转清理净损益。固定资产清理完成后，属于生产经营期间正常的处理损失，借记"营业外支出——处置非流动资产损失"科目，贷记"固定资产清理"科目；如为贷方余额，借记"固定资产清理"科目，贷记"营业外收入——处置非流动资产利得"科目。

增值税处理上，需要具体区分以下情况计算增值税和开具增值税发票。

1. 2008年12月31日以前未纳入扩大增值税抵扣范围试点的一般纳税人销售2008年12月31日以前取得的使用过的固定资产，可以按简易办法依3%的征收率减按2%征收增值税，开具3%的普通发票，不得开具专用发票。

2. 2008年12月31日以前已纳入扩大增值税抵扣范围试点的纳税人，销售自己使用过的在本地区扩大增值税抵扣范围试点以前购进或者自制的固定资产，按照简易办法依3%征收率减按2%征收增值税，开具3%的普通发票，不得开具专用发票。

3. 原一般纳税人销售自己使用过的属于《增值税暂行条例》第十条规定不得抵扣且未抵扣进项税额的固定资产，按简易办法依3%征收率减按2%征收增值税，开具3%的普通发票，不得开具专用发票。

4. 一般纳税人销售自己使用过的固定资产，属于购进或者自制固定资产时为小规模纳税人，认定为一般纳税人后销售该固定资产，可按照简易办法3%的征收率减按2%征收增值税，开具3%的普通发票，不得开具专用发票。

5. 增值税一般纳税人销售自己使用过的固定资产，属于发生按简易办法征收增值税应税行为，销售其按照规定不得抵扣且未抵扣进项税额的固定资产，可按简易办法依

3%征收率减按2%征收增值税,同时不得开具增值税专用发票。

6. 营改增一般纳税人销售营改增后自己使用过的属于财税〔2016〕36号文件规定的不得抵扣且未抵扣进项税额的固定资产,按简易办法依3%征收率减按2%征收增值税,开具3%的普通发票,不得开具专用发票。

7. 以上六种情况,一般纳税人处置固定资产,采取简易征收计税方法而又放弃税收优惠的,可以开具3%的增值税专用发票。

8. 营改增一般纳税人销售自己使用过的纳入营改增试点之日前取得的固定资产,按照现行旧货相关增值税政策执行,按照简易办法依照3%征收率减按2%征收增值税。纳税人销售旧货,应开具普通发票,不得自行开具或者由税务机关代开增值税专用发票,也不得自行放弃减税后按照3%开具增值税专用发票。

9. 除上述情况外,一般纳税人销售自己使用过的固定资产,如果取得时抵扣过进项税额或因自己的原因可以抵扣但没有抵扣的,在处置固定资产时,都要按照一般计税方式和适用税率计算销项税额,可以开具增值税普通发票,也可以开具专用发票。

【案例5-18】 某公司2016年8月出售A型和B型两台使用过的用于生产应税货物的机器,其中A机器于2008年8月购入(未纳入抵扣试点),原值100 000元,净残值5%,采用直线法计提折旧,已提折旧66 500元,以价税合计40 000元出售;B机器于2009年2月购入,进项税额已抵扣,已提折旧61 750元,净残值5%,以价税合计45 000元出售。

分析:计算销售固定资产增值税。当月出售A机器按简易办法依征税率3%减按2%征收增值税,应交增值税=40 000÷(1+3%)×2%=776.70(元);当月出售B机器按一般计税方法适用税率计算增值税=45 000÷(1+17%)×17%=6 538.46(元)。

借:固定资产清理——A机器　　　　　　　　　　　　1 165.05
　　贷:应交税费——简易计税[40 000÷(1+3%)×3%]　1 165.05
借:应交税费——简易计税[40 000÷(1+3%)×1%]　　388.35
　　贷:固定资产清理——A机器　　　　　　　　　　　388.35
借:应交税费——简易计税[40 000÷(1+3%)×2%]　　776.70
　　贷:银行存款　　　　　　　　　　　　　　　　　　776.70
借:固定资产清理——B机器　　　　　　　　　　　　6 538.46
　　贷:应交税费——应交增值税(销项税额)　　　　6 538.46

本例中,纳税人应特别注意,购入固定资产的时间、所在地区和用途,要区分2008年12月31日以前与之后的不同政策,前者是按增值税3%征收率减2%缴纳增值税,后者是按适用税率缴纳销项税额。

十六、不动产取得和转让税会处理差异及纳税调整实务

会计处理上,企业以直接购买、接受捐赠、接受投资入股以及抵债等各种形式取得的不动产,按照企业会计准则的规定,应分不同用途确认为固定资产或投资性房地产核算。2016年5月1日后取得并在会计制度上按固定资产核算的不动产,以及2016年5月1日后发生的不动产在建工程,其进项税额应按照税法有关规定分2年从销项税额中抵扣,其60%的部分于取得扣税凭证的当期从销项税额中抵扣;40%的部分为待抵扣进项税额,于取得扣税凭证的当月起第13个月从销项税额中抵扣。按照财会〔2016〕22号文件的规定,60%的进项税额部分允许在取得扣税凭证的当期从销项税额中抵扣,取得增值税专用发票时,先记入"应交税费——待认证进项税额"科目,认证后转入"应交税费——应交增值税(进项税额)"科目;40%的待抵扣进项税额部分记入"应交税费——待抵扣进项税额"明细科目。作为投资性房地产核算的不动产,其进项税额应按照税法有关规定一次性从销项税额中抵扣。

企业以出售、转让、非货币性资产交换、抵债等方式销售使用过的不动产,应当将处置收入扣除账面价值和相关税费后的金额计入当期损益,并通过"固定资产清理"科目核算。按照财会〔2016〕22号文件的规定,一般纳税人销售固定资产按照税法规定适用简易计税方式的,会计核算通过"应交税费——简易计税"明细科目,核算一般纳税人采用简易计税方法发生的增值税计提、扣减、预缴、缴纳等业务;适用一般计税方式的,会计核算通过"应交税费——应交增值税(销项税额)"明细科目,如果涉及不动产转让差额计税方式,通过"应交税费——应交增值税(销项税额抵减)"明细科目核算。企业销售其取得的不动产或者不动产在建工程时,尚未抵扣完毕的待抵扣进项税额,允许在销售的当期从销项税额中抵扣。进行会计核算时,将"应交税费——待抵扣进项税额"科目余额转入"应交税费——应交增值税(销项税额)"科目。

税务处理上,一般纳税人取得不动产在增值税处理方面,按照《国家税务总局关于发布〈不动产进项税额分期抵扣暂行办法〉的公告》的(国家税务总局公告2016第15号)的相关规定处理;在企业所得税处理方面,按照固定资产的相关规定进行处理,不再赘述。转让不动产增值税处理方面,一般纳税人按照取得时间和方式,区分不同情形缴纳增值税:第一,一般纳税人转让其2016年4月30日前取得的不动产可以选择按照5%的征收率、适用简易计税方法计税。如果该不动产是自建方式取得的,以取得的全部价款和价外费用为销售额,即全额计税;如果不动产是自建以外的方式取得的,以取得的全部价款和价外费用扣除不动产购置原价或者取得不动产时作价后的余额为销售额,也就是简易差额计税。第二,一般纳税人转让其2016年4月

30 日前取得（不含自建）的不动产，选择适用一般计税方法计税的，以取得的全部价款和价外费用为销售额计算应纳税额。一般纳税人转让其 2016 年 4 月 30 日前自建的不动产，选择适用一般计税方法计税的，以取得的全部价款和价外费用为销售额计算应纳税额。第三，一般纳税人转让其 2016 年 4 月 30 日之后取得的不动产，只能选择一般计税方法。适用一般计税方法计税的，无论取得方式是自建还是非自建，均应以全部价款和价外费用为销售额，也就是全额计税。具体按照《国家税务总局关于发布〈纳税人转让不动产增值税征收管理暂行办法〉的公告》（国家税务总局公告 2016 年第 14 号）的相关规定处理。

企业所得税处理方面，按照转让财产项目，确认转让不动产收入并扣除其转让时的计税基础后，计算转让不动产所得，除另有规定外，应一次性计入当期应纳税所得额。

【案例 5-19】 甲公司为一般纳税人，于 2018 年 6 月销售 2016 年 6 月后新购入的办公楼一栋，取得增值税专用发票一张，注明的价款为 4 500 万元，征收率为 5%，增值税税额 225 万元，已经认证通过并按照规定申报抵扣，假设该办公楼按照直线法折旧，预计使用年限为 20 年，预计净残值为 0，按照一般计税方法计税。当期取得含税销售额 5 550 万元，开具增值税专用发票。当期购买办公电脑、家具等取得增值税专用发票 10 份并认证相符，注明的金额为 2 000 万元，税额为 340 万元。2018 年 5 月的期末留抵税额为 160 万元。

分析：《国家税务总局关于发布〈纳税人转让不动产增值税征收管理暂行办法〉的公告》（国家税务总局公告 2016 年第 14 号）第三条规定，一般纳税人转让其 2016 年 4 月 30 日前自建的不动产，选择适用一般计税方法计税的，以取得的全部价款和价外费用为销售额计算应纳税额。纳税人应以取得的全部价款和价外费用，按照 5% 的预征率向不动产所在地主管地税机关预缴税款，向机构所在地主管国税机关申报纳税。一般纳税人转让其 2016 年 5 月 1 日后取得（不含自建）的不动产，适用一般计税方法，以取得的全部价款和价外费用为销售额计算应纳税额。纳税人应以取得的全部价款和价外费用扣除不动产购置原价或者取得不动产时作价后的余额，按照 5% 的预征率向不动产所在地主管地税机关预缴税款，向机构所在地主管国税机关申报纳税。

需要注意的是，本案例不适用于房地产开发企业销售自己开发的房地产项目，纳税人转让其取得（不含自建）的不动产，在不动产所在地主管地税机关预缴税款时，也无须填写《增值税预缴税款表》。应预缴税款 =（全部价款和价外费用 - 不动产购置原价或者取得不动产时的作价）÷（1 + 5%）× 5% =（5 550 - 4 500）÷（1 + 5%）× 5% = 50（万元）；应纳税额 = 含税销售额 ÷（1 + 税率）× 税率 - 进项税额 = 5 550 ÷（1 + 11%）× 11% -（340 + 160）= 50（万元）；应补退税额 = 应纳税额 - 预缴税款 = 50 - 50 = 0（万元)。取得和销售不动产的会计与税务处理如下。

①2016年6月后新购入办公楼,取得增值税专用发票时:

借:固定资产——办公楼	45 000 000
应交税费——待认证进项税额	2 250 000
贷:银行存款	47 250 000

②2016年6月,取得增值税专用发票进行认证通过时:

借:应交税费——应交增值税(进项税额)	1 350 000
——待抵扣进项税额	900 000
贷:应交税费——待认证进项税额	2 250 000

③2016年7月,办公楼按月计提折旧额 = 4 500/12 × 20 = 18.75(万元):

借:管理费用	187 500
贷:累计折旧	187 500

④2017年6月,取得扣税凭证的当月起第13个月从销项税额中抵扣:

借:应交税费——应交增值税(进项税额)	900 000
贷:应交税费——待抵扣进项税额	900 000

⑤销售不动产的相关会计处理:

借:固定资产清理	40 500 000
累计折旧	4 500 000
贷:固定资产	45 000 000
借:银行存款	55 500 000
贷:固定资产清理	55 500 000
借:固定资产清理	5 500 000
贷:应交税费——应交增值税(销项税额)	5 500 000
借:应交税费——预交增值税	500 000
贷:银行存款	500 000
借:固定资产清理	9 500 000
贷:营业外收入——处置固定资产利得	9 500 000
借:应交税费——未交增值税	500 000
贷:应交税费——预交增值税	500 000
借:固定资产	20 000 000
应交税费——应交增值税(进项税额)	3 400 000
贷:银行存款	23 400 000
借:应交税费——应交增值税(转出未交增值税)	500 000
贷:应交税费——未交增值税(5 500 000 - 3 400 000 - 1 600 000)	
	500 000

【案例 5-20】 乙企业为一般纳税人，2017 年 6 月销售其 2015 年 6 月购入的办公楼一栋，购置原价为 4 500 万元，假设该办公楼按照直线法折旧，预计使用年限为 20 年，预计净残值为 0，销售时按照简易计税方法计税。当期取得含税销售额 5 550 万元，已经开具增值税专用发票。

分析：《国家税务总局关于发布〈纳税人转让不动产增值税征收管理暂行办法〉的公告》（国家税务总局公告 2016 年第 14 号）第三条规定，一般纳税人转让其 2016 年 4 月 30 日前取得（不含自建）的不动产，可选择适用简易计税方法计税，以取得的全部价款和价外费用扣除不动产购置原价或者取得不动产时作价后的余额为销售额，按照 5% 的征收率计算应纳税额。纳税人应按照上述计税方法向不动产所在地主管地税机关预缴税款，向机构所在地主管国税机关申报纳税。一般纳税人转让其 2016 年 4 月 30 日前取得（不含自建）的不动产，选择适用一般计税方法计税的，以取得的全部价款和价外费用为销售额计算应纳税额。纳税人应以取得的全部价款和价外费用扣除不动产购置原价或者取得不动产时作价后的余额，按照 5% 的预征率向不动产所在地主管地税机关预缴税款，向机构所在地主管国税机关申报纳税。

需要注意的是，本案例不适用于房地产开发企业销售自己开发的房地产项目，纳税人转让其取得（不含自建）的不动产，在不动产所在地主管地税机关预缴税款时，也无须填写《增值税预缴税款表》。应预缴税款 =（全部价款和价外费用 - 不动产购置原价或者取得不动产时的作价）÷（1 + 5%）× 5% =（5 550 - 4 500）÷（1 + 5%）× 5% = 50（万元）；应纳税额 =（全部价款和价外费用 - 不动产购置原价或者取得不动产时的作价）÷（1 + 征收率）× 征收率 =（5 550 - 4 500）÷（1 + 5%）× 5% = 50（万元）；应补退税额 = 应纳税额 - 预缴税款 = 50 - 50 = 0。会计处理如下：

借：固定资产清理	40 500 000
累计折旧	4 500 000
贷：固定资产	45 000 000
借：银行存款	55 500 000
贷：固定资产清理	55 500 000
借：固定资产清理	2 642 900
贷：应交税费——简易计税（计提）	2 642 900
借：应交税费——简易计税（扣减）	2 142 900
贷：固定资产清理	2 142 900
借：固定资产清理	14 500 000
贷：营业外收入	14 500 000
借：应交税费——简易计税（缴纳）	500 000
贷：银行存款	500 000

借：应交税费——简易计税（计提） 2 642 900
　　贷：应交税费——简易计税（扣减） 2 142 900
　　　　——简易计税（缴纳） 500 000

十七、固定资产税会处理差异及纳税调整实务

【案例5-21】某生产企业于2×09年12月自行建造一项生产用固定资产——A设备并投入使用，A设备原值80 000元，预计使用年限5年，会计按照直线法计提折旧。若A设备在2×12年年底因技术陈旧等原因，可收回金额为20 000元，企业提取固定资产减值准备，假设预计净残值为0。

①会计处理。固定资产投入使用后每年折旧额=80 000÷5=16 000（元），2×12年年底，固定资产的可收回金额为20 000元，账面价值=80 000-16 000×3=32 000（元），计提减值准备12 000元。

借：资产减值损失——固定资产减值准备 12 000
　　贷：固定资产减值准备 12 000

②税务处理及纳税调整。2×12年年底，会计计提减值准备12 000元，企业所得税税前扣除时不予确认，应纳税调增12 000元，并通过设置纳税调整台账记录。从企业所得税费用会计核算角度分析，企业所得税和会计出现差异，由于差异的原因是固定资产的计税基础和会计的账面价值不相同，所以差异的性质为暂时性差异。同时应确认为可抵扣暂时性差异，企业当期产生递延所得税资产。具体处理如下：

2×12年年底固定资产的账面价值=80 000-（16 000×3）-12 000（减值准备）
　　　　　　　　　　　　　　　=20 000（元）

固定资产计税基础=80 000-（16 000×3）=32 000（元）

递延所得税资产=（32 000-20 000）×25%=12 000×25%=3 000（元）

企业所得税费用会计核算的账务处理为：

借：递延所得税资产 3 000
　　贷：所得税费用——递延所得税费用 3 000

【案例5-22】承〖案例5-21〗，假设2×13年至2×14年12月企业固定资产继续使用。

①会计处理。2×13年会计固定资产折旧额=20 000÷2=10 000（元），企业固定资产折旧的会计处理为：

借：制造费用 10 000
　　贷：累计折旧 10 000

2×14年企业会计固定资产折旧额及账务处理与2×13年相同。

②企业所得税处理及纳税调整。2×13 年，企业税前允许扣除的固定资产折旧为 16 000 元，企业会计处理固定资产折旧额为 10 000 元，且计入制造费用，企业所得税和会计的处理出现差异。税收处理和会计处理的差异，通过前期设置的台账进行记录，在企业所得税纳税申报表填报时需要进行纳税调减 6 000 元的处理。

③所得税费用的会计处理。如果企业当期没有其他需要处理的企业所得税和会计的差异，则对前期确认的递延所得税资产作回转处理。2×13 年固定资产的账面价值 = 80 000 − (16 000 × 3) − 12 000（减值准备）− 10 000 = 10 000（元）

固定资产计税基础 = 80 000 − (16 000 × 4) = 16 000（元）

递延所得税资产 = (16 000 − 10 000) × 25% = 1 500（元）

转回的递延所得税资产 = 3 000 − 1 500 = 1 500（元）

所得税费用账务处理为：

借：所得税费用——递延所得税费用　　　　　　　　　　　　　1 500
　　贷：递延所得税资产　　　　　　　　　　　　　　　　　　　　1 500

2×14 年企业所得税固定资产提取折旧额及会计和税收处理与 2×13 年相同。

【案例 5−23】 承〖案例 5−21〗，2×15 年 1 月，企业对该固定资产进行清理，收入价款 4 000 元已入账，各项清理费用共计 6 000 元。会计和税务处理如下。

2×15 年 1 月出售时，固定资产累计折旧额 = 48 000 + 20 000 = 68 000（元）。

①会计上确认和计量的固定资产清理损失：

借：累计折旧　　　　　　　　　　　　　　　　　　　　　　　68 000
　　固定资产减值准备　　　　　　　　　　　　　　　　　　　　12 000
　　贷：固定资产　　　　　　　　　　　　　　　　　　　　　　80 000

②取得清理收入：

借：银行存款　　　　　　　　　　　　　　　　　　　　　　　 4 000
　　贷：固定资产清理　　　　　　　　　　　　　　　　　　　　 4 000

③发生清理费用：

借：固定资产清理　　　　　　　　　　　　　　　　　　　　　 6 000
　　贷：银行存款　　　　　　　　　　　　　　　　　　　　　　 6 000

④结转固定资产清理损失：

借：营业外支出——非流动资产处置损失　　　　　　　　　　　 2 000
　　贷：固定资产清理　　　　　　　　　　　　　　　　　　　　 2 000

⑤企业所得税确认 2 000 元为固定资产清理损失，属于可以自行申报扣除的资产损失，允许在企业所得税纳税申报时税前扣除。会计处理和税法处理一致。纳税调整备查账如表 5−2 所示。

表 5-2　　　　　　　纳税调整备查账（固定资产折旧——A 设备）

日期	凭证号	摘要	会计减值损失	会计折旧	税法折旧	纳税调增	纳税调减
2×10 年 12 月	略	计提折旧		16 000	16 000		
2×11 年 12 月	略	计提折旧		16 000	16 000		
2×12 年 12 月	略	计提折旧		16 000	16 000		
2×12 年 12 月	略	确认减值	12 000			12 000	
2×13 年 12 月	略	计提折旧		10 000	16 000		6 000
2×14 年 12 月	略	计提折旧		10 000	16 000		6 000

第三节　融资租赁固定资产税会处理差异

一、融资租赁固定资产的会计处理

（一）租赁期开始日

在租赁期开始日，承租人应当将租赁开始日租赁资产公允价值与最低租赁付款额现值两者中较低者作为租入资产的入账价值，将最低租赁付款额作为长期应付款的入账价值，其差额作为未确认融资费用。在租赁开始日可以合理确定承租人在租赁合同期满时将会行使购买租赁资产选择权的，购买价款应当计入最低租赁付款额。在租赁开始日可以合理确定承租人在租赁合同期满时不会购买租赁资产，租赁协议要求承租人或与其有关的第三方对租赁资产的余值进行担保，则由承租人或与其有关的第三方担保的资产余值应当计入最低租赁付款额。

承租人在租赁谈判和签订租赁合同的过程中发生的可直接归属于租赁项目的初始直接费用，通常有印花税、律师费以及差旅费等，计入租入资产的入账价值。

（二）未确认融资费用分摊

在融资租赁下，承租人向出租人支付的租金中，包含了本金和利息两部分。承租人支付租金时，一方面应减少长期应付款，另一方面应同时将未确认融资费用按一定的方法确认为当期融资费用，在租赁期届满时，未确认融资费用应全部摊销完毕。在分摊未确认融资费用时，承租人应当采用实际利率法。

(三) 租赁资产折旧计提

对于融资租入资产，计提折旧时，承租人应采用与自有资产相一致的折旧政策。如果承租人或与其有关的第三方对租赁资产余值提供了担保，则应计折旧总额为租赁开始日固定资产的入账价值扣除担保余值后的余额。如果承租人或与其有关的第三方未对租赁资产余值提供担保，则应计折旧总额为租赁开始日固定资产的入账价值减去预计净残值。

(四) 租赁期满

一是返还租赁资产的会计处理，分有担保余值和无担保余值两种情况。有担保余值的情况下，借记"长期应付款——应付融资租赁款"（承租人担保余值）、"累计折旧"（固定资产入账价值－承租人担保余值）科目，贷记"固定资产——融资租入固定资产"（固定资产入账价值）科目。无担保余值的情况下，借记"累计折旧"（固定资产入账价值）科目，贷记"固定资产——融资租入固定资产"（固定资产入账价值）科目。二是留购租赁资产。在承租人享有优惠购买选择权的情况下，支付购买价款时，借记"长期应付款——应付融资租赁款"科目，贷记"银行存款"科目；同时，将固定资产从"融资租入固定资产"明细科目转入有关明细科目。履约成本、或有租金在实际发生时，直接计入当期损益。

二、融资租赁固定资产的税务处理

《企业所得税法实施条例》第四十七条规定，企业根据生产经营活动的需要租入固定资产支付的租赁费，按照以下方法扣除：（1）以经营租赁方式租入固定资产发生的租赁费支出，按照租赁期限均匀扣除；（2）以融资租赁方式租入固定资产发生的租赁费支出，按照规定构成融资租入固定资产价值的部分应当提取折旧费用，分期扣除。第五十八条第三款规定，融资租入的固定资产，以租赁合同约定的付款总额和承租人在签订租赁合同过程中发生的相关费用为计税基础，租赁合同未约定付款总额的，以该资产的公允价值和承租人在签订租赁合同过程中发生的相关费用为计税基础。第五十五条规定，除财政部和国家税务总局核准计提的准备金可以税前扣除外，其他行业、企业计提的各项资产减值准备、风险准备等准备金均不得税前扣除。

三、融资租赁固定资产税会处理差异

会计准则和企业所得税法对融资租入固定资产的税会处理差异表现为：第一，融资租入固定资产的初始计价存在差异。税法并未规定计算最低租赁付款额的现值,而是采用相对简化的处理方式,按照合同约定的付款总额作为计税基础,比会计准则的规定更直观、更简单。上述差异导致融资租入固定资产的计税基础大于账面价值。第二,融资租入固定资产的后续计量存在差异,主要表现在未确认融资费用的分摊、资产计提折旧和计提减值准备三方面。会计上按照实际利率法分摊未确认融资费用形成的财务费用,税法上不确认,应进行纳税调增处理。由于融资租入固定资产的初始入账价值和计税基础不同,造成计提折旧时的差异,会计折旧会小于按税法确认税前扣除的税收折旧,应进行纳税调减处理。计提的融资租入固定资产减值准备不能在税前扣除,应进行纳税调增处理。第三,融资租入固定资产的处置存在差异。由于初始计量和后续计量的差异,造成融资租入固定资产处置收益或损失必定存在差异。

四、融资租赁固定资产税会处理差异及纳税调整实务

【案例 5-24】甲公司于 20×6 年 12 月 10 日与乙租赁公司签订了设备租赁合同,合同主要条款如下:

①租赁标的物:生产设备。

②起租日:20×6 年 12 月 31 日。

③租赁期:20×6 年 12 月 31 日至 20×8 年 12 月 31 日,共 2 年。

④租金支付方式:20×7 年和 20×8 年每年年末支付租金 1 000 万元。

⑤租赁期满时,该生产设备的估计余值为 200 万元,其中,甲公司担保的余值为 100 万元,未担保余值为 100 万元。

⑥该生产设备为全新设备,20×6 年 12 月 31 日的公允价值为 1 922.40 万元,预计使用年限为 3 年。

⑦租赁年内含利率为 6%。

⑧20×8 年 12 月 31 日,甲公司将生产设备归还给乙租赁公司。

⑨该生产设备于 20×6 年 12 月 31 日运抵甲公司,当日投入使用,甲公司的固定资产均采用直线法计提折旧。

⑩甲公司在租赁谈判和签订租赁合同过程中发生可归属于租赁项目的手续费、差旅费 5 万元。

⑪甲公司 20×6 年、20×7 年、20×8 年利润总额均为 5 000 万元,企业所得税税率为 25%,无其他纳税调整项目。

(1) 租赁期开始日甲公司会计处理如下。

①20×6 年 12 月 31 日租入设备。

第一步,判断租赁类型。因最低租赁付款额的现值为 1 922 万元大于租赁资产公允

价值的 90% 即 1 730.16 万元（1 922.4×90%），符合融资租赁判断标准的第四条，所以应当认定为融资租赁。

第二步，计算租赁开始日最低租赁付款额的现值，确定租赁资产入账价值。最低租赁付款额 = 各期租金之和 + 由承租人或与其有关的第三方担保的资产余值 = 1 000×2 + 100 = 2 100（万元）；最低租赁付款额的现值 = 1 000×(P/A，6%，2) + 100×(P/F，6%，2) = 1 000×1.833 + 100×0.890 = 1 922（万元）。按公允价值与最低租赁付款额现值孰低原则，租赁资产的入账价值应以最低租赁付款额现值 1 922 万元为基础，加上归属于租赁项目的手续费、差旅费等初始费用 5 万元。

第三步，计算未确认融资费用。未确认融资费用 = 最低租赁付款额 − 最低租赁付款额现值 = 2 100 − 1 922 = 178（万元）

第四步，将初始直接费用计入资产价值。

借：固定资产　　　　　　　　　　　　　　　　　19 270 000
　　未确认融资费用　　　　　　　　　　　　　　　1 780 000
　　贷：长期应付款——应付融资租赁款　　　　　　21 000 000
　　　　银行存款　　　　　　　　　　　　　　　　　　50 000

②20×6 年 12 月 31 日的所得税会计处理。

租赁开始日，固定资产、未确认融资费用两者入账价值之和为 2 105 万元，甲公司对租赁资产余值提供了 100 万元的担保，计提折旧时应扣除 100 万元，未确认融资费用应全部摊销计入损益，所以在租赁期内计入损益的金额为 2 005 万元。

根据税法的规定，融资租赁固定资产的计税基础为各期租金加上初始直接费用，为 2 005 万元。固定资产、未确认融资费用两项资产的账面价值 2 105 万元大于固定资产的计税基础 2 005 万元，之间的差异为应纳税暂时性差异，应确认与其相关的递延所得税负债 25 万元（100×25%）。20×6 年的应纳税所得额就是当年的利润总额，无须调整，应交企业所得税为 1 250 万元（5 000×25%）。

借：所得税费用　　　　　　　　　　　　　　　　12 750 000
　　贷：应交税费——应交所得税　　　　　　　　　12 500 000
　　　　递延所得税负债　　　　　　　　　　　　　　250 000

(2) 20×7 年 12 月 31 日会计处理。

①支付租金的会计处理：

借：长期应付款——应付融资租赁款　　　　　　　10 000 000
　　贷：银行存款　　　　　　　　　　　　　　　　10 000 000

②计提折旧的会计处理：

年折旧额 =（固定资产入账价值 − 担保余值）÷ 折旧年限
　　　　 =（1 927 − 100）÷ 2 = 913.5（万元）

借：制造费用	9 135 000	
贷：累计折旧		9 135 000

③分摊未确认融资费用的会计处理：

应分摊融资费用＝当期期初应付本金余额×分摊率＝1 922×6%＝115.32（万元）

借：财务费用	1 153 200	
贷：未确认融资费用		1 153 200

④20×7年12月31日的所得税会计处理。

20×6年12月31日，固定资产、未确认融资费用账面价值之和为2 105万元，20×7年计提折旧913.5万元，分摊未确认融资费用115.32万元，所以20×7年12月31日固定资产、未确认融资费用账面价值之和为1 076.18万元（2 105－913.5－115.32）。

20×7年12月31日，固定资产的计税基础为1 002.5万元（20×6年12月31日计税基础2 005－税前扣除的折旧额2 005÷2）。固定资产、未确认融资费用两项资产的账面价值1 076.18万元大于固定资产的计税基础1 002.5万元，之间的差异73.68万元为应纳税暂时性差异，应确认与其相关的递延所得税负债18.42万元（73.68×25%），但递延所得税负债的期初余额为25万元，当期应转回原已确认的递延所得税负债6.58万元。

20×7年利润总额为5 000万元，会计上通过折旧计入损益金额为913.5万元，税法规定可扣除1 002.5万元，应调减89万元，分摊未确认融资费用计入损益115.32万元，税法规定不允许扣除，应调增115.32万元，所以20×7年的应纳税所得额为5 026.32万元（5 000－89＋115.32），应交企业所得税为1 256.58万元（5 026.32×25%）。会计分录为：

借：所得税费用	12 500 000	
递延所得税负债	65 800	
贷：应交税费——应交所得税		12 565 800

（3）20×8年12月31日会计处理。

①支付租金的会计处理：

借：长期应付款——应付融资租赁款	10 000 000	
贷：银行存款		10 000 000

②计提折旧的会计处理：

借：制造费用	9 135 000	
贷：累计折旧		9 135 000

③分摊融资费用的会计处理：

应分摊融资费用＝未确认融资费用－已分摊融资费用＝178－115.32＝62.68（万元）

借：财务费用 626 800
　　贷：未确认融资费用 626 800

④20×8年12月31日的所得税会计处理。固定资产累计计提折旧1 827万元，入账价值1 927万元，账面价值100万元为甲公司对该生产设备的担保余值；未确认融资费用全部摊销完毕。因此，固定资产与未确认融资费用账面价值之和为100万元。20×8年12月31日固定资产的计税基础为零（20×6年12月31日的计税基础2 005万元－累计已税前扣除的金额2 005万元），固定资产、未确认融资费用两项资产的账面价值100万元大于固定资产的计税基础0，之间的差异100万元为应纳税暂时性差异，应确认与其相关的递延所得税负债25万元（100×25%），递延所得税负债的期初余额为18.42万元，当期应进一步确认递延所得税负债6.58万元。2×08年利润总额为5 000万元，会计上通过折旧计入损益金额为913.5万元，税法规定可扣除1 002.5万元，应调减89万元；分摊未确认融资费用计入损益62.68万元，税法规定不允许扣除，应调增62.68万元，所以2×08年的应纳税所得额为4 973.68万元（5 000－89＋62.68），应交企业所得税为1 243.42万元（4 973.68×25%）。会计分录为：

借：所得税费用 12 500 000
　　贷：递延所得税负债 65 800
　　　　应交税费——应交所得税 12 434 200

20×8年12月31日，甲公司将生产设备归还给乙租赁公司后，固定资产账面价值为零，固定资产与未确认融资费用的账面价值之和也为零。固定资产的计税基础为零，之间的差异为零，但递延所得税负债的期初余额为25万元，所以还应转回递延所得税负债25万元。会计分录为：

借：递延所得税负债 250 000
　　贷：所得税费用 250 000

第四节　无形资产税会处理差异

一、无形资产界定的税会处理差异

会计准则规定，无形资产是指企业拥有或者控制的没有实物形态的可辨认非货币性资产。资产满足下列条件之一的，符合无形资产定义中的可辨认性标准：第一，能够从企业中分离或者划分出来，并能单独或者与相关合同、资产或负债一起，用于出售、转移、授予许可、租赁或者交换。第二，源自合同性权利或其他法定权利，无论这些权利是否可以从企业或其他权利和义务中转移或者分离。无形资产同时满足下列条件的，才能予以确认：第一，与该无形资产有关的经济利益很可能流入企业；第二，该无形资产的成本能够可靠地计量。企业在判断无形资产产生的经济利益是否很可能流入时，应当对无形资产在预计使用寿命内可能存在的各种经济因素做出合理估计，并且应当有明确证据支持。

《企业所得税法实施条例》第六十五条规定，无形资产是指企业为生产产品、提供劳务、出租或者经营管理而持有的没有实物形态的非货币性长期资产，包括专利权、商标权、著作权、土地使用权、非专利技术、商誉等。国家税务总局编写的《企业所得税法实施条例释义》对《实施条例》第五十六条释义时明确，条例中的无形资产实际上包括准则中的无形资产、商誉和部分投资性房地产，条例中的投资资产包括准则中的交易性金融资产、持有至到期投资和长期股权投资，条例中的固定资产还包括准则中的固定资产和部分投资性房地产。

会计准则与税法界定主要差异为：一是关于商誉。由于商誉的存在无法与企业自身分离，不具有可辨认性，所以在会计上不作无形资产处理，企业自创商誉以及内部产生的品牌、报刊名等，也不应确认为无形资产。但因企业合并形成的商誉，应单独确认为一项资产，并作为一个单独项目，列示在合并资产负债表中。由于商誉属于没有实物形态的非货币性长期资产，在税法中作为无形资产处理。二是关于土地使用权。在会计处理上，把已出租的土地使用权、持有并准备增值后转让的土地使用权作为投资性房地产处理。在税务处理上，企业为取得土地使用权支付给国家或其他纳税人的土地出让价款、无偿取得的土地使用权，都作为无形资产处理。三是关于计算机软件。在会计处理上，主要是根据计算机软件的重要性来确定是否作为无形资产核算。在税务处理上，主要是根据计算机软件是否单独计价来确定是否作为无形资产管理。一般来说，企业购买计算机应用软件，凡随同计算机硬件一起购入的，计入固定资产价值；单独购入的，作为无形资产管理。

二、无形资产初始计量的差异

会计准则规定，外购无形资产的成本，包括购买价款、相关税费以及直接归属于使该项资产达到预定用途所发生的其他支出。直接归属于使该项资产达到预定用途所发生的其他支出，包括使无形资产达到预定用途所发生的专业服务费、测试无形资产是否能够正常发挥作用的费用等，但不包括引入新产品进行宣传发生的广告费、管理费用及其他间接费用，也不包括在无形资产已经达到预定用途以后发生的费用，对于这些不构成无形资产成本的费用、支出，可以按照规定确认为当期损益。购买无形资产的价款超过正常信用条件延期支付，实质上具有融资性质的，无形资产的成本以购买价款的现值为基础确定。实际支付的价款与购买价款的现值之间的差额,除按照《企业会计准则第17号——借款费用》的规定应予资本化的以外,应当在信用期间内计入当期损益。投资者投入的无形资产,应当按照投资合同或协议约定的价值作为其入账成本,如果合同或协议约定的价值不公允,应按公允价值确定。

非货币性资产交换取得无形资产的,如果非货币性资产交换同时满足具有商业实质和换入资产或换出固定资产的公允价值能够可靠计量条件的,按公允价值和应支付的相关税费作为换入固定资产的成本,公允价值与换出资产账面价值的差额计入当期损益。不满足上述条件的,应以换出资产的账面价值和应支付的相关税费作为换入固定资产的成本。

自行开发的无形资产其成本包括自满足《企业会计准则第6号——无形资产》的规定后至达到预定用途前所发生的支出总额,但是对于以前期间已经费用化的支出不再调整。研究阶段的支出,发生时计入当期损益。开发阶段的支出,在满足相关条件时,确认为无形资产。

《企业会计准则第20号——企业合并》规定,购买方对合并成本大于合并中取得的被购买方可辨认净资产公允价值份额的差额确认为商誉。初始确认后的商誉,应当以其成本扣除累计减值准备后的金额计量,并在持有期间不得进行摊销。商誉的减值按照《企业会计准则第8号——资产减值》的规定处理。

《企业所得税法》规定,无形资产按取得时的实际支出作为计税基础。《企业所得税法实施条例》第六十六条规定,无形资产按照以下方法确定计税基础:外购的无形资产,以购买价款和支付的相关税费以及直接归属于使该资产达到预定用途发生的其他支出为计税基础;自行开发的无形资产,以开发过程中该资产符合资本化条件后至达到预定用途前发生的支出为计税基础;通过捐赠、投资、非货币性资产交换、债务重组等方式取得的无形资产,以该资产的公允价值和支付的相关税费为计税基础。企业招拍土地后,政府给予的土地返还款不得冲减土地成本,而应当并入当期收入总额缴纳企业所得税。

无形资产初始计量的税会处理差异主要表现为以下四个方面。

1. 会计准则规定,购买无形资产的价款超过正常信用条件延期支付,实质上具有融资性质的,无形资产的成本以购买价款的现值为基础确定。实际支付的价款与购买价款的现值之间的差额,除按照《企业会计准则第17号——借款费用》的规定应予资本化的以外,应当在信用期间内计入当期损益。但《企业所得税法实施条例》对于外购无形资产计税基础,并无这方面的规定,以后摊销时需要进行纳税调整。

2. 企业非货币性交换不具有商业实质或换入资产或换出资产的公允价值不能够可靠计量时,会计准则规定换入无形资产以换出资产的账面价值和应支付的相关税费计量,不确认损益。但税法规定,企业非货币性交换取得的无形资产,计税基础按照公允价值和支付的相关税费计量。

3. 企业合并取得的无形资产。会计准则规定，同一控制下的企业合并取得的无形资产，合并方在企业合并中取得的无形资产应当按照合并日在被合并方的账面价值计量；非同一控制下的企业合并取得的无形资产，合并中取得的被购买方无形资产，其带来的经济利益很可能流入企业且公允价值能够可靠计量的，应当单独予以确认并按照公允价值计量。

《企业所得税法实施条例》第七十五条规定，除国务院财政、税务主管部门另有规定外，企业重组过程中，应当在交易发生时确认有关资产的转让所得或者损失，相关资产应当按照交易价格重新确定计税基础。

会计准则和企业所得税法对于企业合并取得的无形资产成本的计价规定存在明显差异。会计上以是否为同一控制下的企业合并为条件，分别确定通过企业合并取得无形资产的计价方法；而税法是按照交易价格重新确定计税基础。

4. 企业自行研发的无形资产。《企业所得税法》规定，符合条件的研究开发费用可以加计扣除，无形资产的计税基础为自行开发资本化处理部分金额的150%。按照《企业会计准则第18号——所得税》的规定，在某些情况下，如果企业发生的某项交易或事项不属于企业合并，并且交易发生时既不影响会计利润也不影响应纳税所得额，且该项交易中产生的资产、负债的初始确认金额与其计税基础不同，产生可抵扣暂时性差异的，规定在交易或事项发生时不确认相关的递延所得税资产或负债。该规定主要是考虑到，由于交易发生时既不影响会计利润也不影响应纳税所得额，确认递延所得税负债的直接结果是增加有关资产的账面价值或是降低所确认负债的账面价值，使得资产、负债在初始确认时违背历史成本原则，影响会计信息的可靠性。

【案例 5-25】A 企业当期为开发新技术发生研究开发支出 2 000 万元，其中，研究阶段支出 400 万元，开发阶段符合资本化条件前发生的支出为 400 万元，符合资本化条件后至达到预定用途前发生的支出为 1 200 万元。税法规定，企业为开发新技术、新产品、新工艺发生的研究开发费用，未形成无形资产计入当期损益的，按照研究开发费用的 50% 加计扣除；形成无形资产的，按照无形资产成本的 150% 摊销。假定开发形成的无形资产在当期期末已达到预定用途（尚未开始摊销）。

A 企业当期发生的研究开发支出中，按照会计准则的规定应予费用化的金额为 800 万元，形成无形资产的成本为 1 200 万元，即期末所形成无形资产的账面价值为 1 200 万元。

A 企业当期发生的 2 000 万元研究开发支出，按照税法规定可在当期税前扣除的金额为 1 200 万元。所形成无形资产在未来期间可予税前扣除的金额为 1 800 万元，其计税基础为 1 800 万元，形成暂时性差异 600 万元。

该内部开发形成的无形资产的账面价值与其计税基础之间产生的 600 万元暂时性差

异系资产初始确认产生的，确认资产既不影响会计利润也不影响应纳税所得额，按照会计准则的规定，不确认暂时性差异的所得税影响。

三、无形资产摊销的差异

会计准则规定，企业应当于取得无形资产时分析判断其使用寿命。无形资产的使用寿命为有限的，应当估计该使用寿命的年限或者构成使用寿命的产量等类似计量单位数量；无法预见无形资产为企业带来经济利益期限的，应当视为使用寿命不确定的无形资产。使用寿命不确定的无形资产不应摊销。使用寿命有限的无形资产，其应摊销金额应当在使用寿命内系统合理摊销。企业摊销无形资产，应当自无形资产可供使用时起，至不再作为无形资产确认时止。企业选择的无形资产摊销方法，应当反映与该项无形资产有关的经济利益的预期实现方式。无法可靠确定预期实现方式的，应当采用直线法摊销。

无形资产的摊销金额一般应当计入当期损益。某项无形资产包含的经济利益通过所生产的产品或其他资产实现的，其摊销金额应当计入相关资产的成本。无形资产的应摊销金额为其成本扣除预计残值后的金额。已计提减值准备的无形资产，还应扣除已计提的无形资产减值准备累计金额。使用寿命有限的无形资产，其残值应当视为零，但下列情况除外：第一，有第三方承诺在无形资产使用寿命结束时购买该无形资产；第二，可以根据活跃市场得到预计残值信息，并且该市场在无形资产使用寿命结束时很可能存在。

企业购入或以支付土地出让金方式取得的土地使用权，在尚未开发或建造自用项目前，作为无形资产核算，并按规定的期限分期摊销。房地产开发企业取得土地使用权用于建造对外出售的房屋建筑物，相关的土地使用权账面价值应计入"开发成本——土地征用及拆迁补偿费"。

企业至少应当在每年年度终了对使用寿命有限的无形资产的使用寿命及摊销方法进行复核。无形资产的使用寿命及摊销方法与以前估计不同的，应当改变摊销期限和摊销方法。企业应当在每个会计期间对使用寿命不确定的无形资产的使用寿命进行复核。如果有证据表明无形资产的使用寿命是有限的，应当估计其使用寿命并按准则规定处理。

《企业所得税法》第十二条规定，在计算应纳税所得额时，企业按照规定计算的无形资产摊销费用，准予扣除。下列无形资产不得计算摊销费用扣除：第一，自行开发的支出已在计算应纳税所得额时扣除的无形资产；第二，自创商誉；第三，与经营活动无关的无形资产；第四，其他不得计算摊销费用扣除的无形资产。

《企业所得税法实施条例》第六十七条规定，无形资产按照直线法计算的摊销费用，准予扣除。按照其他方法计算的摊销费用，要进行纳税调整。无形资产摊销方法和期限一经确定,不得随意变更。无形资产的摊销年限不得低于10年。作为投资或者受让的无形资产,有关法律规定或者合同约定了使用年限的,可以按照规定或者约定的使用年限分期摊销。外购商誉的支出,在企业整体转让或者清算时,准予扣除。无形资产以其计税基础作为可摊销的金额。已计提减值准备的无形资产,应进行纳税调整,税法不允许扣除无形资产减值准备。企业接受投资或因合并、分立等改组中接受的无形资产,一般来说,只有当有关无形资产中隐含的增值或损失已经在税收上确认,才能按经评估确认的价值确定有关无形资产的计税基础,否则,只能以无形资产在原企业账面的净值作为计税基础。

《企业所得税法》第三十条规定,企业开发新技术、新产品、新工艺发生的研究开发费用可以在计算应纳税所得额时加计扣除。《企业所得税法实施条例》第九十五条规定,《企业所得税法》第三十条所称研究开发费用的加计扣除,是指企业为开发新技术、新产品、新工艺发生的研究开发费用,未形成无形资产计入当期损益的,在按照规定据实扣除的基础上,按照研究开发费用的50%加计扣除;形成无形资产的,按照无形资产成本的150%摊销。另外,《财政部、国家税务总局关于进一步鼓励软件产业和集成电路产业发展企业所得税政策的通知》(财税〔2012〕27号)规定,企业外购的软件,凡符合固定资产或无形资产确认条件的,可以按照固定资产或无形资产进行核算,其折旧或摊销年限可以适当缩短,最短可为2年(含)。

【案例5-26】 乙企业于2×11年1月1日取得的某项无形资产,取得成本为1 500万元,取得该项无形资产后,根据各方面情况判断,乙企业无法合理预计其使用期限,将其作为使用寿命不确定的无形资产。2×11年12月31日,对该项无形资产进行减值测试表明其未发生减值。乙企业在计税时,对该项无形资产按照10年的期限摊销,摊销金额允许税前扣除。

分析:会计上将该项无形资产作为使用寿命不确定的无形资产,因未发生减值,其在2×11年12月31日的账面价值为取得成本1 500万元。该项无形资产在2×11年12月31日的计税基础为1 350万元(成本1 500 - 按照税法规定可予税前扣除的摊销额150)。该项无形资产的账面价值1 500万元与其计税基础1 350万元之间的差额150万元将计入未来期间的应纳税所得额,产生递延所得税负债=150×25%=37.5(万元)。

四、无形资产转让的差异

会计准则规定,企业出售无形资产,应当将取得的价款与该无形资产账面价值的差额计入当期损益。无形资产预期不能为企业带来经济利益的,应当将该无形资产的账面价值予以转销。

税法规定,企业出售、转让无形资产,应按《企业所得税法》第六条的规定确认为转让财产收入,并按第十六条的规定,在计算应纳税所得额时,扣除该项资产的净值和转让费用。企业无形资产对外投资、债务重组、分配股利和捐赠等,都要视同销售。但《企业所得税法》第二十七条规定,符合条件的技术转让所得减免企业所得税。《企业所得税法实施条例》第九十条规定,符合条件的技术转让所得免征、减征企业所得税,是指一个纳税年度内,居民企业技术转让所得不超过500万元的部分,免征企业所得税;超过500万元的部分,减半征收企业所得税。

具体操作按照《国家税务总局关于技术转让所得减免企业所得税有关问题的通知》(国税函〔2009〕212号)和《财政部、国家税务总局关于居民企业技术转让有关企业所得税政策问题的通知》(财税〔2010〕111号)的相关规定计算和申报技术转让所得减免金额,并应在技术转让纳税年度终了后至报送年度纳税申报表以前向主管税务机关办理减免税备案手续。

符合条件的技术转让所得应按以下方法计算:

$$技术转让所得 = 技术转让收入 - 技术转让成本 - 相关税费$$

其中,技术转让收入是指当事人履行技术转让合同后获得的价款,不包括销售或转让设备、仪器、零部件、原材料等非技术性收入。不属于与技术转让项目密不可分的技术咨询、技术服务、技术培训等收入,不得计入技术转让收入。技术转让成本是指转让的无形资产的净值,即该无形资产的计税基础减除在资产使用期间按照规定计算的摊销扣除额后的余额。相关税费是指技术转让过程中实际发生的有关税费,包括除企业所得税和允许抵扣的增值税以外的各项税金及其附加、合同签订费用、律师费等相关费用及其他支出。享受技术转让所得减免企业所得税优惠的企业,应单独计算技术转让所得,并合理分摊企业的期间费用;没有单独计算的,不得享受技术转让所得企业所得税优惠。

需要注意的是,企业技术入股符合税法规定条件的,可以选择适用企业所得税递延纳税政策。《财政部、国家税务总局关于完善股权激励和技术入股有关所得税政策的通知》(财税〔2016〕101号)和《国家税务总局关于股权激励和技术入股所得税征管问题的公告》(国家税务总局公告2016年第62号)规定:第一,企业或个人以技术成果投资入股到境内居民企业,被投资企业支付的对价全部为股票(权)的,企业或个人可选择继续按现行有关税收政策执行,也可选择适用递延纳税优惠政策。选择技术成果投资入股递延纳税政策的,经向主管税务机关备案,投资入股当期可暂不纳税,允许递延至转让股权时,按股权转让收入减去技术成果原值和合理税费后的差额计算缴纳所得税。第二,企业或个人选择适用上述任一项政策,均允许被投资企业按技术成果投资入股时的评估值入账并在企业所得税前摊销扣除。第三,技术成果是指专利技术(含国防专利)、计算机软件著作权、集成电路布图设计专有权、植物新品种权、生物医药新品种,以及科技部、财政部、国家税务总局确定的其他技术成果。第四,技术成果投资入股,是指纳税人将技术成果所有权让渡给被投资企业、取得该企业股票(权)的行为。

持有递延纳税的股权期间,因该股权产生的转增股本收入,以及以该递延纳税的股权再进行非货币性资产投资的,应在当期缴纳税款。第五,企业接受技术成果投资入股,技术成果评估值明显不合理的,主管税务机关有权进行调整。

如有不同的适用条件时,技术入股的企业也可以选择当期纳税或5年内分期纳税。按照《财政部、国家税务总局关于非货币性资产投资企业所得税政策问题的通知》(财税〔2014〕116号)和《国家税务总局关于非货币性资产投资企业所得税有关征管问题的公告》(国家税务总局公告2015年第33号)的规定,非货币性资产投资于投资协议生效并办理股权登记手续时,确认收入的实现,按评估后的公允价值扣除计税基础后的余额,计算确认所得,可以5年内分期均匀计入相应年度的应纳税所得额,计算缴纳企业所得税。取得被投资企业的股权,应以技术成果原计税成本为计税基础,加上每年确认的转让所得,逐年进行调整。

【案例5-27】2×17年10月,A公司(居民企业)将自行研发的无形资产(专利技术),评估价为5 000万元,原值4 000万元,累计摊销1 000万元,计税基础3 000万元,作为对价,技术成果投资入股新设的B公司(居民企业),取得其60%的股权,公允价值5 000万元。假设2×19年10月A公司以6 000万元将持有上述B公司的股权全部转让给其他投资者,假设未来A公司有足够的应纳税所得额可以抵扣暂时性差异。问:A公司和B公司如何进行会计和税务处理?

(1)按照现行视同销售政策进行一般性税务处理。A公司按照税法视同销售中有关非货币性资产交换规定进行税务处理,确认转让专利技术视同销售收入5 000万元,视同销售成本3 000万元,视同销售所得2 000万元(5 000 - 3 000),取得该长期股权投资的计税基础为公允价值5 000万元。2×17年应缴纳企业所得税 = 2 000 × 25% = 500(万元)。A公司按照《企业会计准则第7号——非货币性资产交换》进行核算如下:

借:长期股权投资 50 000 000
　　累计摊销 10 000 000
　贷:无形资产 40 000 000
　　营业外收入——非货币性资产交换利得 20 000 000

A公司会计处理确认营业外收入与税务处理确认视同销售所得2 000万元相同,无税会差异。B公司按技术成果投资入股时的评估值5 000万元入账,按照直线法摊销,预计使用年限10年,每年计算企业所得税税前扣除摊销额 = 5 000 ÷ 10 = 500(万元)。

(2)按照财税〔2016〕101号文件递延纳税政策进行特殊性税务处理。A公司经向主管税务机关备案,技术投资入股当期(2×17年)可暂不纳税,允许递延至转让股权时,按股权转让收入减去技术成果原值和合理税费后的差额计算缴纳所得税。2×17年企业所得税汇算清缴时,具体填报A105100《企业重组纳税调整明细表》第13行"其中:以非货币性资产对外投资"的"特殊性税务处理"第4列"账载金额"2 000万元,第5列"税收金额"0万元,第6列"纳税调整金额"-2 000万元。B公司取得无形资产和摊销时的税务处理同上。同时,按照《企业会计准则第18号——所得税》的规定,长期股权投资账面价值为5 000万元,计税基础为0,产生应纳税暂时性差异,应确认递延所得税负债1 250万元(5 000×25%),无形资产账面价值为0,计税基础为3 000万元,产生可抵扣暂时性差异,应确认递延所得税资产750万元(3 000×25%)。

  借:所得税费用   12 500 000
    贷:递延所得税负债   12 500 000
  借:递延所得税资产   7 500 000
    贷:所得税费用   7 500 000

2×19年10月,A公司转让该股权时,按股权转让收入减去技术成果原值和合理税费后的差额计算缴纳所得税,即转让所得=6 000-3 000=3 000(万元),这个所得实际上包含技术投资转让所得和投资后取得股权转让所得两部分,实际就是把技术投资入股和股权转让两项交易合并在股权转让这个环节计算缴纳企业所得税,2×19年应缴纳企业所得税=3 000×25%=750(万元)。同时,转回前期已确认的递延所得税负债1 250万元和确认递延所得税资产750万元。

  借:银行存款   60 000 000
    贷:长期股权投资   50 000 000
      投资收益   10 000 000
  借:递延所得税负债   12 500 000
    贷:所得税费用   12 500 000
  借:所得税费用   7 500 000
    贷:递延所得税资产   7 500 000

A公司会计处理确认转让股权投资收益1 000万元和税务处理确认转让所得3 000万元,存在税会差异2 000万元。2×19年企业所得税汇算清缴时,具体填报A105100《企业重组纳税调整明细表》第13行"其中:以非货币性资产对外投资"项目"特殊性税务处理"第4列"账载金额"1 000万元,第5列"税收金额"3 000万元,第6列"纳税调整金额"2 000万元。

(3)按照选择财税〔2014〕116号文件进行特殊性税务处理。

①A公司取得股权时应于2×17年10月确认无形资产投资转让所得=5 000-3 000=2 000(万元),按照5年内分期均匀计入相应年度的应纳税所得额,确认2×17年度非货币性资产投资应纳税所得额=2 000÷5=400(万元)。A公司2×17年会计处理确认营业外收入2 000万元和税务处理确认应纳税所得额400万元,存在税会差异,应纳税调减=2 000-400=1 600(万元),长期股权投资计税基础=3 000+400=3 400(万

元)。同时,按照《企业会计准则第18号——所得税》的规定,长期股权投资账面价值为5 000万元,产生应纳税暂时性差异1 600万元(5 000 - 3 400),确认递延所得税负债 = 1 600 × 25% = 400(万元)。

  借:所得税费用   4 000 000
    贷:递延所得税负债   4 000 000

2×17年企业所得税汇算清缴时,具体填报A105100《企业重组纳税调整明细表》第13行"其中:以非货币性资产对外投资"项目"特殊性税务处理"第4列"账载金额"2 000万元,第5列"税收金额"400万元,第6列"纳税调整金额"-1 600万元。

②2×18年年末,税务处理确认非货币资产转让所得400万元,会计处理不确认损益,存在税会差异,应纳税调增400万元,将长期股权投资的计税基础调整为3 800万元(3 400 + 400),长期股权投资账面价值5 000万元,产生应纳税暂时性差异1 200万元(5 000 - 3 800),递延所得税负债余额 = 1 200 × 25% = 300(万元),应转回递延所得税负债 = 400 - 300 = 100(万元)。

  借:递延所得税负债   1 000 000
    贷:所得税费用   1 000 000

2×18年企业所得税汇算清缴时,具体填报A105100《企业重组纳税调整明细表》第13行"其中:以非货币性资产对外投资"项目"特殊性税务处理"第4列"账载金额"0,第5列"税收金额"400万元,第6列"纳税调整金额"400万元。

③2×19年10月,A公司转让该股权时,一次性确认非货币资产转让所得 = 3 × 400 = 1 200(万元),会计处理不确认损益,存在税会差异,应纳税调增1 200万元,将长期股权投资的计税基础调整为5 000万元(3 800 + 1 200),转回全部递延所得税负债余额300万元。

  借:递延所得税负债   3 000 000
    贷:所得税费用   3 000 000

2×18年企业所得税汇算清缴时,具体填报A105100《企业重组纳税调整明细表》第13行"其中:以非货币性资产对外投资"项目"特殊性税务处理"第4列"账载金额"0,第5列"税收金额"1 200万元,第6列"纳税调整金额"1 200万元。

④A公司确认当期股权转让所得 = 6 000 - 5 000 = 1 000(万元),会计处理确认转让股权的投资收益1 000万元,不存在税会差异。B公司取得无形资产和摊销处理时税务处理同上。

五、无形资产期末计价和减值损失的差异

会计准则规定,企业应当定期或者至少在每年度终了检查各项无形资产预计给企

业带来未来经济利益的能力，对预计可收回金额低于其账面价值的，应当确认资产减值损失和计提无形资产减值准备。

税法规定，企业所得税税前允许扣除的项目，原则上必须遵循据实扣除的原则，除国家税收规定外，企业提取的各种减值准备，在计算应纳税所得额时不得扣除。只有在该项资产实际发生损失时，其损失金额才能从应纳税所得额中扣除。企业已提取减值准备的资产，如果在纳税申报时已调增应纳税所得额，因价值恢复或转让处置有关资产而冲销的准备允许企业作相反的纳税调整，否则又会造成重复征税。企业实际发生无形资产损失的，按照《国家税务总局关于发布〈企业资产损失所得税税前扣除管理办法〉的公告》（国家税务总局公告2011年第25号）的相关规定向税务机关申报扣除。由于会计和税务处理在无形资产原值、折旧、减值准备和处置收入等方面存在差异，所以需要在年度企业所得税纳税申报时，在A105090《资产损失税前扣除及纳税调整明细表》进行纳税调整。

六、无形资产税会处理差异及纳税调整实务

【案例5-28】甲企业20×8年年末在对一项专利技术检查时发现存在减值迹象，经过减值测试后发现其公允价值减去相关税费后可以获得6 000万元。但如果继续使用该专利技术，则未来5年预计现金流量的现值为4 500万元。该专利技术于20×7年年初取得，原值为9 800万元，已累计摊销2 800万元，根据法律规定有限期为6年。20×8年年底，甲企业会计处理和税务处理如下：

①确认专利技术的可收回金额。企业资产的可收回金额低于其账面价值时，即表明资产发生了减值，企业应当确认资产减值损失，并把资产的账面价值减记至可收回金额。资产可收回金额的估计，应当根据其公允价值减去处置费用后的净额与资产预计未来现金流量的现值两者之间较高者确定。因此，无形资产的可回收金额6 000万元。

②确认专利技术的减值损失。
无形资产的账面余额（9 800 - 2 800）- 可收回金额6 000 = 1 000（万元）
借：资产减值损失——无形资产减值损失　　　　　　10 000 000
　　贷：无形资产减值准备　　　　　　　　　　　　　　　　10 000 000

③税会处理差异及纳税调整上述业务税会处理差异为：一是20×8年年末企业所得税税前扣除时，对企业提取且计入资产减值损失的1 000万元不予确认，应纳税调增1 000万元。二是无形资产的计税基础为7 000万元，会计账面价值为6 000万元，以后年度无形资产摊销和转让时存在差异。

【案例5-29】A公司为一家上市公司，2007年1月1日开始执行新企业会计准则，2008年1月1日开始执行新企业所得税法。该公司2008年自行研究开发一项新产品专利技术，在研究开发过程中发生材料费400 000元、工资100 000元，以及以银行存款

支付其他费用 300 000 元,总计 800 000 元,其中,符合资本化条件的支出为 500 000 元,2008 年年末,该专利技术已经达到预定用途。A 公司会计处理和税务处理如下。

①内部研发费用发生时:

借:研发支出——费用化支出　　　　　　　　　　　　　300 000
　　　　　——资本化支出　　　　　　　　　　　　　　 500 000
　　贷:原材料　　　　　　　　　　　　　　　　　　　 400 000
　　　　应付职工薪酬——工资　　　　　　　　　　　　 100 000
　　　　银行存款　　　　　　　　　　　　　　　　　　 300 000

②2008 年年末:

借:管理费用　　　　　　　　　　　　　　　　　　　　 300 000
　　贷:研发支出——费用化支出　　　　　　　　　　　 300 000
借:无形资产　　　　　　　　　　　　　　　　　　　　 500 000
　　贷:研发支出——资本化支出　　　　　　　　　　　 500 000

假设关于该项内部研发形成的无形资产(专利技术)企业确定的受益期限为 5 年,税法规定该类无形资产按照 10 年摊销;按照会计确定的受益期限,2009~2013 年每年的摊销额为 100 000 元;按照税法规定的摊销期限和计税基础,2009~2018 年每年的摊销额为 75 000 元。A 公司适用的所得税税率为 25%,形成的可抵扣暂时性差异在可预见的未来有足够的应税经济利益来抵扣。

2008 年年末,该项无形资产的账面价值为 500 000 元,根据《企业会计准则第 18 号——所得税》的规定,资产的计税基础是指企业在资产的账面价值收回过程中,在计算应纳税所得额时,按照税法规定可以从应税经济利益中抵扣的金额,因此,可确定 2008 年年末该项无形资产的计税基础为 750 000 元,A 公司其他各年账面价值和计税基础计算如表 5-3 所示。

表 5-3　　　　　　　　　A 公司其他各年账面价值和计税基础计算

年份 项目	2008	2009	2010	2011	2012	2013	2014	2015	2016	2017	2018
账面价值	500 000	400 000	300 000	200 000	100 000	0	0	0	0	0	0
计税基础	750 000	675 000	600 000	525 000	450 000	375 000	300 000	225 000	150 000	75 000	0
可抵扣差异	250 000	275 000	300 000	325 000	350 000	3 750 000	300 000	225 000	150 000	75 000	0
差异发生额	250 000	25 000	25 000	25 000	25 000	25 000	-75 000	-75 000	-75 000	-75 000	0

2008年年末所得税会计核算为：

借：递延所得税资产（250 000×25%）　　　　　　　　　62 500
　　贷：所得税费用——递延所得税费用　　　　　　　　　62 500

在 2008 年年末资产负债表中，因该项会计核算确认的递延所得税资产借方发生额 62 500 元，使表中的递延所得税资产增加 62 500 元，利润表中也将因该项会计核算确认递延所得税费用贷方发生额 62 500 元，使净利润增加 62 500 元。

③2009～2013 年各年年末所得税会计核算为：

借：递延所得税资产（25 000×25%）　　　　　　　　　6 250
　　贷：所得税费用——递延所得税费用　　　　　　　　　6 250

2009～2013 年的资产负债表中，因该项会计核算确认的递延所得税资产借方发生额 6 250 元，使表中的递延所得税资产增加 6 250 元，利润表中将因该项会计核算确认递延所得税费用贷方发生额 6 250 元，使净利润增加 6 250 元。

④2014～2018 年各年年末所得税会计核算为：

借：所得税费用——递延所得税费用（75 000×25%）　　18 750
　　贷：递延所得税资产　　　　　　　　　　　　　　　　18 750

2014～2018 年的资产负债表中，因该项会计核算确认递延所得税资产贷方发生额 18 750 元，使表中的递延所得税资产减少 18 750 元，利润表中将因该项会计核算确认递延所得税费用借方发生额 18 750 元，使净利润减少 18 750 元。

第五节　长期股权投资税会处理差异

一、长期股权投资初始计量的税会处理差异

（一）企业合并形成的长期股权投资初始投资成本与计税基础差异

会计处理上，区分同一控制下的企业合并与非同一控制下的企业合并分别进行确认和计量。

1. 同一控制下的企业合并形成的长期股权投资初始投资成本与计税基础差异。

会计处理上，按照《企业会计准则第 2 号——长期股权投资》（2014 年修订）应用指南的规定，同一控制下的企业合并，合并方以支付现金、转让非现金资产或承担债务方式作为合并对价的，应当在合并日按照被合并方所有者权益在最终控制方合并财务报表中的账面价值的份额作为长期股权投资的初始投资成本。长期股权投资初始投资成本

与支付的现金、转让的非现金资产以及所承担债务账面价值之间的差额，应当调整资本公积；资本公积不足冲减的，调整留存收益。合并方以发行权益性证券作为合并对价的，应当在合并日按照被合并方所有者权益在最终控制方合并财务报表中的账面价值的份额作为长期股权投资的初始投资成本。按照发行股份的面值总额作为股本，长期股权投资初始投资成本与所发行股份面值总额之间的差额，应当调整资本公积；资本公积不足冲减的，调整留存收益。合并方发生的审计、法律服务、评估咨询等中介费用以及其他直接相关管理费用，应当于发生时计入当期管理费用。

税务处理上，企业合并不区分同一控制与非同一控制。长期股权投资的初始计税基础，按照《企业所得税法实施条例》第七十一条的规定确定，即通过支付现金方式取得的投资资产，以购买价款为成本；通过支付现金以外的方式取得的投资资产，以该资产的公允价值和支付的相关税费为成本。但应区分一般重组和特殊重组企业合并的税务处理，按照《财政部、国家税务总局关于企业重组业务企业所得税处理若干问题的通知》（财税〔2009〕59号）、《国家税务总局关于发布〈企业重组业务企业所得税管理办法〉的公告》（国家税务总局公告2010年第4号）和《关于企业重组业务企业所得税征收管理若干问题的公告》（国家税务总局公告2015年第48号）有关规定，企业合并属于一般重组时，当事各方应按下列规定处理：（1）合并企业应按公允价值确定接受被合并企业各项资产和负债的计税基础。（2）被合并企业及其股东都应按清算进行所得税处理。（3）被合并企业的亏损不得在合并企业结转弥补。企业合并属于特殊重组时，企业股东在该企业合并发生时取得的股权支付金额不低于其交易支付总额的85%，以及同一控制下且不需要支付对价的企业合并，可以选择按以下规定处理：（1）合并企业接受被合并企业资产和负债的计税基础，以被合并企业的原有计税基础确定。（2）被合并企业合并前的相关所得税事项由合并企业承继。（3）可由合并企业弥补的被合并企业亏损的限额＝被合并企业净资产公允价值×截至合并业务发生当年年末国家发行的最长期限的国债利率。（4）被合并企业股东取得合并企业股权的计税基础，以其原持有的被合并企业股权的计税基础确定。

同一控制下的企业合并形成的长期股权投资初始投资成本和计税基础差异为：会计处理按照被合并方所有者权益在最终控制方合并财务报表中的账面价值的份额作为长期股权投资的初始投资成本，税务处理按照长期股权投资的购买价款或其公允价值和支付的相关税费作为初始计税基础，并区分一般重组和特殊重组两种税务处理方式。另外，同一控制下的企业合并属于关联方交易，按照《企业所得税法》第四十一条的规定，企业与其关联方之间的业务往来，不符合独立交易原则而减少企业或者其关联方应纳税收入或者所得额的，税务机关有权按照合理方法调整。

【案例5-30】甲、乙公司同受丙公司控制。甲公司于2×12年2月1日以本公司的库存商品从丙公司手中取得乙公司60%的股份。该库存商品的账面余额为1 500万元，已提跌价准备 100 万元，公允价值为 2 000 万元，增值税税率为 17%。另以银行存款支付中介费用以及其他相关费用 60 万元。2×12 年 2 月 1 日乙公司所有者权益在最终控制方合并财务报表中的账面价值为 2 000 万元，公允价值为 3 000 万元。假定合并当日甲公司资本公积为 175 万元，盈余公积为 120 万元，未分配利润为 300 万元。会计处理如下：

  借：长期股权投资——乙公司   12 000 000
    存货跌价准备   1 000 000
    资本公积   1 750 000
    盈余公积   1 200 000
    利润分配——未分配利润   2 450 000
    管理费用   600 000
   贷：库存商品   15 000 000
     应交税费——应交增值税（销项税额）   3 400 000
     银行存款   600 000

  税务处理：长期股权投资的初始计税基础 = 公允价值和支付的相关税费 = 2 000 + 340 + 60 = 2 400（万元）。甲公司 2×12 年进行企业所得税汇算清缴时，应将管理费用纳税调减 60 万元，应纳税所得额调增 60 万元，另外，存货投资视同销售应调增非货币性资产投资转让所得 500 万元。

  如果甲公司选择执行《财政部、国家税务总局关于非货币性资产企业所得税政策问题的通知》（财税〔2014〕116 号）递延纳税的相关规定，甲公司长期股权投资的计税基础分别是：2×12 年的计税基础 = 1 500 + 340 + 60 +（2 000 - 1 500）/5 = 2 000（万元）；2×13 年的计税基础 = 2 000 + 500/5 = 2 100（万元）；2×14 年的计税基础 = 2 100 + 500/5 = 2 200（万元）；2×15 年的计税基础 = 2 200 + 500/5 = 2 300（万元）；2×16 年的计税基础 = 2 300 + 500/5 = 2 400（万元）。纳税调整如下：2×12 年将管理费用调减 60 万元，存货投资视同销售分五年分期确认所得，调增非货币性资产转让所得 100 万元；2×13 年～2×16 年，每年调增非货币性资产转让所得 100 万元；2×13 年～2×16 年，如果中途处置或收回投资，一次性调增剩余的非货币性资产转让所得金额。

  【案例 5-31】2×16 年 6 月 10 日，A 公司向同一集团内 B 公司的原股东 C 公司定向增发 1 000 万股普通股（每股面值为 1 元，市价为 16.58 元），取得 B 公司 100% 的股权，并于当日起能够对 B 公司实施控制。合并后 B 公司仍维持其独立法人资格继续经营。两公司在合并前采用的会计政策相同。合并日，B 公司所有者权益的总额为 2 400 万元。合并日 A 公司会计处理如下：

  借：长期股权投资——B 公司   24 000 000
   贷：股本   10 000 000
     资本公积——股本溢价   14 000 000

税务处理：长期股权投资的初始计税基础即股票的公允价值 = 16.58 × 1 000 = 16 580（万元）。企业应设置纳税调整台账，记录长期股权投资的初始计税基础 16 580 万元。

合并方对长期股权投资的账面价值与计税基础不同而产生的暂时性差异是否需要确认相关的递延所得税，主要取决于合并方管理层对该项长期股权投资的持有意图。如果合并方管理层意图长期持有该项长期股权投资，因长期股权投资而产生的暂时性差异通常不会产生所得税影响，则合并方无须确认由此产生的递延所得税。如果合并方管理层意图在未来转让或者处置该项长期股权投资，因长期股权投资而产生的暂时性差异在转让或者处置投资时将产生所得税影响，在同时满足可抵扣暂时性差异在可预见的未来很可能转回和未来很可能获得用来抵扣可抵扣暂时性差异的应纳税所得额两个条件情况下，合并方通常应当按照未来转让或者处置该项投资时所适用的所得税税率计算确认由此产生的递延所得税。

在企业合并当事各方均采取一般重组税务处理的情况下，A 公司取得 B 公司股权的计税基础为 16 580 万元，产生可抵扣暂时性差异 14 180 万元（16 580 - 2 400），但该暂时性差异产生时，既不影响会计利润，也不影响应纳税所得额，因此，当期无须进行纳税调整。如果合并方管理层意图长期持有该项长期股权投资也不确认递延所得税，但如果合并方管理层意图在未来转让或者处置该项长期股权投资并满足上述相关条件时，则 A 公司应当确认与该项长期股权投资可抵扣暂时性差异相关的递延所得税资产。所得税会计处理如下：

借：递延所得税资产　　　　　　　　　　　　　　　　　35 450 000
　　贷：其他综合收益　　　　　　　　　　　　　　　　　35 450 000

在企业合并当事各方均采取特殊重组税务处理的情况下，A 公司取得 B 公司股权的计税基础为被收购股权的原有计税基础 2 400 万元，无暂时性差异。因此，A 公司既不需要进行纳税调整也无须确认递延所得税。

2. 非同一控制下的企业合并形成的长期股权投资初始投资成本与计税基础差异。

（1）合并日长期股权投资初始投资成本的计量。会计处理上，非同一控制下的企业合并，购买方在购买日应当按照确定的合并成本，作为长期股权投资的初始投资成本。企业合并成本包括购买方付出的资产、发生或承担的负债、发行的权益性证券的公允价值。《企业会计准则第 2 号——长期股权投资》（2014 年修订）规定，非同一控制下的企业合并中，购买方为企业合并发生的审计、法律服务、评估咨询等中介费用以及其他相关管理费用，应当于发生时计入当期损益。购买方作为合并对价发行的权益性证券或债务性证券的交易费用，应当计入权益性证券或债务性证券的初始确认金额。购买方支付的资产、发生或承担的负债、发行的权益性证券的公允价值与长期股权投资的初始投资成本的差额计入营业外收入或营业外支出。非同一控制下企业合并涉及库存商品等作为合并对价，取得长期股权投资时，应按照企业合并成本，借记"长期股权投资"科目，按库存商品的公允价值，贷记"主营业务收入"、"应交税费——应交增值税（销项税额）"科目。同时，结转相关成本，按库存商品的账面价值，借记"主营业务成本"科目，按已计提的存货跌价准备金额，借记"存货跌价准备"科目，按库存商品的账面余额，贷记"库存商品"科目。

【案例5-32】 甲、乙两家公司属于非同一控制下的公司。甲公司于2×12年2月1日以本公司的库存商品换取乙公司80%的股份。该库存商品的账面余额为1 500万元，已提跌价准备100万元，公允价值为2 000万元，增值税税率为17%，消费税税率为5%。乙公司2×12年2月1日账面所有者权益总额为2 000万元，净资产公允价值为3 000万元。会计处理如下：

借：长期股权投资　　　　　　　　　　　　　　　　23 400 000
　　贷：主营业务收入　　　　　　　　　　　　　　20 000 000
　　　　应交税费——应交增值税（销项税额）　　　 3 400 000
借：主营业务成本　　　　　　　　　　　　　　　　14 000 000
　　存货跌价准备　　　　　　　　　　　　　　　　 1 000 000
　　贷：库存商品　　　　　　　　　　　　　　　　15 000 000
借：税金及附加　　　　　　　　　　　　　　　　　 1 000 000
　　贷：应交税费——应交消费税　　　　　　　　　 1 000 000

税务处理：长期股权投资的初始计税基础即公允价值和支付的相关税费 = 2 000 + 340 + 100 = 2 440（万元）。企业应设置纳税调整台账，记录长期股权投资的初始计税基础2 440万元。

（2）合并日对长期股权投资初始投资成本的调整。长期股权投资的初始投资成本大于投资时应享有被投资单位可辨认净资产公允价值份额的，不调整长期股权投资的初始投资成本；长期股权投资的初始投资成本小于投资时应享有被投资单位可辨认净资产公允价值份额的，其差额应当计入当期损益（营业外收入）。同时，调整长期股权投资的初始投资成本。

非同一控制下的企业合并形成的长期股权投资初始投资成本和计税基础差异为：会计处理上按照在购买日确定的企业合并成本（不含直接相关费用），作为长期股权投资的初始投资成本。长期股权投资的初始投资成本小于投资时应享有被投资单位可辨认净资产公允价值份额的，其差额应当计入营业外收入。同时，调整长期股权投资的初始投资成本。税务处理上按照长期股权投资的公允价值和支付的相关税费作为初始计税基础，均不调整长期股权投资的初始计税基础。

【案例5-33】 A公司于2×12年3月31日取得B公司80%的股权。为核实B公司的资产价值，A公司聘请资产评估机构对B公司的资产进行评估，支付评估费用200万元。假定合并前 A 公司与 B 公司不存在任何关联方关系。A 公司用做合并对价的土地使用权和专利技术原价为 6 400 万元,至企业合并发生时已累计摊销 800 万元。A 公司与 B 公司在合并前不存在任何关联方关系。合并中 A 公司支付的有关资产在购买日的账面价值与公允价值如表 5-3 所示。

表 5-4　　　　　　　　相关资产在购买日的账面价值与公允价值

2×12 年 3 月 31 日　　　　　　　　　　　　　　　　单位:万元

项目	账面价值	公允价值
土地使用权	4 000	6 400
专利技术	1 600	2 000
银行存款	1 600	1 600
合计	7 200	10 000

A 公司对于合并形成的对 B 公司的长期股权投资,会计处理如下:

借:长期股权投资——乙公司　　　　　　　　　　100 000 000
　　累计摊销　　　　　　　　　　　　　　　　　　8 000 000
　　贷:无形资产　　　　　　　　　　　　　　　　64 000 000
　　　　银行存款　　　　　　　　　　　　　　　　16 000 000
　　　　营业外收入　　　　　　　　　　　　　　　28 000 000
借:管理费用　　　　　　　　　　　　　　　　　　2 000 000
　　贷:银行存款　　　　　　　　　　　　　　　　2 000 000

税务处理:长期股权投资的初始计税基础即公允价值和支付的相关税费 = 10 000 + 200 = 10 200(万元)。2×12 年进行企业所得税汇算清缴时,应将管理费用纳税调减 200 万元,应纳税所得额调增 200 万元,另外,无形资产对外投资视同销售,应调增非货币性资产投资转让所得 2 800 万元。如果甲企业选择执行财税〔2014〕116 号文件有关递延纳税的规定,相关纳税调整同〖案例 5-30〗。

【案例 5-34】甲公司于 2×11 年 5 月 10 日支付银行存款 3 000 万元取得乙公司 40% 的股权,对其生产经营产生重大影响。投资时乙公司可辨认净资产公允价值为 10 000 万元。会计处理如下:

借:长期股权投资——乙公司　　　　　　　　　　40 000 000
　　贷:银行存款　　　　　　　　　　　　　　　　30 000 000
　　　　营业外收入　　　　　　　　　　　　　　　10 000 000

税务处理:长期股权投资的初始计税基础 = 公允价值和支付的相关税费 = 3 000(万元)。

(二) 除企业合并以外的其他方式取得的长期股权投资初始投资成本与计税基础的差异

会计处理上，以支付现金取得的长期股权投资，应当按照实际支付的全部购买价款作为初始投资成本；以发行权益性证券取得的长期股权投资，应当按照发行权益性证券的公允价值作为初始投资成本；投资者投入的长期股权投资，应当按照投资合同或协议约定的价值作为初始投资成本，但合同或协议约定价值不公允的除外。以非货币性资产交换和债务重组方式取得的长期股权投资，其初始投资成本应按照《企业会计准则第7号——非货币性资产交换》和《企业会计准则第12号——债务重组》的相关规定确定。

税务处理上，通过支付现金方式取得的投资资产，以购买价款为成本；通过支付现金以外的方式取得的投资资产，以该资产的公允价值和支付的相关税费为成本。会计和税务处理差异为：第一，非货币性资产交换取得长期股权投资，如果不具有商业实质或者公允价值不能可靠计量。会计处理上，应当按照换出资产的账面价值和应支付的相关税费，作为换入资产的成本，无论是否支付补价，均不确认损益。税务处理上，以该资产的公允价值和支付的相关税费为计税基础。第二，债务重组方式为债务人将债务转为资本，即债权人将债权转为股权。会计处理上，债权人应将重组债权的账面余额与因放弃债权而享有的股权的公允价值之间的差额，先冲减已提取的资产减值准备，资产减值准备不足冲减的部分确认为债务重组损失，计入营业外支出。同时，债权人应将因放弃债权而享有的股权按公允价值计量。税务处理上，按照《财政部、国家税务总局关于企业重组业务企业所得税处理若干问题的通知》（财税〔2009〕59号）和《财政部、国家税务总局关于促进企业重组有关企业所得税处理问题的通知》（财税〔2014〕109号）的规定，企业发生债权转股权业务，对债务清偿和股权投资两项业务暂不确认有关债务清偿所得或损失，股权投资的计税基础以原债权的计税基础确定。企业的其他相关所得税事项保持不变。第三，以发行权益性证券取得的长期股权投资，会计处理上，按照发行权益性证券的公允价值作为初始投资成本。税务处理上，若选择特殊重组，即收购企业购买的股权不低于被收购企业全部股权的50%，且收购企业在该股权收购发生时的股权支付金额不低于其交易支付总额的50%，可以选择按以下规定处理：一是被收购企业的股东取得收购企业股权的计税基础，以被收购股权的原有计税基础确定；二是收购企业取得被收购企业股权的计税基础，以被收购股权的原有计税基础确定。

【案例5-35】A公司2×12年5月定向增发5亿股面值1元、市价为5元的股票，收购B公司持有的M公司100%股权，B公司持有M公司股权的计税基础为3亿元。A公司股权收购后，持有M公司股权的计税基础是多少？会计处理上，A公司按照发行权益性证券的公允价值5亿元，确认长期股权投资初始投资成本。税务处理上，若选择一般重组，A 公司取得 M 公司股权的计税基础应以公允价值 5 亿元为基础确定。若选择特殊重组，A 公司取得 M 公司股权的计税基础应以被收购股权的原有计税基础 3 亿元确定，账面价值与计税基础存在差异 2 亿元。

【案例 5-36】2×14 年 12 月 10 日，A 公司以成本为 500 万元、评估的公允价值为 1 000 万元的库存商品对 B 公司进行投资，并取得 B 公司 40% 的股权。B 公司当日可辨认净资产公允价值为 2 500 万元，并于当日办理股权登记手续。假设不考虑投资后 B 公司的净损益及除所得税外其他税收情况。

分析：A 公司以存货对 B 公司投资并获得股权份额的行为，符合财税〔2014〕116 号文件的居民企业非货币性资产对外投资规定。A 公司取得 B 公司 40% 股份，对 B 公司具有重大影响，应作为长期股权投资并采用权益法核算。B 公司接收资产，增加实收资本。

①A 公司 2×14 年会计及税务处理。

存货对外投资，确认收入并结转成本：

借：长期股权投资 10 000 000
　　贷：主营业务收入 10 000 000
借：主营业务成本 5 000 000
　　贷：库存商品 5 000 000

②按照财税〔2014〕116 号文件的规定，该存货对外投资确认的转让所得 500 万元，可在不超过 5 年期限内，分期均匀计入相应年度的应纳税所得额，按规定计算缴纳企业所得税。取得 B 公司的长期股权投资应以存货的计税基础 500 万元作为原始计税基础，加上每年确认的存货转让所得，逐年进行调整。假如按照 5 年期限分摊，则如表 5-5 所示。

表 5-5　　　　　　　　　　　　　　　　　　　　　　　　　　　　　　单位：万元

长期股权投资	2×14 年	2×15 年	2×16 年	2×17 年	2×18 年
账面价值	1 000	1 000	1 000	1 000	1 000
计税基础	600	700	800	900	1 000
本年应确认非货转让所得	100	100	100	100	100

2×14 年，应纳税所得调减 500 万元，并确认相应的递延所得税负债：

借：所得税费用 1 250 000
　　贷：递延所得税负债 1 250 000

2×15 年，应纳税所得调增 100 万元，并转回相应的递延所得税负债：

借：递延所得税负债 250 000
　　贷：所得税费用 250 000

2×15 年~2×18 年税务处理及会计处理同上。

③B 公司会计处理及税务处理。按照财税〔2014〕116 号文件的规定，接受投资收到存货的计税基础，应按其公允价值确定，即该存货的账面价值与计税基础均为 1 000 万元，不存在差异。会计处理如下：

借：库存商品　　　　　　　　　　　　　　　　　　　　10 000 000
　　贷：实收资本　　　　　　　　　　　　　　　　　　10 000 000

假如 A 公司在 5 年内转让上述股权或收回投资，则应停止执行递延纳税政策，并就递延期内尚未确认的非货币性资产转让所得，在转让股权或投资收回当年的企业所得税年度汇算清缴时，一次性计算缴纳企业所得税；在计算股权转让所得时，A 公司将长期股权投资的计税基础一次调整到位。如果 A 公司 2×15 年以 1 400 万元转让 B 公司 40% 的股权，A 公司此时应当把长期股权的计算基础由 600 万元一次调整至 1 000 万元，同时转回以前期间确认递延所得税负债 100 万元。

2×15 年度 A 公司就该事项确认当期应纳税所得额为 800 万元，其中，股权转让所得 400 万元，一次性纳税调增 400 万元，应纳所得税 = (1 400 - 1 000 + 400) × 25% = 200（万元）。会计处理如下：

借：银行存款　　　　　　　　　　　　　　　　　　　　14 000 000
　　贷：长期股权投资　　　　　　　　　　　　　　　　10 000 000
　　　　投资收益　　　　　　　　　　　　　　　　　　 4 000 000
借：递延所得税负债　　　　　　　　　　　　　　　　　 1 000 000
　　贷：所得税费用　　　　　　　　　　　　　　　　　 1 000 000

二、成本法下长期股权投资后续计量的税会处理差异

会计处理上，对于投资企业能够对被投资单位实施控制的长期股权投资，成本法下，长期股权投资应当按照初始投资成本计价。追加或收回投资应当调整长期股权投资的成本。被投资单位在宣告分派现金股利或利润时，确认为当期投资收益。

税务处理上，投资企业应确认《企业所得税法》第六条规定的股息、红利等权益性投资收益，被投资单位宣告分派的现金股利或利润，不论是投资前产生的，还是投资后产生的，从被投资单位的累计净利润（包括累计未分配利润和盈余公积）中取得的任何分配支付额，都应当确认为当期股息、红利等权益性投资收益。股息、红利等权益性投资收益应当按照被投资单位作出利润分配决定的日期确认收入的实现。《国家税务总局关于贯彻落实企业所得税法若干税收问题的通知》（国税函〔2010〕79 号）第四条规定，企业权益性投资取得股息、红利等收入，应以被投资单位股东会或股东大会作出利润分配或转股决定的日期，确定收入的实现。但符合条件的居民企业之间的股息、红

利等权益性投资收益,即居民企业直接投资于其他居民企业取得的投资收益为免税收入。在中国境内设立机构、场所的非居民企业从居民企业取得与该机构、场所有实际联系的股息、红利等权益性投资收益为免税收入。但不包括连续持有居民企业公开发行并上市流通的股票不足12个月取得的投资收益。企业对外投资期间,除追加或收回投资应当调整长期股权投资的计税基础外,长期股权投资的计税基础保持不变。

需要注意的是,企业所得税汇算清缴时,纳税人应在A107011《符合条件的居民企业之间的股息、红利等权益性投资收益优惠明细表》第6列"依决定归属于本公司的股息、红利等权益性投资收益金额"栏填报符合条件的免税收入。按照《国家税务总局所得税司发布的关于企业所得税年度纳税申报表部分填报口径的通知》(税总所便函〔2015〕21号)的规定,纳税人按照投资比例或者其他方法计算的,实际归属于本公司的股息、红利等权益性投资收益金额属于上述符合条件的免税收入。国家税务总局《关于发布〈企业所得税优惠政策事项办理办法〉的公告》(国家税务总局公告2015年第76号)规定,进行上述免税收入优惠备案时,若企业取得的是被投资企业未按股东持股比例分配的股息、红利等权益性投资收益,还需提供被投资企业的最新公司章程。

【案例5-37】乙公司在2×12年5月10日宣告发放2×11年的股利,甲公司可分得20万元,会计处理如下:

借:应收股利 200 000
　　贷:投资收益 200 000

税务处理:甲公司直接投资于乙公司取得的投资收益20万元为免税收入。

三、权益法下长期股权投资后续计量的税会处理差异

投资企业对被投资单位具有共同控制或重大影响的长期股权投资,应当采用权益法核算。

1. 会计处理。

(1)投资企业取得长期股权投资后,应当按照应享有或应分担的被投资单位实现的净损益的份额,确认投资损益并调整长期股权投资的账面价值。投资企业按照被投资单位宣告分派的利润或现金股利计算应分得的部分,相应减少长期股权投资的账面价值。

(2)投资企业确认被投资单位发生的净亏损,应当以长期股权投资的账面价值以及其他实质上构成对被投资单位净投资的长期权益减记至零为限,投资企业负有承担额外损失义务的除外。被投资单位以后实现净利润的,投资企业在其收益分享额弥补未确认的亏损分担额后,恢复确认收益分享额。

(3)投资企业在确认应享有被投资单位净损益的份额时,应当以取得投资时被投

资单位各项可辨认资产的公允价值为基础，对被投资单位的净利润进行调整后确认。被投资单位采用的会计政策及会计期间与投资企业不一致的，应当按照投资企业的会计政策及会计期间对被投资单位的财务报表进行调整，并据以确认投资损益。

（4）投资企业对于被投资单位除净损益以外所有者权益的其他变动，应当调整长期股权投资的账面价值并计入其他综合收益或资本公积——其他资本公积。

2. 税务处理。

（1）投资企业取得长期股权投资后，已按照应享有或应分担的被投资单位实现的净损益的份额确认投资损益并调整长期股权投资的账面价值的，在计算应纳税所得额时应进行纳税调整。投资企业接受被投资单位宣告分派的利润或现金股利时，不应减少长期股权投资的计税基础。

（2）投资企业不能确认被投资单位发生的净亏损，被投资单位发生的净亏损只能由被投资单位以后年度的所得弥补。企业对外投资期间，长期股权投资的计税基础保持不变。投资企业确认了被投资单位发生净损失的，应按照税法规定进行纳税调整。

（3）投资企业从被投资单位的累计净利润（包括累计未分配利润和盈余公积）中取得的任何分配支付额，在被投资单位宣告分派现金股利或利润时，应当确认为当期股息、红利等权益性投资收益。《国家税务总局关于贯彻落实企业所得税法若干税收问题的通知》（国税函〔2010〕79号）规定，企业权益性投资取得股息、红利等收入，应以被投资单位股东会或股东大会作出利润分配或转股决定的日期，确定收入的实现。被投资单位宣告分派股票股利，也应确认收益，进行纳税调增。但符合条件的居民企业之间的股息、红利收入和在中国境内设立机构、场所的非居民企业从居民企业取得与该机构、场所有实际联系的股息、红利收入属于免税收入，应按照税法规定进行纳税调减。

（4）被投资单位将股权（票）溢价所形成的资本公积转为股本的，不作为投资企业的股息、红利收入，投资企业也不得增加该项长期投资的计税基础。

【案例5-38】A公司以2×17年12月31日公司总股本200万股为基数，向全体股东按每10股派发现金红利1元（含税），共计分配利润20万元。同时，以2×17年12月31日公司总股本200万股为基数，以资本公积向全体股东每10股转增8股，其中股票溢价形成的资本公积转为股本为2股，共计资本公积金转增股本160万股。A公司居民企业股东享有总股本的60%，非居民企业股东享有总股本的40%，即$200÷10×2=40$（万元），不作为投资企业的股息、红利收入。则居民企业股东应确认股息红利收入$=20×60\%+(160-40)×60\%=84$（万元），非居民企业股东股息红利$=20×40\%+(160-40)×40\%=56$（万元），均属于免税收入。

【案例5-39】2×14年4月5日，A公司以银行存款1 000万元取得B公司30%有表决权股份。假定取得该项投资时，被投资单位B公司净资产账面价值为5 000万元各项可辨认资产、负债的公允价值与账面价值相同。A公司在取得B公司的股权后，派人参与了 B 公司的生产经营决策，因能够对 B 公司施加重大影响，A 公司对该投资采用权益法核算。A 公司会计和税务处理如下。

①A 公司以银行存款 1 000 万元取得 B 公司 30% 有表决权股份。

借：长期股权投资——B 公司（投资成本）　　　　　　　15 000 000
　　贷：银行存款　　　　　　　　　　　　　　　　　　　10 000 000
　　　　营业外收入　　　　　　　　　　　　　　　　　　　5 000 000

②2×14 年被投资单位 B 公司实现净利润 500 万元。

借：长期股权投资——损益调整　　　　　　　　　　　　　1 500 000
　　贷：投资收益　　　　　　　　　　　　　　　　　　　　1 500 000

③2×14 年被投资单位 B 公司其他综合收益增加 100 万元。

借：长期股权投资——其他综合收益变动　　　　　　　　　　300 000
　　贷：其他综合收益　　　　　　　　　　　　　　　　　　　300 000

④2×14 年被投资单位 B 公司除净损益、其他综合收益以及利润分配以外的所有者权益增加 200 万元。

借：长期股权投资——其他权益变动　　　　　　　　　　　　600 000
　　贷：资本公积——其他资本公积　　　　　　　　　　　　　600 000

⑤2×14 年 12 月 31 日，长期股权投资的账面价值 = 1 740（万元），计税基础 = 1 000（万元），应纳税暂时性差异 = 740（万元）。

借：所得税费用　　　　　　　　　　　　　　　　　　　　1 625 000
　　其他综合收益　　　　　　　　　　　　　　　　　　　　　75 000
　　资本公积——其他资本公积　　　　　　　　　　　　　　　150 000
　　贷：递延所得税负债　　　　　　　　　　　　　　　　　1 850 000

⑥2×14 年企业所得税汇缴纳税调整时：在 A105030《投资收益纳税调整明细表》第 6 行第 1 列"持有收益——账载金额"填列 150 万元，第 2 列"持有收益——税收金额"填列 0，第 3 列纳税调减 150 万元；在 A105000《纳税调整项目明细表》第 5 行第 4 列"（四）按权益法核算长期股权投资对初始投资成本"调整确认收益纳税调减 500 万元。

⑦2×15 年 6 月 20 日，被投资单位 B 公司宣告分配股利 400 万元。

借：应收股利　　　　　　　　　　　　　　　　　　　　　1 200 000
　　贷：长期股权投资——损益调整　　　　　　　　　　　　1 200 000

⑧2×15 年 8 月 20 日，出售被投资单位 B 公司全部股权获得价款 2 000 万元。

借：银行存款　　　　　　　　　　　　　　　　　　　　20 000 000
　　贷：长期股权投资——投资成本　　　　　　　　　　　15 000 000
　　　　　　　　　　　——损益调整　　　　　　　　　　　　300 000

	——其他综合收益变动	300 000
	——其他权益变动	600 000
	投资收益	3 800 000
借:资本公积——其他资本公积		600 000
其他综合收益		300 000
贷:投资收益		900 000
借:递延所得税负债		1 850 000
贷:所得税费用		1 625 000
其他综合收益		75 000
资本公积——其他资本公积		150 000

⑨2×15年企业所得税汇算清缴纳税调整:在A105030《投资收益纳税调整明细表》第6行第1列"持有收益——账载金额"填列0,第2列"持有收益——税收金额"填列120万元,第3列纳税调增120万元,第4列"处置收益——会计确认的处置收入"填列2 000万元,第5列"税收计算的处置收入"填列2 000万元,第6列"处置投资的账面价值"填列1 530万元,第7列"处置投资的计税基础"填列1 000万元,第8列"会计确认的处置所得或损失"填列470万元,第9列"税收计算的处置所得"填列1 000万元,第10列"纳税调整金额"填列530万元。同时,在A107011《符合条件的居民企业之间的股息、红利等权益性投资收益优惠明细表》第6列填列免税收入120万元。

四、长期股权投资减值准备及损失的税会处理差异

会计处理上,企业计提长期股权投资减值准备时,借记"资产减值损失"科目,贷记"长期股权投资减值准备"科目,减少当期利润总额。实际发生长期股权投资损失时,冲减已计提的长期股权投资减值准备,增加当期利润总额。

税务处理上,《国家税务总局关于企业所得税执行中若干税务处理问题的通知》(国税函〔2009〕202号)规定,根据《实施条例》第五十五条的规定,除财政部和国家税务总局核准计提的准备金可以税前扣除外,其他行业、企业计提的各项资产减值准备、风险准备等准备金均不得税前扣除。企业实际发生股权投资损失时,按照《财政部、国家税务总局关于企业资产损失税前扣除政策的通知》(财税〔2009〕57号)和《国家税务总局关于发布〈企业资产损失所得税税前扣除管理办法〉的公告》(国家税务总局公告2011年第25号)的有关规定,向税务机关申报税收口径的损失,在税前扣除。由于会计和税务处理在长期股权投资账面价值和计税基础、减值准备和处置收入等方面存在差异,所以需要在年度企业所得税纳税申报时,在A105090《资产损失税前扣

除及纳税调整明细表》进行纳税调整。

五、处置长期股权投资的税会处理差异

会计处理上,企业处置长期股权投资,其账面价值与实际取得价款的差额应当计入当期损益。按实际收到的金额,借记"银行存款"等科目,按其账面余额,贷记"长期股权投资"科目,按尚未领取的现金股利或利润,贷记"应收股利"科目,按其差额,贷记或借记"投资收益"科目。已计提减值准备的,还应同时结转减值准备。采用权益法核算的长期股权投资,因被投资单位除净损益以外所有者权益的其他变动而计入所有者权益的,处置该项投资时应当将原计入所有者权益的部分按相应比例转入当期损益,借记或贷记"资本公积——其他资本公积"、"其他综合收益"科目,贷记或借记"投资收益"科目。

税务处理上,企业处置长期股权投资,属于《企业所得税法》第六条规定的转让财产收入。按照《企业所得税法》第十四条的规定,企业对外投资期间,投资资产的成本在计算应纳税所得额时不得扣除。第十六条规定,企业转让资产,该项资产的净值和转让费用可以在计算应纳税所得额时扣除。因此,企业处置长期股权投资,其计税基础与实际取得价款的差额,应当计入转让当期应纳税所得额,缴纳企业所得税。《国家税务总局关于贯彻落实企业所得税法若干税收问题的通知》(国税函〔2010〕79号)第三条规定,企业转让股权收入,应于转让协议生效且完成股权变更手续时,确认收入的实现。转让股权收入扣除为取得该股权所发生的成本后,为股权转让所得。企业在计算股权转让所得时,不得扣除被投资单位未分配利润等股东留存收益中按该项股权所可能分配的金额。

如前所述,由于长期股权投资在取得和持有期间的账面价值与计税基础存在诸多差异,所以在处置长期股权投资时,会计处理确认的净损益与税务处理确认的资产转让所得或损失也应存在差异,需要进行相应的纳税调整。

【案例5-40】A公司拥有B公司100%的股权,初始投资成本为100万元,B公司截至2×17年6月底账面净资产为200万元,其中,实收资本100万元,盈余公积30万元,未分配利润70万元。A公司将拥有B公司100%的股权以220万元出售给境内C企业。

分析:按照国税函〔2010〕79号文件的规定,A公司应确认财产转让所得 = 220 - 100 = 120(万元),而不得扣减盈余公积30万元、未分配利润70万元,应纳税额 = 120 × 25% = 30(万元)。然而,盈余公积、未分配利润属税后提取,已缴纳企业所得税,这样实际会造成重复征税。为避免上述情况,企业可先将留存收益进行分配,作为免税收入处理,再转让股权,从而降低转让所得。

【案例5-41】 A公司持有B公司40%的股权，2×15年12月20日，A公司出售其持有B公司股权的25%，出售时长期股权投资账面价值构成为：投资成本1 200万元，损益调整320万元（借方），其他综合收益200万元（借方），长期股权投资减值准备20万元，出售取得价款470万元。该长期股权投资的初始计税基础为1 000万元。A企业处置长期股权投资时，会计处理如下：

借：银行存款　　　　　　　　　　　　　　　　　　　　　4 700 000
　　长期股权投资减值准备　　　　　　　　　　　　　　　　　50 000
　　　贷：长期股权投资——B企业（投资成本）　　　　　　3 000 000
　　　　　　　　　　——B企业（损益调整）　　　　　　　　800 000
　　　　　　　　　　——B企业（其他权益变动）　　　　　　500 000
　　　　　投资收益　　　　　　　　　　　　　　　　　　　450 000
借：其他综合收益　　　　　　　　　　　　　　　　　　　　500 000
　　贷：投资收益　　　　　　　　　　　　　　　　　　　　500 000

税务处理：按照税法规定计算的长期股权投资转让所得=470-250=220（万元），2×15年度企业所得税年度纳税申报时，需填列附表A105000《纳税调整项目明细表》第4行"投资收益"第1列账载金额95万元、第2列税收金额220万元和第4列调增金额125万元，还应填列A105030《投资收益纳税调整明细表》相应项目。

《国家税务总局关于企业股权投资损失所得税处理问题的公告》（国家税务总局公告2010年第6号）规定，企业对外进行权益性（以下简称股权）投资所发生的损失，在经确认的损失发生年度，作为企业损失在计算企业应纳税所得额时一次性扣除。《国家税务总局关于企业取得财产转让等所得企业所得税处理问题的公告》（国家税务总局公告2010年第19号）规定，企业取得财产（包括各类资产、股权、债权等）转让收入、债务重组收入、接受捐赠收入、无法偿付的应付款收入等，不论是以货币形式还是非货币形式体现，除另有规定外，均应一次性计入确认收入的年度，计算缴纳企业所得税。

《国家税务总局关于企业所得税若干问题的公告》（国家税务总局公告2011年第34号）规定，投资企业从被投资单位撤回或减少投资，其取得的资产中，相当于初始出资的部分，应确认为投资收回；相当于被投资单位累计未分配利润和累计盈余公积按减少实收资本比例计算的部分，应确认为股息所得；其余部分确认为投资资产转让所得。被投资单位发生的经营亏损，由被投资单位按规定结转弥补；投资企业不得调整减低其投资成本，也不得将其确认为投资损失。

【案例5-42】 A公司2×08年以1 000万元投资B公司，占B公司30%股权，截至2×09年年底，B公司累计未分配利润和盈余公积3 000万元。2×10年1月经股东会决议，同意A公司撤回其投资，A公司分得现金2 500万元，其中，相当于初始出资的部分1 000万元,应确认为投资收回;按照A公司减少注册资本比例计算的部分900万元,应确认为股息所得,此项股息所得为免税收入;其余部分确认为投资资产转让所得,即2 500 - 1 000 - 900 = 600(万元),应计入当年应纳税所得额征税。

第六节　交易性金融资产税会处理差异

一、交易性金融资产界定的税会处理差异

《企业会计准则第22号——金融工具确认与计量》(2017年修订)第十六条规定,企业应当根据其管理金融资产的业务模式和金融资产的合同现金流量特征,将金融资产划分为以下三类:(1)以摊余成本计量的金融资产。(2)以公允价值计量且其变动计入其他综合收益的金融资产。(3)以公允价值计量且其变动计入当期损益的金融资产。第十九条规定,按照第十七条分类为以摊余成本计量的金融资产和第十八条分类为以公允价值计量且其变动计入其他综合收益的金融资产之外的金融资产,企业应当将其分类为以公允价值计量且其变动计入当期损益的金融资产。第二十条规定,在初始确认时,如果能够消除或显著减少会计错配,企业可以将金融资产指定为以公允价值计量且其变动计入当期损益的金融资产。该指定一经做出,不得撤销。以公允价值计量且其变动计入当期损益的金融资产进行会计核算时,应设置"交易性金融资产——成本"、"交易性金融资产——公允价值变动"和"公允价值变动损益"等科目。

《企业所得税法》及其实施条例规定,投资资产是指企业对外进行权益性投资和债权性投资形成的资产。税法只界定了投资资产并没有直接定义金融资产,即认为投资资产包括相关金融资产和长期股权投资等权益性和债权性投资资产。

二、交易性金融资产初始计量的税会处理差异

1. 交易性金融资产初始计量的会计处理。会计准则规定,企业以公允价值计量且其变动计入当期损益的金融资产,应当按照取得时的公允价值作为初始确认金额,相关的交易费用在发生时计入当期损益(投资收益)。取得公允价值计量且其变动计入当期损益金融资产所支付价款中包含的已宣告发放的现金股利或债券利息,应作为应收股利或应收利息单独核算。即取得交易性金融资产时,按公允价值借记"交易性金融资产——成本"科目,按发生的交易费用借记"投资收益"科目,按已到付息期但尚未领取的利息或股利借记"应收利息"或"应收股利"科目。

【案例 5-43】 某居民企业 A 公司，20×8 年 3 月 28 日购入居民企业 H 公司股票 8 万股，作为交易性金融资产投资，每股成交价格 18.25 元，其中包括已宣告但尚未分派的现金股利 10 万元。同时，支付相关税费等交易性费用 8 万元。所有款项以银行存款支付。4 月 8 日收到 H 公司发放的现金股利。A 公司应作如下会计处理。

①购入股票时：

借：交易性金融资产——成本　　　　　　　　　　　　1 360 000
　　应收股利　　　　　　　　　　　　　　　　　　　　100 000
　　投资收益　　　　　　　　　　　　　　　　　　　　 80 000
　　贷：银行存款　　　　　　　　　　　　　　　　　1 540 000

②收到现金股利时：

借：银行存款　　　　　　　　　　　　　　　　　　　 100 000
　　贷：应收股利　　　　　　　　　　　　　　　　　　100 000

2. 交易性金融资产初始计量的税务处理。《企业所得税法》及其实施条例规定，企业的各项资产包括投资资产等，以历史成本为计税基础。历史成本是指企业取得该项资产时实际发生的支出。企业持有各项资产期间资产增值或者减值，除国务院财政、税务主管部门规定可以确认损益外，不得调整该资产的计税基础。投资资产应按照以下方法确定成本：（1）通过支付现金方式取得的投资资产，以购买价款为成本；（2）通过支付现金以外的方式取得的投资资产，以该资产的公允价值和支付的相关税费为成本。

可见，交易性金融资产初始计量的税会处理差异主要表现为，取得交易性金融资产时所支付价款中包含的交易费用的财税处理不同，即税法不承认会计上确认将支付的相关税费等交易费用计入当期损益的做法，而是将支付的全部价款作为计税成本。

因此，上例中，A 公司在购买交易性金融资产时，购买的全部价款中包含的 8 万元交易费用应计入计税成本，支付的相关税费等交易费用不得计入当期损益。在 20×8 年度《企业所得税年度纳税申报表》附表 A105000《纳税调整项目明细表》第 6 行"（五）交易性金融资产初始投资调整"第 3 列"调增金额"填写 8 万元。假设 20×8 年企业利润总额为 100 万元，除交易性金融资产需要作纳税调整以外，无其他纳税调整项目，A 公司应作如下税务处理：交易性金融资产的账面价值 = 136（万元）；交易性金融资产的计税基础 = (136 + 8) = 144（万元），交易性金融资产的计税基础 > 账面价值，形成暂时性差异 8 万元。因此，本期应确认递延所得税资产 = 8 × 25% = 2（万元），本期实际应交所得税 = 25 + 2 = 27（万元）。

借：所得税费用——当期所得税　　　　　　　　　　　 270 000
　　贷：应交税费——应交所得税　　　　　　　　　　 270 000
借：递延所得税资产——递延所得税　　　　　　　　　　20 000
　　贷：所得税费用　　　　　　　　　　　　　　　　　 20 000

三、交易性金融资产持有期间取得的现金股利和利息的税会处理差异

1. 交易性金融资产持有期间取得的现金股利和利息的会计处理。会计准则规定，交易性金融资产持有期间被投资单位宣告发放现金股利或利息时，借记"应收股利"或"应收利息"科目，贷记"投资收益"科目。收到现金股利或利息时，借记"银行存款"科目，贷记"应收股利"或"应收利息"科目。

【案例5-44】承〖案例5-43〗，A公司从H公司购入的8万股股票，20×9年5月，被投资单位宣告发放现金股利20万元，20×9年5月18日收到现金股利。20×9年利润总额为100万元，除现金股利以外无其他纳税调整项目。A公司应进行如下会计处理。

①宣告发放现金股利时：

借：应收股利　　　　　　　　　　　　　　　　　　200 000
　　贷：投资收益　　　　　　　　　　　　　　　　200 000

②实际收到现金股利时：

借：银行存款　　　　　　　　　　　　　　　　　　200 000
　　贷：应收股利　　　　　　　　　　　　　　　　200 000

2. 交易性金融资产持有期间取得的利息和现金股利的税务处理及纳税调整。税法规定，企业取得的符合条件的居民企业之间的股息、红利等权益性投资收益（不包括连续持有居民企业公开发行并上市流通的股票不足12个月取得的投资收益）以及在中国境内设立机构、场所的非居民企业从居民企业取得与该机构、场所有实际联系的股息、红利等权益性投资收益属于免税收入。企业持有交易性金融资产期间取得的股息、红利等权益性投资收益，除国务院财政、税务主管部门另有规定外，按照被投资单位作出利润分配决定的日期确认收入的实现。《国家税务总局关于贯彻落实企业所得税法若干税收问题的通知》（国税函〔2010〕79号）规定，企业权益性投资取得股息、红利等收入，应以被投资单位股东会或股东大会作出利润分配或转股决定的日期，确定收入的实现。因此，企业当期取得的免税投资收益属于永久性差异，不确认递延所得税，应作纳税调减。20×9年度填写《企业所得税年度纳税申报表》附表A107010《免税、减计收入及加计扣除优惠明细表》第3行"（二）符合条件的居民企业之间的股息、红利等权益性投资收益"第3列"金额"和A107011《符合条件的居民企业之间的股息、红利等权益性投资收益优惠明细表》第6列"依决定归属于本公司的股息、红利等权益性投资收益金额"20万元。因此，依前例，20×9年A公司实际应交所得税 = (100 − 20) × 25% = 20（万元）。A公司年末税务处理如下：

借：所得税费用——当期所得税　　　　　　　　　　200 000
　　贷：应交税费——应交所得税　　　　　　　　　200 000

四、交易性金融资产持有期间公允价值变动的税会处理差异

1. 交易性金融资产持有期间公允价值变动的会计处理。会计准则规定，资产负债日，交易性金融资产的公允价值高于其账面余额的差额，借记"交易性金融资产——公允价值变动"科目，贷记"公允价值变动损益"科目；公允价值低于其账面余额的差额，借记"公允价值变动损益"科目，贷记"交易性金融资产——公允价值变动"科目。

【案例5–45】承〖案例5–43〗假设20×8年12月31日A公司从H公司购入的8万股股票，账面价值为136万元，公允价值为128万元。当年利润总额为100万元，除交易性金融资产公允价值变动以外，无其他纳税调整项目，A公司年末会计处理如下：

借：公允价值变动损益　　　　　　　　　　　　　　　　　80 000
　　贷：交易性金融资产——公允价值变动　　　　　　　　　　　80 000

2. 交易性金融资产持有期间公允价值变动的税务处理及纳税调整。《企业所得税法实施条例》第五十六条规定，企业持有各项资产期间资产增值或者减值，除国务院财政、税务主管部门规定可以确认损益外，不得调整该资产的计税基础。〖案例5–42〗中，在20×8年度填写《企业所得税年度纳税申报表》附表A105000《纳税调整项目明细表》第7行"（六）公允价值变动净损益"第1列"账载金额"8万元，"调减金额"8万元。因此，20×8年A公司实际应交所得税 =（100＋8）×25% = 27（万元）。交易性金融资产的账面价值 = 128（万元），计税基础 = 144（万元）；交易性金融资产账面价值＜计税基础，形成递延所得税资产 =（144－128）×25% = 4（万元），期初形成的递延所得税资产余额为2万元，本期应确认递延所得税资产 = 4－2 = 2（万元）。A公司年末税务处理如下：

借：所得税费用——当期所得税　　　　　　　　　　　　　270 000
　　贷：应交税费——应交所得税　　　　　　　　　　　　　　270 000
借：递延所得税资产　　　　　　　　　　　　　　　　　　20 000
　　贷：所得税费用——递延所得税　　　　　　　　　　　　　20 000

五、交易性金融资产处置的税会处理差异

1. 交易性金融资产处置的会计处理。企业处置交易性金融资产时，将处置时的该交易性金融资产的公允价值与初始入账金额之间的差额确认为投资收益，同时调整公允价值变动损益。企业出售交易性金融资产时，应按实际收到的金额，借记"银行存款"等科目，按该项交易性金融资产的成本，贷记"交易性金融资产——成本"科目，按

该项交易性金融资产的公允价值变动,贷记或借记"交易性金融资产——公允价值变动"科目,按差额,贷记或借记"投资收益"科目。同时,将原计入该项交易性金融资产的公允价值变动转出,借记或贷记"公允价值变动损益"科目,贷记或借记"投资收益"科目。

【案例5-46】承【案例5-43】,假设截至2×10年2月28日,该项交易性金融资产的账面价值为128万元。3月1日,A公司将从H公司购入的8万股股票以184万元的价格出售,通过银行存款收讫,当年实现利润总额为100万元,除交易性金融资产出售以外,无其他纳税调整项目,在不考虑其他税费的情况下,A公司会计处理如下:

借:银行存款 1 840 000
    交易性金融资产——公允价值变动 80 000
  贷:交易性金融资产——成本 1 360 000
      投资收益 560 000
借:投资收益 80 000
  贷:公允价值变动损益 80 000

2. 交易性金融资产处置的税务处理及纳税调整。《企业所得税法》及其实施条例规定,企业在转让或者处置投资资产时,投资资产的成本准予扣除。依前例,A公司出售交易性金融资产可扣除的计税成本应为购入时支付的全部价款即144万元,取得投资收益 = 184 - 144 = 40(万元),但企业计入当期利润总额的收益为56万元,计算当期应交所得税时,应调减当期所得额 = 56 - 40 = 16(万元)。

在2×10年度填写《企业所得税年度纳税申报表》附表A105000《纳税调整项目明细表》第4行"(三)投资收益"第1列"账载金额"56万元,第2列"税收金额"40万元,第4列"调减金额"16万元。同时,填写附表A105030《投资收益纳税调整明细表》第1行"一、交易性金融资产"第4列"会计确认的处置收入"184万元,第5列"税收计算的处置收入"184万元,第6列"处置投资的账面价值"128万元,第7列"处置投资的计税基础"144万元,第8列"会计确认的处置所得或损失"56万元,第9列"税收计算的处置所得"40万元,第10列"纳税调整金额"16万元。因此,A公司2×10年实际应交所得税 = (100 - 16) × 25% = 21(万元)。在交易性金融资产出售时,将原来形成的递延所得税资产4万元予以转销。A公司税务处理如下:

借:所得税费用——当期所得税 210 000
  贷:应交税费——应交所得税 210 000
借:所得税费用——递延所得税 40 000
  贷:递延所得税资产 40 000

【案例5-47】承【案例5-43】至【案例5-46】,"交易性金融资产——股票"的买入价136万元,卖出价184万元,转让金融商品销售额 = 184 - 136 = 48(万元),

应交增值税 =48/(1+6%) =2.717（万元）。出售股票时相关增值税会计处理如下。

①计算增值税：

  借：投资收益   27 170

    贷：应交税费——转让金融商品应交增值税   27 170

②缴纳增值税时：

  借：应交税费——转让金融商品应交增值税   27 170

    贷：银行存款   27 170

第七节 可供出售金融资产税会处理差异

一、可供出售金融资产界定的税会处理差异

《企业会计准则第22号——金融工具确认与计量》（2017年修订）第十六条规定，企业应当根据其管理金融资产的业务模式和金融资产的合同现金流量特征，将金融资产划分为以下三类：（1）以摊余成本计量的金融资产。（2）以公允价值计量且其变动计入其他综合收益的金融资产。（3）以公允价值计量且其变动计入当期损益的金融资产。第十八条规定，金融资产同时符合下列条件的，应当分类为以公允价值计量且其变动计入其他综合收益的金融资产：（1）企业管理该金融资产的业务模式既以收取合同现金流量为目标又以出售该金融资产为目标。（2）该金融资产的合同条款规定，在特定日期产生的现金流量，仅为对本金和以未偿付本金金额为基础的利息的支付。以公允价值计量且其变动计入其他综合收益的金融资产进行会计核算时，应设置"可供出售金融资产——成本"、"可供出售金融资产——公允价值变动"和"其他综合收益"等科目。

《企业所得税法》及其实施条例规定，投资资产是指企业对外进行权益性投资和债权性投资形成的资产。税法只界定了投资资产并没有直接定义金融资产，即认为投资资产包括相关金融资产和长期股权投资等权益性和债权性投资资产。

二、可供出售金融资产初始计量的税会处理差异

1. 可供出售金融资产初始计量的会计处理。会计准则规定，可供出售金融资产应当按取得该金融资产的公允价值和相关交易费用之和作为初始确认金额。支付的价款中包含的已到付息期但尚未领取的债券利息或已宣告但尚未发放的现金股利，应单独确认为应收项目。具体分两种情况处理：第一，当企业购入股票、基金等权益性投资时，可

供出售金融资产初始成本为买价和交易费用之和，借记"可供出售金融资产——成本"科目，按已宣告尚未发放的现金股利，借记"应收股利"科目，按取得可供出售金融资产所支付的全部价款，贷记"银行存款"科目。第二，当企业取得的可供出售金融资产为债券投资的，应按债券的面值，借记"可供出售金融资产——成本"科目，按支付的价款中包含的已到付息期但尚未领取的利息，借记"应收利息"科目，按实际支付的金额，贷记"银行存款"等科目，按借贷方差额，借记或贷记"可供出售金融资产——利息调整"科目。

【案例5-48】A公司于2×08年5月10日购入B公司发行的股票300万股，成交价为每股15元，其中1元属于已宣告但尚未分派的现金股利，另付交易费用90万元。占B公司表决权5%，作为可供出售金融资产核算。A、B公司均属于居民企业，所有款项以银行存款支付。5月18日收到B公司发放的现金股利。

①5月10日，购入股票时：

借：可供出售金融资产——成本　　　　　　　　　42 900 000
　　应收股利　　　　　　　　　　　　　　　　　 3 000 000
　　贷：银行存款　　　　　　　　　　　　　　　　　　　45 900 000

②5月18日，收到现金股利时：

借：银行存款　　　　　　　　　　　　　　　　　 3 000 000
　　贷：应收股利　　　　　　　　　　　　　　　　　　　 3 000 000

2. 可供出售金融资产初始计量的税务处理。税法规定，企业的各项资产包括投资资产等，以历史成本为计税基础。历史成本是指企业取得该项资产时实际发生的支出。企业持有各项资产期间资产增值或者减值，除国务院财政、税务主管部门规定可以确认损益外，不得调整该资产的计税基础。投资资产应按照以下方法确定成本：（1）通过支付现金方式取得的投资资产，以购买价款为成本；（2）通过支付现金以外的方式取得的投资资产，以该资产的公允价值和支付的相关税费为成本。

3. 可供出售金融资产初始计量的财税处理比较。可供出售金融资产初始计量的税会处理差异主要表现在，购入可供出售金融资产时所支付价款中包含的已宣告发放的现金股利或债券利息的涉税处理表述不同，税法没有明确规定应确认应收项目。但该应收项目属于垫付性质的款项，不应作为计税成本，即可供出售金融资产的初始账面价值和计税基础相同。

三、可供出售金融资产持有期间取得的现金股利和利息的税会处理差异

1. 可供出售金融资产持有期间取得的现金股利和利息的会计处理。会计准则规定，可供出售金融资产持有期间被投资单位宣告发放现金股利或利息时，借记"应收股利"

或"应收利息"科目,贷记"投资收益"科目。若企业持有的可供出售金融资产为分期付息、一次还本的债券,还要按期摊销利息调整,将借贷方差额,记入"可供出售金融资产——利息调整"科目的借方或贷方。收到现金股利或利息时,借记"银行存款"科目,贷记"应收股利"或"应收利息"科目。企业按期摊销利息调整后,"可供出售金融资产"科目的账面价值将增加或减少,直至最后一期"可供出售金融资产"科目反映债券面值。若企业持有的可供出售金融资产为到期一次还本付息的债券,则持有期间不确认"应收利息",按到期一次还本付息债券按票面利率计算的利息,借记"可供出售金融资产——应计利息"科目,按照债券的摊余成本和实际利率计算的利息,贷记"投资收益"科目,借贷方差额记入"可供出售金融资产——利息调整"科目的借方或贷方。

【案例5-49】承【案例5-48】,A公司从B公司购入的300万股股票,2×09年6月,被投资单位宣告发放现金股利60万元,2×09年6月8日收到现金股利。A公司2×09年利润总额为1 000万元,除现金股利以外无其他纳税调整项目。A公司应进行如下会计处理。

①宣告发放现金股利时:

借:应收股利　　　　　　　　　　　　　　　　　　600 000
　　贷:投资收益　　　　　　　　　　　　　　　　　　　　600 000

②收到现金股利时:

借:银行存款　　　　　　　　　　　　　　　　　　600 000
　　贷:应收股利　　　　　　　　　　　　　　　　　　　　600 000

2. 可供出售金融资产持有期间取得的利息和现金股利的税务处理。税法规定,企业持有可供出售金融资产期间取得的股息、红利等权益性投资收益,除国务院财政、税务主管部门另有规定外,按照被投资单位作出利润分配决定的日期确认收入的实现。但企业取得的国债利息收入和符合条件的居民企业之间的股息、红利等权益性投资收益(不包括连续持有居民企业公开发行并上市流通的股票不足12个月取得的投资收益)以及在中国境内设立机构、场所的非居民企业从居民企业取得与该机构、场所有实际联系的股息、红利等权益性投资收益属于免税收入。企业取得的国债利息收入为免税收入,国债利息收入是指企业持有国务院财政部门发行的国债取得的利息收入。

3. 可供出售金融资产持有期间取得现金股利和利息的税会处理差异及纳税调整。可供出售金融资产持有期间取得的利息和现金股利的税会处理差异主要表现在以下方面:第一,对于企业取得的可供出售金融资产为债券等债权性投资资产,且初始计量时形成"可供出售金融资产——利息调整"科目贷方余额的,由于按照实际利率法确认当期投资收益时,会摊销"可供出售金融资产——利息调整"科目的贷方余额,增加可供出售金融资产的账面价值，但其计税基础不发生改变。每期摊销利息调整时，可以转回初始确认的递延所得税资产。即按确认转回的递延所得税资产，借记"所得税费用"科目，贷记"递延所得税资产"科目。第二，对于企业取得的可供出售金融资产为股票、基金等权益性投资资产的，由于按照实际利率法确认当期投资收益时，属于税法规定的免税收入。第三，对于企业取得的可供出售金融资产为国债的，持有期间获得的国债利息收入，会计上确认为投资收益，但税法规定属于的免征收入。所以企业当期取得的免税投资收益不属于暂时性差异，可供出售金融资产的账面价值等于计税基础，不确认递延所得税，当期计算应纳所得税额时，应作纳税调减处理。

【案例5-50】 承【案例5-49】，由于A公司持有的B公司股票持有期已超过12个月，取得的60万元股利属于免税收入，会计上将可供出售金融资产持有期间取得的现金股利，确认为投资收益，从而产生了60万元财税差异。A公司在申报企业所得税时应当调减应纳税所得额60万元。另外，这60万元的财税差异不会影响可供出售金融资产的账面价值和计税基础，不属于暂时性差异，不确认递延所得税。2×09年12月31日，A公司实际应交所得税=(1 000-60)×25%=235（万元）。A公司年末应作如下税务处理：

借：所得税费用——当期所得税　　　　　　　　　　　　2 350 000
　　贷：应交税费——应交所得税　　　　　　　　　　　　　　2 350 000

四、可供出售金融资产持有期间公允价值变动的税会处理差异

1. 可供出售金融资产持有期间公允价值变动的会计处理。会计准则规定，在资产负债表日，可供出售金融资产应当以公允价值进行后续计量，公允价值变动计入所有者权益。相应形成的递延所得税资产或负债不得记入"所得税费用"科目，而是记入"其他综合收益——可供出售金融资产公允价值变动"科目。即：资产负债表日，可供出售金融资产的公允价值高于其账面价值的差额，借记"可供出售金融资产——公允价值变动"科目，贷记"其他综合收益——可供出售金融资产公允价值变动"科目；公允价值低于其账面价值的差额，借记"其他综合收益——可供出售金融资产公允价值变动"科目，贷记"可供出售金融资产——公允价值变动"科目。

【案例5-51】 承【案例5-50】，若2×09年12月31日，A公司从B公司购入的300万股股票，账面价值为4 290万元，公允价值为4 000万元。当年A公司利润总额为1 000万元，除可供出售金融资产公允价值变动以外，无其他纳税调整项目，A公司年末应作如下账务处理：

借：其他综合收益——可供出售金融资产公允价值变动　　　2 900 000
　　贷：可供出售金融资产——公允价值变动　　　　　　　　　2 900 000

2. 可供出售金融资产持有期间公允价值变动的税务处理。企业持有各项资产期间资产增值或者减值，除国务院财政、税务主管部门规定可以确认损益外，不得调整该资产的计税基础。

3. 可供出售金融资产持有期间公允价值变动的税会处理差异及纳税调整。可供出售金融资产持有期间公允价值变动的税会处理差异主要是，税法上不确认可供出售金融资产公允价值变动产生的其他综合收益，原可供出售金融资产的计税基础4 290万元保持不变，但可供出售金融资产的账面价值为4 000万元，可供出售金融资产计税基础＞账面价值，形成可抵扣暂时性差异＝4 290－4 000＝290（万元）。确认递延所得税资产＝290×25%＝72.5（万元）。

借：递延所得税资产　　　　　　　　　　　　　　　　　725 000
　　贷：其他综合收益　　　　　　　　　　　　　　　　　725 000

五、可供出售金融资产减值的税会处理差异

1. 可供出售金融资产减值的会计处理。会计准则规定，可供出售金融资产发生减值时，即使该金融资产没有终止确认，原先直接计入所有者权益中的因公允价值下降形成的累计损失，应当予以转出，计入当期损益，即将减值损失反映在利润表中，不能"藏"在其他综合收益中。该转出的累计损失，等于可供出售金融资产的初始取得成本扣除已收回本金和已摊余金额、当前公允价值和原已计入损益的减值损失后的余额。具体进行会计处理时，借记"资产减值损失"科目，贷记"可供出售金融资产——公允价值变动"、"其他综合收益——可供出售金融资产公允价值变动"科目。可供出售权益工具投资发生的减值损失，价值回升时，不得通过损益转回，而是计入其他综合收益，借记"可供出售金融资产——公允价值变动"科目，贷记"其他综合收益——可供出售金融资产公允价值变动"科目。

【案例5－52】承〖案例5－51〗2×10年12月31日，B公司因违反相关证券法规，受到证券监管部门查处，受此影响，其股票的价格发生严重下跌，每股收盘市价为5元。当年A公司利润总额为1 000万元，除可供出售金融资产减值以外，无其他纳税调整项目。

A公司应确认该可供出售金融资产减值，将原直接计入所有者权益的因公允价值下降形成的累计损失应予以转出，计入当期损益。确认可供出售金融资产减值损失＝4 290－300×5＝2 790（万元）。

借：资产减值损失　　　　　　　　　　　　　　　　　27 900 000
　　贷：其他综合收益——可供出售金融资产公允价值变动　　2 900 000
　　　　可供出售金融资产——公允价值变动　　　　　　　25 000 000

2. 可供出售金融资产减值的税务处理及纳税调整。税法规定，在计算应纳税所得额时，未经核定的准备金支出不得扣除。企业持有各项资产期间产生资产增值或者减值，除国务院财政、税务主管部门规定可以确认损益外，不得调整该资产的计税基础。即税法上不确认任何形式的资产减值准备，可供出售金融资产的计税基础不变。纳税调整时，应将会计上确认的减值损失，调增当期应税所得额，期末可供出售金融资产计税基础＞账面价值，形成可抵扣的暂时性差异，借记"递延所得税资产"科目，贷记"其他综合收益——可供出售金融资产公允价值变动"科目。

【案例 5-53】承【案例 5-52】，税法上不确认任何形式的资产减值，可供出售金融资产的计税基础不变，仍为 4 290 万元，会计上确认减值损失 2 790 万元，汇算清缴应进行纳税调整，调增应税所得额 2 790 万元，2×09 年 A 公司实际应交所得税 =（1 000 + 2 790）× 25% = 947.5（万元）。期末可供出售金融资产账面价值为 1 500 万元，计税基础大于账面价值，形成可抵扣的暂时性差异 2 790 万元，期末递延所得税资产余额 = 2 790 × 25% = 697.5（万元），本期应确认金额 = 697.5 - 72.5 = 625（万元），确认递延所得税资产时，应将原计提的资本公积转回，税务处理如下：

借：所得税费用	9 475 000
贷：应交税费——应交所得税	9 475 000
借：递延所得税资产	6 250 000
贷：其他综合收益——可供出售金融资产公允价值变动	6 250 000

【案例 5-54】承【案例 5-53】，若 2×11 年 12 月 31 日，B 公司整改完成，加之市场基本面好转，2×10 年 12 月 31 日收盘价格为每股市价 10 元；当年 A 公司利润总额为 1 000 万元，除可供出售金融资产减值以外，无其他纳税调整项目。可供出售权益工具投资发生的减值损失，由于以后期间价值回升时，不得通过损益转回，确认转回可供出售金融资产减值损失 = 300 ×（10 - 5）= 1 500（万元）。

借：可供出售金融资产——公允价值变动	15 000 000
贷：其他综合收益——可供出售金融资产公允价值变动	15 000 000

可供出售金融资产持有期间公允价值变动的税会处理差异主要是：税法上不确认可供出售金融资产公允价值变动产生的其他综合收益，原可供出售金融资产的计税基础 4 290 万元保持不变，但可供出售金融资产的账面价值为 3 000 万元，可供出售金融资产计税基础＞账面价值，形成可抵扣的暂时性差异 = 4 290 - 3 000 = 1 290（万元），期末递延所得税资产余额 = 1 290 × 25% = 322.5（万元），本期应确认金额 = 322.5 - 697.5 = -375（万元），确认转回递延所得税资产时，应将原计提的资本公积转回。

借：其他综合收益——可供出售金融资产公允价值变动	3 750 000
贷：递延所得税资产	3 750 000

六、可供出售金融资产处置的税会处理差异

1. 可供出售金融资产处置的会计处理。企业处置可供出售金融资产时，将处置时该可供出售金融资产的公允价值与初始入账金额之间的差额确认为投资收益，同时调整公允价值变动损益。企业出售可供出售金融资产时，应按实际收到的金额，借记"银行存款"等科目，按该项可供出售金融资产的账面成本，贷记"可供出售金融资产"科目，按该项可供出售金融资产的公允价值变动，贷记或借记"可供出售金融资产——公允价值变动"科目，按借贷方差额，贷记或借记"投资收益"科目。同时，将原计入该项可供出售金融资产的公允价值变动转出，借记或贷记"其他综合收益——可供出售金融资产公允价值变动"科目，贷记或借记"投资收益"科目。

【案例5-55】2×12年12月10日，A公司以5 000万元卖掉全部B公司股票，款项已存入银行。当年A公司利润总额为5 000万元，除可供出售金融资产处置以外，无其他纳税调整项目。

借：银行存款　　　　　　　　　　　　　　　　　　　　50 000 000
　　可供出售金融资产——公允价值变动　　　　　　　　12 900 000
　　其他综合收益——可供出售金融资产公允价值变动　　15 000 000
　贷：可供出售金融资产——成本　　　　　　　　　　　42 900 000
　　　投资收益　　　　　　　　　　　　　　　　　　　35 000 000

2. 可供出售金融资产处置的税务处理及纳税调整。新税法规定，企业在转让或者处置投资资产时，投资资产的成本准予扣除。投资资产应按照以下方法确定成本：（1）通过支付现金方式取得的投资资产，以购买价款为成本；（2）通过支付现金以外的方式取得的投资资产，以该资产的公允价值和支付的相关税费为成本。由于可供出售金融资产通过出售已经离开了企业，所以应将其以前形成的递延所得税资产余额全部转回。即：借记"其他综合收益——可供出售金融资产公允价值变动"科目，贷记"递延所得税资产"科目。

【案例5-56】A公司出售可供出售金融资产扣除的计税成本应为购入时支付的全部价款即4 290万元，取得投资收益=5 000-4 290=710（万元），但计入当期利润的投资收益为3 500万元，计算当期应交所得税时，应调减当期所得额2 790万元。因此，A公司2×12年实际应交所得税=（5 000-2 790）×25%=552.5（万元）。在可供出售金融资产出售时，将原来形成的递延所得税资产和相应的其他综合收益予以转销。A公司进行税务处理如下：

借：所得税费用　　　　　　　　　　　　　　　　　　　5 525 000
　贷：应交税费——应交所得税　　　　　　　　　　　　5 525 000

借：其他综合收益——可供出售金融资产公允价值变动　　3 225 000
　　贷：递延所得税资产　　　　　　　　　　　　　　　　3 225 000

第八节　投资性房地产税会处理差异

一、投资性房地产界定的税会处理差异

会计准则规定，投资性房地产是指为赚取租金或资本增值，或两者兼有而持有的房地产，主要包括已出租的土地使用权、长期持有并准备增值后转让的土地使用权、企业拥有并已出租的建筑物，不含企业自用的房地产和作为存货的房地产。

在投资性房地产界定方面，税法规定与会计准则规定差异较大。《企业所得税法》中没有专门规定投资性房地产的概念。参考国家税务总局发布的《企业所得税法实施条例释义》对实施条例第五十六条释义即"条例中的无形资产实际上包括准则中的无形资产、商誉和部分投资性房地产，条例中的投资资产包括准则中的交易性金融资产、持有至到期投资和长期股权投资，条例中的固定资产还包括准则中的固定资产和部分投资性房地产"。从税法上区分，投资性房地产可以区分为房屋、建筑物和土地使用权。其中，房屋、建筑物归入固定资产，在计算应纳税所得额时，按照《企业所得税法》第十一条的规定计算固定资产折旧并扣除；土地使用权应归入无形资产，在计算应纳税所得额时，按照《企业所得税法》第十二条的规定计算无形资产摊销费用并扣除。

二、投资性房地产初始计量的差异

1. 投资性房地产初始成本的计量。会计处理上，投资性房地产同时满足下列条件的，才能予以确认：与该投资性房地产有关的经济利益很可能流入企业；该投资性房地产的成本能够可靠地计量。企业取得的投资性房地产，应当按照取得时的成本进行初始计量：外购投资性房地产的成本，包括购买价款和可直接归属于该资产的相关税费；自行建造投资性房地产的成本，由建造该项资产达到预定可使用状态前所发生的必要支出构成。对于在建造投资性房地产过程中发生的利息支出，根据《企业会计准则第17号——借款费用》的规定，如果符合"资产支出已经发生，借款费用已经发生和为使资产达到预定可使用或者可销售状态所必要的购建或者生产活动已经开始"条件的，应当将借款费用资本化，计入投资性房地产的账面价值。

税务处理上，按会计准则确认的投资性房地产，区分房屋、建筑物和土地使用权分

别处理。

（1）经会计处理确认为投资性房地产的房屋、建筑物，按照《企业所得税法》第十一条的规定，如已足额提取折旧仍继续使用的房屋、建筑物，不再确认为固定资产，不得计算折旧扣除。已出租的房屋、建筑物，即以经营租赁方式出租的房屋、建筑物，可以确认为固定资产并计算摊销费用扣除。

（2）经会计处理确认为投资性房地产的土地使用权，按照《企业所得税法》第十二条的规定，与经营活动无关的无形资产不得计算摊销费用扣除。已出租的土地使用权，即以经营租赁方式出租的土地使用权，可以确认为无形资产并计算摊销费用扣除。持有并准备增值后转让的土地使用权，即企业取得的、准备增值后转让的土地使用权，目前没有用于经营活动的，不能确认为无形资产，不得计算摊销费用扣除。该土地使用权在转让时，可按照《企业所得税法》第十六条的规定，按其计税基础扣除。

2. 投资性房地产的初始计量与计税基础。会计处理上，投资性房地产应当按照成本进行初始计量。外购投资性房地产的成本，包括购买价款、相关税费和可直接归属于该资产的其他支出；自行建造投资性房地产的成本，由建造该项资产达到预定可使用状态前所发生的必要支出构成；以其他方式取得的投资性房地产的成本，按照相关会计准则的规定确定。与投资性房地产有关的后续支出，满足规定确认条件的，应当计入投资性房地产成本；不满足规定确认条件的，应当在发生时计入当期损益。

税务处理上，投资性房地产以历史成本为计税基础。所谓历史成本，是指企业取得该项资产时实际发生的支出。企业持有投资性房地产期间产生资产增值或损失，除税法规定可以确认损益的外，不得调整有关资产的计税基础。

企业区分房屋、建筑物和土地使用权按照下列原则确定投资性房地产的计税基础。

（1）房屋、建筑物的计税基础。外购的房屋、建筑物，按购买价款和相关税费作为计税基础；自行建造的房屋、建筑物，按竣工结算前实际发生的支出作为计税基础；融资租入的房屋、建筑物，以租赁合同约定的付款总额和承租人在签订租赁合同过程中发生的相关费用为计税基础，租赁合同未约定付款总额的，以该资产的公允价值和承租人在签订租赁合同过程中发生的相关费用为计税基础；通过捐赠、投资、非货币性资产交换、债务重组取得的房屋、建筑物，按该资产的公允价值和应支付的相关税费作为计税基础。

（2）土地使用权的计税基础。外购的土地使用权，按购买价款、相关税费以及直接归属于该项资产的其他支出作为计税基础；通过捐赠、投资、非货币性资产交换、债务重组取得的土地使用权，按该土地使用权的公允价值和应支付的相关税费作为计税基础。

三、投资性房地产的后续计量差异

1. 成本计量模式。会计处理上，企业应当在资产负债表日采用成本模式对投资性房地产进行后续计量,但按照准则规定采用公允价值模式的除外。采用成本模式计量的建筑物的后续计量,适用《企业会计准则第4号——固定资产》的规定。采用成本模式计量的土地使用权的后续计量,适用《企业会计准则第6号——无形资产》的规定。

税务处理上,如果没有减值迹象,企业没有对投资性房地产计提减值准备,采用成本模式的企业不需要对后续计量进行纳税调整;如果有减值迹象,企业对投资性房地产计提了减值准备,则需要按照《企业所得税法》第八条、第十条的规定,对后续计量进行纳税调整。

2. 公允价值计量模式。会计处理上,有确凿证据表明投资性房地产的公允价值能够持续可靠取得的,可以对投资性房地产采用公允价值模式进行后续计量。采用公允价值模式计量的,应当同时满足下列条件:投资性房地产所在地有活跃的房地产交易市场;企业能够从房地产交易市场上取得同类或类似房地产的市场价格及其他相关信息,从而对投资性房地产的公允价值作出合理的估计。采用公允价值模式计量的,不对投资性房地产计提折旧或进行摊销,应当以资产负债表日投资性房地产的公允价值为基础调整其账面价值,公允价值与原账面价值之间的差额计入当期损益。

税务处理上,企业采用公允价值模式对投资性房地产进行后续计量的,公允价值变动损益在计算应纳税所得额不予确认,应进行纳税调整;投资性房地产可以计提折旧或进行摊销扣除。

四、投资性房地产转换的差异

会计处理上,企业有确凿证据表明房地产用途发生改变,满足下列条件之一的,应当将投资性房地产转换为其他资产或者将其他资产转换为投资性房地产:投资性房地产开始自用;作为存货的房地产,改为出租;自用土地使用权停止自用,用于赚取租金或资本增值;自用建筑物停止自用,改为出租。在成本模式下,应当将房地产转换前的账面价值作为转换后的入账价值。采用公允价值模式计量的投资性房地产转换为自用房地产时,应当以其转换当日的公允价值作为自用房地产的账面价值,公允价值与原账面价值的差额计入当期损益。自用房地产或存货转换为采用公允价值模式计量的投资性房地产时,投资性房地产按照转换当日的公允价值计价,转换当日的公允价值小于原账面价值的,其差额计入当期损益;转换当日的公允价值大于原账面价值的,其差额计入所有者权益。

税务处理上:(1)企业将原采用成本计量模式计价的没有计提减值准备的投资性房地产转换为固定资产或无形资产时,确认为固定资产或无形资产,按照税法计算的折旧和摊销费用,与转换前一致都准予扣除。(2)企业将原采用成本计量模式计价的已计提减值准备的投资性房地产转换为一般性固定资产或无形资产时,会计和税法对资产的计价不一致，税法不承认资产减值准备，计税基础按照税法延续确认，但之后按照税法计算准予扣除的折旧和摊销费用时，需要进行纳税调整。（3）企业将原采用公允价值模式计价的投资性房地产，转换为固定资产或无形资产时，其初始计税基础维持不变，按会计处理的公允价值与原账面价值的差额计入当期损益的部分应进行纳税调整，今后按照税法计算准予扣除的折旧和摊销费用时，还需要进行纳税调整。

五、投资性房地产处置的差异

会计处理上，当投资性房地产被处置，或者永久退出使用且预计不能从其处置中取得经济利益时，应当终止确认该项投资性房地产。企业出售、转让、报废投资性房地产或者发生投资性房地产毁损，应当将处置收入扣除其账面价值和相关税费后的金额计入当期损益。

税务处理上，企业处置投资性房地产时，按照《企业所得税法》第六条的规定，应当将出售、转让收入并入转让财产收入；同时，按照《企业所得税法》第十六条的规定，该项资产的净值和转让费用，可以在计算应纳税所得额时扣除。投资性房地产的报废、毁损，按照固定资产、无形资产的相关规定处理。

六、投资性房地产税会处理差异及纳税调整实务

【案例5-57】2×07年12月25日，甲公司将一栋刚刚盖好的厂房出租给乙公司，该厂房总投资为80万元。甲公司采用公允价值模式计量，2×08年年底，该厂房的市场价格为100万元。2×09年年底，该厂房的市场价格为90万元。2×10年年底，甲公司将该厂房出售，取得价款100万元。假定税法规定应按20年计提折旧，不考虑残值和除所得税以外的其他税费，甲公司每年会计利润总额均为100万元，假定所得税税率为25%，无其他纳税调整项目。

①2×07年12月25日，厂房建成，应按实际发生的成本入账。

借：投资性房地产——成本　　　　　　　　　　　　800 000
　　贷：在建工程　　　　　　　　　　　　　　　　　　　800 000

②2×08年12月31日，该厂房的公允价值为100万元，账面价值为80万元，会计处理上，应按市场价格对投资性房地产的账面价值进行调整，差额20万元计入当期公允价值变动收益；另外，采用公允价值模式计量的，不需要对投资性房地产计提折旧。

借：投资性房地产——公允价值变动　　　　　　　　200 000
　　贷：公允价值变动损益　　　　　　　　　　　　　　　200 000

③2×08年，税务处理上计提折旧4万元（80÷20），不确认公允价值变动损益20万

元,会计处理比税务处理多计收益 24 万元 (20+4)。因此,甲公司在申报 2×08 年所得税时,应调减应纳税所得额 24 万元,应缴纳企业所得税 19 万元 [(100-24)×25%]。此时,厂房的账面价值为 100 万元,计税基础为 76 万元 (80-4),两者之间的差额 24 万元 (100-76) 属于应纳税暂时性差异,应当确认递延所得税负债 6 万元 (24×25%)。

借:所得税费用——递延所得税　　　　　　　　　　　　　60 000
　　贷:递延所得税负债　　　　　　　　　　　　　　　　　　60 000
借:所得税费用——当期所得税　　　　　　　　　　　　　190 000
　　贷:应交税费——应交所得税　　　　　　　　　　　　　190 000

④2×09 年 12 月 31 日,该厂房的公允价值为 90 万元,账面价值为 100 万元,差额 10 万元应冲减厂房的账面价值,并计入当期公允价值变动损失。

借:公允价值变动损益　　　　　　　　　　　　　　　　　100 000
　　贷:投资性房地产——公允价值变动　　　　　　　　　　100 000

⑤2×09 年,税务处理上计提折旧 4 万元,不确认公允价值变动损失 10 万元,会计处理比税务处理多计损失 6 万元 (10-4)。因此,甲公司在申报 2×09 年所得税时应调增应纳税所得额 6 万元,应缴纳企业所得税 26.5 万元 [(100+6)×25%]。此时,厂房的账面价值为 90 万元,计税基础为 72 万元 (80-8),两者之间的差额为 18 万元 (90-72)。2×09 年年底,递延所得税负债期末余额为 4.5 万元 (18×25%),年初余额为 6 万元,应转回递延所得税负债 1.5 万元。

借:所得税费用　　　　　　　　　　　　　　　　　　　　265 000
　　贷:应交税费——应交所得税　　　　　　　　　　　　　265 000
借:递延所得税负债　　　　　　　　　　　　　　　　　　15 000
　　贷:所得税费用　　　　　　　　　　　　　　　　　　　15 000

⑥2×10 年 12 月 31 日,甲公司将该厂房出售,取得价款 100 万元。

借:银行存款　　　　　　　　　　　　　　　　　　　　1 000 000
　　贷:其他业务收入　　　　　　　　　　　　　　　　　1 000 000
借:其他业务成本　　　　　　　　　　　　　　　　　　　900 000
　　贷:投资性房地产——成本　　　　　　　　　　　　　　800 000
　　　　　　　　　　——公允价值变动　　　　　　　　　　100 000
借:公允价值变动损益　　　　　　　　　　　　　　　　　100 000
　　贷:投资收益　　　　　　　　　　　　　　　　　　　　100 000

⑦2×10 年,税务处理上计提折旧 4 万元,确认厂房转让收入 100 万元,计税基础 68 万元 (80-12),即确认转让所得 32 万元 (100-68),税务处理比会计处理多计所得 18 万元 (32-4-10)。因此,甲公司在申报 2×10 年所得税时应调增应纳税所得额 18 万元,应缴纳企业所得税 29.5 万元 [(100+18)×25%]。此时,厂房账面价值和计

税基础均为零,年初递延所得税负债余额4.5万元应当全部转回。

借:所得税费用　　　　　　　　　　　　　　　　295 000
　　贷:应交税费——应交所得税　　　　　　　　　　　　295 000
借:递延所得税负债　　　　　　　　　　　　　　　45 000
　　贷:所得税费用　　　　　　　　　　　　　　　　　　45 000

第九节　长期待摊费用税会处理差异

会计处理上,长期待摊费用是指企业已经发生但应由本期和以后各期负担的分摊期限在1年以上的各项费用,如以经营租赁方式租入的固定资产发生的改良支出等。如果长期待摊费用的费用项目不能使以后会计期间受益,应当将尚未摊销该项目的摊余价值全部转入当期损益。

税务处理上,《企业所得税法》第十三条规定,在计算应纳税所得额时,企业发生的下列支出作为长期待摊费用,按照规定摊销的,准予扣除:(1)已足额提取折旧的固定资产的改建支出;(2)租入固定资产的改建支出;(3)固定资产的大修理支出;(4)其他应当作为长期待摊费用的支出。《企业所得税法实施条例》第七十条规定,其他应当作为长期待摊费用的支出,自支出发生月份的次月起,分期摊销,摊销年限不得低于3年。长期待摊费用具体税务处理如下。

一、已足额提取折旧的固定资产的改建支出

对于已足额提取折旧的固定资产来说仅剩净残值。也就是说,该项固定资产的可利用价值已全部转移。这以后发生的固定资产改建支出,也不能将其计入固定资产成本,因为此时固定资产的价值形式已经消失,后续支出已失去了可以附着的载体。所以应将其作为长期待摊费用在固定资产的受益期限内平均摊销。

【案例5-58】A公司的一栋旧办公楼原值3 000万元,累计折旧为2 950万元,尚未计提过资产减值准备,2×16年10月已经提足折旧,该办公楼的原值与初始计税基础相同,折旧方法、折旧年限、预计净残值与税法处理也相同。2×17年1月,公司决定进行改扩建,发生各项支出1 200万元,2×17年6月竣工结算并达到预定可使用状态。会计和税务处理如下。

①会计处理:
借:在建工程　　　　　　　　　　　　　　　　　　500 000
　　累计折旧　　　　　　　　　　　　　　　　　　29 500 000

贷：固定资产　　　　　　　　　　　　　　　　　　　　30 000 000
　　借：在建工程　　　　　　　　　　　　　　　　　　　　20 000 000
　　　　贷：银行存款　　　　　　　　　　　　　　　　　　20 000 000
2×17年6月竣工结算并达到预定可使用状态：
　　借：固定资产　　　　　　　　　　　　　　　　　　　　20 500 000
　　　　贷：在建工程　　　　　　　　　　　　　　　　　　20 500 000
假设预计尚可使用20年，折旧方法、预计净残值不变。2×17年每月计提折旧：
　　借：管理费用［(2 050-50)/20×12］　　　　　　　　　　83 300
　　　　贷：累计折旧　　　　　　　　　　　　　　　　　　83 300
2×17年会计核算计提折旧费用=50（万元）。

②税务处理：2×16年10月该办公楼属于已经提足折旧、继续使用的固定资产，进行改扩建，发生各项支出1 200万元，应作为长期待摊费用，按照规定摊销，即按照固定资产预计尚可使用年限分期摊销。

③税会差异分析。不同的是，会计处理作为固定资产资本化后续支出，税法作为长期待摊费用，在企业所得税申报表中列示项目不同。相同的是，都按照固定资产预计尚可使用年限分期计提会计折旧或计算税法摊销额。按照税法的规定只能用直线法摊销，而会计折旧方法有可能选择加速折旧法，后续会计和税务处理形成相应的税会差异。

二、租入固定资产的改建支出

　　租入固定资产按租赁方式的不同，可分为经营租赁租入固定资产和融资租赁租入固定资产。以经营租赁方式租入的固定资产，与该资产相关的风险和报酬并没有转移给承租方，因而资产的所有权仍属于出租方，对以经营租赁方式租入的固定资产发生的符合税法规定的改建支出，不能计入固定资产成本，只能计入长期待摊费用，在协议约定的租赁期内平均摊销。以融资租赁方式租入的固定资产，由于出租方实质上已将与该项资产所有权有关的全部风险和报酬转移给承租方，因而承租方实质上拥有了该资产的所有权，而不仅仅是租赁期限内的使用权，对以融资租赁方式租入的固定资产发生的符合税法规定的改建支出，应该计入融资租入固定资产的成本，在该资产的剩余使用年限内，以计提折旧的方式税前扣除。

三、固定资产大修理支出

　　固定资产大修理支出，是指符合修理支出达到取得固定资产时的计税基础50%以上且修理后固定资产的使用年限延长2年以上的支出。对固定资产大修理支出，也应分情况区别对待：企业大修理支出符合确认条件的，应当计入其计税基础，在该固定资产的剩余使用年限内，以摊销方式税前扣除；不符合确认条件的，应当将发生的大修理费用计入当期损益，一次性在税前扣除。

四、长期待摊费用的税会处理差异

会计与税法对长期待摊费用的处理差异较大，会计上遵循实质重于形式的原则按受益年限摊销，同时对发生的筹建费用在生产经营当月一次计入当期损益，而税法上则区别不同情况分别按不同期限进行摊销。

1. 两者包含范围及摊销期限不一致。会计上的长期待摊费用主要是指已经支出且摊销期在1年以上的各种费用，摊销期由企业自行估计确定。与固定资产有关的更新改造等后续支出，符合固定资产确认条件的，应计入固定资产成本，并将被替换部分账面价值扣除；与固定资产有关的修理费用等后续支出，不符合固定资产确认条件的，应计入当期损益。而税法所称长期待摊费用包括已足额提取折旧的固定资产的改建支出、租入固定资产的改建支出、大修理支出及其他支出，例如，企业选择不在开始经营年度一次性扣除的开办费。税务处理上，作为长期待摊费用的支出，应当自支出发生月份的次月起，分期摊销，摊销年限不得低于3年。

2. 会计遵循谨慎性原则，对长期待摊费用若其费用项目不能使以后会计期间受益时将尚未摊销的该项目的摊余价值全部转入当期损益；而税法则根据企业生产经营及国家税款征收等综合因素先计入长期待摊费用的计税基础，以后期间分期在税前扣除，从而使企业在进行所得税处理时，会产生可抵扣暂时性差异。

综上所述，长期待摊费用会计与税务处理存在差异，按照《国家税务总局关于企业所得税若干税务事项衔接问题的通知（国税函〔2009〕98号）》的规定，新税法中开办费未明确列作长期待摊费用，企业可以在开始经营之日的当年一次性扣除，也可以按照新税法有关长期待摊费用的处理规定处理，但一经选定，不得改变。企业在新税法实施以前年度未摊销完的开办费，也可根据上述规定处理。

第六章

企业费用的税会处理差异及纳税调整

第一节 工资薪金支出和社会保险费税会处理差异

一、工资薪金范围界定的差异

《企业会计准则第9号——职工薪酬》（2014年修订）规定，职工薪酬是指企业为获得职工提供的服务或解除劳动关系而给予的各种形式的报酬或补偿。职工薪酬包括短期薪酬、离职后福利、辞退福利和其他长期职工福利。企业提供给职工配偶、子女、受赡养人、已故员工遗属及其他受益人等的福利，也属于职工薪酬。其中，职工是指与企业订立劳动合同的所有人员，含全职、兼职和临时职工，也包括虽未与企业订立劳动合同但由企业正式任命的人员。未与企业订立劳动合同或未由其正式任命，但向企业所提供服务与职工所提供服务类似的人员，也属于职工的范畴，包括通过企业与劳务中介公司签订用工合同而向企业提供服务的人员。

《企业所得税法》中没有使用职工薪酬的概念，但在《实施条例》第三十四条对工资薪金进行了界定。工资薪金是指企业每一纳税年度支付给在本企业任职或者受雇的员工的所有现金形式或者非现金形式的劳动报酬，包括基本工资、奖金、津贴、补贴、年终加薪、加班工资以及与员工任职或者受雇有关的其他支出。可见，税法所指的工资薪金与会计准则中的职工工资、奖金、津贴和补贴相对应，不包括职工福利费、社会保险费、工会经费和职工教育经费等其他职工薪酬。

二、工资薪金支出税前扣除的税会处理差异

会计准则规定，企业应当在职工为其提供服务的会计期间，将实际发生的短期薪酬

确认为负债，并计入当期损益，其他会计准则要求或允许计入资产成本的除外。带薪缺勤分为累积带薪缺勤和非累积带薪缺勤。企业应当在职工提供服务从而增加了其未来享有的带薪缺勤权利时，确认与累积带薪缺勤相关的职工薪酬，并以累积未行使权利而增加的预期支付金额计量。企业应当在职工实际发生缺勤的会计期间确认与非累积带薪缺勤相关的职工薪酬。企业应当将离职后福利计划分类为设定提存计划和设定受益计划。企业应当在职工为其提供服务的会计期间，将根据设定提存计划计算的应缴存金额确认为负债，并计入当期损益或相关资产成本。根据设定提存计划，预期不会在职工提供相关服务的年度报告期结束后12个月内支付全部应缴存金额的，企业应当按准则规定的折现率，将全部应缴存金额以折现后的金额计量应付职工薪酬。

税务处理上，《实施条例》第三十四条规定，企业发生的合理的工资薪金支出，准予扣除。所称工资薪金，是指企业每一纳税年度支付给在本企业任职或者受雇的员工的所有现金形式或者非现金形式的劳动报酬，包括基本工资、奖金、津贴、补贴、年终加薪、加班工资，以及与员工任职或者受雇有关的其他支出。应由生产产品、提供劳务负担的职工薪酬，计入产品成本或劳务成本，在当期税前扣除；应由在建工程、无形资产负担的职工薪酬，计入固定资产或无形资产成本，资本化后通过计提折旧和摊销分期扣除。《实施条例》第四十、四十一、四十二条所称的"工资薪金总额"是指企业按照税法规定实际发放的工资薪金总和，不包括企业的职工福利费、职工教育经费、工会经费以及养老保险费、医疗保险费、失业保险费、工伤保险费、生育保险费等社会保险费和住房公积金。属于国有性质的企业，其工资薪金不得超过政府有关部门给予的限定数额；超过部分，不得计入企业工资薪金总额，也不得在计算企业应纳税所得额时扣除。《国家税务总局关于企业工资薪金及职工福利费扣除问题的通知》（国税函〔2009〕3号）规定，合理工资薪金是指企业按照股东大会、董事会、薪酬委员会或相关管理机构制定的工资薪金制度规定实际发放给员工的工资薪金。税务机关在对工资薪金进行合理性确认时，可按以下原则掌握：第一，企业制定了较为规范的员工工资薪金制度；第二，企业所制定的工资薪金制度符合行业及地区水平；第三，企业在一定时期所发放的工资薪金是相对固定的，工资薪金的调整是有序进行的；第四，企业对实际发放的工资薪金，已依法履行了代扣代缴个人所得税义务；第五，有关工资薪金的安排，不以减少或逃避税款为目的。

《国家税务总局关于企业工资薪金和职工福利费等支出税前扣除问题的公告》（国家税务总局公告2015年第34号）规定，企业福利性补贴支出税前扣除问题列入企业员工工资薪金制度、固定与工资薪金一起发放的福利性补贴，符合国税函〔2009〕3号文件第一条规定的，可作为企业发生的工资薪金支出，按规定在税前扣除。不能同时符合上述条件的福利性补贴，应作为国税函〔2009〕3号文件第三条规定的职工福利费，按规定计算限额税前扣除。企业在年度汇算清缴结束前向员工实际支付的已预提汇缴年度工资薪金，准予在汇缴年度按规定扣除。

工资薪金支出税前扣除应注意以下四点：第一，企业应当通过"应付职工薪酬——工资薪金"科目对工资薪金总额进行单独核算。允许在税前扣除的工资薪金支出，应属于当期实际发生额，仅计提未发放给职工的工资薪金支出不允许在税前扣除。第二，工资薪金支出的扣除必须以存在"任职或雇佣关系"为前提。按照劳动和社会保障部《关于建立劳动用工备案制度的通知》（劳社部发〔2006〕46号）第二条的规定，自2007年起，我国境内所有用人单位招用依法形成劳动关系的职工，都应到登记注册地的县级以上劳动保障行政部门办理劳动用工备案手续。参照各地税务机关的相关规定，劳动合同或基本养老保险缴单是证明企业与员工之间存在任职或雇佣关系的主要凭据。第三，工资薪金支出包括与任职或雇佣有关的全部支出（现金或非现金形式）。第四，工资薪金支出应是合理的。税务机关在对工资薪金进行合理性确认时按照国税函〔2009〕3号文件规定的五个原则确定。不合理的工资薪金本身不包括在税前扣除的"工资薪金总额"之中，因此，也不能将其作为计算职工福利费、职工教育经费、工会经费等税前扣除限额的基数。

【案例6-1】税务机关在对一家工业企业进行纳税检查时，发现该企业在2×15年度终了时将"应付职工薪酬"科目余额50万元（当年计提550万元，实际发放500万元）结转到"其他应付款"科目，并于2×16年1月发放10万元，4月初企业在2×15年度企业所得税汇算清缴时未作任何纳税调整。2×16年5月发放20万元，6月发放20万元，企业财务人员认为《企业所得税法》规定工资薪金支出可以"据实扣除"，将"应付职工薪酬"科目余额结转到"其他应付款"科目视为实际发放，可以在当年度内全额扣除。会计处理如下：

借：管理费用等 5 500 000
  贷：应付职工薪酬 5 500 000
借：应付职工薪酬 5 500 000
  贷：银行存款等 5 000 000
    其他应付款——职工工资 500 000

2×16年1月实际发放10万元：

借：其他应付款——职工工资 100 000
  贷：银行存款等 100 000

2×16年4月初企业在2×15年度企业所得税汇算清缴时未作任何纳税调整。税务处理：2×16年4月初企业在2×15年度企业所得税汇算清缴时，应将尚未发放的工资薪金40万元，进行纳税调增。2×16年5月实际发放20万元，除非在汇算清缴截止前（2×16年5月31日前）重新办理"更正申报"2×15年企业所得税年度纳税申报表信息，否则不能作为2×15年度的工资薪金支出，在税前扣除。2×16年6月实际发放20

万元，在 2×15 年度汇算清缴截止后（2×16 年 5 月 31 日）不能在 2×15 年税前扣除，根据国税函〔2009〕3 号文件，可以在 2×16 年度所得税汇算清缴时，税前扣除，并进行纳税调减。

《企业所得税法》第三十条第二款规定，企业安置残疾人员及国家鼓励安置的其他就业人员所支付的工资可以在计算应纳税所得额时加计扣除。《企业所得税法实施条例》第九十六条规定，企业安置残疾人员所支付工资的加计扣除，是指企业安置残疾人员的，在按照支付给残疾职工工资据实扣除的基础上，按照支付给残疾职工工资的 100% 加计扣除。具体操作按照《财政部、国家税务总局关于安置残疾人员就业有关企业所得税优惠政策问题的通知》（财税〔2009〕70 号）的规定执行。

关于季节工、临时工、接受外部劳务派遣等费用税前扣除问题，《国家税务总局关于企业所得税应纳税所得额若干税务处理问题的公告》（国家税务总局公告 2012 年第 15 号）规定，企业因雇用季节工、临时工、实习生、返聘离退休人员所实际发生的费用，应区分为工资薪金支出和职工福利费支出，并按《企业所得税法》的规定在企业所得税前扣除。其中属于工资薪金支出的，准予计入企业工资薪金总额的基数，作为计算其他各项相关费用扣除的依据。

《国家税务总局关于企业工资薪金和职工福利费等支出税前扣除问题的公告》（国家税务总局公告 2015 年第 34 号）第三条规定，企业接受外部劳务派遣用工所实际发生的费用，应分两种情况按规定在税前扣除：按照协议（合同）约定直接支付给劳务派遣公司的费用，应作为劳务费支出；直接支付给员工个人的费用，应作为工资薪金支出和职工福利费支出。其中属于工资薪金支出的费用，准予计入企业工资薪金总额的基数，作为计算其他各项相关费用扣除的依据。

【案例 6-2】某劳务派遣合同中，用工单位与派遣公司约定中介代理服务劳务费 20 万元（不含税），派遣工的工资 70 万元及社会保险 10 万元（其中，企业承担社会保险 6 万元，个人承担社会保险 4 万元）。

假设双方约定由用工单位承担（支付）派遣工的工资及社会保险，则用工单位会计处理如下。

①支付派遣公司服务费（取得增值税专用发票，金额为 20 万元，税额 1.2 万元）：

借：应付账款——派遣公司　　　　　　　　　　　　　　　　200 000
　　　应交税费——待认证进项税额　　　　　　　　　　　　 12 000
　　贷：银行存款　　　　　　　　　　　　　　　　　　　　212 000
借：应交税费——应交增值税（进项税额）　　　　　　　　　 12 000
　　贷：应交税费——待认证进项税额　　　　　　　　　　　 12 000

②缴纳派遣工社会保险：

借：应付职工薪酬——社会保险费　　　　　　　　　　　　　60 000

其他应付款——个人承担社会保险费	40 000
贷：银行存款	100 000

③实际发放工资及扣缴个人承担社会保险费：

借：应付职工薪酬	700 000
贷：银行存款	660 000
其他应付款——个人承担社会保险费	40 000

④月末分配工资：

借：生产成本	960 000
贷：应付账款——派遣公司	200 000
应付职工薪酬——工资薪金	700 000
——社会保费	60 000

【案例6-3】承〖案例6-2〗，假设双方约定由派遣公司承担（支付）派遣工的工资及社会保险，则派遣公司会计处理如下。

①取得劳务派遣收入（通过新系统的差额征税功能开具增值税发票金额应为96万元，但选择简易计税方式按照差额部分20万元缴纳增值税）：

借：应收账款	960 000
贷：主营业务收入	914 285.71
应交税费——简易计税（计提）（960 000×5%/1.05）	45 714.29

②按照财会〔2016〕22号文件有关差额征税的账务处理规定：

销项税额抵减=（960 000－200 000）×5%/（1＋5%）=36 190.48（元）

借：应交税费——简易计税（抵减）	36 190.48
贷：主营业务成本	36 190.48

③缴纳派遣工社会保险：

借：应付职工薪酬——社会保险费	60 000
其他应付款——个人承担社会保险费	40 000
贷：银行存款	100 000

④实际发放工资：

借：应付职工薪酬	700 000
贷：银行存款	660 000
其他应付款——个人承担社会保险费	40 000

⑤月末分配工资：

借：主营业务成本	760 000
贷：应付职工薪酬——工资薪金	700 000
——社会保险费	60 000

⑥缴纳劳务派遣服务增值税 = 45 714.29 - 36 190.48 = 9 523.81（元），并将"应交税费——简易计税"各明细科目对冲。

借：应交税费——简易计税（缴纳）　　　　　　　　9 523.81
　　贷：银行存款　　　　　　　　　　　　　　　　　9 523.81
借：应交税费——简易计税（计提）　　　　　　　　45 714.29
　　贷：应交税费——简易计税（抵减）　　　　　　　36 190.48
　　　　　——简易计税（缴纳）　　　　　　　　　　9 523.81

需要注意的是，第一，派遣工的工资及社会保险由谁承担（支付）就计入谁的"工资总额"中，计算企业所得税扣除基数；第二，《国家税务总局关于贯彻落实扩大小型微利企业减半征收企业所得税范围有关问题的公告》（国家税务总局公告2015年第17号）规定，《企业所得税法实施条例》第九十二条第（一）项和第（二）项所称从业人数，是指与企业建立劳动关系的职工人数和企业接受的劳务派遣用工人数之和。

三、基本社会保险费和离职后福利计划的税会处理差异

《企业会计准则第9号——职工薪酬》（2014修订）第四条规定，短期薪酬包括医疗保险费、工伤保险费和生育保险费等社会保险费。离职后福利，是指企业为获得职工提供的服务而在职工退休或与企业解除劳动关系后提供的各种形式的报酬和福利，短期薪酬和辞退福利除外。其主要包括失业保险费和养老保险费，其金额应记入"应付职工薪酬——离职后福利"科目。

会计处理上，属于短期薪酬的医疗保险费、工伤保险费和生育保险费等社会保险费，按照准则第五条的规定，企业应当在职工为其提供服务的会计期间，将实际发生的短期薪酬确认为负债，并计入当期损益，其他会计准则要求或允许计入资产成本的除外。属于离职后福利的失业保险费和养老保险费，按照准则第十一条的规定，企业应当将离职后福利计划分类为设定提存计划和设定受益计划。离职后福利计划，是指企业与职工就离职后福利达成的协议，或者企业为向职工提供离职后福利制定的规章或办法等。其中，设定提存计划，是指向独立的基金缴存固定费用后，企业不再承担进一步支付义务的离职后福利计划；设定受益计划，是指除设定提存计划以外的离职后福利计划。第十二条规定，企业应当在职工为其提供服务的会计期间，将根据设定提存计划计算的应缴存金额确认为负债，并计入当期损益或相关资产成本。根据设定提存计划，预期不会在职工提供相关服务的年度报告期结束后12个月内支付全部应缴存金额的，企业应当准则第十五条规定的折现率，将全部应缴存金额以折现后的金额计量应付职工薪酬。

【案例6-4】王先生在年初满45岁并加入了甲公司，当年薪酬为8万元。甲公司

承诺若王先生一直在公司工作,至60岁退休后的20年内,即在王先生80岁以前,甲公司每年给付王先生5万元年金。假设采用的折现利率为5%。请计算甲公司现在每年需要支付的年金。

A(F/A,15,5%)=(P/A,20,5%)×5

21.579×A=12.462×5

解得 A=2.8875(万元)。

设定受益计划的会计处理比较复杂,设定受益计划下的会计分录如下:(1)提存资金时,借记"设定受益计划资产"科目,贷记"银行存款"科目。(2)每年发生服务成本时,借记"管理费用——离职后福利"科目,贷记"应付职工薪酬"科目。(3)设定受益计划资产发生实际收益时,借记"设定受益计划资产"科目,贷记"财务费用"科目。发生损失时作相反分录。(4)引入或修改设定受益计划时,借记"管理费用——离职后福利"科目,贷记"应付职工薪酬"科目。(5)实际支付福利时,借记"应职工薪酬——离职后福利"科目,贷记"设定受益计划资产"科目。(6)重新计量时,借记"管理费用——离职后福利"科目,贷记"资本公积——其他资本公积"科目。

税务处理上,《企业所得税法实施条例》第三十五条规定,企业依照国务院有关主管部门或者省级人民政府规定的范围和标准为职工缴纳的基本养老保险费、基本医疗保险费、失业保险费、工伤保险费、生育保险费等基本社会保险费和住房公积金,准予扣除。第三十六条规定,除企业依照国家有关规定为特殊工种职工支付的人身安全保险费和国务院财政、税务主管部门规定可以扣除的其他商业保险费外,企业为投资者或者职工支付的商业保险费不得扣除。

《国家税务总局关于企业所得税有关问题的公告》(国家税务总局公告2016年第80号)第一条规定,企业职工因公出差乘坐交通工具发生的人身意外保险费支出,准予企业在计算应纳税所得额时扣除。

在执行上述政策时,应注意以下三点:第一,如果企业已经缴纳了基本保险费,除非国家另有规定,在保险公司等营利性机构为职工投保同样险种的基本养老、基本失业和基本医疗保险或其补充保险均不得扣除;第二,只要属于国家基本保障性质的保险且国家有明文规定标准范围内缴纳的基本社会保险费,均可据实扣除,而不仅限于基本养老、失业和医疗保险;第三,企业在商业保险机构为其经营活动的财产所投交的财产保险费,法律、会计和税务等中介机构在商业保险机构投保的职业风险保险等依法强制缴纳的保险费支出可以扣除。

四、补充养老保险和补充医疗保险费的税会处理差异

《企业财务通则》第四十三条规定,企业应当依法为职工支付基本医疗、基本养

老、失业、工伤等社会保险费，所需费用直接作为成本（费用）列支。已参加基本医疗、基本养老保险的企业，具有持续盈利能力和支付能力的，可以为职工建立补充医疗保险和补充养老保险，所需费用按照省级以上人民政府规定的比例从成本（费用）中提取。超出规定比例的部分，由职工个人负担。《财政部关于企业新旧财务制度衔接有关问题的通知》（财企〔2008〕34号）规定，可在成本（费用）中列支的补充养老保险只能是工资总额4%以内的部分，超过部分应由个人负担。

《企业所得税法实施条例》第三十五条规定，企业为投资者或者职工支付的补充养老保险费、补充医疗保险费，在国务院财政、税务主管部门规定的范围和标准内，准予扣除。《财政部、国家税务总局关于补充养老保险费、补充医疗保险费有关企业所得税政策问题的通知》（财税〔2009〕27号）规定，自2008年1月1日起，企业根据国家有关政策规定，为在本企业任职或者受雇的全体员工支付的补充养老保险费、补充医疗保险费，分别在不超过职工工资总额5%标准内的部分，在计算应纳税所得额时准予扣除；超过的部分，不予扣除。

【案例6-5】某公司2×15年为职工实际支付的工资薪金总额为1 800万元，均系合理的工资薪金。该公司2×15年均按工资薪金支出总额的6%为全部职工支付补充养老保险费、补充医疗保险费。即支付补充养老保险费108万元，支付补充医疗保险费108万元。按照财税〔2009〕27号文件的规定，该公司在计算应纳税所得额时允许税前扣除的补充养老保险费和补充医疗保险费限额均为1 800×5%=90（万元）。因此，该公司2×15年应调增应纳税所得额=（108-90）+（108-90）=36（万元）。需注意，如果只为部分职工支付补充养老保险费、补充医疗保险费则全部不允许税前扣除。

上述税会处理差异为，税法要求补充养老保险、补充医疗保险可以在税前扣除的前提是必须已经实际缴纳。而在会计上，根据权责发生制原则，两险应在员工提供服务期间内先予计提（工资总额4%以内），同时确认为应付职工薪酬，在实际缴纳时并不确认为成本费用，而是冲减已确认的负债。由于会计与税法在确认成本费用和扣除项目上时间要求不同，因而在企业所得税汇算清缴时应注意作相应的纳税调整，即在提取数、实际缴纳数和允许税前扣除限额之间相比较后，再作纳税调整。

个人所得税方面，《个人所得税法实施条例》第二十五条规定，按照国家规定，单位为个人缴付和个人缴付的基本养老保险费、基本医疗保险费、失业保险费、住房公积金，从纳税人的应纳税所得额中扣除。《财政部、国家税务总局关于基本养老保险、基本医疗保险费、失业保险费用、住房公积金有关个人所得税政策的通知》（财税〔2006〕10号）规定，企事业单位或个人超过国家或省级人民政府规定的比例和标准缴纳的基本养老保险、基本医疗保险费、失业保险费、住房公积金，应将超过部分计入个人当期工资、薪金所得计征个人所得税。

《财政部、国家税务总局关于个人所得税有关问题的批复》（财税〔2005〕94号）

规定,单位为职工个人购买商业性补充养老保险等,在办理投保手续时应作为个人所得税的"工资、薪金所得"项目,按税法规定缴纳个人所得税;因各种原因退保,个人未取得实际收入的,已缴纳的个人所得税应予以退回。可以看出,单位为职工购买的补充养老保险,要按"工资、薪金所得"项目缴纳个人所得税,税款由单位代扣代缴。

五、住房公积金的税会处理差异

住房公积金是指企业按照国务院发布的《住房公积金管理条例》规定的基准和比例计算,向住房公积金管理机构缴存的住房公积金。会计处理上,《企业会计准则第9号——职工薪酬》(2014修订)第四条规定,短期薪酬包括住房公积金。准则第五条规定,企业应当在职工为其提供服务的会计期间,将实际发生的短期薪酬确认为负债,并计入当期损益,其他会计准则要求或允许计入资产成本的除外。

《企业所得税法实施条例》第三十五条规定,企业依照国务院有关主管部门或者省级人民政府规定的范围和标准为职工缴纳的基本养老保险费、基本医疗保险费、失业保险费、工伤保险费、生育保险费等基本社会保险费和住房公积金,准予扣除。另外,根据《住房公积金管理条例》、《关于住房公积金管理若干具体问题的指导意见》(建金管〔2005〕5号)等文件的精神,企业所得税前扣除的住房公积金标准为:单位和职工缴存比例不应低于5%,原则上不高于12%;缴存住房公积金的月工资基数,原则上不应超过职工工作地所在设区的市级统计部门公布的上一年度职工月平均工资的2倍或3倍,具体标准按照各地有关规定执行。单位超过上述规定比例和标准缴付的住房公积金不得在税前扣除,应纳税调增。

【案例6-6】某单位2×15年账载工资薪金支出87 966 705.11元,无纳税调整。职工人数800人,住房公积金实际缴纳10 556 004.61元。该市每月住房公积金最高缴存工资基数为7 900元。按照最高缴存比例单位和职工各不超过12%的规定,该年度单位和职工最高月缴存额为1 896元(其中,单位948元,个人948元)。企业所得税税前扣除限额计算:实际缴纳额=87 966 705.11×12%=10 556 004.61(元);税前扣除限额=7 900×12%×12×800=9 100 800(元);应纳税所得额调增额=10 556 004.61-9 100 800=1 455 204.61(元)。个人所得税前扣除的住房公积金标准为:单位和个人超过上述规定比例和标准缴付的住房公积金,应将超过部分并入个人当期的工资、薪金收入,计征个人所得税。

六、短期带薪缺勤的税会处理差异

会计处理上,《企业会计准则第9号——职工薪酬》(2014修订)第二条规定,短期薪酬包括带薪缺勤，其是指企业支付工资或提供补偿的职工缺勤，包括年休假、病假、短期伤残、婚假、产假、丧假、探亲假等。第五条规定，企业应当在职工为其提供服务的会计期间，将实际发生的短期薪酬确认为负债，并计入当期损益，其他会计准则要求或允许计入资产成本的除外。第八条规定，带薪缺勤分为累积带薪缺勤和非累积带薪缺勤。企业应当在职工提供服务从而增加了其未来享有的带薪缺勤权利时，确认与累积带薪缺勤相关的职工薪酬，并以累积未行使权利而增加的预期支付金额计量。企业应当在职工实际发生缺勤的会计期间确认与非累积带薪缺勤相关的职工薪酬。累积带薪缺勤，是指带薪缺勤权利可以结转下期的带薪缺勤，本期尚未用完的带薪缺勤权利可以在未来期间使用。非累积带薪缺勤，是指带薪缺勤权利不能结转下期的带薪缺勤，本期尚未用完的带薪缺勤权利将予以取消，并且职工离开企业时也无权获得现金支付。根据我国《劳动法》的规定，国家实行带薪年休假制度，劳动者在法定休假日和婚丧假期间以及依法参加社会活动期间，用人单位应当依法支付工资。因此，我国企业职工休婚假、产假、丧假、探亲假、病假期间的工资通常属于非累积带薪缺勤。

税务处理上，根据《实施条例》第三十四条的规定，企业发生的合理的工资薪金支出，准予扣除。其他规定遵循前述工资薪金支出税前扣除规定。

【案例6-7】 丁公司共有1 000名职工，该公司实行累积带薪缺勤制度。该制度规定，每个职工每年可享受5个工作日带薪病假，未使用的病假只能向后结转一个日历年度，超过1年未使用的权利作废，不能在职工离开公司时获得现金支付；职工休病假是以后进先出为基础，即首先从当年可享受的权利中扣除，再从上年结转的带薪病假余额中扣除；职工离开公司时，公司对职工未使用的累积带薪病假不支付现金。20×7年12月31日，每个职工当年平均未使用带薪病假为2天。根据过去的经验并预期该经验将继续适用，丁公司预计20×8年有950名职工将享受不超过5天的带薪病假，剩余50名职工每人将平均享受6天半病假，假定这50名职工全部为总部各部门经理，该公司平均每名职工每个工作日工资为300元，企业所得税税率为25%。

分析：丁公司在20×7年12月31日应当预计由于职工累积未使用的带薪病假权利而导致的预期支付的追加金额，即相当于75天（50×1.5天）的病假工资22 500元（75×300），并作如下账务处理：

借：管理费用　　　　　　　　　　　　　　　　　　　　　　22 500
　　贷：应付职工薪酬——累积带薪缺勤　　　　　　　　　　22 500

税务处理：如上述预计累积带薪缺勤在20×7年度企业所得税汇算清缴结束前尚未支付，则应纳税调增22 500元，待实际支付时再进行纳税调减。考虑递延所得税影响，"应付职工薪酬——累积带薪缺勤"科目的账面价值＝22 500（元），计税基础＝0，形成递延所得税资产＝22 500×25%＝5 625（元）。

借：递延所得税资产　　　　　　　　　　　　　　　　　　　　5 625
　　　　贷：所得税费用　　　　　　　　　　　　　　　　　　　　　　　　5 625

假定20×8年12月31日，上述50名部门经理中有40名享受了6天半病假，并随同正常工资以银行存款支付。另有10名只享受了5天病假，由于该公司的带薪缺勤制度规定，未使用的权利只能结转一年，超过1年未使用的权利将作废。20×8年，丁公司应作如下账务处理：

　　借：应付职工薪酬——累积带薪缺勤　　　　　　　　　　　18 000
　　　　贷：银行存款　　　　　　　　　　　　　　　　　　　　　　　　18 000
　　借：应付职工薪酬——累积带薪缺勤　　　　　　　　　　　 4 500
　　　　贷：管理费用　　　　　　　　　　　　　　　　　　　　　　　　 4 500

税务处理：20×7年度企业所得税汇算清缴时，将实际支付累积带薪缺勤18 000元作纳税调减，将未使用的权利冲回的计入管理费用的4 500元纳税调减。将上年年末确认的递延所得税资产转回。

　　借：所得税费用　　　　　　　　　　　　　　　　　　　　　　 5 625
　　　　贷：递延所得税资产　　　　　　　　　　　　　　　　　　　　　 5 625

【案例6-8】承【案例6-7】，所不同的是，该公司的带薪缺勤制度规定，职工累积未使用的带薪缺勤权利可无限期结转且可以于职工离职时以现金支付。丁公司1 000名职工中，50名为总部各部门经理，100名为总部各部门职员，800名为直接生产工人，50名工人正在建造一幢自用办公楼。

分析：丁公司在20×7年12月31日应当预计由于职工累积未使用的带薪病假权利而导致的全部金额，即相当于2 000天（1 000×2天）的病假工资600 000元（2 000×300）。

　　借：管理费用　　　　　　　　　　　　　　　　　　　　　　　90 000
　　　　生产成本　　　　　　　　　　　　　　　　　　　　　　　480 000
　　　　在建工程　　　　　　　　　　　　　　　　　　　　　　　 30 000
　　　　贷：应付职工薪酬——累积带薪缺勤　　　　　　　　　　　600 000

税务处理：如上述预计累积带薪缺勤在20×7年度企业所得税汇算清缴结束前尚未支付，则应纳税调增600 000元，待实际支付时，再进行纳税调减处理。考虑递延所得税影响分析同上例。

　　借：递延所得税资产　　　　　　　　　　　　　　　　　　　150 000
　　　　贷：所得税费用　　　　　　　　　　　　　　　　　　　　　　　150 000

【案例6-9】某公司2×14年10月有2名销售人员放弃15天的婚假，假设平均每名职工每个工作日工资为200元，月工资为6 000元。

①假设该公司实行累积带薪缺勤货币补偿制度，会计处理为：

　　借：销售费用　　　　　　　　　　　　　　　　　　　　　　 12 000

　　　　贷：应付职工薪酬——工资（2×6 000）　　　　　　　　　　　　　12 000

②假设该公司实行非累积带薪缺勤货币补偿制度，补偿金额为放弃带薪休假期间平均日工资的2倍，会计处理为：

　　借：销售费用　　　　　　　　　　　　　　　　　　　　　　　　　　24 000
　　　　贷：应付职工薪酬——工资　　　　　　　　　　　　　　　　　　　12 000
　　　　　　　　　　　　——非累积带薪休假（2×15×200×2）　　　　　12 000

实际补偿时一般随工资同时支付：
　　借：应付职工薪酬——工资　　　　　　　　　　　　　　　　　　　　12 000
　　　　　　　　　　——非累计带薪休假　　　　　　　　　　　　　　　12 000
　　　　贷：库存现金　　　　　　　　　　　　　　　　　　　　　　　　　24 000

七、利润分享计划的税会处理差异

　　会计处理上，《企业会计准则第9号——职工薪酬》（2014修订）第二条规定，短期薪酬包括利润分享计划，其是指因职工提供服务而与职工达成的基于利润或其他经营成果提供薪酬的协议。企业应当在职工为其提供服务的会计期间，将实际发生的短期薪酬确认为负债，并计入当期损益，其他会计准则要求或允许计入资产成本的除外。利润分享计划同时满足下列条件的，企业应当确认相关的应付职工薪酬：（1）企业因过去事项导致现在具有支付职工薪酬的法定义务或推定义务；（2）因利润分享计划所产生的应付职工薪酬义务金额能够可靠估计。属于下列三种情形之一的，视为义务金额能够可靠估计：第一，在财务报告批准报出之前企业已确定应支付的薪酬金额。第二，该短期利润分享计划的正式条款中包括确定薪酬金额的方式。第三，过去的惯例为企业确定推定义务金额提供了明显证据。职工只有在企业工作一段特定期间才能分享利润的，企业在计量利润分享计划产生的应付职工薪酬时，应当反映职工因离职而无法享受利润分享计划福利的可能性。如果企业在职工为其提供相关服务的年度报告期间结束后12个月内，不需要全部支付利润分享计划产生的应付职工薪酬，该利润分享计划应当适用其他长期职工福利的有关规定。

　　税务处理上，《实施条例》第三十四条规定，企业发生的合理的工资薪金支出，准予扣除。对于企业在报告年度预计并计提的但在汇算清缴结束前未支付的因利润分享计划产生的应付职工薪酬，不允许在当期税前扣除。其他规定遵循前述工资薪金支出税前扣除规定。

八、职工商业保险费的税会处理差异

　　会计处理上，企业为职工支付的商业保险费，在职工为企业提供服务的会计期间，企业应根据职工提供服务的受益对象,将应确认的职工薪酬计入相关资产成本或当期损益,同时确认应付职工薪酬。税务处理上,《企业所得税法实施条例》第三十六条规定,除企业依照国家有关规定为特殊工种职工支付的人身安全保险费和国务院财政、税务主管部门规定可以扣除的其他商业保险费外,企业为投资者或者职工支付的商业保险费,不得扣除。需要注意的是,此类可以扣除的保险费,其依据必须是法定的。例如,《建筑法》第四十八条规定,建筑施工企业必须为从事危险作业的职工办理意外伤害保险,支付保险费。《煤炭法》第四十四条规定,鼓励企业为井下作业职工办理意外伤害保险,支付保险费等,可以依法扣除。例如,企业在商业保险机构为投资者或职工购买的人身意外伤害、分红保险等商业保险费,不得扣除。《国家税务总局关于企业所得税有关问题的公告》(国家税务总局公告 2016 年第 80 号)关于企业差旅费中人身意外保险费支出税前扣除问题规定,企业职工因公出差乘坐交通工具发生的人身意外保险费支出,准予企业在计算应纳税所得额时扣除。

九、企业实施股权激励计划的税会处理差异

会计处理上,《企业会计准则第 11 号——股份支付》规定,股份支付是指企业为获取职工和其他方提供服务而授予权益工具或者承担以权益工具为基础确定的负债的交易。股份支付分为以权益结算的股份支付和以现金结算的股份支付,并分别进行相应的会计处理。以权益结算的股份支付换取职工提供服务的,应当以授予职工权益工具的公允价值计量。

税务处理上,《国家税务总局关于我国居民企业实行股权激励计划有关企业所得税处理问题的公告》(国家税务总局公告 2012 年第 18 号)规定,上市公司依照国务院证券管理委员会发布的《上市公司股权激励管理办法(试行)》(证监公司字〔2005〕151 号)要求建立职工股权激励计划,并按我国会计准则的有关规定,在股权激励计划授予激励对象时,按照该股票的公允价格及数量计算确定作为上市公司相关年度的成本或费用,作为换取激励对象提供服务的对价。上述企业建立的职工股权激励计划,其企业所得税的处理按以下规定执行:(1)对股权激励计划实行后立即可以行权的,上市公司可以根据实际行权时该股票的公允价格与激励对象实际行权支付价格的差额和数量,计算确定作为当年上市公司工资薪金支出,依照税法规定进行税前扣除。(2)对股权激励计划实行后,需待一定服务年限或者达到规定业绩条件(以下简称等待期)方可行权的。上市公司等待期内会计上计算确认的相关成本费用,不得在对应年度计算缴纳企业所得税时扣除。在股权激励计划可行权后,上市公司方可根据该股票实际行权时的公允价格与当年激励对象实际行权支付价格的差额及数量,计算确定作为当年上市公司工资薪金支出,依照税法规定进行税前扣除。(3)所指股票实际行权时的公允价格,以

实际行权日该股票的收盘价格确定。在我国境外上市的居民企业和非上市公司，凡比照《上市公司股权激励管理办法（试行）》的规定建立职工股权激励计划，且在企业会计处理上也按我国会计准则的有关规定处理的，其股权激励计划有关企业所得税处理问题，可以按照上述规定执行。

【案例 6-10】 20×2 年 1 月 1 日，A 上市公司向其 200 名管理人员每人授予 100 股股票期权，这些职员自 20×2 年 1 月 1 日起在该公司连续服务 3 年，即可以 4 元每股的价格购买 100 股 A 公司股票。公司估计该期权在授予日的公允价格为 15 元。从授予日起的 3 年时间内，共有 45 名职员离开 A 公司。假设全部 155 名职员都在 20×5 年 12 月 31 日行权，A 公司股份面值为 1 元，行权日的公允价值为 10 元。按照《企业会计准则第 11 号——股份支付》的相关规定，A 公司会计账务处理如下。

①A 公司在 3 年间共确认管理费用 232 500 元（155×15×100），在授予日，不作账务处理。

②在等待期 3 年内，每年 A 公司的账务处理如下：

借：管理费用　　　　　　　　　　　　　　　　　　77 500
　　贷：资本公积——其他资本公积　　　　　　　　　　　77 500

③20×5 年职工行权时，A 公司的账务处理如下：

借：银行存款　　　　　　　　　　　　　　　　　　62 000
　　资本公积——其他资本公积　　　　　　　　　　232 500
　　贷：股本　　　　　　　　　　　　　　　　　　　　15 500
　　　　资本公积——股本溢价　　　　　　　　　　　279 000

企业所得税处理：A 公司在 20×2～20×4 年的等待期 3 年内确认的管理费用 232 500 元，税法不允许当期扣除，每年应纳税调增 77 500 元。企业所得税税前扣除金额 =（职工实际行权时该股票的公允价格 - 职工实际支付价格）×行权数量 =（10-4）×155×100 = 93 000（元），A 公司在 20×5 年职工实际行权时，可以在税前扣除 93 000 元，即当年纳税调减 93 000 元。

第二节　职工福利费和辞退福利的税会处理差异

一、职工福利费的会计处理

会计处理上，《企业会计准则第 9 号——职工薪酬》（2014 年修订）第四条规定，短期薪酬包括职工福利费和非货币性福利。第五条规定，企业应当在职工为其提供服务的会计期间,将实际发生的短期薪酬确认为负债,并计入当期损益,其他会计准则要求或允许计入资产成本的除外。《财政部关于企业加强职工福利费财务管理的通知》(财企〔2009〕242号)规定,企业职工福利费是指企业为职工提供的除职工工资、奖金、津贴、纳入工资总额管理的补贴、职工教育经费、社会保险费和补充养老保险费(年金)、补充医疗保险费及住房公积金以外的福利待遇支出,包括发放给职工或为职工支付的以下各项现金补贴和非货币性集体福利:第一,为职工卫生保健、生活等发放或支付的各项现金补贴和非货币性福利,包括职工因公外地就医费用、暂未实行医疗统筹企业职工医疗费用、职工供养直系亲属医疗补贴、职工疗养费用、自办职工食堂经费补贴或未办职工食堂统一供应午餐支出、符合国家有关财务规定的供暖费补贴、防暑降温费等。第二,企业尚未分离的内设集体福利部门所发生的设备、设施和人员费用,包括职工食堂、职工浴室、理发室、医务所、托儿所、疗养院、集体宿舍等集体福利部门设备、设施的折旧、维修保养费用以及集体福利部门工作人员的工资薪金、社会保险费、住房公积金、劳务费等人工费用。第三,职工困难补助,或者企业统筹建立和管理的专门用于帮助、救济困难职工的基金支出。第四,离退休人员统筹外费用,包括离休人员的医疗费及离退休人员其他统筹外费用。国家另有规定的,从其规定。企业重组涉及的离退休人员统筹外费用,按照《财政部关于企业重组有关职工安置费用财务管理问题的通知》(财企〔2009〕117号)的规定执行。第五,按规定发生的其他职工福利费,包括丧葬补助费、抚恤费、职工异地安家费、独生子女费、探亲假路费,以及符合企业职工福利费定义但没有包括在该通知各条款项目中的其他支出。

企业为职工提供的交通、住房、通讯待遇,已经实行货币化改革的,按月按标准发放或支付的住房补贴、交通补贴或者车改补贴、通讯补贴,应当纳入职工工资总额,不再纳入职工福利费管理;尚未实行货币化改革的,企业发生的相关支出作为职工福利费管理,但根据国家有关企业住房制度改革政策的统一规定,不得再为职工购建住房。企业给职工发放的节日补助、未统一供餐而按月发放的午餐费补贴,应当纳入工资总额管理。按照《企业财务通则》第四十六条的规定,应当由个人承担的有关支出,企业不得作为职工福利费开支。

企业应当逐步推进内设集体福利部门的分离改革,通过市场化方式解决职工福利待遇问题。同时,结合企业薪酬制度改革,逐步建立完整的人工成本管理制度,将职工福利纳入职工工资总额管理。对实行年薪制等薪酬制度改革的企业负责人,企业应当将符合国家规定的各项福利性货币补贴纳入薪酬体系统筹管理,发放或支付的福利性货币补贴从其个人应发薪酬中列支。

企业职工福利一般应以货币形式为主。对以本企业产品和服务作为职工福利的,企业要严格控制。国家出资的电信、电力、交通、热力、供水、燃气等企业,将本企业产品和服务作为职工福利的,应当按商业化原则实行公平交易,不得直接供职工及其亲属免费或者低价使用。

《财政部关于实施修订后的〈企业财务通则〉有关问题的通知》（财企〔2007〕48号）规定，新《企业财务通则》实施后，企业不再按照工资总额的14%提取职工福利费，2007年已经计提的职工福利费应当予以冲回。截至2006年12月31日，应付福利费账面余额（不含外商投资企业从税后利润中提取的职工福利及奖励基金余额）区别以下情况处理，上市公司另有规定的，从其规定：第一，余额为赤字的，转入2007年年初未分配利润，由此造成年初未分配利润出现负数的，依次以任意公积金和法定公积金弥补，仍不足弥补的，以2007年及以后年度实现的净利润弥补。第二，余额为结余的，继续按照原有规定使用，待结余使用完毕后，再按照修订后的《企业财务通则》执行。如果企业实行公司制改建或者产权转让，则应当按照《财政部关于〈公司制改建有关国有资本管理与财务处理的暂行规定〉有关问题的补充通知》（财企〔2005〕12号）的规定转增资本公积，并将该部分作纳税调增缴纳所得税。

二、职工福利费的税务处理

1. 流转税的税务处理。企业以自产产品作为非货币性福利发放给职工的，按照《增值税暂行条例实施细则》第四条的规定，将自产、委托加工的货物用于集体福利的视同销售货物，按照货物的公允价值和适用税率确认并记入"应交税费——应交增值税（销项税额）"科目，进行相应的账务处理。企业以其外购资产作为非货币性福利发放给职工的，其支付的进项税额不得抵扣，已经认证申报抵扣的，应进行进项税额转出。

2. 企业所得税的税务处理。《企业所得税法实施条例》第四十条规定，企业发生的职工福利费支出，不超过工资薪金总额14%的部分，准予扣除。为进一步明确职工福利费的税前扣除问题，《国家税务总局关于企业工资薪金及职工福利费扣除问题的通知》（国税函〔2009〕3号）规定，《实施条例》第四十条规定的企业职工福利费，包括以下内容：第一，尚未实行分离办社会职能的企业，其内设福利部门所发生的设备、设施和人员费用，包括职工食堂、职工浴室、理发室、医务所、托儿所、疗养院等集体福利部门的设备、设施及维修保养费用和福利部门工作人员的工资薪金、社会保险费、住房公积金、劳务费等。第二，为职工卫生保健、生活、住房、交通等所发放的各项补贴和非货币性福利，包括企业向职工发放的因公外地就医费用、未实行医疗统筹企业职工医疗费用、职工供养直系亲属医疗补贴、供暖费补贴、职工防暑降温费、职工困难补贴、救济费、职工食堂经费补贴、职工交通补贴等。第三，按照其他规定发生的其他职工福利费，包括丧葬补助费、抚恤费、安家费、探亲假路费等。第四，企业发生的职工福利费，应该单独设置账册，进行准确核算。没有单独设置账册准确核算的，税务机关应责令企业在规定的期限内进行改正。逾期仍未改正的，税务机关可对企业发生的职工福利费进行合理的核定。另外，关于企业福利性补贴支出税前扣除，按照《国家税务总局关于企业工资薪金和职工福利费等支出税前扣除问题的公告》（国家税务总局公告2015年第34号）的规定，列入企业员工工资薪金制度、固定与工资薪金一起发放的福利性补贴，符合国税函〔2009〕3号文件第一条规定的，可作为企业发生的工资薪金支出，按规定在税前扣除。不能同时符合上述条件的福利性补贴，应作为国税函〔2009〕3号文件第三条规定的职工福利费，按规定计算限额税前扣除。

需要注意的是，第一，上述税收文件规定的"固定"是指同时符合每月固定、金额固定、每人标准固定并与工资一起固定发放，例如交通补贴、住房补贴、通信补贴、误餐补贴、节假日补贴等，同时符合上述条件，企业可以选择按工资扣除，也可以选择按福利费扣除。但税务机关不能选择，税务机关只能在企业选择后对企业选择的扣除方法进行税务管理。

第二，只有企业实际发放的符合税法规定的职工福利费，并以国税函〔2009〕3号文件规定的"合理工资薪金"为基数，按不超过其14%的部分才能在税前扣除。由于会计和税法在工资和职工福利费界定范围上存在差异，首先，企业应该将列入会计核算的"职工薪酬"调整为按照税法规范的"合理工资薪金"；其次，按照税法规范的职工福利费范围归集企业实际发生职工福利费；最后，按照税法规范的"合理工资薪金"的14%和按照税法规范的职工福利费两者进行比较，确定纳税调整金额，若前者大于后者，不进行纳税调整，反之，将两者的差额进行纳税调增。

第三，将拥有或租赁的房屋、交通工具等资产无偿提供或以低于市场价值的租金价格转租给职工使用的，该资产每期应计提的折旧或支付的租金，应纳入税法规范的职工福利费，按扣除比例计算扣除限额，超过扣除限额部分纳税调增。

第四，以前年度结余的职工福利费处理。《国家税务总局关于做好2007年度企业所得税汇算清缴工作的补充通知》（国税函〔2008〕264号）规定，2007年度的企业职工福利费，仍按计税工资总额的14%计算扣除，未实际使用的部分，应累计计入职工福利费余额。2008年及以后年度发生的职工福利费，应先冲减以前年度累计计提但尚未实际使用的职工福利费余额，不足部分按新企业所得税法的规定扣除。企业以前年度累计计提但尚未实际使用的职工福利费余额已在税前扣除，属于职工权益，如果改变用途，应调整增加应纳税所得额。根据国税函〔2008〕264号文件的相关规定，企业2008年年初职工福利费会计余额可能有以下两种情况，不同情况下的会计和税务处理存在差异：一是职工福利费的结余额非常大。若当年实际发生数小于结余数，这种情况可按实际发生数冲减结余数，即使当年发生数超过当年按工资、薪金总额的14%计算的数额也不调整。但不能再按当年工资、薪金总额的14%计算扣除。二是职工福利费的结余为负数。如果企业"职工福利费"科目发生赤字，无论数额大小，都需要用自有资金（税后利润或盈余公积）解决，即借记"利润分配——未分配利润"科目，贷记"应付职工薪酬——福利费"科目，将结余赤字冲为零，不能用2008年按工资、薪金总额的14%计算的数额冲减赤字。当然，对当年实际发生的职工福利费，如果不超过按工资薪金总额的14%计算的数额可以扣除。

第五，福利费税前扣除注意合法有效凭证。《企业所得税法》规定，职工福利费不再提取扣除，而是按实际发生额记账，但实际发生福利费时，必须凭合法有效凭证列支。如企业支付合理的福利费列支范围的人员工资、补贴、职工困难补助费等，只要能提供真实、合法的自制凭证就可以扣除，但外购属于职工福利费列支范围的实物资产和发生对外支付相关福利费用应取得发票。

第六，关于企业员工服饰费用支出扣除问题。2011年6月9日发布的《国家税务总局关于企业所得税若干问题的公告》（国家税务总局公告2011年第34号）规定，企业根据其工作性质和特点，由企业统一制作并要求员工工作时统一着装所发生的工作服饰费用，根据《实施条例》第二十七条的规定，可以作为企业合理的支出给予税前扣除。企业员工服饰费用支出扣除的前提为：一是必须是符合企业的工作性质和特点，要求员工工作时统一着装、统一式样，由企业统一付款，取得的发票抬头为企业名称，个人名的发票不能扣除。二是必须是"工作服饰"，即包括服装、鞋、帽、袜子、手套、围巾、领带、提包、伞具、发饰等。三是按规定可以扣除的工作服饰费用，必须是与工作相关、合理的支出。对员工工作时没有必要统一着装，仅是为提高福利待遇而发放的服饰，不能直接在税前扣除。四是必须凭合法有效凭证在税前扣除。

3. 个人所得税的税务处理。从个人所得税的角度而言，个人所得税的缴纳应以税法规定为基础，不因财务、会计制度的变化而变化。目前企业职工个人所得一部分在其工资薪金中反映，还有一部分在福利费中反映，这些收入在扣除法定费用标准后属于应税范围。

《国家税务总局关于个人所得税有关政策问题的通知》（国税发〔1999〕58号）规定，个人因公务用车和通信制度改革而取得的公务用车、通信补贴收入，扣除一定标准的公务费用后，按照"工资、薪金"所得项目计征个人所得税。按月发放的，并入当月"工资、薪金"所得计征个人所得税；不按月发放的，分解到所属月份并与该月份"工资、薪金"所得合并后计征个人所得税。公务费用的扣除标准，由省级地方税务局根据纳税人公务交通的实际发生情况调查测算，报经省级人民政府批准后确定。

《国家税务总局关于离退休人员取得单位发放离退休工资以外奖金补贴征收个人所得税的批复》（国税函〔2008〕723号）规定，离退休人员除按规定领取离退休工资或养老金外，另从原任职单位取得的各类补贴、奖金、实物，不属于《个人所得税法》第四条规定的可以免税的退休工资、离休工资、离休生活补助费，应在减除费用扣除标准后，按"工资薪金所得"项目纳税。

《个人所得税法实施条例》规定，从企业、事业单位、国家机关、社会团体提留的福利费或者工会经费中支付给个人的生活补助费，不征收个人所得税。对于午餐补贴，如果属于自办职工食堂经费补贴或未办职工食堂统一供应午餐支出，可以在职工福利费列支，不征收个人所得税。《财政部、国家税务总局关于误餐补助范围确定问题的通知》（财税〔1995〕82号）规定，国税发〔1994〕89号文件规定不征税的误餐补助，是指按财政部门规定，个人因公在城区、郊区工作，不能在工作单位或返回就餐，确实需要在外就餐的，根据实际误餐顿数，按规定的标准领取的误餐费。一些单位以误餐补助名义发给职工的补贴、津贴，应当并入当月工资、薪金所得计征个人所得税。对于节日补助，属于个人因任职或者受雇而取得的工资、薪金所得，应当征收个人所得税。

三、职工福利费的税会处理差异

比较财企〔2009〕242号和国税函〔2009〕3号文件，职工福利费方面差异主要为：第一，为职工住房、交通等所发放的各项补贴和非货币性福利。会计上对交通补贴支出和住房补贴支出进行区分处理，已经实行货币化改革的，按月按标准发放或支付的住房补贴、交通补贴或者车改补贴、通信补贴，应当纳入职工工资总额，不再纳入职工福利费管理，否则作为福利费；税法规定需要区分处理，如果列入企业员工工资薪金制度、固定与工资薪金一起发放的福利性补贴，符合国税函〔2009〕3号文件第一条规定的，可作为企业发生的工资薪金支出，按规定在税前扣除。若不能同时符合上述条件的福利性补贴，应作为国税函〔2009〕3号文件第三条规定的职工福利费，按规定计算限额税前扣除。第二，离退休的人员统筹以外的费用。会计上规定，这部分费用应该纳入职工福利费。税法规定，这部分费用与生产经营活动无关，不作为职工福利费，也不得税前扣除。《国家税务总局办公厅关于强化部分总局定点联系企业共性税收风险问题整改工作的通知》（税总办函〔2014〕652号）规定，与企业取得收入不直接相关的离退休人员工资、福利费等支出，不得在企业所得税前扣除。第三，独生子女费。会计上作为福利费，税法未明确规定。第四，职工疗养费。会计上作为福利费，税法未明确规定。实务处理中，该费用可能会被认为是与生产经营无关的费用，而不得在税前扣除。第五，集体宿舍等集体福利部门设备、设施的折旧。在会计上明确为福利费，税法未明确规定。以上税法未明确规定的事项，按照国家税务总局2014年第63号公告的规定，可以暂按会计规定处理。

综上所述，可以看出财企〔2009〕242号文件是用来规范企业对职工福利费的财务管理和会计核算的，国税函〔2009〕3号文件是对企业工资薪金及职工福利费的税前扣除做出的具体规定，两者没有隶属关系。财企〔2009〕242号文件规定，在计算企业应纳税所得额的时候，企业职工福利费财务管理同税收法律、行政法规的规定不一致的，应当依照税收法律、行政法规的规定计算纳税。因此，在进行涉税处理时，对于国税函

[2009] 3 号文件已经明确属于职工福利费范围的支出，必须列入职工福利费的范畴，而不应再按照会计处理方法或惯例列入其他范围。

四、非货币性福利的税会处理差异

会计处理上，《企业会计准则第 9 号——职工薪酬》（2014 修订）第四条规定，短期薪酬包括非货币性福利。第六条规定，企业发生的职工福利费，应当在实际发生时根据实际发生额计入当期损益或相关资产成本。职工福利费为非货币性福利的，应当按照公允价值计量。即非货币性福利计量统一采用公允价值计量，但公允价值无法可靠获得时，可以采用成本计量。企业以其自产产品作为非货币性福利发放给职工的，应当根据受益对象，按照该产品的公允价值，计入相关资产成本或当期损益，同时确认应付职工薪酬。将企业拥有的房屋等资产无偿提供给职工使用的，应当根据受益对象，将该住房每期应计提的折旧计入相关资产成本或当期损益，同时确认应付职工薪酬。租赁住房等资产供职工无偿使用的，应当根据受益对象，将每期应付的租金计入相关资产成本或当期损益，并确认应付职工薪酬。难以认定受益对象的非货币性福利，直接计入当期损益，同时确认应付职工薪酬。

《企业所得税法实施条例》第二十五条规定，企业以其自产产品作为非货币性福利发放给职工、用于职工集体福利的，应当视同销售，按照该产品的公允价值，确认销售货物收入；同时，按该产品的公允价值计入工资、薪金支出或职工福利费支出。但职工福利费税前扣除要受税法规定标准的限制，详细内容见本书职工福利费税会处理差异。

【案例 6-11】某公司为化妆品生产企业，共有职工 200 人，其中，生产工人 170 人，行政管理人员 30 人。本月以每套成本为 200 元的化妆品发放职工春节福利，该化妆品市场售价为每套 300 元（不含税），增值税税率 17%，消费税税率 30%。会计和税务处理如下：

借：生产成本　　　　　　　　　　　　　　　　　　　　　　　59 670
　　管理费用　　　　　　　　　　　　　　　　　　　　　　　10 530
　　贷：应付职工薪酬——非货币性福利　　　　　　　　　　　70 200
借：应付职工薪酬——非货币性福利　　　　　　　　　　　　　70 200
　　贷：主营业务收入　　　　　　　　　　　　　　　　　　　60 000
　　　　应交税费——应交增值税（销项税额）　　　　　　　　10 200
借：主营业务成本　　　　　　　　　　　　　　　　　　　　　40 000
　　贷：库存商品　　　　　　　　　　　　　　　　　　　　　40 000
借：税金及附加　　　　　　　　　　　　　　　　　　　　　　18 000
　　贷：应交税费——应交消费税　　　　　　　　　　　　　　18 000

如果该化妆品为内部研发的新产品，公允价值无法可靠计量，该公司会计和税务处理如下：计算组成计税价格＝成本×（1＋成本利润率）÷（1－消费税税率）＝40 000×（1＋5%）÷（1－30%）＝60 000（元）；应交增值税（销项税额）＝60 000×17%＝70 200（元）；应交消费税＝60 000×30%＝18 000（元）。

借：生产成本（170×200＋300×170×17%）　　　　　　　　42 670
　　管理费用（30×200＋300×30×17%）　　　　　　　　　　7 530
　　　贷：应付职工薪酬——非货币性福利　　　　　　　　　　　50 200
借：应付职工薪酬——非货币性福利　　　　　　　　　　　　　50 200
　　　贷：库存商品　　　　　　　　　　　　　　　　　　　　　40 000
　　　　　应交税费——应交增值税（销项税额）　　　　　　　　10 200
借：税金及附加　　　　　　　　　　　　　　　　　　　　　　18 000
　　　贷：应交税费——应交消费税　　　　　　　　　　　　　　18 000

企业所得税：按照《企业所得税实施条例》第二十五条和国税函〔2008〕828号文件、国家税务总局2016年第80号公告相关规定，应确认视同销售收入60 000元，视同销售成本40 000元，纳税调增视同销售所得20 000元，本年度纳税申报时，具体填报A105000《纳税调整项目明细表》和A105010《视同销售和房地产开发企业特定业务纳税调整明细表》相关项目。

五、职工福利费的税会处理差异及纳税调整实务

【案例6－12】 A公司2×17年12月20日从中粮公司外购一批商品（米、面、食用油）作为元旦节日福利发放给职工，购入取得增值税专用发票，价款100 000元，税款13 000元，当月职工已领取。假设该公司工资薪金支出为100万元，其他属于税法范围的职工福利费支出10万元。按照财会〔2016〕22号文件的会计处理如下。

①12月20日，购入时，未认证增值税专用发票：

借：库存商品　　　　　　　　　　　　　　　　　　　　　　100 000
　　应交税费——待认证进项税额　　　　　　　　　　　　　　13 000
　　　贷：银行存款等　　　　　　　　　　　　　　　　　　　113 000

②当月增值税专用发票认证后：

借：应交税费——应交增值税（进项税额）　　　　　　　　　　13 000
　　　贷：应交税费——待认证进项税额　　　　　　　　　　　　13 000

③用于集体福利购进货物的进项税额不得抵扣：

借：库存商品　　　　　　　　　　　　　　　　　　　　　　13 000
　　　贷：应交税费——应交增值税（进项税额转出）　　　　　　13 000

④12月25日,实际发放时:

借:应付职工薪酬——非货币性福利　　　　　　　　　113 000
　　贷:库存商品　　　　　　　　　　　　　　　　　　113 000
借:管理费用——非货币性福利　　　　　　　　　　　113 000
　　贷:应付职工薪酬　　　　　　　　　　　　　　　　113 000

注意:支付工资薪金时,该非货币性福利需要并入职工当月工资薪金计算申报并代扣代缴个人所得税。

⑤企业所得税税前扣除的福利费限额 = 100 × 14% = 14(万元),企业实际发放福利费支出 = 10 + 11.3 = 21.3(万元)。福利费支出超过扣除限额 = 21.3 − 14 = 7.3(万元)。当年企业所得税汇算清缴时,应纳税调增7.3万元,且以后年度也不得税前扣除,通过填写A105050《职工薪酬纳税调整明细表》相关项目进行调整。

六、辞退福利的税会处理差异

1. 会计处理。辞退福利,是指企业在职工劳动合同到期之前解除与职工的劳动关系,或者为鼓励职工自愿接受裁减而给予职工的补偿。辞退福利主要包括:(1)在职工劳动合同尚未到期前,不论职工本人是否愿意,企业决定解除与职工的劳动关系而给予的补偿。(2)在职工劳动合同尚未到期前,为鼓励职工自愿接受裁减而给予的补偿,职工有权利选择继续在职或接受补偿离职。企业向职工提供辞退福利的,应当在下列两者孰早日确认辞退福利产生的职工薪酬负债,并计入当期损益:第一,企业不能单方面撤回因解除劳动关系计划或裁减建议所提供的辞退福利时;第二,企业确认与涉及支付辞退福利的重组相关的成本或费用时。企业应当按照辞退计划条款的规定,合理预计并确认辞退福利产生的应付职工薪酬。辞退福利预期在其确认的年度报告期结束后12个月内完全支付的,应当适用短期薪酬的相关规定;辞退福利预期在年度报告期结束后12个月内不能完全支付的,应当适用《企业会计准则第9号——职工薪酬》(2014年修订)关于其他长期职工福利的有关规定。

2. 企业所得税处理。对费用的税前扣除,原则上应为据实扣除,因此,对企业确认的预计负债而计入费用的金额不允许税前扣除。职工辞退福利既不属于工资薪金支出也不属于职工福利费,应属于企业在生产经营活动中发生的与生产经营活动有关的、合理的、必要和正常的支出。例如,企业已经制定正式的解除劳动关系计划或提出自愿裁减建议并即将实施,其确认的因解除与职工的劳动关系给予补偿所产生预计负债(计入管理费用),由于尚未实际支付,当期不允许在税前扣除。等待企业在实际发生时(支付辞退福利时)才允许在税前扣除。若职工有选择继续在职的权利,属于或有事项,通过预计负债计入管理费用,也不允许在税前扣除。另外,企业解除职工劳动合同时,支付的经济补偿金不属于税收上的工资薪金支出,不得作为计算职工福利费等三项经费税前扣除限额的基数。《国家税务总局关于华为集团内部人员调动离职补偿税前扣除问题的批复》(税总函〔2015〕299号)规定,根据《企业所得税法》及其实施条例和《国家税务总局关于企业工资薪金及职工福利费扣除问题的通知》(国税函〔2009〕3号)的规定,华为公司对离职补偿事项的税务处理不符合企业所得税据实扣除原则,应该进行纳税调整。企业根据公司财务制度为职工提取离职补偿费,在进行年度企业所得税汇算清缴时,对当年度"预提费用"科目发生额进行纳税调整,待职工从企业离职并实际领取离职补偿费后,企业可按规定进行税前扣除。

3. 个人所得税处理。《财政部、国家税务总局关于个人与用人单位解除劳动关系取得的一次性补偿收入征免个人所得税问题的通知》(财税〔2001〕157号)规定,个人因与用人单位解除劳动合同关系而取得的一次性补偿收入(包括用人单位发放的经济补偿金、生活补助费和其他补助费用),其收入在当地上年职工平均工资3倍数额以内的部分,免征个人所得税。超过的部分,按照《国家税务总局关于个人因解除劳动合同取得经济补偿金征收个人所得税的通知》(国税发〔1999〕178号)的有关规定,对于个人因解除劳动合同取得一次性经济补偿收入,应按工资、薪金所得项目计征个人所得税。个人领取一次性补偿收入时,按照国家和地方政府规定的比例实际缴纳的住房公积金、医疗保险费、基本养老保险费、失业保险费可以计征其一次性补偿收入的个人所得税时予以扣除。个人取得的一次性经济补偿收入,除以个人在企业的工作年限数,以其商数作为个人的月工资、薪金收入,按照税法规定计算缴纳个人所得税。个人在企业的工作年限数按实际工作年限数计算,超过12年的按12年计算。

综上所述,辞退福利的税会处理差异为:(1)企业支付给职工的解除劳动合同的补偿支出当期一次性完全支付的,应当适用短期薪酬的相关规定;补偿款项超过一年支付的辞退福利计划,企业应当选择恰当的折现率,以折现后的金额计量应计入当期损益或相关资产成本的辞退福利金额,该项金额与实际应支付的辞退福利之间的差额,作为未确认融资费用,在以后各期实际支付辞退福利款项时,按照实际利率法摊销计入财务费用。(2)根据税法据实扣除原则,当期实际发生辞退支出时,可以在企业所得税税前扣除。对于职工劳动合同到期前,解除与职工的劳动关系而预计的辞退福利,不得在税前扣除,进行纳税调增,形成可抵扣暂时性差异,应确认为"递延所得税资产",待实际支付时转回,进行纳税调减。(3)个人取得的一次性补偿收入超过当地上年职工平均工资3倍数额以外的部分,要按规定缴纳个人所得税。

第三节　劳动保护支出和防暑降温支出的税会处理差异

一、劳动保护支出和防暑降温支出的会计处理

会计处理上，根据《劳动防护用品配备标准（试行）》和《关于规范社会保险缴费基数有关问题的通知》的规定，劳动保护支出的范围包括：工作服、手套、洗衣粉等劳保用品，解毒剂等安全保护用品，清凉饮料等防暑降温用品，以及按照原劳动部等部门规定的范围对接触有毒物质、矽尘作业、放射线作业和潜水、沉箱作业、高温作业五类工种所享受的由劳动保护费开支的保健食品待遇。企业应当将应付的劳动保护支出确认为负债，应当根据职工提供服务的受益对象，分别下列情况处理：一是应由生产产品、提供劳务负担的劳动保护费，计入产品成本或劳务成本。二是应由在建工程、无形资产负担的劳动保护费，计入建造固定资产或无形资产成本。三是上述外的其他劳动保护支出，计入当期损益。

二、劳动保护支出和防暑降温支出的税务处理

税务处理上，劳动保护支出是指确因工作需要为雇员配备或提供工作服、手套、安全保护用品、防暑降温用品等所发生的支出。《企业所得税法实施条例》第四十八条规定，企业发生的合理的劳动保护支出，准予扣除。这里的合理支出是指劳动保护支出必须按照税法的相关规定，符合一定的条件才可以在税前进行扣除：（1）必须是确因工作需要，如果企业发生的所谓支出，并非出于工作的需要，那么其支出就不得予以扣除。（2）为其雇员配备或提供，并且标准统一，而不是给其他与其没有任何劳动关系的人配备或提供，给与其没有任何劳动关系的人配备或提供的支出不得税前扣除。（3）限于工作服、手套、安全保护用品、防暑降温用品等劳动保护用品，数量上能满足工作需要即可。《劳动保护用品监督管理规定》（国家安全生产监督管理总局令1号）第十五条规定，劳动防护用品是指由生产经营单位为从业人员配备的使其在劳动过程中免遭或者减轻事故伤害及职业危害的个人防护装备，如高温冶炼企业、道路施工企业职工的防暑降温用品，采煤工人的手套、头盔等用品。生产经营单位不得以货币或者其他物品替代应当按规定配备的劳动防护用品。因此，发放给职工个人的劳动保护用品是保护劳动者安全健康的一种预防性辅助措施，不是生活福利待遇。但非因工作需要和国家规定以外的带有普遍福利性质的支出，应界定为福利费支出，按照相关的标准申报扣除。（4）劳

动保护支出坚持凭据报销，即以发票和付款单据为税前扣除凭证。

在财税实践中，还特别要注意防暑降温费、高温津贴和劳动保护支出的财税处理区别。国家安全生产监督管理总局、卫生部、人力资源和社会保障部、中华全国总工会《关于印发〈防暑降温措施管理办法〉的通知》（安监总安健〔2012〕89号）第九条规定，用人单位应当向劳动者提供符合要求的个人防护用品，并督促和指导劳动者正确使用。第十一条规定，用人单位应当为高温作业、高温天气作业的劳动者供给足够的符合卫生标准的防暑降温饮料及必需的药品。不得以发放钱物替代提供防暑降温饮料。防暑降温饮料不得充抵高温津贴。第十七条规定，劳动者从事高温作业的，依法享受岗位津贴。用人单位安排劳动者在35℃以上高温天气从事室外露天作业以及不能采取有效措施将工作场所温度降低到33℃以下的，应当向劳动者发放高温津贴，并纳入工资总额。高温津贴标准由省级人力资源社会保障行政部门会同有关部门制定，并根据社会经济发展状况适时调整。第十九条规定，劳动者因高温作业或者高温天气作业引起中暑，经诊断为职业病的，享受工伤保险待遇。

对于用人单位应当向劳动者提供符合要求的个人防护用品、符合卫生标准的防暑降温饮料及必需的药品应作为劳动保护支出处理，会计上计入当期损益，其他会计准则要求或允许计入资产成本的除外。税务处理上，企业实际发生的合理的劳动保护支出，准予扣除。

对于劳动者从事高温作业的，依法享受岗位津贴，企业向职工发放的高温津贴属于按照《企业会计准则第9号——职工薪酬》（2014年修订）第四条规定的短期薪酬中职工工资、奖金、津贴和补贴中的津贴一项。会计处理上，按照准则第五条的规定，企业应当在职工为其提供服务的会计期间，将实际发生的短期薪酬确认为负债，并计入当期损益，其他会计准则要求或允许计入资产成本的除外。税务处理上，只要符合《企业所得税法实施条例》第三十四条的规定，企业发生的合理的工资薪金支出，准予扣除。

对于企业向职工发放的防暑降温费，《国家税务总局关于企业工资薪金及职工福利费扣除问题的通知》（国税函〔2009〕3号）和《企业会计准则》、《财政部关于企业加强职工福利费财务管理的通知》（财企〔2009〕242号）、《企业财务通则》都规定列入职工福利费支出。不同的是，企业会计准则对职工福利费取消了限额规定，只要是据实发生都可以列支。税务处理上，《企业所得税法实施条例》第四十条规定，企业发生的职工福利费支出，不超过工资、薪金总额14%的部分，准予扣除。但按照《个人所得税法》的相关规定，职工取得的防暑降温费需要缴纳个人所得税。

当然还要特别注意防暑降温费和高温津贴不仅仅是名称上的区别，关键在于发放对象有区别并直接影响财税处理结果：防暑降温费发放对象一般是公司全部职工，不分职务、职称统一标准（各地标准可能不同），例如兰州就是每人发35元/月，共发放7月、8月、9月三个月，共计105元；而高温津贴只能发给特定的职工，即高温作业、高温天气作业的劳动者，用人单位不仅要发高温津贴，还要按照安监总安健〔2012〕89号文件的相关规定，应当向劳动者提供符合要求的个人防护用品，并督促和指导劳动者正确使用。用人单位应当为高温作业、高温天气作业的劳动者供给足够的符合卫生标准的防暑降温饮料及必需的药品。不得以发放钱物替代提供防暑降温饮料。防暑降温饮料不得充抵高温津贴。

因此，企业实际发生的合理的用于保护高温作业职工安全的防暑降温用品（包括饮料）及药品属于"劳动保护支出"，允许在企业所得税前据实扣除。企业以"防暑降温费"名义发放的各种补贴和非货币性福利应属于"职工福利费"，在规定的限额内税前扣除，超过工资、薪金总额14%的部分，就会产生永久性差异，必须进行纳税调整。

企业发生的防暑降温费和高温津贴是否涉及个人所得税？第一，企业实际发生的用于保护高温作业职工安全的防暑降温用品（包括饮料）及药品，属于"劳动保护支出"，而非个人所得，因此，不属于《个人所得税法》规定的个人所得征税范围，不征个人所得税。第二，企业以"防暑降温"名义向职工发放的各种货币性补贴，属于个人所得，应根据国税发〔1998〕155号文件的规定缴纳个人所得税，并按照《个人所得税法》第八条的规定，由支付企业代扣代缴。第三，企业按《防暑降温措施管理办法》第十七条的规定和财税〔1994〕89号文件第二条的规定，高温津贴并入当月"工资薪金"计算个人所得税，并按照《个人所得税法》第八条的规定，由支付企业代扣代缴。

《增值税暂行条例》第十条规定，用于非增值税应税项目、免征增值税项目、集体福利或者个人消费的购进货物或者应税劳务的进项税额，以及国务院财政、税务主管部门规定的纳税人自用消费品，不得从销项税额中抵扣。劳动保护费支出如不属于上述不能抵扣进项税额的范围，购进劳保用品时只要取得合法的增值税扣税凭证，其进项税额可以从销项税额中抵扣。而企业购入的以"防暑降温"名义发放给本企业职工的其他物品，属于"集体福利或者个人消费"范围，根据《增值税暂行条例》第十条第一款的规定，其进项税额不得从销项税额中抵扣。

三、劳动保护支出和防暑降温支出的税会处理差异

劳动保护支出的税会处理差异主要是：第一，劳动保护支出的界定范围差异。会计界定的劳动保护费经常比税法界定的税前扣除的劳动保护支出范围广，由此造成的税会处理差异必须进行纳税调整。第二，劳动保护支出的形式差异。会计处理时，无论是现金形式还是非现金形式的劳动保护支出都作为职工薪酬处理，计入相关成本或费用。税法认定的可以在税前扣除的劳动保护支出是指非现金形式的必备的劳动保护用品支出。可见，企业劳动保护支出不能发现金，只能在规定的标准和范围内统一支出且不发给职工个人的，才可按实际发生数税前扣除。如果企业以现金形式发放的劳

动保护支出,应区分支出性质并入工资或职工福利费中,按相应规定扣除。第三,虽然会计和税法对劳动保护支出都没有限额规定,但企业应严格按照《企业会计准则》、《企业会计制度》、《劳动保护用品监督管理规定》和《发票管理办法》等规定,采购相关劳动防护用品时,必须依法取得增值税发票和清单才能据实列支,否则需要进行纳税调整。

第四节　工会经费和非公有制企业党组织工作经费税会处理差异

一、工会经费和非公有制企业党组织工作经费的会计处理

对于建立工会组织的企业,按工资总额2%拨缴的工会经费,会计核算应遵循《企业会计准则第9号——职工薪酬》(2014年修订)的规定,工会经费属于短期薪酬,企业应当在职工为其提供服务的会计期间将实际发生的短期薪酬确认为负债,并计入当期损益,其他会计准则要求或允许计入资产成本的除外。例如,《企业会计准则第1号——存货》第七条规定,存货的加工成本,包括直接人工以及按照一定方法分配的制造费用,即应由生产产品、提供劳务负担的职工薪酬,计入产品成本或劳务成本。对于建立非公有制企业党组织的企业发生的工作经费,按照《中共中央组织部、财政部、国家税务总局关于非公有制企业党组织工作经费问题的通知》(组通字〔2014〕42号)的规定,主要通过纳入管理费用、党费拨返、财政支持等渠道予以解决。

二、工会经费和非公有制企业党组织工作经费的列支范围

《工会法》第四十二条规定,工会经费主要用于为职工服务和工会活动。经费使用的具体办法由中华全国总工会制定。根据全国总工会《关于加强基层工会经费收支管理的通知》(总工办发〔2014〕23号)和《关于〈关于加强基层工会经费收支管理的通知〉的补充通知》(工财发〔2014〕69号)的规定,工会经费应当全部用于为职工服务和开展工会活动。基层工会要按照所在省级工会确定的经费分成比例,及时足额上解经费。工会经费支出包括:(1)工会为会员及其他职工开展教育、文体、宣传等活动产生的支出。(2)工会直接用于维护职工权益的支出。(3)工会培训工会干部、加强自身建设及开展业务工作发生的各项支出。(4)工会从事建设工程、设备工具购置、大型修缮和信息网络购建而发生的支出。(5)对工会管理的为职工服务的文化、体育、

教育、生活服务等独立核算的事业单位的补助和非独立核算的事业单位的各项支出。（6）由工会组织的职工集体福利等方面的支出。（7）以上支出项目以外的必要开支。（8）不准将工会经费用于服务职工群众和开展工会活动以外的开支。第一，不准用工会经费购买购物卡、代金券等，搞请客送礼等活动。第二，不准违反工会经费使用规定，滥发津贴、补贴、奖金。第三，不准用工会经费支付高消费性的娱乐健身活动。第四，不准单位行政利用工会账户，违规设立"小金库"。第五，不准将工会账户并入单位行政账户，使工会经费开支失去控制。第六，不准截留、挪用工会经费。第七，不准用工会经费参与非法集资活动，或为非法集资活动提供经济担保。第八，不准用工会经费报销与工会活动无关的费用。按照组通字〔2014〕42号文件第五条的规定，党组织工作经费必须用于党的活动，使用范围包括：召开党内会议，开展党内宣传教育活动和组织活动；组织党员和入党积极分子教育培训；表彰先进基层党组织、优秀共产党员和优秀党务工作者；走访、慰问和补助生活困难党员；订阅或购买用于开展党员教育的报刊、资料和设备；维护党组织活动场所及设施等。

三、工会经费和非公有制企业党组织工作经费的税务处理及税会处理差异

《企业所得税法实施条例》第四十一条规定，企业拨缴的工会经费，不超过工资薪金总额2%的部分，准予扣除。超过工资薪金总额2%的部分不能在当年企业所得税税前扣除，也不能在以后年度企业所得税税前扣除，形成永久性差异。需要注意以下六方面。

1. 《企业所得税法》规定的工会经费扣除基数为合理的工资薪金总额。《国家税务总局关于企业工资薪金及职工福利费扣除问题的通知》（国税函〔2009〕3号）规定，《实施条例》第三十四条所称的"合理工资薪金"，是指企业按照股东大会、董事会、薪酬委员会或相关管理机构制定的工资薪金制度的规定实际发放给员工的工资薪金。如果会计核算的工资薪金与税法的合理工资薪金不同，则企业会计核算的工会经费与企业所得税税前扣除的工会经费存在永久性差异。

2. 工会经费扣除须有专用收据。《国家税务总局关于工会经费企业所得税税前扣除凭据问题的公告》（国家税务总局公告2010年第24号）规定，根据《工会法》、《中国工会章程》和财政部颁布的《工会会计制度》以及财政票据管理的有关规定，全国总工会决定从2010年7月1日起启用财政部统一印制并套印财政部票据监制章的《工会经费收入专用收据》，同时废止《工会经费拨缴款专用收据》。《国家税务总局关于税务机关代收工会经费企业所得税税前扣除凭据问题的公告》（国家税务总局公告2011年第30号）规定，自2010年1月1日起，在委托税务机关代收工会经费的地区，企业拨缴的工会经费，也可凭合法、有效的工会经费代收凭据依法在税前扣除。从上述规定可

知，工会经费有两种拨缴方式，直接拨缴给工会组织，取得《工会经费收入专用收据》；由受委托的地税机关代收，取得工会经费代收凭据，即工会经费不是凭发票而是凭拨缴的专用收据或代收凭据在税前扣除。

3. 企业应当建立工会组织。建立工会组织的法律依据是《工会法》和《中国工会章程》，基层单位经过上级工会批准建立的工会组织，都称为基层工会组织，它是工会组织体系中最基本的组织单位。基层工会组织具备《民法通则》规定的法人条件的，按照中华全国总工会有关的规定，办理法人资格登记，取得社会团体法人资格。作为基层工会组织，一般具有独立的名称、办公场所和独立的活动经费，工会经费单独设置账簿进行核算。

4. 工会经费的拨缴方式。工会属于社团法人组织，拨缴工会经费是工会组织和企业两个法人组织之间的债权、债务关系的法律行为执行。因此，工会经费具有法定性、强制性。企业是债务人，工会是债权人，企业必须按规定每月及时足额地拨缴工会经费，否则就是侵犯工会和职工群众权利的违法行为。目前，工会经费支付存在两种形式：一是先缴再返。企业先按每月全部职工工资薪金总额的2%计算出工会经费全额向工会组织拨缴，取得《工会经费收入专用收据》；或者向受委托代收工会经费的税务机关缴纳，取得工会经费代收凭据，上级工会组织再按60%比例转拨给缴费企业基层工会。二是分级拨缴。企业按每月全部职工工资薪金总额的2%计算出工会经费后，按40%比例向受委托代收工会经费的税务机关缴纳，取得工会经费代收凭据；留成部分按60%比例由企业同时拨付给其所在的基层工会，取得本企业基层工会开具的《工会经费收入专用收据》。

5. 工会经费的纳税调整。填写A105050《职工薪酬纳税调整明细表》第7行"四、工会经费支出"：第1列"账载金额"填报纳税人会计核算计入成本费用的工会经费支出金额；第2列"税收规定扣除率"填报税法规定的扣除比例（2%）；第4列"税收金额"填报按照税法规定允许税前扣除的金额，按第1行第4列"工资薪金支出－税收金额"×2%与本行第1列的孰小值填报；第5列"纳税调整金额"为第1列减第4列的余额。

6. 非公有制企业党组织工作经费应纳入企业管理费用列支，其不超过职工年度工资薪金总额1%的部分，可以据实在企业所得税前扣除，超过部分需要进行纳税调增。企业要严格执行财务制度，接受企业财务或审计部门的监督。各级组织、财政和税务部门要加强对经费使用情况的检查和监督，发现问题及时纠正和处理。

【案例6-13】A企业2×17年向上级工会拨缴工会经费3万元，取得《工会经费收入专用收据》，上级工会返还给本企业基层工会60%的工会经费，存入工会银行存款基本账户。假设该企业允许税前扣除的工资薪金支出为100万元。会计和税务处理如下。

①计提工会经费时：

借：管理费用——工会经费　　　　　　　　　　　　　　30 000
　　贷：应付职工薪酬——短期薪酬（工会经费）　　　　　　30 000

②实际拨缴工会经费时：

借：应付职工薪酬——短期薪酬（工会经费）　　　　　　30 000
　　贷：银行存款　　　　　　　　　　　　　　　　　　　30 000

③上级工会返还给本企业基层工会60%的工会经费，存入工会银行存款基本账户。不属于企业会计核算范围，由工会进行核算。

④税务处理：A企业2×17年企业所得税税前扣除的工会经费限额＝100×2%＝2（万元），企业实际拨缴工会经费支出＝3（万元），超支工会经费支出＝3－2＝1（万元）。2×17年企业所得税汇算清缴时，纳税调增1万元，以后年度也不得税前扣除，应填写A105050《职工薪酬纳税调整明细表》相关项目。

第五节　职工教育经费税会处理差异

一、职工教育经费的列支范围

财政部、国家税务总局等11部委联合发布的《关于印发〈关于企业职工教育经费提取与使用管理的意见〉的通知》（财建〔2006〕317号）规定，企业切实保证职工教育培训经费足额提取及合理使用，按照以下规定的范围使用和列支。

1. 切实执行《国务院关于大力推进职业教育改革与发展的决定》（国发〔2002〕16号）和《国务院关于加快发展现代职业教育的决定》（国发〔2014〕19号）的相关规定，企业要依法履行职工教育培训和足额提取教育培训经费的责任，一般企业按照职工工资总额的1.5%足额提取教育培训经费，从业人员技能要求高、实训耗材多、培训任务重、经济效益较好的企业可按2.5%提取，其中用于一线职工教育培训的比例不低于60%。

2. 企业的职工教育培训经费提取、列支与使用必须严格遵守国家有关财务会计和税收制度的规定。职工教育培训经费必须专款专用，面向全体职工开展教育培训，特别是要加强各类高技能人才的培养。

3. 企业职工教育培训经费列支范围包括：（1）上岗和转岗培训；（2）各类岗位适应性培训；（3）岗位培训、职业技术等级培训、高技能人才培训；（4）专业技术人员继续教育；（5）特种作业人员培训；（6）企业组织的职工外送培训的经费支出；（7）职工参加的职业技能鉴定、职业资格认证等经费支出;(8)购置教学设备与设施;(9)职工岗位自学成才奖励费用;(10)职工教育培训管理费用;(11)有关职工教育的其他开支。

4. 经单位批准或按国家和省、市规定必须到本单位之外接受培训的职工,与培训有关的费用由职工所在单位按规定承担。经单位批准参加继续教育以及政府有关部门集中举办的专业技术、岗位培训、职业技术等级培训、高技能人才培训所需经费,可从职工所在企业职工教育培训经费中列支。

5. 为保障企业职工的学习权利和提高他们的基本技能,职工教育培训经费的60%以上应用于企业一线职工的教育和培训。当前和今后一个时期,要将职工教育培训经费的重点投向技能型人才特别是高技能人才的培养以及在岗人员的技术培训和继续学习。

6. 企业职工参加社会上的学历教育以及个人为取得学位而参加的在职教育,所需费用应由个人承担,不能挤占企业的职工教育培训经费。对于企业高层管理人员的境外培训和考察,其一次性单项支出较高的费用应从其他管理费用中支出,避免挤占日常的职工教育培训经费开支。

7. 矿山和建筑企业等聘用外来农民工较多的企业,以及在城市化进程中接受农村转移劳动力较多的企业,对农民工和农村转移劳动力培训所需的费用,可从职工教育培训经费中支出。

8. 企业职工教育培训经费的补充规定。企业新建项目,应充分考虑岗位技术技能要求、设备操作难度等因素,按照国家规定的相关标准,在项目投资中列支技术技能培训费用。企业进行技术改造和项目引进、研究开发新技术、试制新产品,应按相关规定从项目投入中提取职工技术技能培训经费,重点保证专业技术骨干、高技能人才和急需紧缺人才培养的需要。企业工会年度内按规定留成的工会经费中,应有一定部分用于职工教育与培训,列入工会预算掌握使用。

9. 建立健全企业职工教育培训经费提取和使用的规章制度,严格按照规定范围和控制额度开支。企业的经营者应确保本企业职工教育经费的提取与使用。企业职工教育培训主管部门要根据职工教育与培训计划合理安排职工教育培训经费使用,大型企业集团提取的职工教育培训经费可与二级单位(或二级法人单位)划分一定的比例分别管理与使用。

二、职工教育经费的会计处理

会计处理上,按照《企业会计准则第9号——职工薪酬》(2014年修订)的规定,职工教育经费作为短期薪酬的组成部分,应当在职工为其提供服务的会计期间,根据规定的计提基础和比例计算确定相应的职工薪酬金额,并确认为负债,计入当期损益或相关资产成本。《企业财务通则》第四十四条规定，职工教育经费按照国家规定的比例提取，专项用于企业职工后续职业教育和职业培训。《企业会计准则讲解》要求企业按照职工工资总额1.5%的计提标准，计量应付职工教育经费义务金额和应相应计入成本费用的薪酬金额。从业人员技术要求高、培训任务重、经济效益好的企业，可以根据国家相关规定，按照职工工资总额的2.5%计量职工教育经费。

三、职工教育经费的税务处理

税务处理上，《企业所得税法实施条例》第四十二条规定，除国务院财政、税务主管部门另有规定外，企业发生的职工教育经费支出，不超过工资薪金总额2.5%的部分，准予扣除；超过部分，准予在以后纳税年度结转扣除。《财政部、国家税务总局关于进一步鼓励软件产业和集成电路产业发展企业所得税政策的通知》（财税〔2012〕27号）规定，集成电路设计企业和符合条件软件企业的职工培训费用，应单独进行核算并按实际发生额在计算应纳税所得额时扣除。《国家税务总局关于企业所得税执行中若干税务处理问题的通知》（国税函〔2009〕202号）规定，软件生产企业发生的职工教育经费中的职工培训费用，可以全额在企业所得税前扣除。软件生产企业应准确划分职工教育经费中的职工培训费支出，对于不能准确划分的，以及准确划分后职工教育经费中扣除职工培训费用的余额，一律按照《实施条例》第四十二条规定的比例扣除。《财政部、国家税务总局、商务部、科技部、国家发展改革委关于完善技术先进型服务企业有关企业所得税政策问题的通知》（财税〔2014〕59号）规定，经认定的技术先进型服务企业发生的职工教育经费支出，不超过工资薪金总额8%的部分，准予在计算应纳税所得额时扣除；超过部分，准予在以后纳税年度结转扣除。《财政部、国家税务总局关于高新技术企业职工教育经费税前扣除政策的通知》（财税〔2015〕63号）规定，自2015年1月1日起，高新技术企业发生的职工教育经费支出，不超过工资薪金总额8%的部分，准予在计算企业所得税应纳税所得额时扣除；超过部分，准予在以后纳税年度结转扣除。《国家税务总局关于企业所得税若干问题的公告》（国家税务总局公告2011年第34号）规定，航空企业实际发生的飞行员养成费、飞行训练费、乘务训练费、空中保卫员训练费等空勤训练费用，根据《实施条例》第二十七条的规定，可以作为航空企业运输成本在税前扣除。《国家税务总局关于企业所得税应纳税所得额若干问题的公告》（国家税务总局公告2014年第29号）规定，核力发电企业为培养核电厂操纵员发生的培养费用，可作为企业的发电成本在税前扣除。企业应将核电厂操纵员培养费与员工的职工教育经费严格区分，单独核算，员工实际发生的职工教育经费支出不得计入核电厂操纵员培养费直接扣除。

四、职工教育经费的税会处理差异

根据上述会计和税务处理规定,职工教育经费可以分下列三种情况进行会计与税务处理。

1. 当企业实际发生且符合税收规定的职工教育经费支出等于按照工资、薪金总额的2.5%(8%)计提的职工教育经费时,不会产生可抵扣暂时性差异,因而无须确认相关的递延所得税,在计算应纳税所得额时,按照实际发生额在税前扣除。

2. 当企业实际发生且符合税收规定的职工教育经费支出小于按照工资、薪金总额的2.5%(8%)计提的职工教育经费时,不会产生可抵扣暂时性差异,因而无须确认相关的递延所得税,在计算应纳税所得额时,按照实际发生额在税前扣除。

3. 当企业实际发生且符合税收规定的职工教育经费支出大于按照工资、薪金总额的2.5%计提的职工教育经费时,应付职工薪酬(职工教育经费)不存在账面价值,而按照税法规定能够确定其计税基础,其账面价值0与计税基础之间的差额产生可抵扣暂时性差异。由于该项可抵扣暂时性差异准予在以后纳税年度结转扣除,因此,企业在计算应纳税所得额时,应当在利润总额的基础上调整增加该项可抵扣暂时性差异,并在预计该项可抵扣暂时性差异转回的未来期间能够产生足够的应纳税所得额的情况下确认相关的递延所得税资产,以后纳税期间在扣除限额内扣除。

五、职工教育经费税会处理差异及纳税调整实务

【案例6-14】甲企业于2×17年2月9日成立,假定2×17年度、2×18年度、2×19年度实际发放的工资、薪金总额分别为1 000万元、1 200万元、1 600万元,实际发生的职工教育经费分别为33万元、24万元和28万元。甲企业各年度实际发放的工资、薪金均符合税法所界定的合理的工资、薪金支出,准予税前扣除。甲企业按照职工工资总额的2.5%计提职工教育经费。假定有确凿的证据预计甲企业在可抵扣暂时性差异转回的未来期间能够产生足够的应纳税所得额;各年度适用的所得税税率均为25%。

①2×17年度,甲企业按照职工工资总额的2.5%计提了职工教育经费25万元(1 000×2.5%),并已计入相关资产成本或当期费用。甲企业实际发生的职工教育经费支出为33万元,其中25万元从已计提的职工教育经费中开支,8万元直接计入当期相关资产成本或当期费用。按照税法的规定,甲企业在本年度税前准予扣除的职工教育经费支出为25万元,两者之间产生可抵扣暂时性差异8万元(33-25)。由于该项可抵扣

暂时性差异准予在以后纳税年度结转扣除,因此,甲企业在计算应纳税所得额时应当进行纳税调整(即在 2×17 年度利润总额的基础上调整增加该项可抵扣暂时性差异 8 万元),并在预计该项可抵扣暂时性差异转回的未来期间能够产生足够的应纳税所得额的情况下确认相关的递延所得税资产 2 万元(8×25%)。会计分录如下:

  借:递延所得税资产   20 000
    贷:所得税费用   20 000

②2×18 年度,甲企业按照职工工资总额的 2.5% 计提了职工教育经费 30 万元(1 200×2.5%),并已计入相关资产成本或当期费用,而实际发生的职工教育经费支出 24 万元从已计提的职工教育经费中开支,另外,2×17 年度产生的可抵扣暂时性差异 8 万元中的 6 万元(30-24)予以转回,一方面进行纳税调整(即在 2×18 年度利润总额的基础上调整减少转回的该项可抵扣暂时性差异 6 万元);另一方面转回已确认的递延所得税资产 1.5 万元(6×25%)。会计分录如下:

  借:所得税费用   15 000
    贷:递延所得税资产   15 000

③2×19 年度,甲企业按照职工工资总额的 2.5% 计提了职工教育经费 40 万元(1 600×2.5%),并已计入相关资产成本或当期费用,而实际发生的职工教育经费支出 28 万元从已计提的职工教育经费中开支,另外,2×17 年度产生的可抵扣暂时性差异 8 万元中剩余的 2 万元(2×18 年度已经转回 6 万元)予以转回,一方面进行纳税调整,即在 2×19 年度利润总额的基础上调整减少转回的该项可抵扣暂时性差异 2 万元,再调整增加当期产生的永久性差异 12 万元(40-28);另一方面转回已确认的递延所得税资产 0.5 万元(2×25%)。会计分录如下:

  借:所得税费用   5 000
    贷:递延所得税资产   5 000

第六节　坏(呆)账准备金及坏账损失税会处理差异

一、坏(呆)账准备金及坏账损失的会计处理

(一)企业会计准则中坏账准备处理规定

企业会计准则将应收款项和贷款界定为金融资产,坏账是指企业无法收回或收回可能性极小的应收款项和贷款,坏账发生而形成的损失称为坏账损失。坏账准备是企业遵

循谨慎性原则对预计发生坏账损失的应收款项计提的资产减值准备。坏账准备的计提范围包括应收票据、应收账款、贷款、预付账款、应收分保账款、其他应收款、长期应收款等应收款项。

(二) 企业会计准则中坏账准备账务处理

《企业会计制度》规定计提的八项资产减值损失分别记入"管理费用"、"营业外支出"、"投资收益"等不同科目。《企业会计准则》规定计提的各项资产减值准备统一记入"资产减值损失"科目。会计期末，企业应收款项发生减值并计提坏账准备时，应按减值金额，借记"资产减值损失"科目，贷记"坏账准备"科目。本期应计提的坏账准备大于其账面余额的，应按其差额计提；应计提的坏账准备小于其账面余额的差额，编制相反的会计分录。对于确实无法收回的应收款项，按管理权限报经批准后作为坏账，转销应收款项，借记"坏账准备"科目，贷记"应收票据"、"应收账款"、"预付账款"、"其他应收款"、"长期应收款"等科目。已确认并转销的应收款项以后又收回的，应按实际收回金额，借记"应收票据"、"应收账款"、"预付账款"、"其他应收款"、"长期应收款"等科目，贷记"坏账准备"科目；同时，借记"银行存款"科目，贷记"应收票据"、"应收账款"、"预付账款"、"其他应收款"、"长期应收款"等科目。"坏账准备"科目期末贷方余额，反映企业已计提但尚未转销的坏账准备。

另外，《财政部关于印发〈金融企业准备金计提管理办法〉的通知》(财金〔2012〕20号)还专门规范了金融企业准备金计提的会计处理。金融企业准备金，又称拨备，是指金融企业对承担风险和损失的金融资产计提的准备金，包括一般准备和资产减值准备。金融企业按规定计提的一般准备作为利润分配处理，一般准备是所有者权益的组成部分。金融企业计提的相关资产减值准备计入当期损益。已计提资产减值准备的资产质量提高时，应在已计提的资产减值准备范围内转回，增加当期损益。对符合条件的资产损失经批准核销后，冲减已计提的相关资产减值准备。对经批准核销的表内应收利息，已纳入损益核算的，无论其本金或利息是否已逾期，均作冲减利息收入处理。已核销的资产损失，以后又收回的，其核销的相关资产减值准备予以转回。已核销的资产收回金额超过本金的部分，计入利息收入等。转回的资产减值准备作增加当期损益处理。资产减值准备以原币计提，按即期汇率折算为记账本位币后确认。

二、坏（呆）账准备金及坏账损失的税务处理和税会处理差异

(一) 坏（呆）账准备金税前扣除规定及税会处理差异

税务处理上，《企业所得税法》第十条规定，未经核定的准备金支出不得扣除。

《实施条例》第五十五条规定，未经核定的准备金支出是指不符合国务院财政、税务主管部门规定的各项资产减值准备、风险准备等准备金支出。即税法上不允许除金融企业外的一般企业在税前扣除提取各类准备金支出，只有在实际发生资产损失时，才能向税务机关申报后，按税法规定在税前扣除。由于税会处理差异，计算和填列企业所得税年度纳税申报表时，一般企业本期计提的坏账准备金应纳税调增，转回以前计提的准备金应纳税调减。《国家税务总局关于企业所得税执行中若干税务处理问题的通知》（国税函〔2009〕202号）规定，2008年1月1日前按照原企业所得税法规定计提的各类准备金，2008年1月1日以后，未经财政部和国家税务总局核准的，企业以后年度实际发生的相应损失，应先冲减各项准备金余额，不足部分按新税法规定扣除；仍有余额的，继续留在以后年度使用。

除一般企业外，金融、证券、保险等特殊行业的企业，可以依据相关税收政策计算税前扣除的准备金支出。具体按照《财政部、国家税务总局关于证券行业准备金支出企业所得税税前扣除有关政策问题的通知》（财税〔2017〕23号）、《财政部、国家税务总局关于金融企业贷款损失准备金企业所得税税前扣除有关政策的通知》（财税〔2015〕9号）和《财政部、国家税务总局关于保险企业计提准备金有关税收处理问题的通知》（财税〔2015〕115号）的相关规定处理。

《财政部、税务总局关于小额贷款公司有关税收政策的通知》（财税〔2017〕48号）第三条规定，自2017年1月1日至2019年12月31日，对经省级金融管理部门（金融办、局等）批准成立的小额贷款公司按年末贷款余额的1%计提的贷款损失准备金准予在企业所得税税前扣除。具体政策口径按照《财政部 国家税务总局关于金融企业贷款损失准备金企业所得税税前扣除有关政策的通知》（财税〔2015〕9号）执行。

另外，《财政部、国家税务总局关于金融企业涉农贷款和中小企业贷款损失准备金税前扣除有关问题的通知》（财税〔2015〕3号）、《关于延长金融企业涉农贷款和中小企业贷款损失准备金税前扣除政策执行期限的通知》（财税〔2015〕3号）、《关于保险公司提取农业巨灾风险准备金企业所得税税前扣除问题的通知》（财税〔2009〕110号）和《财政部、国家税务总局关于中小企业融资（信用）担保机构有关准备金企业所得税税前扣除政策的通知》（财税〔2017〕22号）也规定，可以按照一定比例扣除贷款损失准备金、风险准备金、担保赔偿准备金和未到期责任准备金。

但是，由于会计核算计提的准备金与税法规定可以税前扣除的准备金存在差异，需要在企业所得税年度纳税申报时，进行计算和比较分析差异，并进行相应的纳税调整。但需要注意的是，由于金融企业按会计规定计提的一般准备作为税后利润分配处理，属于所有者权益的组成部分，不属于税前扣除范畴，也不影响应纳税所得额，不存在纳税调整。

(二) 坏账损失税前扣除管理具体规定

《国家税务总局关于企业资产损失税前扣除政策的通知》（财税〔2009〕57号）规定，企业除贷款类债权外的应收、预付账款符合下列条件之一的，减除可收回金额后确认的无法收回的应收、预付款项，可以作为坏账损失在计算应纳税所得额时扣除：第一，债务人依法宣告破产、关闭、解散、被撤销，或者被依法注销、吊销营业执照，其清算财产不足清偿的；第二，债务人死亡，或者依法被宣告失踪、死亡，其财产或者遗产不足清偿的；第三，债务人逾期3年以上未清偿，且有确凿证据证明已无力清偿债务的；第四，与债务人达成债务重组协议或法院批准破产重整计划后，无法追偿的；第五，因自然灾害、战争等不可抗力导致无法收回的；第六，国务院财政、税务主管部门规定的其他条件。

《国家税务总局关于发布〈企业资产损失所得税税前扣除管理办法〉的公告》（国家税务总局公告2011年第25号）第四条规定，企业实际资产损失，应当在其实际发生且会计上已作损失处理的年度申报扣除；法定资产损失，应当在企业向主管税务机关提供证据资料证明该项资产已符合法定资产损失确认条件且会计上已作损失处理的年度申报扣除。第五条规定，企业发生的资产损失，应按规定的程序和要求向主管税务机关申报后方能在税前扣除。未经申报的损失，不得在税前扣除。第二十二条规定，企业应收及预付款项坏账损失应依据以下相关证据材料确认：相关事项合同、协议或说明；属于债务人破产清算的，应有人民法院的破产、清算公告；属于诉讼案件的，应出具人民法院的判决书或裁决书或仲裁机构的仲裁书，或者被法院裁定终（中）止执行的法律文书；属于债务人停止营业的，应有工商部门注销、吊销营业执照证明；属于债务人死亡、失踪的，应有公安机关等有关部门对债务人个人的死亡、失踪证明；属于债务重组的，应有债务重组协议及其债务人重组收益纳税情况说明；属于自然灾害、战争等不可抗力而无法收回的，应有债务人受灾情况说明以及放弃债权申明。第二十三条规定，企业逾期三年以上的应收款项在会计上已作为损失处理的，可以作为坏账损失，但应说明情况并出具专项报告。第二十四条规定，企业逾期一年以上，单笔数额不超过5万元或者不超过企业年度收入总额万分之一的应收款项，会计上已经作为损失处理的，可以作为坏账损失，但应说明情况并出具专项报告。第四十三条规定，企业委托金融机构向其他单位贷款，或委托其他经营机构进行理财，到期不能收回贷款或理财款项，按照该办法有关规定进行处理。

三、坏（呆）账准备金及坏账损失的税会处理差异和纳税调整实务

由于会计准则与税法存在差异，企业计提坏账准备会出现可抵扣暂时性差异，根据

《企业会计准则第 18 号——所得税》和税法的相关规定，企业应采用资产负债表债务法计提或冲回计提的坏账准备，正确处理坏账准备会计核算和纳税调整。

【案例 6-15】 某商业银行 2×13 年年末贷款损失准备余额为 1 100 万元，2×14 年发生贷款损失 400 万元，年末贷款余额为 130 000 万元，该银行 2×14 年会计处理实际提取贷款损失准备 500 万元。会计处理如下。

① 2×14 年计提贷款损失准备时：

借：资产减值损失　　　　　　　　　　　　　　　　　5 000 000
　　贷：贷款损失准备　　　　　　　　　　　　　　　　　　5 000 000

② 2×14 年发生损失并核销贷款时：

借：贷款损失准备　　　　　　　　　　　　　　　　　4 000 000
　　贷：贷款　　　　　　　　　　　　　　　　　　　　　　4 000 000

③ 2×14 年准予当年税前扣除的贷款损失准备金 = 130 000 × 1% − 1 100 = 200（万元）。会计核算的资产减值损失 500 万元与允许税前扣除的准备金支出 200 万元差额 300 万元应纳税调增。当年发生的贷款损失 400 万元冲减已在税前扣除的贷款损失准备金 1 300 万元后余额为 900 万元。在计算税前可扣除的贷款损失准备时，不能将当年的贷款损失 400 万元直接冲减上年年末的贷款损失准备余额 1 100 万元，再计提贷款损失准备 600 万元，造成当年贷款损失准备余额为 1 300 万元。

【案例 6-16】 承〖案例 6-15〗，如果 2×14 年发生的贷款损失为 1 400 万元，当年准予税前扣除的贷款损失准备金 = 130 000 × 1% − 1 100 = 200（万元），发生的贷款损失 1 400 万元会计处理相同，但冲减已在税前扣除的贷款损失准备金 1 300 万元后余额为 −100 万元，不足冲减部分 100 万元据实在计算当年应纳税所得额时扣除，当年按税法计算贷款损失准备余额为零。2×14 年度企业所得税汇算清缴，该银行应填报 A105120《特殊行业准备金纳税调整明细表》对贷款损失准备进行纳税调整。在企业实际计提贷款损失准备金与税法存在差异的情况下，应建立贷款损失准备金年度台账，准确反映各年度贷款损失准备金账面计提与税前扣除及余额的情况。

第七节　业务招待费税会处理差异

一、业务招待费的会计处理

业务招待费，是指企业在经营管理等活动中用于招待应酬而支付的各种费用，主要包括对外公关交往、接待客户、业务洽谈等所发生的费用。在实务中，业务招待费主要包括但不限于：（1）因企业生产经营需要对外宴请用餐和住宿的费用。（2）因企业生产经营需要赠送特产的费用。（3）因企业生产经营需要而发生的旅游景点参观费和交通费及其他费用的开支。（4）因企业生产经营需要而发生的业务关系人员的差旅费开支。

会计处理上，企业发生的业务招待费在"管理费用"科目据实列支，借记"管理费用"科目，贷记"银行存款"、"库存现金"等科目，不得采取待摊或预提方式。

二、业务招待费的税务处理及税会处理差异

税务处理上，《财政部、国家税务总局关于全面推开营业税改征增值税试点的通知》（财税〔2016〕36号）附件1《营业税改征增值税试点实施办法》第二十七条规定，用于个人消费购进货物、加工修理修配劳务、服务、无形资产和不动产其进项税额不得从销项税额中抵扣，纳税人的交际应酬消费属于个人消费。

《企业所得税法实施条例》第四十三条规定，企业发生的与生产经营活动有关的业务招待费支出，按照发生额的60%扣除，但最高不得超过当年销售（营业）收入的5‰。按照《国家税务总局关于企业所得税执行中若干税务处理问题的通知》（国税函〔2009〕202号）第一条关于销售（营业）收入基数的确定问题的规定，企业在计算业务招待费、广告费和业务宣传费等费用扣除限额时，其销售（营业）收入额应包括《实施条例》第二十五条规定的视同销售（营业）收入额。《国家税务总局关于贯彻落实企业所得税法若干税收问题的通知》（国税函〔2010〕79号）规定，对从事股权投资业务的企业（包括集团公司总部、创业投资企业等），其从被投资单位所分配的股息、红利以及股权转让收入，可以按规定的比例计算业务招待费扣除限额。需要注意的是，计算基数仅包括从被投资单位所分配的股息、红利以及股权转让收入三项收入，不包括按权益法核算的账面投资收益，以及按公允价值计量金额资产的公允价值变动。《国家税务总局关于印发〈房地产开发经营业务企业所得税处理办法〉的通知》（国税发〔2009〕31号）第六条规定，企业通过正式签订《房地产销售合同》或《房地产预售合同》所取得的收入，应确认为销售收入的实现。第七条规定，企业将开发产品用于捐赠、赞助、职工福利、奖励、对外投资、分配给股东或投资人、抵偿债务、换取其他企事业单位和个人的非货币性资产等行为，应视同销售，于开发产品所有权或使用权转移，或于实际取得利益权利时确认收入（或利润）的实现。《国家税务总局关于企业所得税应纳税所得额若干税务处理问题的公告》（国家税务总局公告2012年第15号）规定，企业在筹建期间，发生的与筹办活动有关的业务招待费支出，可按实际发生额的60%计入企业筹办费，并按有关规定在税前扣除。

可以看出，企业正常生产经营期间发生的当期业务招待费支出税前扣除基数 = 销售

（营业）收入+视同销售（营业）收入+（房地产开发企业销售未完工产品的收入－销售未完工产品转完工产品确认的销售收入）+从事股权投资业务的企业（包括集团公司总部、创业投资企业等）从被投资单位所分配的股息、红利以及股权转让收入。

计算业务招待费税前扣除额应注意下列事项：

1. 企业应将业务招待费与会议费、差旅费、广告及业务宣传费、误餐费等严格区分，不得将业务招待费计入其他成本费用项目。税法规定，纳税人发生的与其经营活动有关的合理的差旅费、会议费、董事费，主管税务机关要求提供证明资料的，应能够提供证明其真实性的合法凭证，否则，不得在税前扣除。差旅费的证明材料应包括：出差人员姓名、地点、时间、任务、支付凭证等。证明材料应包括会议时间、地点、出席人员、内容、目的、费用标准、支付凭证等。

2. 合理利用企业所得税法关于业务招待费的扣除规定。假设企业年销售（营业）收入 =X，当年业务招待费 =Y，则当年允许税前扣除的业务招待费 = Y×60%≤X×5‰，只有在 Y×60% = X×5‰ 的情况下，即业务招待费等于销售收入的8.3‰此临界点时，企业才可能充分利用好上述政策。

3. 把握好业务招待费列支的真实性、相关性和合理性。作为企业来讲，如果想让业务招待费顺利通过税务机关的认可并在税前扣除，必须先保证业务招待费支出的真实性，即要以充分、有效的资料和证据来证明两个问题：这部分支出是实际发生的、真实的支出和与企业生产经营活动有关的业务招待费支出。如果主管税务机关要求提供证明资料，纳税人应提供能证明真实性、相关性的足够的有效凭证或资料。不能提供证明资料的，不得在企业所得税税前扣除。所谓合理就是企业列支的业务招待费必须与经营活动直接相关，并且是正常的和必要的。

4. 其他会计科目列支中的业务招待费用也需要进行纳税调整。按照会计准则和税法的规定，业务招待费不得计入资产成本，通过折旧、摊销或者结转销售成本等方式在税前扣除。纳税人会计核算违反国家统一会计制度将当期业务招待费计入相关资产成本或其他项目的，首先要调整纳税人会计核算计入当期损益的业务招待费金额，其次与税法规定的准予扣除金额比较，再进行纳税调整。《国家税务总局关于做好中国石油化工集团公司税收风险管理后续工作的通知》（税总发〔2013〕100号）规定，业务招待费用支出超过税法规定扣除标准，未作纳税调整。例如，部分企业技术开发、消防警卫、外宾接待、在建工程、特批费和奥运会专项经费中发生的业务招待费，未并入业务招待费总额计算纳税调整。

三、业务招待费税会处理差异及纳税调整实务

1. 业务招待费扣除限额大于业务招待费发生额60%。纳税调整时，应调增应纳税

所得额＝业务招待费发生额×40%，即企业已在期间费用中实际列支的业务招待费发生额的40%部分。

【案例6-17】 某企业2×15年销售收入5亿元，发生的与生产、经营有关的业务招待费支出300万元，则该企业2×15年业务招待费扣除限额为250万元（50 000万元×5‰），业务招待费发生额60%的部分是180万元（300×60%），由于250＞180，所以该企业业务招待费应调增应纳税所得额120万元（业务招待费发生额300×40%）。

2. 业务招待费扣除限额小于业务招待费发生额60%。纳税调整时，应调增应纳税所得额＝（业务招待费发生额60%－业务招待费扣除限额）＋业务招待费发生额×40%。

【案例6-18】 某企业2×15年销售收入3亿元，发生的与生产经营有关的业务招待费支出300万元，则该企业2×15年业务招待费扣除限额150万元（30 000万元×5‰），业务招待费发生额60%的部分是180万元（300×60%），由于150＜180，所以该企业业务招待费应调增应纳税所得额150万元（180－150＋300×40%）。

【案例6-19】 某企业2×17年发生与生产经营有关的业务招待费9万元，已全部计入管理费用，其中业务招待费中包含不符合税法规定的合法有效凭证2万元，当年业务招待费支出税前扣除基数为5 000万元。问：企业所得税汇算清缴时实际需要调增多少？

分析：业务招待费中不符合税法规定的合法有效凭证入账金额2万元，按照《发票管理办法》及其实施细则、国税发〔2008〕40号、国税发〔2008〕88号、国税发〔2008〕80号、国税发〔2009〕114号和国税发〔2011〕25号等文件的规定，未按规定取得的合法有效凭据不得在税前扣除，应纳税调增2万元。剩余7万元业务招待费，按照5 000×0.5%＝25（万元）与7×60%＝4.2（万元）两者中孰低者4.2万元作为税前扣除限额，业务招待费纳税调增＝7－4.2＝2.8（万元）。2×17年填报企业所得税纳税申报表时，A104000《期间费用明细表》第4行"四、业务招待费"第3列"管理费用"填列7万元，第24行"二十四、其他"第3列"管理费用"2万元；填列A105000《纳税调整项目明细表》第15行"（三）业务招待费支出"第1列"账载金额"7万元，第2列"税收金额"4.2万元，第3列"调增金额"2.8万元，填列第29行"（十六）其他"第1列"账载金额"2万元，第2列"税收金额"0，第3列"调增金额"2万元。

【案例6-20】 某食品生产企业为增值税一般纳税人，该公司生产的甲食品对外销售不含税为1 000元/盒，增值税税额为170元/盒，假设该食品生产成本为500元/盒，所耗用原材料可抵扣进项税额68元/盒。2×17年10月1日公司接待业务客户用餐现场消费5盒自产食品，另外赠送客户10盒自产食品。同时，外购白酒在用餐中消费招待客户，取得增值税专用发票注明价款10 000元，增值税进项税额1 700元，当期已经查询认证通过申报并同时作进项税额转出，假设当年业务招待费支出税前扣除基数为500

万元。问：该业务如何进行会计和税务处理？

①增值税方面，《增值税暂行条例实施细则》第四条规定，单位或者个体工商户将自产、委托加工的货物用于集体福利或者个人消费，将自产、委托加工或者购进的货物无偿赠送其他单位或者个人，按照视同销售货物处理。《增值税暂行条例》第十条规定，用于非增值税应税项目、免征增值税项目、集体福利或者个人消费的购进货物或者应税劳务的进项税额不得从销项税额中抵扣。《增值税暂行条例实施细则》第二十二条规定，个人消费包括纳税人的交际应酬消费。因此，本例中，该公司接待客户用餐现场消费5盒和赠送客户10盒的自产食品，属于自产货物用于个人消费和无偿赠送，均应视同销售处理，增值税销项税额 = $15 \times 1\,000 \times 17\% = 2\,550$（元）；外购白酒现场消费招待客户，属于购进货物用于个人消费（交际应酬消费），其进项税额 $1\,700$ 元不得从销项税额中抵扣。

②企业所得税方面，按照《企业所得税法实施条例》第二十五条和国税函〔2008〕828号文件的相关规定，按照视同销售处理，确认视同销售收入 = $15 \times 1\,000 + 10\,000 = 25\,000$（元），视同销售成本 = $15 \times 500 + 10\,000 = 17\,500$（元），视同销售所得 = $25\,000 - 17\,500 = 7\,500$（元）。按照 $5\,000\,000 \times 0.5\% = 25\,000$（元）与 $21\,750 \times 60\% = 13\,050$（元）两者中的孰低者 $13\,050$ 元，作为允许税前扣除的业务招待费限额，业务招待费纳税调增 = $21\,750 - 13\,050 = 8\,700$（元）。

③会计处理方面，应将相关业务招待费记入当期"管理费用——业务招待费"科目。

借：库存商品——白酒　　　　　　　　　　　　　　　10 000
　　应交税费——应交增值税（进项税额）　　　　　　 1 700
　　贷：银行存款　　　　　　　　　　　　　　　　　11 700
借：管理费用——业务招待费　　　　　　　　　　　　21 750
　　贷：库存商品——白酒　　　　　　　　　　　　　10 000
　　　　　　　　——甲食品　　　　　　　　　　　　 7 500
　　　　应交税费——应交增值税（销项税额）　　　　 2 550
　　　　　　　　——应交增值税（进项税额转出）　　 1 700

第八节　开办（筹）费税会处理差异

一、开办（筹）费的界定

开办费是指企业在筹建期间发生的费用，包括筹建期间人员工资、办公费、培训费、差旅费、印刷费、注册登记费以及不计入固定资产和无形资产成本的汇兑损益和利息支出。开办费不包括为取得各项资产所发生的支出，包括购建固定资产和无形资产所支付的购买价款、运输费、安装费、保险费和购建时发生的应资本化的借款费用、职工薪酬等。筹建期是指企业被批准筹建之日起至开始生产、经营（包括试生产、试营业）之日的期间。根据国家税务总局纳税服务司在2010年4月27日对该问题的咨询解答，企业开始生产经营的年度是指企业的各项资产投入使用开始的年度或者对外经营活动开始的年度。

二、开办（筹）费的会计处理

《企业会计制度》（财会〔2000〕25号）规定，除购建固定资产以外，所有筹建期间所发生的费用，先在长期待摊费用中归集，待企业开始生产经营当月起一次计入开始生产经营当月的损益。《企业会计准则》规定：第一，首次执行企业会计准则的企业，其开办费余额，应当在首次执行日后第一个会计期间内全部确认为管理费用。第二，企业在筹建期间内发生的开办费，从发生的当月直接扣除。企业在筹建期间内发生的开办费，包括人员工资、办公费、培训费、差旅费、印刷费、注册登记费以及不计入固定资产成本的借款费用等，在实际发生时，借记"管理费用"科目（开办费），贷记"银行存款"等科目。《小企业会计准则》（财会〔2011〕17号）规定，小企业在筹建期间内发生的开办费（包括相关人员的职工薪酬、办公费、培训费、差旅费、印刷费、注册登记费以及不计入固定资产成本的借款费用等费用），在实际发生时，借记"管理费用"科目，贷记"银行存款"等科目。

三、开办（筹）费的税务处理及税会处理差异

《国家税务总局关于企业所得税若干税务事项衔接问题的通知》（国税函〔2009〕98号）规定，新税法中开（筹）办费未明确列作长期待摊费用，企业可以在开始经营之日的当年一次性扣除，也可以按照新税法有关长期待摊费用的处理规定处理，但一经选定，不得改变。《国家税务总局关于贯彻落实企业所得税法若干税收问题的通知》（国税函〔2010〕79号）规定，企业自开始生产经营的年度，为开始计算企业损益的年度。但企业从事生产经营之前进行筹办活动期间发生的筹办费用支出，不得计算为当期的亏损，应按照国税函〔2009〕98号文件第九条的规定执行。企业在新税法实施以前年度的未摊销完的开办费，也可根据上述规定处理。《国家税务总局关于企业所得税应纳税所得额若干税务处理问题的公告》（国家税务总局公告2012年第15号）规定，企业在筹建期间，发生的与筹办活动有关的业务招待费支出，可按实际发生额的60%计

入企业筹办费,并按有关规定在税前扣除;发生的广告费和业务宣传费,可按实际发生额计入企业筹办费,并按有关税法规定在税前扣除。

可以看出,企业会计准则与企业所得税法针对开办(筹)费,除特殊规定外(业务招待费的40%不允许扣除存在永久差异),扣除时间存在差异,即会计准则要求将开办费在发生当期计入管理费用,而企业所得税法则规定发生开办(筹)费用支出,不得计算为当期的亏损,并要求在生产经营开始年度一次性扣除或计入长期待摊费用分期扣除,可以允许纳税人进行一次选择。

四、开办(筹)费税会处理差异及纳税调整实务

【案例6-21】A公司2×16年6月批准筹建,当年发生开办费共计100万元,其中,广告费和业务宣传费20万元,业务招待费10万元,当年亏损100万元,假设筹建当年没有其他调整事项。2×17年1~3月发生开办费共计28万元,其中业务招待费10万元,4月起各项资产投入使用,当年实现营业收入1 000万元,广告费和业务宣传费按照当年销售(营业)收入的15%限额扣除。假设当年无其他调整事项,企业所得税税率为25%。

分析:A公司2×16年筹建但没有开始生产经营,根据国税函〔2010〕79号文件的规定,该公司筹建期不得计算当期亏损,也就是说,2×16年发生的开办费不得作为扣除项目,应调增应纳税所得额100万元。按照国家税务总局2012年第15号公告的规定,该公司筹建当年发生的业务招待费中的4万元为永久性不得税前扣除项目。

根据《企业会计准则第18号——所得税》的规定,扣除筹建当年业务招待费中不允许扣除的4万元后,开办费的账面价值为0,计税基础为96万元,可抵扣暂时性差异为96万元,2×16年确认筹建当年递延所得税资产及所得税费用,会计处理如下。

①2×16年当年发生开办费时:

借:管理费用——开办费　　　　　　　　　　　　　　1 000 000
　　贷:银行存款等　　　　　　　　　　　　　　　　　　1 000 000
借:递延所得税资产(960 000×25%)　　　　　　　　　240 000
　　贷:所得税费用　　　　　　　　　　　　　　　　　　240 000

2×16年企业所得税纳税调整:2×16年发生开办费100万元,会计处理上全部计入当期管理费用,企业所得税汇算清缴时,按照国税函〔2010〕79号文件的规定,企业开始生产经营的年度,为开始计算企业损益的年度。企业从事生产经营之前进行筹办活动期间发生筹办费用支出,不得计算为当期的亏损,应将100万元全部纳税调增。

②2×17年1~3月发生开办费28万元时:

借:管理费用——开办费　　　　　　　　　　　　　　280 000

贷：银行存款等　　　　　　　　　　　　　　　　　　　　　280 000

　　按照国税函〔2010〕79号文件的规定，该公司2×17年4月开始生产经营，可以根据国税函〔2009〕98号文件的规定选择将开办费计入本年度扣除项目，当年一次性扣除，转回递延所得税资产，会计处理如下：

　　借：所得税费用　　　　　　　　　　　　　　　　　　　　　240 000
　　　　贷：递延所得税资产　　　　　　　　　　　　　　　　　　240 000

　　企业所得税纳税调整：2×17年1～3月发生开办费28万元，会计处理计入管理费用，税务处理A公司选择一次性扣除开办费100万元〔（100-4-20）+（28-4）〕，应纳税调减72万元（100-28，包括2×16年开办费纳税调减76万元和2×17年纳税调增4万元）。开办费中的广告费和业务宣传费20万元小于按照2×17年销售（营业）收入150万元（1 000×15%）计算的限额扣除，可以全额扣除，应纳税调减20万元。

　　③若A公司选择将开办费作为长期待摊费用进行税务处理。扣除筹建期2×17年业务招待费中不允许扣除的4万元后的开办费24万元为暂时性差异，则归集的可以在今后3年摊销的长期待摊费用（开办费）=（100-4-20）+（28-4）=100（万元），2×17年税前扣除的摊销额=100×9÷36=25（万元）。

　　2×17年年末长期待摊费用（开办费）账面价值为0，计税基础为75万元（100-25），递延所得税资产余额为18.75万元（75×25%），2×17年摊销长期待摊费用时转回递延所得税资产及所得税费用5.25万元（24-18.75），会计处理如下：

　　借：所得税费用　　　　　　　　　　　　　　　　　　　　　52 500
　　　　贷：递延所得税资产　　　　　　　　　　　　　　　　　　52 500

　　企业所得税纳税调整：2×17年1～3月发生开办费28万元会计处理计入管理费用，2×17年税务处理时，税前扣除的开办费摊销额为25万元，开办费中的广告费和业务宣传费20万元处理同上，即可以全额扣除，应纳税调减20万元，共应纳税调减17万元。以后年度同上进行纳税调减并转回递延所得税资产。

　　2×18年税务处理时，税前扣除的开办费摊销额税前扣除的摊销额=100×12÷36=33.33（万元），会计处理上开办费已经在开办期发生时直接计入当期损益，应纳税调减33.33万元。2×18年年末，同时转回长期待摊费用（开办费）账面价值为0，计税基础为41.76万元（75-33.33），递延所得税资产余额为10.42万元（41.76×25%），2×18年摊销长期待摊费用时转回递延所得税资产及所得税费用8.33万元（18.75-10.42），会计处理如下：

　　借：所得税费用　　　　　　　　　　　　　　　　　　　　　83 300
　　　　贷：递延所得税资产　　　　　　　　　　　　　　　　　　83 300

　　以后年度长期待摊费用（开办费）的税务处理和会计处理同上，不再赘述。

第九节　广告费和业务宣传费税会处理差异

一、广告费和业务宣传费的会计处理

广告费是指企业通过各种媒体宣传或发放赠品等方式，激发消费者对其产品或劳务的购买欲望，以达到促销的目的所支付的费用。业务宣传费是指企业开展业务宣传活动所支付的费用，主要是指未通过媒体传播的广告性支出，包括企业发放的印有企业标志的礼品、纪念品等。业务宣传费与广告费的区别主要是承接业务对象和取得票据两个方面，要看具体业务是否通过广告公司承接，通过专业媒体如电视、网站、电台、报纸、户外广告牌等刊登进行传播，并取得广告业专用发票来判定，如果符合上述两个方面，则作为广告费，否则只能作为业务宣传费。而业务宣传费指未通过媒体的广告性支出，包括对外发放宣传品、业务宣传资料等。例如，公司宣传资料的印刷费等开具的发票。

会计处理上，广告费和业务宣传费作为期间费用记入"销售费用"科目，期末转入"本年利润"科目。税法允许超过比例的广告费和业务宣传费可以结转至以后年度扣除，这部分可结转到以后年度扣除的费用而形成的财税差异，属于《企业会计准则第18号——所得税》规定的暂时性差异。借记"所得税费用"、"递延所得税资产"科目，贷记"应交税费——应交所得税"科目，以后期间扣除超支部分广告费时，借记"所得税费用"科目，贷记"递延所得税资产"科目。

二、广告费和业务宣传费的税务处理

《企业所得税法实施条例》第四十四条规定，企业发生的符合条件的广告费和业务宣传费支出，除国务院财政、税务主管部门另有规定外，不超过当年销售（营业）收入15%的部分，准予扣除；超过部分，准予在以后纳税年度结转扣除。《国家税务总局关于企业所得税执行中若干税务处理问题的通知》（国税函〔2009〕202号）规定，企业在计算业务招待费、广告费和业务宣传费等费用扣除限额时，其销售（营业）收入额应包括《实施条例》第二十五条规定的视同销售（营业）收入。《国家税务总局关于印发〈房地产开发经营业务企业所得税处理办法〉的通知》（国税发〔2009〕31号）第六条规定，企业通过正式签订《房地产销售合同》或《房地产预售合同》所取得的收入，应确认为销售收入的实现。因此，房地产开发企业符合上述规定的收入方可作为业务招待费、广告宣传费的扣除基数，但今后会计处理上结转预售账款至营业收入时，应调减当年度业务招待费、广告宣传费的扣除基数,否则会造成重复计算基数。《国家税务总局关于企业所得税应纳税所得额若干税务处理问题的公告》(国家税务总局公告2012年第15号)规定,企业在筹建期间,发生的广告费和业务宣传费可按实际发生额计入企业筹办费,并按有关税法规定(国税函〔2009〕98号和国税函〔2010〕79号文件)在税前扣除。《财政部、国家税务总局关于广告费和业务宣传费支出税前扣除政策的通知》(财税〔2012〕48号)规定:第一,对化妆品制造与销售、医药制造和饮料制造(不含酒类制造,下同)企业发生的广告费和业务宣传费支出,不超过当年销售(营业)收入30%的部分,准予扣除;超过部分,准予在以后纳税年度结转扣除。第二,对签订广告费和业务宣传费分摊协议的关联企业,其中一方发生的不超过当年销售(营业)收入税前扣除限额比例内的广告费和业务宣传费支出可以在本企业扣除,也可以将其中的部分或全部按照分摊协议归集至另一方扣除。另一方在计算本企业广告费和业务宣传费支出企业所得税税前扣除限额时,可将按照上述办法归集至本企业的广告费和业务宣传费不计算在内。第三,烟草企业的烟草广告费和业务宣传费支出,一律不得在计算应纳税所得额时扣除。但执行上述政策还应注意下列问题。

1. 纳税人申报扣除的广告费和业务宣传费应与非广告性赞助支出严格区分。参照《企业所得税税前扣除办法》(国税发〔2000〕84号)四十一条的规定,纳税人申报扣除的广告费支出必须符合下列条件:第一,广告是通过经工商部门批准的专门机构制作的;第二,已实际支付费用,并已取得相应发票;第三,通过一定的媒体传播。广告费与业务宣传费都是为了达到促销之目的进行宣传而支付的费用,既有共同属性也有区别,由于《企业所得税法实施条例》和财税〔2012〕48号文件对广告费与业务宣传费均规定实行合并扣除,因此,企业无论是取得广告业专用发票,通过广告公司发布广告,还是通过各类印刷、制作单位制作如购物袋、遮阳伞、各类纪念品等印有企业标志的宣传物品,所支付的业务宣传费用均可合并在规定比例内予以扣除。

2. 根据国家有关法律法规规定和行业自律要求,不得进行广告宣传的企业不得扣除广告费。例如,财税〔2012〕48号文件规定,烟草企业的烟草广告费和业务宣传费支出一律不得在计算应纳税所得额时扣除。《财政部、国家税务总局关于粮食类白酒广告宣传费不予在税前扣除问题的通知》(财税字〔1998〕045号)规定,粮食类白酒(含薯类白酒)的广告宣传费一律不得在税前扣除。凡已扣除的部分,在计算缴纳企业所得税时应作纳税调整处理。上述企业如果同时生产其他类型的酒产品,且以整体名义所做的广告宣传费用支出,应按粮食类白酒占全部销售收入的比重合理分配计算不得扣除的粮食类白酒的广告宣传费用。

三、广告费和业务宣传费的税会处理差异及纳税调整实务

1. 由于税法对广告费和业务宣传费支出规定了明确的税前扣除标准,且超过扣除

限额的部分可无限期在以后纳税年度结转,所以广告费的会计处理和税法规定形成的暂时性差异在申报企业所得税时,应按规定作纳税调整。在当年纳税申报时,作纳税调增处理,并形成递延所得税资产,超过部分可以在以后年度无限期扣除,作纳税调减处理,并在以后年度扣除超支部分广告费时,将递延所得税资产转回。

2. 税法规定的广告费和业务宣传费扣除基数是销售(营业)收入项目,不包括营业外收入项目。与业务招待费支出税前扣除基数相同,企业正常生产经营期间发生的广告费和业务宣传费当期扣除基数 = 销售(营业)收入 + 视同销售(营业)收入 +(房地产开发企业销售未完工产品的收入 - 销售未完工产品转完工产品确认的销售收入)。

3. 广告费和业务宣传费不得预提或待摊。企业为扩大其产品或劳务的影响而在各种媒体上作广告宣传所发生的广告费,应于相关广告见诸媒体时,作为期间费用,直接计入当期销售费用。合理区分业务招待费和业务宣传费,由于两者的税收待遇差别较大,企业需要进行严格区分,对于以业务宣传名义向客户或特定关系人赠送礼品的支出,不属于业务宣传费。

【案例6-22】某医药制造有限公司2×15年"主营业务收入"科目贷方发生额为2 000万元,其中,销售货物1 500万元,提供劳务180万元,让渡资产使用权120万元,建造合同200万元;"其他业务收入"科目贷方发生额为700万元,其中,材料销售收入350万元,代购代销手续费220万元,包装物出租收入130万元;非货币性交易视同销售收入为300万元;"营业外收入"中非货币性资产交易收益100万元,债务重组收益50万元。广告宣传费支出940万元,非广告性赞助支出60万元,会计利润100万元,企业所得税税率适用25%(假设无其他纳税调整事项)。

①2×15年广宣费计算基数 = 2 000 + 700 + 300 = 3 000(万元)。"营业外收入"中的非货币性资产交易收益100万元和债务重组收益50万元不属于销售(营业)收入额,因而不计入基数。

②广告宣传费税前允许列支数。根据财税〔2012〕48号文件的规定,医药制造企业广告费扣除为收入的30%,扣除限额 = 3 000 × 30% = 900(万元),实际发生940万元,超过限额部分形成40万元可抵扣暂时性差异;而非广告性赞助支出60万元不得扣除,2×15年纳税调增共计100万元。

③递延所得税资产发生额。该广告宣传费支出因按照会计准则的规定在发生时已计入当期损益,不体现为期末资产负债表中的资产即其账面价值为0。按照税法规定,该类支出税前列支有一定的标准限制,当期可予税前扣除900万元,当期未予税前扣除的40万元可以向以后年度结转,其计税基础为40万元。该项资产的账面价值0与其计税基础40万元之间产生了40万元的可抵扣暂时性差异,符合确认条件时,应确认相关的递延所得税资产 = 40 × 25% = 10(万元)。

④应交所得税。60万元的非广告性赞助费支出应该调整应纳税所得额,即应纳税

所得额 = 100 + 60 + 40 = 200（万元），应纳税额 = 200 × 0.25 = 50（万元）。会计处理如下：

借：所得税费用——当期所得税　　　　　　　　　　　　500 000
　　贷：应交税费——应交所得税　　　　　　　　　　　　　500 000
借：递延所得税资产　　　　　　　　　　　　　　　　　100 000
　　贷：所得税费用——递延所得税　　　　　　　　　　　　100 000

【案例 6 – 23】甲电器销售公司成立于 2×14 年年初，执行《企业会计准则》。乙公司、丙公司均为其关联方，相互间签订了广告费分摊协议。2×14 年，甲公司取得营业收入 1 000 万元，发生广告费 200 万元，向乙公司分摊广告费 100 万元；2×15 年，取得营业收入 2 000 万元，发生广告费 280 万元，向乙公司分摊广告费 50 万元，同时从丙公司分入广告费 100 万元；2×16 年，取得营业收入 3 000 万元，发生广告费 300 万元，向乙公司分摊广告费 100 万元，同时从丙公司分入广告费 50 万元。假设甲公司每年会计利润均为 100 万元，无其他纳税调整事项。

① 2×14 年，发生广告费用。

借：销售费用——广告费　　　　　　　　　　　　　　2 000 000
　　贷：银行存款　　　　　　　　　　　　　　　　　　　2 000 000

广告费扣除限额 = 1 000 × 15% = 150（万元），实际发生 200 万元，应调增应纳税所得额 = 200 – 150 = 50（万元）；另外，甲公司向乙公司分出广告费 100 万元，由于分出的广告费不在本企业扣除，所以应调增 100 万元。以上累计应调增应纳税所得额 = 50 + 100 = 150（万元），将其分别填入 A105060 第 12 行和 A105000 第 16 行第 3 列，应交企业所得税 = (100 + 150) × 25% = 62.5（万元）。

借：所得税费用——当期所得税费用　　　　　　　　　　625 000
　　贷：应交税费——应交所得税　　　　　　　　　　　　　625 000

2×14 年 12 月 31 日，广告费的账面价值为 0，计税基础 = 200 – 150 = 50（万元），两者之间的差额属于可抵扣暂时性差异，应确认递延所得税资产 = 50 × 25% = 12.5（万元）。

借：递延所得税资产　　　　　　　　　　　　　　　　　125 000
　　贷：所得税费用——递延所得税费用　　　　　　　　　　125 000

② 2×15 年，发生广告费用。

借：销售费用——广告费　　　　　　　　　　　　　　2 800 000
　　贷：银行存款　　　　　　　　　　　　　　　　　　　2 800 000

广告费扣除限额 = 2 000 × 15% = 300（万元），实际发生 280 万元，由于上年结转 50 万元，应调减应纳税所得额 = 300 – 280 = 20（万元）；另外，甲公司向乙公司分出广告费 50 万元，从丙公司分入 100 万元，由于分出的广告费不在本企业扣除，分入的广告费可以在本企业扣除，所以应调减应纳税所得额 = 100 – 50 = 50（万元）。以上累计应

调减应纳税所得额 = 20 + 50 = 70（万元），应缴纳企业所得税 =（100 - 70）× 25% = 7.5（万元）。

借：所得税费用——当期所得税费用　　　　　　　　　　　　75 000
　　贷：应交税费——应交所得税　　　　　　　　　　　　　　　　75 000

2×15年12月31日，广告费的账面价值为0，计税基础 = 50 - 20 = 30（万元），两者之间的差额属于累计应确认的可抵扣暂时性差异，应保留递延所得税资产 = 30 × 25% = 7.5（万元），该科目期初余额为12.5万元，应转回递延所得税资产 = 12.5 - 7.5 = 5（万元）。

借：所得税费用——递延所得税费用　　　　　　　　　　　　50 000
　　贷：递延所得税资产　　　　　　　　　　　　　　　　　　　　50 000

③2×16年，发生广告费用。

借：销售费用——广告费　　　　　　　　　　　　　　　　3 000 000
　　贷：银行存款　　　　　　　　　　　　　　　　　　　　　3 000 000

2×16年广告费扣除限额 = 3 000 × 15% = 450（万元），实际发生300万元，往年结转的广告费30万元可以全部扣除，应调减应纳税所得额30万元；另外，甲公司向乙公司分出广告费100万元，从丙公司分入50万元，应调增应纳税所得额 = 100 - 50 = 50（万元）。以上累计应调增应纳税所得额 = 50 - 30 = 20（万元），应缴纳企业所得税 =（100 + 20）× 25% = 30（万元）。

借：所得税费用——当期所得税费用　　　　　　　　　　　　300 000
　　贷：应交税费——应交所得税　　　　　　　　　　　　　　　300 000

2×16年12月31日，广告费的账面价值与计税基础均为0，应将"递延所得税资产"科目的余额全部冲回。

借：所得税费用——递延所得税费用　　　　　　　　　　　　75 000
　　贷：递延所得税资产　　　　　　　　　　　　　　　　　　　　75 000

④企业所得税年度纳税申报表的填报实务。具体如表6-1所示。

表6-1　　　　广告费和业务宣传费跨年度纳税调整明细表（A105060）　　　单位：万元

行次	项目	2×14年	2×15年	2×16年
1	一、本年广告费和业务宣传费支出	200	280	300
2	减：不允许扣除的广告费和业务宣传费支出			
3	二、本年符合条件的广告费和业务宣传费支出（1-2）	200	280	300
4	三、本年计算广告费和业务宣传费扣除限额的销售（营业）收入	1 000	2 000	3 000
5	税收规定扣除率	15%	15%	15%
6	四、本企业计算的广告费和业务宣传费扣除限额（4×5）	150	300	450
7	五、本年结转以后年度扣除额（3＞6，本行=3-6；3≤6，本行=0）	50	0	0

续表

行次	项目	2×14年	2×15年	2×16年
8	加：以前年度累计结转扣除额	0	50	30
9	减：本年扣除的以前年度结转额〔3＞6，本行＝0；3≤6，本行＝8或（6－3）孰小值〕	0	20	30
10	六、按照分摊协议归集至其他关联方的广告费和业务宣传费（10≤3或6孰小值）	100	50	100
11	按照分摊协议从其他关联方归集至本企业的广告费和业务宣传费	0	100	50
12	七、本年广告费和业务宣传费支出纳税调整金额（3＞6，本行＝2＋3－6＋10－11；3≤6，本行＝2＋10－11－9）	150	－70	20
13	八、累计结转以后年度扣除额（7＋8－9）	50	30	0

第十节 研究开发费用的税会处理差异

一、研发费用的会计处理

企业研究开发费用，简称研发费用，是指企业在产品、技术、材料、工艺、标准的研究和开发过程中发生的各项费用。企业研发费用的财务核算范围，按照《财政部关于企业加强研发费用财务管理的若干意见》（财企〔2007〕194号）的规定处理。会计处理上，对于企业内部自行研究开发的无形资产项目，按照《企业会计准则第6号——无形资产》的相关要求，应区分研究阶段与开发阶段两个部分分别进行核算。第一，企业研究阶段的支出全部费用化，计入当期损益（管理费用）；开发阶段的支出符合资本化条件的才能资本化，不符合资本化条件的计入当期损益（管理费用）。如果确实无法区分研究阶段的支出和开发阶段的支出，应将其所发生的研发支出全部费用化，计入当期损益（管理费用）。第二，企业自行开发无形资产发生的研发支出，未满足资本化条件的，借记"研发支出——费用化支出"科目，满足资本化条件的，借记"研发支出——资本化支出"科目，贷记"原材料"、"银行存款"、"应付职工薪酬"等科目。第三，企业购买正在进行中的研究开发项目，应按确定的金额，借记"研发支出"科目，贷记"银行存款"等科目。以后发生的研发支出，应当比照上述第二条的规定进行处理。第四，研究开发项目达到预定用途形成无形资产的，应按"研发支出——资本化支出"科目的余额，借记"无形资产"科目，贷记"研发支出——资本化支出"科目。

二、研发费用的税务处理

1. 研发费用的增值税处理。研发活动购进研发设备等固定资产以及领用原材料、消耗的燃料和动力等用于研发新产品，该进项税额是否需要作进项税额转出？根据《增值税暂行条例》第十条、《国家税务总局关于印发〈研发机构采购国产设备退税管理办法〉的通知》（国税发〔2010〕9号）和《财政部、国家税务总局关于全面推开营业税改征增值税试点的通知》（财税〔2016〕36号）等规定，增值税一般纳税人从事研发活动，其直接消耗的材料、燃料和动力费用的进项税额无须转出，其进项税额可以从销项税额中抵扣。

2. 研发费用的企业所得税处理。《企业所得税法》第三十条规定，企业开发新技术、新产品、新工艺发生的研究开发费用支出，可以在计算应纳税所得额时加计扣除。《实施条例》第九十五条规定，企业研究开发费用的加计扣除，是指企业为开发新技术、新产品、新工艺发生的研究开发费用，未形成无形资产计入当期损益的，在按照规定据实扣除的基础上，按照研究开发费用的50%加计扣除；形成无形资产的，按照无形资产成本的150%摊销。具体按照《财政部、国家税务总局、科学技术部关于完善研究开发费用税前加计扣除政策的通知》（财税〔2015〕119号）和《国家税务总局关于企业研究开发费用税前加计扣除政策有关问题的公告》（国家税务总局公告2015年第97号）、《国家税务总局关于进一步做好企业研究开发费用税前加计扣除政策贯彻落实工作的通知》（税总函〔2016〕685号）和《国家税务总局所得税司关于2016年度企业研究开发费用税前加计扣除企业所得税纳税申报有关问题的通知》（税总所便函〔2017〕5号）的有关规定执行。无论企业加计扣除前有亏损或加计扣除后产生亏损，都不影响企业享受加计扣除优惠，按照《国家税务总局关于企业所得税若干税务事项衔接问题的通知》（国税函〔2009〕98号）的规定，企业技术开发费加计扣除部分已形成企业年度亏损，可以用以后年度所得弥补，但结转年限最长不得超过5年。高新技术企业、软件企业和集成电路设计企业可以同时享受研发费加计优惠政策。

《财政部、国家税务总局、科学技术部关于完善研究开发费用税前加计扣除政策的通知》（财税〔2015〕119号）（以下简称《通知》）规定：

（1）研发活动及研发费用归集范围。研发活动，是指企业为获得科学与技术新知识，创造性运用科学技术新知识，或实质性改进技术、产品（服务）、工艺而持续进行的具有明确目标的系统性活动。

（2）允许加计扣除的研发费用。企业开展研发活动中实际发生的研发费用，未形成无形资产计入当期损益的，在按规定据实扣除的基础上，按照本年度实际发生额的50%，从本年度应纳税所得额中扣除；形成无形资产的，按照无形资产成本的150%在税前摊销。研发费用的具体范围包括：第一，人员人工费用。直接从事研发活动人员的工资薪金、基本养老保险费、基本医疗保险费、失业保险费、工伤保险费、生育保险费和住房公积金，以及外聘研发人员的劳务费用。第二，直接投入费用。一是研发活动直接消耗的材料、燃料和动力费用；二是用于中间试验和产品试制的模具、工艺装备开发及制造费，不构成固定资产的样品、样机及一般测试手段购置费，试制产品的检验费；三是用于研发活动的仪器、设备的运行维护、调整、检验、维修等费用，以及通过经营租赁方式租入的用于研发活动的仪器、设备租赁费。第三，折旧费用。用于研发活动的仪器、设备的折旧费。第四，无形资产摊销。用于研发活动的软件、专利权、非专利技术（包括许可证、专有技术、设计和计算方法等）的摊销费用。第五，新产品设计费、新工艺规程制定费、新药研制的临床试验费、勘探开发技术的现场试验费。第六，与研发活动直接相关的其他费用，如技术图书资料费、资料翻译费、专家咨询费、高新科技研发保险费，研发成果的检索、分析、评议、论证、鉴定、评审、评估、验收费用，知识产权的申请费、注册费、代理费，差旅费、会议费等。此项费用总额不得超过可加计扣除研发费用总额的10%。第七，财政部和国家税务总局规定的其他费用。

（3）下列活动不适用税前加计扣除政策。第一，企业产品（服务）的常规性升级。第二，对某项科研成果的直接应用，如直接采用公开的新工艺、材料、装置、产品、服务或知识等。第三，企业在商品化后为顾客提供的技术支持活动。第四，对现存产品、服务、技术、材料或工艺流程进行的重复或简单改变。第五，市场调查研究、效率调查或管理研究。第六，作为工业（服务）流程环节或常规的质量控制、测试分析、维修维护。第七，社会科学、艺术或人文学方面的研究。

（4）特别事项的处理。第一，企业委托外部机构或个人进行研发活动所发生的费用，按照费用实际发生额的80%计入委托方研发费用并计算加计扣除，受托方不得再进行加计扣除。委托外部研究开发费用实际发生额应按照独立交易原则确定。委托方与受托方存在关联关系的，受托方应向委托方提供研发项目费用支出明细情况。企业委托境外机构或个人进行研发活动所发生的费用，不得加计扣除。第二，企业共同合作开发的项目，由合作各方就自身实际承担的研发费用分别计算加计扣除。第三，企业集团根据生产经营和科技开发的实际情况，对技术要求高、投资数额大、需要集中研发的项目，其实际发生的研发费用，可以按照权利和义务相一致、费用支出和收益分享相配比的原则，合理确定研发费用的分摊方法，在受益成员企业间进行分摊，由相关成员企业分别计算加计扣除。第四，企业为获得创新性、创意性、突破性的产品进行创意设计活动而发生的相关费用，可按照该通知的规定进行税前加计扣除。创意设计活动是指多媒体软件、动漫游戏软件开发，数字动漫、游戏设计制作；房屋建筑工程设计（绿色建筑评价标准为三星）、风景园林工程专项设计；工业设计、多媒体设计、动漫及衍生产品设计、模型设计等。

(5) 不适用税前加计扣除政策的行业。具体有：烟草制造业；住宿和餐饮业；批发和零售业；房地产业；租赁和商务服务业；娱乐业；财政部和国家税务总局规定的其他行业。

为进一步明确政策执行口径，保证优惠政策的贯彻实施，根据现行企业所得税法及通知的规定，《国家税务总局关于企业研究开发费用税前加计扣除政策有关问题的公告》（国家税务总局公告2015年第97号）进一步明确了以下税务处理事项：

(1) 从事研发活动人员的范围。明确研发人员包括研究人员、技术人员和辅助人员三类。研发人员既可以是本企业的员工，也可以是外聘的。外聘研发人员明确为与本企业签订劳务用工协议（合同）或临时聘用的研究人员、技术人员、辅助人员，劳务派遣的研究人员、技术人员、辅助人员也包括在内。上述人员中的辅助人员不应包括为研发活动从事后勤服务的人员。

(2) 同时享受加速折旧的固定资产加计扣除折旧额的计算。企业用于研发活动的仪器、设备，符合税法规定且选择享受加速折旧优惠政策（财税〔2015〕119号）的，在享受研发费用加计扣除政策时，就已经进行会计处理计算的折旧、费用的部分加计扣除，且不得超过按税法规定计算的金额。

(3) 多用途对象的费用归集要求。企业应对此类人员活动情况及仪器、设备、无形资产的使用情况作必要记录，并将其实际发生的相关费用按实际工时占比等合理方法在研发费用和生产经营费用间分配，未分配的不得加计扣除。

(4) 其他相关费用的归集与限额计算。该限额的计算为：应按项目分别计算，每个项目可加计扣除的其他相关费用都不得超过该项目可加计扣除研发费用总额的10%。按照《通知》的规定，假设某一研发项目的其他相关费用的限额为X，《通知》第一条允许加计扣除的研发费用中的第1项至第5项费用之和为Y，那么 $X = (X + Y) \times 10\%$，即 $X = Y \times 10\% / (1 - 10\%)$。

【案例6-24】 某企业2×16年进行了两项研发活动A和B，A项目共发生研发费用100万元，其中与研发活动直接相关的其他费用12万元，B项目共发生研发费用100万元，其中与研发活动直接相关的其他费用8万元，假设研发活动均符合加计扣除相关规定。A项目其他相关费用限额 $= (100 - 12) \times 10\% / (1 - 10\%) = 9.78$（万元），小于实际发生数12万元，则A项目允许加计扣除的研发费用应为97.78万元（100 - 12 + 9.78）。B项目其他相关费用限额 $= (100 - 8) \times 10\% / (1 - 10\%) = 10.22$（万元），大于实际发生数8万元，则B项目允许加计扣除的研发费用应为100万元。该企业2×16年可以享受的研发费用加计扣除额为98.89万元〔(97.78 + 100) × 50%〕。

(5) 特殊收入应扣减可加计扣除的研发费用。企业开展研发活动中实际发生的研发费用可按规定享受加计扣除政策，实务中常有已归集计入研发费用但在当期取得的研发过程中形成的下脚料、残次品、中间试制品等特殊收入，此类收入均为与研发活动直接相关的收入,应冲减对应的可加计扣除的研发费用。为简便操作,公告明确,此类收入应冲减当期可加计扣除的研发费用,不足冲减的,允许加计扣除的研发费用按零计算。

生产单机、单品的企业,研发活动直接形成产品或作为组成部分形成的产品对外销售,产品所耗用的料、工、费全部计入研发费用加计扣除不符合政策鼓励本意。考虑到材料费用占比较大且易于计量,为强化政策导向,公告明确,研发活动直接形成产品或作为组成部分形成的产品对外销售的,研发费用中对应的材料费用不得加计扣除。

(6) 财政性资金用于研发形成的研发费支出不得加计扣除。企业取得作为不征税收入处理的财政性资金用于研发活动所形成的费用或无形资产,不得计算加计扣除。未作为不征税收入处理的财政性资金用于研发活动所形成的费用或无形资产,可按规定计算加计扣除。

(7) 允许加计扣除的研发费用的基本要求。研发费用的核算无论是计入当期损益还是形成无形资产,可加计扣除的研发费用都应属于《通知》及公告规定的范围,同时应符合法律、行政法规和国家税务总局税前扣除的相关规定,即不得税前扣除的项目也不得加计扣除。对于研发支出形成无形资产的,按照无形资产成本的150%摊销,其摊销年限应符合《企业所得税法实施条例》的规定,即除法律另有规定外,摊销年限不得低于10年。

(8) 委托开发过程中委托方可加计扣除的研发费用金额。委托开发情形下,考虑到涉及商业秘密等原因,委托方发生的费用可按规定全额税前扣除;加计扣除时按照委托方发生费用的80%计算加计扣除。公告特别强调委托个人研发的,应凭个人出具的发票等合法有效凭证计算税前加计扣除。《通知》规定企业委托境外研发不得加计扣除,受托研发的境外机构是指依照外国和地区(含港澳台地区)法律或规定成立的企业和其他取得收入的组织。受托研发的境外个人是指外籍(含港澳台地区)个人。

(9) 不适用加计扣除优惠政策行业企业的具体判定。《通知》所列七个行业企业是指以上述行业业务为主营业务,其研发费用发生当年的主营业务收入占企业按《企业所得税法》第六条规定计算的收入总额减除不征税收入和投资收益的余额50%(不含)以上的企业。

(10) 研发项目辅助账的式样及日常管理。为引导企业准确核算,同时便于税务机关后续管理与核查,公告对允许加计扣除的研发费用项目设置了"研发支出"辅助账和"研发支出"辅助账汇总表样式,企业在研发项目立项时参照样式设置研发支出辅助账,年末按样式填报"研发支出"辅助账汇总表。

(11) 企业享受加计扣除优惠的申报及备案管理。企业享受研发费加计扣除优惠,无须税务机关批准,由企业在年度汇算清缴自行申报时,根据研发支出辅助账汇总表,填报研发项目可加计扣除研发费用情况归集表,在年度纳税申报时随申报表一并报送。研发费用加计扣除实行备案管理,除"备案资料"和"主要留存备查资料"按照公告规定执行外,其他备案管理要求按照《国家税务总局关于发布〈企业所得税优惠政策事项办理办法〉的公告》(国家税务总局公告2015年第76号)的规定执行。

(12)税务机关强化研发费用加计扣除后续管理与核查要求。为进一步落实简政放权放管结合的工作要求,即每年汇算清缴期结束后应开展核查,核查面不得低于享受该优惠企业户数的20%。省级税务机关可根据实际情况制定具体核查办法或工作措施。

《财政部、国家税务总局、科技部关于提高科技型中小企业研究开发费用税前加计扣除比例的通知》(财税〔2017〕34号)规定,科技型中小企业开展研发活动中实际发生的研发费用,未形成无形资产计入当期损益的,在按规定据实扣除的基础上,在2017年1月1日至2019年12月31日期间,再按照实际发生额的75%在税前加计扣除;形成无形资产的,在上述期间按照无形资产成本的175%在税前摊销。科技型中小企业享受研发费用税前加计扣除政策的其他政策口径按照财税〔2015〕119号文件的规定执行。

三、研发费用的税会处理差异

企业内部研究开发项目发生的各项支出,会计与税务处理的方法有所不同。会计处理上,研究阶段的支出和开发阶段符合资本化条件以前发生的支出应费用化,计入当期损益;只有符合资本化条件的支出才能资本化,计入无形资产成本。税务处理上,企业只有发生的符合税法条件的研发费用才能在计算应纳税所得额时加计扣除50%,预缴期不能享受研发费加计扣除优惠政策。企业只能在汇缴期享受研发费加计扣除税收优惠,并通过A107014《研发费用加计扣除优惠明细表》及其《研发项目可加计扣除研发费用情况归集表》进行申报扣除。具体按照以下要求处理:

1. 加计扣除适用于会计核算健全、实行查账征收并能够准确归集研发费用的居民企业,企业申报享受研发费加计扣除优惠,无须事前通过科技部门鉴定。

2. 会计处理规定的研发费用核算与加计扣除的研发费范围相比,主要差异体现为研发在用建筑物的折旧、企业委托境外机构或个人进行研发活动所发生的费用不得加计扣除。企业应按照国家财务会计制度的要要求,对研发支出进行会计处理;同时,对享受加计扣除的研发费用按研发项目设置辅助账,准确归集核算当年可加计扣除的各项研发费用实际发生额。企业研发费用各项目的实际发生额归集不准确、汇总额计算不准确的,税务机关有权对其税前扣除额或加计扣除额进行合理调整。

3. 企业在一个纳税年度内进行多项研发活动的,应按照不同研发项目分别归集可加计扣除的研发费用。企业应对研发费用和生产经营费用分别核算,准确、合理归集各项费用支出,对划分不清的,不得实行加计扣除。

4. 税务机关对企业享受加计扣除优惠的研发项目有异议的,可以转请地市级(含)

以上科技行政主管部门出具鉴定意见，科技部门应及时回复意见。企业承担省部级（含）以上科研项目的，以及以前年度已鉴定的跨年度研发项目，不再需要鉴定。

5. 企业符合规定的研发费用加计扣除条件而在2016年1月1日以后未及时享受该项税收优惠的，可以追溯享受并履行备案手续，追溯期限最长为3年。

四、研发费用税会处理差异及纳税调整实务

【案例6-25】 某公司正在研发一项新工艺，研发符合企业所得税加计扣除条件并报经税务机关备案。具体研发情况如下：2×09年1~9月发生各项研究、调查、论证等研究费用100万元。2×09年9月末，该公司已经证实该项新工艺能够开发成功，并满足资本化条件。2×09年10~12月发生材料、人工等各项支出50万元。2×10年1~6月发生人员工资等各项支出50万元。2×10年7月初，经有关部门鉴证新工艺形成无形资产，预计使用期为10年。

①2×09年会计处理。2×09年1~9月发生各项研究、调查、论证等研究费用100万元应费用化，2×09年10~12月发生材料、人工等各项支出50万元应资本化计入无形资产成本。

借：研发支出——费用化支出　　　　　　　　　　　1 000 000
　　贷：应付职工薪酬　　　　　　　　　　　　　　　　　1 000 000
借：管理费用　　　　　　　　　　　　　　　　　　1 000 000
　　贷：研发支出——费用化支出　　　　　　　　　　　　1 000 000
借：研发支出　　　　　　　　　　　　　　　　　　　500 000
　　贷：应付职工薪酬　　　　　　　　　　　　　　　　　　500 000

②2×09年税务处理及纳税调整：2×09年企业所得税税前扣除研发费用为150万元，会计研发费用计入当期损益为100万元，企业在当期纳税申报表填列时，应纳税调减50万元。

③2×10年会计和税务处理及纳税调整。

2×10年1~6月发生研发支出时：

借：研发支出——资本化支出　　　　　　　　　　　　500 000
　　贷：应付职工薪酬　　　　　　　　　　　　　　　　　　500 000

2×10年7月，经有关部门鉴证新工艺形成无形资产时：

借：无形资产　　　　　　　　　　　　　　　　　　1 000 000
　　贷：研发支出——资本化支出　　　　　　　　　　　　1 000 000

2×10年7~12月，无形资产摊销额 = 100÷10×6÷12 = 5（万元）

借：管理费用　　　　　　　　　　　　　　　　　　　50 000

贷：累计摊销　　　　　　　　　　　　　　　　　　　　　　　　　　50 000

2×10年企业所得税税前扣除研发费用为7.5万元，会计研发费用计入当期损益为5万元，企业在当期企业所得税纳税申报表填列时，应纳税调减2.5万元。

【案例6-26】 甲医药制造公司2×16年12月购入并投入使用一套专门用于研发活动的设备，单位价值1 200万元，会计处理按照直线法核算折旧，预计使用年限8年，税法上规定的最低折旧年限为10年，不考虑预计净残值。甲公司对该项设备选择缩短折旧年限的加速折旧方式，折旧年限缩短为6年。2×16年企业会计处理计提折旧额150万元（1 200÷8），税收上因享受加速折旧优惠可以扣除的折旧额是200万元（1 200÷6），申报研发费用加计扣除时，就其会计处理的设备的折旧费150万元可以进行加计扣除75万元（150×50%）。若该设备8年内用途未发生变化，每年均符合加计扣除政策规定，则8年内企业每年均可对其会计处理的设备折旧费150万元进行加计扣除75万元。

【案例6-27】 承〖案例6-26〗，如企业会计处理按4年进行折旧，其他情形不变。则2×16年企业会计处理计提折旧额300万元（1 200÷4），税收上可扣除的加速折旧额为200万元（1 200÷6），税会设备折旧额差异100万元（300-200），应纳税调增；申报享受研发费用加计扣除时，对其在实际会计处理上已确认设备的折旧费但未超过税法规定的税前扣除金额200万元的部分，可以进行加计扣除100万元（200×50%）。若该设备6年内用途未发生变化，每年均符合加计扣除政策规定，则企业6年内每年均可对其会计处理的设备的折旧费200万元进行加计扣除100万元。

第十一节　手续费及佣金支出的税会处理差异

一、手续费及佣金支出的会计处理

　　会计处理上，企业在推销商品或劳务过程中可以向中介代理人支付必要的佣金，这是经营活动所必要的正常的支出，会计核算时直接在"销售费用"、"管理费用"等科目列支。

二、手续费及佣金支出的税务处理及税会处理差异

　　需要注意的是，第一，企业必须分清手续费及佣金与销售回扣的界限。佣金是指

经营者在市场交易中给予为其提供服务的具有合法经营者资格的中间人的劳务报酬，可以一方支付，也可以是双方支付，接受佣金的只能是中间人，而不是交易双方，也不是交易双方的代理人、经办人。销售回扣是指企业销售商品或提供劳务时以现金、实物或者其他方式退给对方单位或者个人的一定比例的价款。它属于与经营活动无关的支出，不得在税前抵扣。这是佣金和回扣的重要区别。《关于禁止商业贿赂行为的暂行规定》第五条和《反不正当竞争法》第八条规定，经营者不得采用财物或者其他手段进行贿赂以销售或者购买商品。在账外暗中给予对方单位或者个人回扣的，以行贿论处；对方单位或者个人在账外暗中收受回扣的，以受贿论处。暗扣是指在账外暗中给予对方单位或个人一定比例的商品价款，属于贿赂支出，不得税前列支。第二，企业必须分清资本性支出与收益性支出的界限，企业因购置固定资产、无形资产等发生的手续费及佣金支出，不得计入损益直接扣除，应该计入固定资产、无形资产价值中，分期折旧或者摊销。第三，企业必须如实核算收入与支出，不得将应该支付的手续费及佣金直接冲减服务协议或合同金额。第四，注意区分不同企业手续费及佣金支出税前扣除标准（计算基数），即保险企业以当年全部保费收入扣除退保金等后余额计算，而除了保险企业以外的其他企业，除税法另有规定外，应该以企业签订的每一份服务协议或者合同金额为基础按照每项协议或者合同金额分别计算，不能以企业当年税法收入总额或会计核算的营业收入为基础计算，每项不超过合同金额的5%以内允许扣除，超过部分不允许税前扣除，进行纳税调增。第五，除委托个人代理外，企业以现金等非转账方式支付的手续费及佣金不得在税前扣除。企业为发行权益性证券支付给有关证券承销机构的手续费及佣金不得在税前扣除。按照企业会计准则的规定，为发行权益性证券支付给有关证券承销机构等的手续费、佣金等与权益性证券发行直接相关的费用，不构成取得长期股权投资的成本。该部分费用应自权益性证券的溢价发行收入（资本公积——股本溢价）中扣除，权益性证券的溢价收入不足冲减的，应冲减盈余公积和未分配利润。

【案例6-28】某医药销售企业2×17年度按照会计准则核算的营业收入为1 500万元，按照税法口径计算的收入总额为2 000万元，该企业当年有5笔业务涉及手续费及佣金，并分别与具有合法经营资格中介服务企业或个人签署了中介服务合同，并支付了相应的款项，取得了合法有效的增值税发票，已经将其全部计入了当期损益，合同内容如下：

①A代理销售服务合同200万元，银行转账支付代理公司服务佣金30万元；
②B代理服务合同300万元，现金支付代理公司服务佣金10万元；
③C购置固定资产代理合同200万元，银行转账支付手续费15万元；
④D代理销售服务合同300万元，银行转账支付代理公司服务佣金10万元；
⑤E代理销售服务合同20万元，现金支付个人服务佣金1.5万元。

计算2×17年度企业允许税前扣除的手续费及佣金。

分析:2×17年度企业所得税汇算清缴时,该企业允许税前扣除的手续费及佣金如下。

①A合同允许税前扣除的手续费及佣金=400×5%=20(万元),银行转账实际支付30万元,应调增应纳税所得额10万元(20-10);

②B合同允许税前扣除的手续费及佣金=300×5%=15(万元),虽然实际支付10万元小于扣除限额,但由于采用现金支付方式,按照税法规定不得税前扣除,应调增应纳税所得额10万元;

③C合同支付的购置固定资产手续费为30万元,应该计入固定资产初始成本,通过折旧方式扣除,而企业计入当期损益,应调增应纳税所得30万元,同时,按照税法规定计算的固定资产佣金部分的折旧可以税前扣除,调减相应的应纳税所得额;

④D合同允许税前扣除的手续费及佣金=300×5%=15(万元),实际银行转账支付10万元,实际发生额小于扣除限额,允许税前扣除金额为10万元,不进行纳税调整;

⑤E合同允许税前扣除的手续费及佣金=20×5%=1(万元),由于委托个人代理的可以现金支付个人佣金1.5万元,但是超过扣除限额的部分纳税,应调增应纳税所得额0.5万元(1.5-1)。

【案例6-29】 2×17年A公司与B营销代理公司签订了《房屋委托代理销售合同》,合同中约定销售总金额为500万元,A公司支付销售佣金30万元(不含税),取得B公司开具的增值税发票注明的价款为30万元,增值税税额1.8万元。则A公司会计处理为:

借:销售费用——手续费及佣金		300 000
应交税费——待认证进项税额		18 000
贷:银行存款		318 000
借:应交税费——应交增值税(进项税额)		18 000
贷:应交税费——待认证进项税额		18 000

税务处理:税前扣除限额=500×5%=25(万元)。2×17年佣金及手续费纳税调整:2×17年企业所得税年度纳税申报表附表A105000《纳税调整项目明细表》第23行"(十一)佣金和手续费支出"账载金额30万元,税收金额25万元,调增应纳税所得额5万元。

第十二节　总分支机构支付管理费税会处理差异

一、总分支机构支付管理费的会计处理

总机构下设的分支机构,有的属于独立法人,即通常所说的子公司,也有的是非法

人分公司。因此，企业之间支付的管理费，就有了总分机构之间因总机构提供管理服务而分摊的合理管理费和独立法人的母子公司之间提供服务的支付管理费。会计处理上，只要分支机构接受了总机构的劳务管理服务，并向其支付了总机构管理费，就可以将实际支付的管理费记入"管理费用"科目。

二、总分支机构支付管理费的税务处理

税务处理上，《企业所得税法实施条例》第四十九条规定，企业之间支付的管理费、企业内营业机构之间支付的租金和特许权使用费，以及非银行企业内营业机构之间支付的利息，不得扣除所得税。由于《企业所得税法》采取法人所得税制，对总分机构之间因总机构提供管理服务而分摊的合理管理费，其分支机构并非是企业所得税纳税人，只有总机构是企业所得税纳税人，所以对于分支机构支付给总机构的管理费用不存在是否税前扣除问题，管理费用通过总分机构自动汇总得到解决。但对属于不同独立法人的母子公司之间，确实发生提供管理服务的管理费，应按照独立企业之间公平交易原则确定管理服务的价格，作为企业正常的劳务费用进行税务处理，不得再采用分摊管理费用的方式在税前扣除，以避免重复扣除。对母子公司间提供管理服务的企业所得税处理，《国家税务总局关于母子公司间提供服务支付费用有关企业所得税处理问题的通知》（国税发〔2008〕86号）规定，对在中国境内，属于不同独立法人的母子公司之间提供服务支付费用有关企业所得税处理具体规定如下：

第一，母公司向其子公司提供各项服务，双方应签订服务合同或协议，明确规定提供服务的内容、收费标准及金额等，凡按上述合同或协议规定所发生的服务费，母公司应作为营业收入申报纳税。子公司作为成本费用在税前扣除。

第二，母公司为其子公司提供各种服务而发生的费用，应按照独立企业之间公平交易原则确定服务的价格，作为企业正常的劳务费用进行税务处理。母子公司未按照独立企业之间的业务往来收取价款的，税务机关有权予以调整。

第三，母公司向其多个子公司提供同类项服务，其收取的服务费可以采取分项签订合同或协议收取，也可以采取服务分摊协议的方式。服务分摊协议的方式，是指由母公司与各子公司签订服务费用分摊合同或协议，以母公司为其子公司提供服务所发生的实际费用并附加一定比例利润作为向子公司收取的总服务费，在各服务受益子公司（包括盈利企业、亏损企业和享受减免税企业）之间按《企业所得税法》第四十一条第二款的规定合理分摊，即企业与其关联方共同开发、受让无形资产，或者共同提供、接受劳务发生的成本，在计算应纳税所得额时应当按照独立交易原则进行分摊。但要求母子公司之间必须事先签订合同或协议，目的是防止企业任意调节各企业间的利润进而达到逃避国家税收目的。

第四，母公司未按正常的劳务费用进行税务处理，而是以管理费形式向子公司提取费用，对子公司因此支付给母公司的管理费，不得在税前扣除。与旧税法"不超过收入总额2%"允许税前扣除的规定截然不同。

第五，子公司申报税前扣除向母公司支付的服务费用，应向主管税务机关提供与母公司签订的服务合同或者协议等与税前扣除该项费用相关的材料。不能提供相关材料的，支付的服务费用不得税前扣除。这也是为了防止企业调节利润而增加的必须向税务机关报备的税务资料。

第十三节 借款费用税会处理差异

一、借款费用的会计处理

会计处理上，借款费用是指企业因借款而发生的利息及其他相关成本。借款费用包括借款利息、折价或者溢价的摊销、辅助费用以及因外币借款而发生的汇兑差额等。按照权责发生制，会计处理上应在借款期限内计提借款费用，并将其计入资产成本或当期损益。在资本化期间内，每一会计期间的利息（包括折价或溢价的摊销）资本化金额，应当按照下列规定确定：为购建或者生产符合资本化条件的资产而借入专门借款的，应当以专门借款当期实际发生的利息费用，减去将尚未动用的借款资金存入银行取得的利息收入或进行暂时性投资取得的投资收益后的金额确定。为购建或者生产符合资本化条件的资产而占用了一般借款的，应当根据累计资产支出超过专门借款部分的资产支出加权平均数乘以所占用一般借款的资本化率，计算确定一般借款应予资本化的利息金额。资本化率应当根据一般借款加权平均利率计算确定。资本化期间，是指从借款费用开始资本化时点到停止资本化时点的期间，借款费用暂停资本化的期间不包括在内。

企业借款购建或者生产的存货中，符合借款费用资本化条件的，应当将符合资本化条件的借款费用予以资本化。借款存在折价或者溢价的，应当按照实际利率法确定每一会计期间应摊销的折价或者溢价金额，调整每期利息金额。在资本化期间内，每一会计期间的利息资本化金额，不应当超过当期相关借款实际发生的利息金额。

二、借款费用的税务处理及税会处理差异

税务处理上，增值税方面，按照《财政部、国家税务总局关于全面推开营业税改征

增值税试点的通知》（财税〔2016〕36号）的规定，贷款是指将资金贷与他人使用而取得利息收入的业务活动。各种占用、拆借资金取得的收入，包括金融商品持有期间（含到期）利息（保本收益、报酬、资金占用费、补偿金等）收入、信用卡透支利息收入、买入返售金融商品利息收入、融资融券收取的利息收入，以及融资性售后回租、押汇、罚息、票据贴现、转贷等业务取得的利息及利息性质的收入，按照贷款服务缴纳增值税。因此，对企业将资金提供给他人使用的行为属于增值税应税劳务，应按"贷款服务"税目征收增值税，计税依据即为收取的资金占用费。

企业所得税方面，《企业所得税法实施条例》第三十七条规定，企业在生产经营活动中发生的合理的不需要资本化的借款费用，准予扣除。企业为购置、建造固定资产、无形资产和经过12个月以上的建造才能达到预定可销售状态的存货发生借款的，在有关资产购置、建造期间发生的合理的借款费用，应当作为资本性支出计入有关资产的成本，并依照该条例的规定扣除。第三十八条规定，企业在生产经营活动中发生的下列利息支出，准予扣除：第一，非金融企业向金融企业借款的利息支出、金融企业的各项存款利息支出和同业拆借利息支出、企业经批准发行债券的利息支出；第二，非金融企业向非金融企业借款的利息支出，不超过按照金融企业同期同类贷款利率计算的数额的部分。《企业所得税法》规定发生的借款利息准予扣除，这里的利息支出要求实际发生，也即实际支付。会计上只计提没有实际支付的利息，应进行纳税调增，实际支付时再进行纳税调减。企业在计算当期可以扣除的借款利息时，对于非金融企业向非金融企业借款的利息支出，必须凭税务机关代开的"××国家税务局通用机打发票"，按照税法的有关规定和标准在税前扣除。

《国家税务总局关于企业所得税应纳税所得额若干税务处理问题的公告》（国家税务总局公告2012年第15号）关于企业融资费用支出税前扣除问题明确规定，企业通过发行债券、取得贷款、吸收保户储金等方式融资而发生的合理的费用支出，符合资本化条件的，应计入相关资产成本；不符合资本化条件的，应作为财务费用（包括手续费及佣金支出），准予在企业所得税前据实扣除。实际工作中，有些企业可能通过信托公司向银行融资，银行又通过发行债券方式吸储，这样就会产生企业向信托公司支付手续费、向银行支付代理费、向债券购买者负担利息的情形。根据该公告，上述借款费用都可以扣除。

《国家税务总局关于印发〈房地产开发经营业务企业所得税处理办法〉的通知》（国税发〔2009〕31号）第二十一条规定，企业的利息支出按以下规定进行处理：第一，企业为建造开发产品借入资金而发生的符合税收规定的借款费用，可按企业会计准则的规定进行归集和分配，其中属于财务费用性质的借款费用，可直接在税前扣除。第二，企业集团或其成员企业统一向金融机构借款分摊集团内部其他成员企业使用的，借入方凡能出具从金融机构取得借款的证明文件，可以在使用借款的企业间合理地分摊利息费用，使用借款的企业分摊的合理利息准予在税前扣除。第三，借款费用属于不同成本对象共同负担的，按直接成本法或按预算造价法进行分配。

《国家税务总局关于企业所得税若干问题的公告》（国家税务总局公告2011年第34号）关于金融企业同期同类贷款利率确定问题规定，鉴于目前我国对金融企业利率要求的具体情况，企业在按照合同要求首次支付利息并进行税前扣除时，应提供"金融企业的同期同类贷款利率情况说明"，以证明其利息支出的合理性。"金融企业的同期同类贷款利率情况说明"中，应包括在签订该借款合同当时，本省任何一家金融企业提供同期同类贷款利率情况。该金融企业应为经政府有关部门批准成立的可以从事贷款业务的企业，包括银行、财务公司、信托公司等金融机构。"同期同类贷款利率"是指在贷款期限、贷款金额、贷款担保以及企业信誉等条件基本相同下，金融企业提供贷款的利率。既可以是金融企业公布的同期同类平均利率，也可以是金融企业对某些企业提供的实际贷款利率。这说明，只要纳税人提供所在省的金融机构有同类同期利率情况说明的，税务机关就允许扣除其利息支出。

依据上述规定，企业实际操作需要注意的是，第一，必须取得收取利息方开出的利息收入或资金使用费发票。没有发票，税收征管和稽查都不允许税前扣除。第二，企业向非金融企业支付利息必须是按照合同要求在第一次支付利息和进行税前扣除时提供说明。企业还要"证明其利息支出的合理性"，即在利息扣除的其他条件（合法性、合理性、相关性和实际发生原则）均符合的情况下，利息支出金额才能按此公告执行。第三，增值税问题。按照财税〔2016〕36号文件的规定，收取利息一方应按贷款服务缴纳增值税。第四，为了避税或不取得发票，目前绝大多数企业选择了用其他利益输送渠道支付借款利息相关的利益，而不在账面上收取或支付利息。企业应注意税务风险，一旦被税务机关认定为借款利息支出，很可能因其避税违反税收征管法而不能税前扣除。第五，根据国税函〔2009〕777号文件的规定，第34号公告应可以适用于企业向个人借款进行税前扣除的情形。第六，企业无论提供何种证明，非金融企业之间利率最高不能高于银发〔2002〕30号文件的规定，即双方协商的利率不得超过中国人民银行公布的金融机构同期、同档次贷款利率的4倍。第七，企业可以提供金融企业对某些企业提供的实际贷款利率说明，但是，是否认可，权力在主管税务机关。

【案例6-30】 2×17年7月1日，甲公司从银行借入一笔短期借款用于补充流动资金不足，借款本金为120万元，期限为1年，年利率为6%，合同约定2×18年7月1日到期时一次还本付息，假设合同利率与市场利率相等，甲公司会计和处理如下：

①2×17年7月1日，借入短期借款时：

借：银行存款　　　　　　　　　　　　　　　　　　　　　　　1 200 000
　　贷：短期借款——本金　　　　　　　　　　　　　　　　　　　　1 200 000

②2×17年12月31日，计提借款利息=1 200 000×6/12×6%=36 000（元）

借：财务费用　　　　　　　　　　　　　　　　　　　　　　36 000
　　贷：短期借款——利息　　　　　　　　　　　　　　　　　36 000

税务处理：2×17年度企业所得税汇算清缴时，会计核算计入当期损益的利息支出为36 000元，但由于尚未实际支付，所以不能在税前扣除，应纳税调增36 000元，填写A105000《纳税调整项目明细表》第18行"（六）利息支出"项目第1列"账载金额"36 000元，第2列"税收金额"0，第3列"调增金额"36 000元。

③2×18年7月1日，还本付息，借款利息=1 200 000×(1+6%)=1 272 000（元）

借：短期借款——本金　　　　　　　　　　　　　　　　　1 200 000
　　　　　　——利息　　　　　　　　　　　　　　　　　　36 000
　　财务费用　　　　　　　　　　　　　　　　　　　　　　36 000
　　贷：银行存款　　　　　　　　　　　　　　　　　　　　1 272 000

税务处理：2×18年度企业所得税汇算清缴时，会计核算计入当期损益的利息支出为36 000元，按照税法规定允许税前扣除的利息支出的金额为实际支付的利息支出72 000元，可以全部在税前扣除，应纳税调减36 000元，填写A105000《纳税调整项目明细表》第18行"（六）利息支出"项目第1列"账载金额"36 000元，第2列"税收金额"72 000元，第4列"调减金额"为36 000元。

《企业所得税法实施条例》第一百二十一条、第一百二十二条规定，税务机关根据税收法律、行政法规的规定，对企业作出特别纳税调整的，应当对补征的税款，自税款所属纳税年度的次年6月1日起至补缴税款之日止的期间，按日加收利息。加收的利息不得在计算应纳税所得额时扣除。利息应当按照税款所属纳税年度中国人民银行公布的与补税期间同期的人民币贷款基准利率加5个百分点计算。企业依照《企业所得税法》第四十三条和《实施条例》的规定提供有关资料的，可以只按规定的人民币贷款基准利率计算利息。

《国家税务总局关于企业投资者投资未到位而发生的利息支出企业所得税前扣除问题的批复》（国税函〔2009〕312号）规定，根据《企业所得税法实施条例》第二十七条的规定，凡企业投资者在规定期限内未缴足其应缴资本额的，该企业对外借款所发生的利息，相当于投资者实缴资本额与在规定期限内应缴资本额的差额应计付的利息，其不属于企业合理的支出，应由企业投资者负担，不得在计算企业应纳税所得额时扣除。

具体计算不得扣除的利息，应以企业1个年度内每一账面实收资本与借款余额保持不变的期间作为1个计算期，每个计算期内不得扣除的借款利息计算公式为：企业每个计算期不得扣除的借款利息＝该期间借款利息额×该期间未缴足注册资本额÷该期间借款额。企业1个年度内不得扣除的借款利息总额，为该年度内每个计算期不得扣除的借款利息额之和。

关于土地增值税扣除项目中利息支出的财税处理，《财政部、国家税务总局关于土地增值税一些具体问题规定的通知》(财税字〔1995〕048号)第八条关于扣除项目金额中的利息支出如何计算问题规定：(1)利息的上浮幅度按国家的有关规定执行，超过上浮幅度的部分不允许扣除；(2)对于超过贷款期限的利息部分和加罚的利息不允许扣除。

《国家税务总局关于土地增值税清算有关问题的通知》(国税函〔2010〕220号)第三条房地产开发费用的扣除问题规定：(1)财务费用中的利息支出，凡能够按转让房地产项目计算分摊并提供金融机构证明的，允许据实扣除，但最高不能超过按商业银行同类同期贷款利率计算的金额。其他房地产开发费用，按照"取得土地使用权所支付的金额"与"房地产开发成本"金额之和的5%以内计算扣除。(2)凡不能按转让房地产项目计算分摊利息支出或不能提供金融机构证明的，房地产开发费用在按"取得土地使用权所支付的金额"与"房地产开发成本"金额之和的10%以内计算扣除。全部使用自有资金，没有利息支出的，按照以上方法扣除。上述具体适用的比例按省级人民政府此前规定的比例执行。(3)房地产开发企业既向金融机构借款又有其他借款的，其房地产开发费用计算扣除时不能同时适用上述两种办法。(4)土地增值税清算时，已经计入房地产开发成本的利息支出，应调整至财务费用中计算扣除。会计核算与税务处理规定不一致的，以税务处理规定为准。

【案例6-31】 某房地产公司取得土地成本和开发成本之和为2 000万元，金融机构借款利息130万元（可按照开发项目计算分摊），其他借款利息50万元。

分析：若选择第一种处理方式，可扣除的开发费用 = 130 + 2 000 × 5% = 230（万元）；若按照第二种处理方式，则可扣除的开发费用 = 2 000 × 10% = 200（万元）。将这个例子的数据反过来，金融机构借款利息50万元（可按照开发项目计算分摊），其他借款利息130万元。可选择第二种处理方式，可扣除的开发费用为200万元。如果按照第一种处理方式，则可扣除的开发费用为150万元（50 + 2 000 × 5%）。

【案例6-32】 某房地产企业某项目取得土地使用权成本为5 000万元，房地产开发成本为3 000万元，其中"开发成本——开发间接费用"中利息支出50万元，"财务费用——利息支出"20万元。请分析在计算该房地产企业土地增值税时有关利息和其他开发费用的税务处理。

分析：国税函〔2010〕220号文件第三条第（四）项规定，土地增值税清算时，已经计入房地产开发成本的利息支出，应调整至财务费用中计算扣除。基于此规定，该房地产公司计入土地增值税扣除项目的房地产开发成本 = 3 000 - 50 = 2 950（万元），凡能够按转让房地产项目计算分摊并提供金融机构证明的，按照第一种方式计算可扣除的房地产开发费用 = (50 + 20) + (5 000 + 3 000 - 50) × 5% = 467.5（万元）；凡不能按转让房地产项目计算分摊利息支出或不能提供金融机构证明的，按照第二种方式计算可扣除房地产开发费用 = (5 000 + 3 000 - 50) × 10% = 795（万元）。

三、企业向自然人借款利息支出税务处理

针对企业向自然人借款的利息支出企业所得税税前扣除问题,《国家税务总局关于企业向自然人借款的利息支出企业所得税税前扣除问题的通知》(国税函〔2009〕777号)明确规定:(1)企业向股东或其他与企业有关联关系的自然人借款的利息支出,应根据《企业所得税法》第四十六条及《财政部、国家税务总局关于企业关联方利息支出税前扣除标准有关税收政策问题的通知》(财税〔2008〕121号)规定的条件,计算企业所得税扣除额。(2)企业向除第一条规定以外的内部职工或其他人员借款的利息支出,其借款情况同时符合以下条件的,其利息支出在不超过按照金融企业同期同类贷款利率计算的数额的部分,根据《企业所得税法》第八条和《企业所得税法实施条例》第二十七条规定,准予扣除。第一,企业与个人之间的借贷是真实、合法、有效的,并且不具有非法集资目的或其他违反法律、法规的行为;第二,企业与个人之间签订了借款合同。

需要注意的是,(1)如果企业向自然人借款被有关部门认定为非法金融业务活动或被司法机关认定为无效借贷行为或借款利率超过法律保护范围,利息支出不得扣除。《非法金融机构和非法金融业务活动取缔办法》(国务院令第247号)第四条规定,非法金融业务活动,是指未经中国人民银行批准,擅自非法吸收公众存款或者变相吸收公众存款;未经依法批准,以任何名义向社会不特定对象进行的非法集资等。最高人民法院在《关于如何确认公民与企业之间借贷行为效力问题的批复》(法释〔1999〕3号)中规定,公民与非金融企业之间的借贷属于民间借贷,只要双方当事人意思表示真实即可认定有效。但是,具有下列情形之一的,应当认定无效:第一,企业以借贷名义向职工非法集资;第二,企业以借贷名义非法向社会集资;第三,企业以借贷名义向社会公众发放贷款;第四,其他违反法律、行政法规的行为。被认定为有效的民间借贷行为,借贷利率按照最高人民法院《关于审理民间借贷案件适用法律若干问题的规定》(法释〔2015〕18号)第二十六条的规定,借贷双方约定的利率未超过年利率24%,出借人请求借款人按照约定的利率支付利息的,人民法院应予支持。借贷双方约定的利率超过年利率36%,超过部分的利息约定无效。(2)考虑到我国税务机关"以票控税"的实际做法,实际工作中不会排除部分税务机关要求企业向获取利息的个人索要发票(增值税利息收入发票)。收取利息的个人可能需要配合企业到主管地税机关申请代开发票,并承担相应的增值税、城建税、教育费附加和个人所得税。如果企业替个人交税,则代为承担的这些税款一般也很难被税务机关认同在税前扣除。

因此,企业向自然人借贷行为应具备下列条件,并完善下列程序和手续,才易于被税务机关认可在税前扣除:(1)非金融企业借款对象个人是特定的,如内部部分

职工、企业管理层的亲友等，借款对象不存在不特定社会公众的情形；（2）非金融企业应就向特定个人借款事宜形成股东（大）会、董事会决议之类的有效法律文件，明确借款对象的姓名、身份、借款金额、期限、利率、用途、条件等，借款利率应符合国家相关规定；（3）非金融企业应与个人签订规范的书面借款合同；（4）非金融企业向个人借得的款项应用于正常的经营活动，具有合理的商业目的，并有真实、合规的会计记录；（5）收取利息的个人可能需要配合企业到主管地税机关申请代开发票，并支付相应的增值税、城建税、教育费附加、地方性税费附加和个人所得税等税费。（6）非金融企业向个人支付利息时，应代扣代缴个人所得税，并履行支付利息的审批和签领手续。

四、关联方利息支出的税务处理及纳税调整实务

《企业所得税法》第四十六条规定，企业从其关联方接受的债权性投资与权益性投资的比例超过规定标准而发生的利息支出，不得在计算应纳税所得额时扣除。《企业所得税法实施条例》第一百一十九条规定，债权性投资，是指企业直接或者间接从关联方获得的，需要偿还本金和支付利息或者需要以其他具有支付利息性质的方式予以补偿的融资。企业间接从关联方获得的债权性投资，包括：关联方通过无关联第三方提供的债权性投资；无关联第三方提供的由关联方担保且负有连带责任的债权性投资；其他间接从关联方获得的具有负债实质的债权性投资。权益性投资，是指企业接受的不需要偿还本金和支付利息，投资人对企业净资产拥有所有权的投资。

《财政部、国家税务总局关于企业关联方利息支出税前扣除标准有关税收政策问题的通知》（财税〔2008〕121号）规定：第一，在计算应纳税所得额时，企业实际支付给关联方的利息支出，不超过以下规定比例和税法及其实施条例有关规定计算的部分，准予扣除，超过的部分不得在发生当期和以后年度扣除。企业实际支付给关联方的利息支出，除符合该《通知》第二条规定外，其接受关联方债权性投资与其权益性投资比例：金融企业，为5∶1；其他企业，为2∶1。第二，企业如果能够按照《企业所得税法》及其实施条例的有关规定提供相关资料，并证明相关交易活动符合独立交易原则的，或者该企业的实际税负不高于境内关联方的，其实际支付给境内关联方的利息支出，在计算应纳税所得额时准予扣除。第三，企业同时从事金融业务和非金融业务，其实际支付给关联方的利息支出，应按照合理方法分开计算；没有按照合理方法分开计算的，一律按该《通知》第一条有关其他企业的比例计算准予税前扣除的利息支出。第四，企业自关联方取得的不符合规定的利息收入应按照有关规定缴纳企业所得税。

《国家税务总局关于印发〈特别纳税调整实施办法（试行）〉的通知》规定，《企业

《所得税法》第四十六条所称不得在计算应纳税所得额时扣除的利息支出应按以下公式计算:

不得扣除利息支出=年度实际支付的全部关联方利息×(1-标准比例/关联债资比例)

其中,标准比例是指财税〔2008〕121号文件规定的比例。关联债资比例是指根据《企业所得税法》第四十六条及《企业所得税法实施条例》第一百一十九的规定,企业从其全部关联方接受的债权性投资(以下简称关联债权投资)占企业接受的权益性投资(以下简称权益投资)的比例,关联债权投资包括关联方以各种形式提供担保的债权性投资。关联债资比例的具体计算方法如下:

关联债资比例=年度各月平均关联债权投资之和/年度各月平均权益投资之和

其中: 各月平均关联债权投资=(关联债权投资月初账面余额+月末账面余额)/2

各月平均权益投资=(权益投资月初账面余额+月末账面余额)/2

权益投资为企业资产负债表所列示的所有者权益金额。如果所有者权益小于实收资本(股本)与资本公积之和,则权益投资为实收资本(股本)与资本公积之和;如果实收资本(股本)与资本公积之和小于实收资本(股本)金额,则权益投资为实收资本(股本)金额。

《企业所得税法》第四十六条所称的利息支出包括直接或间接关联债权投资实际支付的利息、担保费、抵押费和其他具有利息性质的费用。"实际支付利息"是指企业按照权责发生制原则计入相关成本、费用的利息。

【案例6-33】甲企业注册资本1 000万元,其中关联企业C公司占80%的股份。甲企业实收资本1 000万元,2015年期初所有者权益为:实收资本1 000万元,资本公积40万元,盈余公积10万元,未分配利润200万元,合计1 250万元。甲企业在2015年度向C公司借款(取得债权性投资)3 000万元,按不超过本省金融企业同期同类贷款利率支付利息,利息全部费用化。甲企业2015年每月月平均权益投资计算结果见表6-2。

表6-2　　　　　　　月平均权益性投资计算表　　　　　　单位:万元

项目 月份	实收资本		资本公积		盈余公积		未分配利润		权益性投资期末金额	月平均权益性投资	C公司享有80%的份额
	期初	期末	期初	期末	期初	期末	期初	期末			
1月	1 000	1 000	10	10	40	40	200	220	1 270	1 260	1 008
2月	1 000	1 000	10	10	40	40	220	240	1 290	1 280	1 024
3月	1 000	1 000	10	10	40	40	240	260	1 310	1 300	1 040
4月	1 000	1 000	10	10	40	40	260	270	1 320	1 315	1 052
5月	1 000	1 000	10	10	40	40	270	280	1 330	1 325	1 060
6月	1 000	1 000	10	10	40	40	280	290	1 340	1 335	1 068
7月	1 000	1 000	10	10	40	40	290	320	1 370	1 355	1 084

续表

项目\月份	实收资本 期初	实收资本 期末	资本公积 期初	资本公积 期末	盈余公积 期初	盈余公积 期末	未分配利润 期初	未分配利润 期末	权益性投资期末金额	月平均权益性投资	C公司享有80%的份额
8月	1 000	1 000	10	10	40	40	320	30	1 400	1 385	1 108
9月	1 000	1 000	10	10	40	40	350	380	1 430	1 415	1 132
10月	1 000	1 000	10	10	40	40	380	400	1 450	1 440	1 152
11月	1 000	1 000	10	10	40	40	400	420	1 470	1 460	1 168
12月	1 000	1 000	10	10	40	40	420	440	1 490	1 480	1 184
合计	2015年度1~12月接受的权益性投资合计									14 870	13 080

甲企业接受的C公司各月平均权益投资计算过程如下：1月平均权益投资=(1 250+1 270)/2×80%=1 008（万元）；2月平均权益投资=(1 270+1 290)/2×80%=1 024（万元）；依此类推，如表6-2所列计算，甲企业接受的全年各月平均权益投资之和为14 870万元，其中属于C公司的为13 080万元。

假定甲企业借款发生在3月30日，至12月底尚未归还，已支付利息130万元。利息扣除情况计算如下。

①接受C公司平均关联债权投资计算如下：

1~2月平均关联债权投资均为0元。

3月平均关联债权投资=(0+3 000)/2=1 500（万元）。

4月平均关联债权投资=(3 000+3 000)/2=3 000（万元）。

5~12月每月均如此计算。

全年各月平均关联债权投资之和=1 500+3 000×9=28 500（万元）。

②关联债资比例=28 500/13 080=2.18>2。

③不得扣除的利息支出=130×(1-2/2.18)=130×0.08=10.4（万元）。

【案例6-34】 承〖案例6-33〗，假定甲企业借款发生在4月1日，至12月底尚未归还，已支付利息130万元。扣除利息情况计算如下：

①接受C公司平均关联债权投资计算如下：

1~3月平均关联债权投资均为0元。

4月平均关联债权投资=(3 000+0)/2=1 500（万元）。

5月平均关联债权投资=(3 000+3 000)/2=3 000（万元）。

6~12月每月如此计算。

全年各月平均关联债权投资之和=1 500+3 000×8=25 500（万元）。

②关联债资比例=25 500/13 080=1.95<2。

③甲企业向C公司借款，关联债资比例没有超过规定的标准比例，实际支付给C公司的利息支出全部准予扣除。

五、借款费用的税会处理差异及纳税调整实务

【案例6-35】A公司于2×15年1月1日采取出包方式开始建造厂房,到12月31日发生支出如表6-3所示。为建造厂房该公司于2×15年1月1日发行3年期债券,票面价值为1 000万元,票面利率为8%,市场利率为6%,每年年末支付利息,到期还本。债券发行价格为1 053.46万元,发行辅助费用2万元。另外,在2×15年4月1日又专门借款500万元,借款期为4年,年利率为8%。该公司在年初还借入流动资金500万元,借款年利率为4%,假设暂不考虑银行活期存款利息,可以取得符合规定的发票。要求:按年度计算应予资本化的利息金额并编制相关会计分录。

表6-3　　　　　　　　　2×15年建造厂房发生支出　　　　　　单位:万元

日期	每期资产支出金额	资产支出累计
1月1日	150	150
2月1日	200	350
3月1日	130	480
4月1日	100	580
5月1日	130	710
6月1日	160	870
7月1日	120	990
8月1日	100	1 090
9月1日	150	1 240
10月1日	280	1 520
11月1日	160	1 680
12月1日	140	1 820

解析:①计算资本化金额。该公司2×15年度为建造固定资产累计支出1 820万元,专门借款金额为1 553.46万元。截至2×15年11月,累计支出超过专门借款金额即占用的一般借款。见表6-4。

表6-4　　　　　　　　　2×15年累计支出计算表　　　　　　单位:万元

日期	支出金额	资本化期间	超出专门借款部分支出加权平均数
1月1日	150	360/360	0
2月1日	200	330/360	0
3月1日	130	300/360	0
4月1日	100	270/360	0
5月1日	130	240/360	0

续表

日期	支出金额	资本化期间	超出专门借款部分支出加权平均数
6月1日	160	210/360	0
7月1日	120	180/360	0
8月1日	100	150/360	0
9月1日	150	120/360	0
10月1日	280	90/360	0
11月1日	160（其中33.46万元为一般借款）	60/360	21.09
12月1日	140	30/360	11.67
合计	1 820		32.76

占用的一般借款的资本化金额为：一般借款部分资本化金额 =（会计期间累计资产支出 – 专门借款部分的资产支出）的加权平均数 × 一般借款的资本化率 = 32.76 × 4% = 1.31（万元）；一般借款的资本化率为流动资金的借款年利率4%。债券溢价摊销见表6-5。

表6-5　　　　　　　　　　　　债券溢价摊销计算表　　　　　　　　　　　单位：万元

日期	（1）支付利息 = 面值 × 票面利率8%	（2）实际利息费用 = （5）× 市场利率6%	（3）溢价摊销 = （1）-（2）	（5）债券账面价值 = 面值 -（3）
2×15年1月1日				1 053.46
2×15年12月31日	80	63.21	16.79	1 036.67
2×16年12月31日	80	62.20	17.8	1 018.87
2×17年12月31日	80	61.13	18.87	1 000.00
合计	240	186.54	53.46	

②计算利息金额。专门借款2×15年度实际发生的利息为：债券借款费用为63.21万元，辅助费用资本化金额为2万元；专门借款利息 = 500 × 8% × 9/12 = 30（万元）；专门借款部分借款费用 = 63.21 + 30 = 93.21（万元）；一般借款利息 = 500 × 4% = 20（万元）；借款利息费用 = 80 – 16.79 + 30 + 20 = 113.21（万元）；资本化利息金额 = 1.31 + 93.21 = 94.52（万元）；费用化利息金额 = 113.21 – 94.52 = 18.69（万元）。会计分录如下：

　　借：在建工程　　　　　　　　　　　　　　　　　　　　965 200
　　　　财务费用　　　　　　　　　　　　　　　　　　　　186 900
　　　　应付债券——债券溢价　　　　　　　　　　　　　167 900
　　　　贷：长期借款　　　　　　　　　　　　　　　　　　　300 000
　　　　　　应付债券——应计利息　　　　　　　　　　　　800 000
　　　　　　短期借款——利息调整　　　　　　　　　　　　200 000

银行存款　　　　　　　　　　　　　　　　　　　　　　20 000

③纳税调整：假设金融机构同类同期贷款利率为5%。在2×15年企业所得税汇算清缴时，资本化利息费用超支＝113.21－（1 000×5%＋500×5%×9/12）＝44.46（万元）。该超支部分的利息费用因资本化计入固定资产，将导致其账面价值与计税基础存在差异。该固定资产以后期间通过计提折旧计入以后期间损益时，超标的利息支出将在整个折旧期间进行纳税调整。具体应在企业所得税汇算清缴时，填写A105080《资产折旧、摊销情况及纳税调整明细表》和A105000《纳税调整明细表》相关项目进行纳税调整。

第十四节　预计负债税会处理差异

一、预计负债的会计处理

会计处理上，与或有事项相关的义务同时满足下列条件的，应当确认为预计负债：该义务是企业承担的现时义务；履行该义务很可能导致经济利益流出企业；该义务的金额能够可靠地计量。预计负债应当按照履行相关现时义务所需支出的最佳估计数进行初始计量。企业清偿预计负债所需支出全部或部分预期由第三方补偿的，补偿金额只有在基本确定能够收到时才能作为资产单独确认；确认的补偿金额不应当超过预计负债的账面价值。

二、预计负债的税会处理差异

会计处理上，与或有事项有关的义务同时满足相关条件的，应当确认为预计负债。借记"销售费用"、"管理费用"等科目，贷记"预计负债"科目。实际发生时，借记"预计负债"科目，贷记"银行存款"科目。

税务处理上，根据《企业所得税法》第八条的规定，企业实际发生的与取得收入有关的、合理的支出，包括成本、费用、税金、损失和其他支出，可以在计算应纳税所得额时扣除。预计负债只是履行该义务很可能导致经济利益流出企业，还没有实际发生，不符合税法规定的实际发生原则，所以不允许在计算应纳税所得额时扣除。企业对未决诉讼或仲裁、债务担保、产品质量保证（含产品安全保证）、承诺、环境污染整治等方面计提的预计负债，在申报企业所得税时应调增应纳税所得额，待这些方面的支出实际发生时，才允许扣除。

三、亏损合同的税会处理差异

会计处理上，待执行合同变成亏损合同的，该亏损合同产生的义务满足规定条件的，应当确认为预计负债。待执行合同，是指合同各方尚未履行任何合同义务，或部分地履行了同等义务的合同。亏损合同，是指履行合同义务不可避免会发生的成本超过预期经济利益的合同。企业不应当就未来经营亏损确认预计负债。在履行合同义务过程中，发生的成本预期将超过与合同相关的未来流入经济利益的，待执行合同即变成了亏损合同。待执行合同变成亏损合同时，有合同标的资产的，应当先对标的资产进行减值测试并按规定确认减值损失，如预计亏损超过该减值损失，应将超过部分确认为预计负债；无合同标的资产的，亏损合同相关义务满足预计负债确认条件时，应当确认为预计负债。

税务处理上，企业的亏损合同，虽然履行合同义务不可避免会发生成本超过预期经济利益而亏损，但目前尚未形成扣除项目，所以该预计负债不属于真正的亏损，不允许扣除，在申报企业所得税时应调增应纳税所得额，待亏损合同形成实际亏损，才允许确认。

四、预计负债的税会处理差异及纳税调整实务

【案例6-36】 2×16年11月，A、B两公司因商标权引起纠纷，A公司向法院提起诉讼。至2×16年12月31日法院尚未判决。B公司向律师咨询得知，B公司败诉的可能性为80%，如果败诉，赔偿金额可能为100万~120万元，诉讼费3 000元。企业所得税税率为25%。假设企业2×16年会计利润总额为200万元。不考虑其他纳税调整事项。B公司确认预计负债时，会计处理如下：

按照最佳估计数计算应确认的预计负债 = (100 + 120) ÷ 2 = 110（万元）

借：营业外支出——诉讼赔偿　　　　　　　　　　　　　　　1 100 000
　　管理费用——诉讼费　　　　　　　　　　　　　　　　　　　3 000
　　贷：预计负债——未决诉讼　　　　　　　　　　　　　　　1 103 000

税务处理：B公司确认的预计负债不能在当期税前扣除，应在利润总额的基础上纳税调增110.3万元，填入A105000《纳税调整项目明细表》第26行"（十三）跨期扣除项目""账载金额"110.3万元，"税收金额"0，调增金额110.3万元，应纳税额为77.575万元。预计负债的账面价值为110.3万元，计税基础为0，形成可抵扣暂时性差异110.3万元，应确认递延所得税资产27.575万元。

借：所得税费用——当期所得税　[(2 000 000 + 1 103 000)×25%]　775 750
　　贷：应交税费——应交所得税　　　　　　　　　　　　　　　775 750

借：递延所得税资产	275 750	
贷：所得税费用——递延所得税		275 750

【案例 6-37】 承【案例 6-36】，假设 2×17 年 5 月经法院判决 B 公司败诉，应向 A 公司赔偿 100 万元，承担诉讼费 3 000 元。企业所得税税率为 25%。B 公司 2×17 年会计利润为 200 万元。不考虑其他纳税调整事项。B 公司会计处理为：

借：预计负债——未决诉讼	1 103 000	
贷：营业外支出——诉讼赔偿		100 000
银行存款		1 003 000

税务处理：B 公司实际发生损失 100 万元和诉讼费 0.3 万元可按税法规定在当期申报扣除，原预计负债大于实际发生损失部分 10 万元转回预计负债，填入 A105000《纳税调整项目明细表》第 26 行"（十三）跨期扣除项目""账载金额" -10 万元，"税收金额"100.3 万元，调减金额 110.3 万元，应纳税所得额为 89.7 万元，应纳税额为 22.425 万元。预计负债的账面价值和计税基础均为 0，应冲回递延所得税资产 27.575 万元。

借：所得税费用	500 000	
贷：递延所得税资产		275 750
应交税费——应交所得税		224 250

第十五节　煤矿企业维简费和高危行业安全生产费税会处理差异

一、煤矿企业维简费和高危行业企业安全生产费的会计处理

会计处理上，《财政部关于印发〈企业会计准则解释第 3 号〉的通知》（财会〔2009〕8 号）规定，高危行业企业按照国家规定提取的安全生产费，应当计入相关产品的成本或当期损益，同时记入"专项储备"科目。"专项储备"科目期末余额在资产负债表所有者权益项目"减：库存股"和"盈余公积"之间增设"专项储备"项目反映。企业在使用提取的安全生产费时，属于费用性支出的，直接冲减专项储备。企业使用提取的安全生产费建造固定资产的，应当通过"在建工程"科目归集所发生的支出，待安全项目完工达到预定可使用状态时确认为固定资产。同时，按照形成固定资产的成本冲减专项储备，并确认相同金额的累计折旧。该固定资产在以后期间不再计提折旧，并且在形成费用性支出时也不计入损益科目。该规定也不同于《企业会计准则第 4 号——固定

资产》中"企业应当按正常购建的固定资产计提折旧,计入有关成本费用;在形成费用性支出时,计入当期损益"的规定。企业提取的维简费和其他具有类似性质的费用,比照上述规定处理。在该解释公告发布前未按上述规定处理的,还应当进行追溯调整。另外,需要注意的是,企业安全生产费用提取和使用,应严格按照《财政部、安全监管总局关于印发〈企业安全生产费用提取和使用管理办法〉的通知》(财企〔2012〕16号)的相关规定执行。

二、煤矿企业维简费和高危行业企业安全生产费的税务处理

税务处理上,《国家税务总局关于企业维简费支出企业所得税税前扣除问题的公告》(国家税务总局公告2013年第67号)规定:(1)企业实际发生的维简费支出,属于收益性支出的,可作为当期费用税前扣除;属于资本性支出的,应计入有关资产成本,并按《企业所得税法》的规定计提折旧或摊销费用在税前扣除。企业按照有关规定预提的维简费,不得在当期税前扣除。(2)该公告实施前,企业按照有关规定提取且已在当期税前扣除的维简费,按以下规定处理。第一,尚未使用的维简费,并未作纳税调整的,可不作纳税调整,应先抵减2013年实际发生的维简费,仍有余额的,继续抵减以后年度实际发生的维简费,至余额为零时,企业方可按照公告第一条规定执行;已作纳税调整的,不再调回,直接按照公告第一条规定执行。第二,已用于资产投资并形成相关资产全部成本的,该资产提取的折旧或费用摊销额,不得税前扣除;已用于资产投资并形成相关资产部分成本的,该资产提取的折旧或费用摊销额中与该部分成本对应的部分,不得税前扣除;已税前扣除的,应调整作为2013年度应纳税所得额。

《国家税务总局关于煤矿企业维简费和高危行业企业安全生产费用企业所得税税前扣除问题的公告》(国家税务总局公告2011年第26号)规定:

1. 煤矿企业实际发生的维简费支出和高危行业企业实际发生的安全生产费用支出,属于收益性支出的,可直接作为当期费用在税前扣除;属于资本性支出的,应计入有关资产成本,并按《企业所得税法》的规定计提折旧或摊销费用在税前扣除。企业按照有关规定预提的维简费和安全生产费用,不得在税前扣除。

根据上述规定,2011年5月1日前,煤矿企业提取的"专项储备——维简费"和高危行业企业"专项储备——安全生产费",以及2012年12月31日前非煤矿企业提取的"专项储备——维简费"科目贷方余额,由于提取时已在税前扣除,以后期间在实际使用时不得重复扣除。

【案例6-38】某企业2×17年计提安全生产费用100万元,会计处理时,借记"管理费用"科目100万元,贷记"专项储备"科目100万元。其计入管理费用的100万元不得在税前扣除。因此,企业在年度企业所得税汇算清缴纳税申报时,应调增应纳

税所得额100万元。假如该企业2×17年实际发生安全生产费用支出10万元，企业的账务处理为：借记"专项储备"科目10万元，贷记"银行存款"科目10万元。由于属于收益性支出，实际发生的10万元虽未计入相关成本费用，但仍可以在税前扣除，企业在年度企业所得税汇算清缴申报时，应调减应纳税所得额10万元，则该项费用本年合计调增应纳税所得额90万元。

2. 该公告实施前（2011年5月1日前），企业按照有关规定提取的且在税前扣除的煤矿企业维简费和高危行业企业安全生产费用，相关税务问题按以下规定处理：（1）公告实施前提取尚未使用的维简费和高危行业企业安全生产费用，应用于抵扣公告实施后的当年度实际发生的维简费和安全生产费用，仍有余额的，继续用于抵扣以后年度发生的实际费用，至余额为零时，企业方可按公告第一条规定执行。（2）已用于资产投资并计入相关资产成本的，该资产提取的折旧或费用摊销额，不得重复在税前扣除。已重复在税前扣除的，应调整作为2×11年度应纳税所得额。（3）已用于资产投资并形成相关资产部分成本的，该资产成本扣除上述部分成本后的余额，作为该资产的计税基础，按照《企业所得税法》规定的资产折旧或摊销年限，从公告实施之日的次月开始，就该资产剩余折旧年限计算折旧或摊销费用，并在税前扣除。

【案例6-39】某企业2×17年计提的安全生产费用500万元已经在税前扣除，该年度实际发生费用100万元已经冲减专项储备，企业在进行账务处理时，借记"专项储备"科目100万元，贷记"银行存款"科目等100万元。2×17年年末专项储备结余400万元，则企业2×18年安全生产费用计提时全部不能在税前扣除，实际发生的安全生产费用应继续冲抵400万元，直至全部抵消完毕后，其实际发生的费用才能按公告规定在税前扣除。

【案例6-40】承【例6-39】，假如该企业2×17年计提的安全生产费用500万元已经在税前扣除，该年度实际发生费用100万元已经冲减专项储备。同时，2×17年企业购置安全生产设备固定资产200万元，账务处理为：借记"固定资产"科目200万元，贷记"银行存款"科目200万元。同时，借记"专项储备"科目200万元，贷记"累计折旧"科目200万元。由于上述专项储备金额500万元已全部在税前扣除，所以该储备形成的固定资产折旧今后也不能在税前扣除。

【案例6-41】承【例6-39】，假如该企业2×17年计提的安全生产费500万元已经税前扣除，该年度实际发生费100万元已经冲减专项储备，则专项储备结余400万元。同时，2×17年购置安全生产设备固定资产金额是800万元，会计处理为：借记"固定资产"科目600万元，贷记"银行存款"科目600万元。同时，借记"专项储备"科目600万元，贷记"累计折旧"科目600万元。由于800万元固定资产中有400万元是专项储备结余承担，且这部分专项储备金额已于计提时在税前扣除，所以该项安全生产设备固定资产计税基础为200万元，因此，这部分200万元的折旧额可以按规定在税前扣除。

三、煤矿企业维简费和高危行业企业安全生产费的税会处理差异

煤矿企业维简费和高危行业企业的安全生产费的税会处理差异主要表为以下两个方面：第一，计提安全生产费时，会计处理上，按照规定提取的安全生产费，计入相关资产成本或当期损益，将影响当期利润。税务处理上，只有企业实际发生的属于收益性支出的维简费和高危行业企业安全生产费用，才能在当期税前扣除。企业按照有关规定预提的维简费和安全生产费用，不得在税前扣除，即只有在实际发生时才能在发生期税前扣除。可以看出，企业当年提取但没有实际使用的安全生产费需要作纳税调整。第二，使用提取的安全生产费时，会计处理上，属于费用性支出的，直接冲减专项储备，不影响当期利润；企业使用提取的安全生产费形成固定资产的，冲减直接专项储备，并确认相同金额的累计折旧。以后期间不再计提折旧，在发生后续支出即形成费用性支出时，也不记入损益科目，仍冲减专项储备，不影响当期利润。税务处理上，实际发生安全生产费，属于收益性支出时，可以在发生期税前扣除；属于资本性支出且形成固定资产的，以后期间可以计提折旧，分期在税前扣除。可以看出，企业已计提但未实际发生的安全生产费会形成暂时性差异，按照《企业会计准则第18号——所得税》的规定，应确认递延所得税资产，即借记"递延所得税资产"科目，贷记"所得税费用"科目，待实际发生安全生产费时予以转回，即借记"所得税费用"科目，贷记"递延所得税资产"科目。企业实际发生的安全生产费如果形成固定资产，以后其折旧的扣除也将形成暂时性差异。

对于上市公司按照《中国证券监督管理委员会关于印发〈上市公司执行企业会计准则监管问题解答〉〔2013年第1期〕的通知》（会计部函〔2013〕232号）的规定，"问题3：对于上市公司已计提但尚未使用的安全生产费，是否可以确认递延所得税资产？解答：按照企业会计准则及相关规定，已计提但尚未使用的安全生产费不涉及资产负债的账面价值与计税基础之间的暂时性差异，不应确认递延所得税。因安全生产费的计提和使用产生的会计利润与应纳税所得额之间的差异，比照永久性差异进行会计处理。"

四、煤矿企业维简费和高危行业企业安全生产费的税会处理差异及纳税调整实务

【案例6-42】某矿山企业（非上市公司）2×11年开始依据开采的原矿产量计提安全生产费，计提标准为每吨矿石10元，该原矿年产销量100 000吨。2×11年6月10日，该企业购入一批需要安装用于完善和改造矿井作业的安全防护设备，价款为

400 000 元，增值税进项税额为 68 000 元，安装过程中支付安装费 50 000 元，6 月 20 日安装完成。该设备采用年限平均法计提折旧，预计使用年限为 10 年，预计净残值率为 5%。2×11 年 10 月 10 日，该企业实际支付安检费用 20 000 元，支付安全技能培训及进行应急救援支出 30 000 元。2×12 年，发生安检及安全技能培训费用 40 000 元，假设该企业每年利润总额为 20 000 000 元，制造费用均已结转至销售成本，不考虑其他纳税调整事项。

该矿山企业会计和税务处理如下。

① 2×11 年，企业应提取安全生产费 = 100 000×10 = 1 000 000（元）

借：制造费用　　　　　　　　　　　　　　　　　1 000 000
　　贷：专项储备　　　　　　　　　　　　　　　　　1 000 000

② 2×11 年 6 月 10 日，动用专项储备购置安全防护设备等固定资产：

借：在建工程　　　　　　　　　　　　　　　　　　400 000
　　应交税费——应交增值税（进项税额）　　　　　　 68 000
　　贷：银行存款　　　　　　　　　　　　　　　　　　468 000

③ 支付安全防护设备安装费：

借：在建工程　　　　　　　　　　　　　　　　　　 50 000
　　贷：银行存款　　　　　　　　　　　　　　　　　　 50 000

④ 2×11 年 6 月 20 日，达到预定可使用状态：

借：固定资产　　　　　　　　　　　　　　　　　　450 000
　　贷：在建工程　　　　　　　　　　　　　　　　　　450 000

⑤ 2×11 年 6 月 20 日，按照固定资产的成本冲减专项储备，并确认相同金额的累计折旧：

借：专项储备　　　　　　　　　　　　　　　　　　450 000
　　贷：累计折旧　　　　　　　　　　　　　　　　　　450 000

⑥ 2×11 年支付安检费用、技能培训、应急救援等费用性支出 = 20 000 + 30 000 = 50 000（元）

借：专项储备　　　　　　　　　　　　　　　　　　 50 000
　　贷：银行存款　　　　　　　　　　　　　　　　　　 50 000

⑦ 2×11 年 12 月 31 日，企业所得税年度纳税申报计算应纳税所得额时，计提但未实际支出的安全生产费 = 1 000 000 − 450 000 − 50 000 = 500 000（元），不能在税前扣除，其中 450 000 元形成固定资产的支出属于资本化支出，不得在发生当期直接扣除，应当分期扣除。按照税法规定，2×11 年安全防护设备应计提折旧 = [450 000(1 − 5%) ÷ 120]×6 = 21 375（元），准予税前扣除。应纳税调增 = 500 000 + (450 000 − 21 375) = 928 625（元）。因此，2×11 年应交所得税 = (20 000 000 + 928 625)×25% =

5 232 156.25（元）。该固定资产的账面价值 = 450 000 – 450 000 = 0，计税基础 = 450 000 – 21 375 = 428 625（元），计税基础大于账面价值，形成可抵扣暂时性差异。计提但未实际支出的安全生产费 500 000 元，在以后实际发生时准予税前扣除，也形成可抵扣暂时性差异。因此，确认递延所得税资产 =（428 625 + 500 000）× 25% = 232 156.25（元）。财务处理如下：

  借：所得税费用——当期所得税费用   5 232 156.25
    贷：应交税费——应交所得税   5 232 156.25
  借：递延所得税资产   232 156.25
    贷：所得税费用——递延所得税费用   232 156.25

⑧ 2×12 年发生支付安检及安全技能培训费用时：

  借：专项储备   40 000
    贷：银行存款   40 000

⑨ 应转回递延所得税资产 = 40 000 × 25% = 10 000（元）。

  借：所得税费用——递延所得税费用   10 000
    贷：递延所得税资产   10 000

⑩ 2×12 年按税法规定安全防护设备应计提折旧 =［450 000（1 – 5%）÷ 120］× 12 = 42 750（元）。因此，应转回递延所得税资产 = 42 750 × 25% = 10 687.5（元）。

  借：所得税费用——递延所得税费用   10 687.5
    贷：递延所得税资产   10 687.5

⑪ 2×12 年企业应提取安全生产费 = 100 000 × 10 = 1 000 000（元）。

  借：制造费用   1 000 000
    贷：专项储备   1 000 000

由于 2×12 年使用的安全生产费属于 2×11 年度专项储备的余额，故当年计提但未实际发生的安全生产费不能在税前扣除，在以后实际发生时准予扣除，会形成递延所得税资产。

  借：递延所得税资产   250 000
    贷：所得税费用——递延所得税费用   250 000

⑫ 2×12 年 12 月计算应纳税所得额时，当年计提但未实际支出的安全生产费 1 000 000 元，不能税前扣除。按税法计提安全防护设备应计提折旧和实际发生安检及安全技能培训费用可以税前扣除，因此，2×12 年应交所得税 =（20 000 000 + 1 000 000 – 40 000 – 42 750）× 25% = 5 229 312.5（元）。

  借：所得税费用——当期所得税费用   5 229 312.5
    贷：应交税费——应交所得税   5 229 312.5

可以看出，通过 2×11 年和 2×12 年的财税处理，不仅解决了上述税会处理差异，又使得这两年的所得税费用均为 500 000 元（2 000 000×25%），这也符合所得税会计处理的配比原则。

如果上例中的矿山企业是上市公司，应该执行证监会会计部函〔2013〕232 号文件的相关规定，则 2×11 年已计提但未实际支出的安全生产费 500 000 元计入专项储备，在以后实际发生时准予税前扣除，不涉及资产负债的账面价值与计税基础之间的暂时性差异，不应确认递延所得税。因安全生产费的计提和使用产生的会计利润与应纳税所得额之间的差异，比照永久性差异进行会计处理，即：只调整应纳税所得额，不确认递延所得税费用。2×12 年发生支付安检及安全技能培训费用 40 000 元时，冲减专项储备，也不转回递延所得税资产。2×12 年，已计提但未实际支出的安全生产费 1 000 000 元，计入专项储备，也不应确认递延所得税，因安全生产费的计提和使用产生的会计利润与应纳税所得额之间的差异，比照永久性差异进行会计处理，即：只调整应纳税所得额，不确认递延所得税费用。

第十六节　捐赠支出的税会处理差异

一、捐赠支出的会计处理

会计处理上，《财政部关于加强企业对外捐赠财务管理的通知》（财企〔2003〕95 号）规定，对外捐赠是指企业自愿无偿将其有权处分的合法财产赠送给合法的受赠人用于与生产经营活动没有直接关系的公益事业的行为。企业对外捐赠一般应当遵循以下原则和要求：自愿无偿、权责清晰、诚实守信和量力而行原则（即企业已经发生亏损或者由于对外捐赠将导致亏损或者影响企业正常生产经营的，除特殊情况以外，一般不能对外捐赠）。企业实际发生的对外捐赠支出，应当依据受赠方出具的省级以上财政部门统一印（监）制的捐赠收据或者捐赠资产交接清单确认。捐赠支出核算时不分公益性捐赠和非公益捐赠，一律在"营业外支出——捐赠支出"科目中核算，直接计入当期损益。

二、捐赠支出的税务处理

税法处理上，按照《企业所得税法》（2017 年修订）第九条的规定，企业发生的公益性捐赠支出，在年度利润总额 12% 以内的部分，准予在计算应纳税所得额时扣除；超过年度利润总额 12% 的部分，准予结转以后三年内在计算应纳税所得额时扣除。第十条规定，在计算应纳税所得额时，第九条规定以外的捐赠支出和赞助支出不得扣除。

《中华人民共和国慈善法》第三十八条规定，慈善组织接受捐赠，应当向捐赠人开具由财政部门统一监（印）制的捐赠票据。捐赠票据应当载明捐赠人、捐赠财产的种类及数量、慈善组织名称和经办人姓名、票据日期等。因此，慈善捐赠的票据需要规范。第七十五条至第七十八条规定，慈善组织及其取得的收入依法享受税收优惠。自然人、法人和其他组织捐赠财产用于慈善活动的，依法享受税收优惠。企业慈善捐赠支出超过法律规定的准予在计算企业所得税应纳税所得额时扣除的部分，允许结转以后三年内在计算应纳税所得额时扣除。境外捐赠用于慈善活动的物资，依法减征或者免征进口关税和进口环节增值税。受益人接受慈善捐赠，依法享受税收优惠。慈善组织、捐赠人、受益人依法享受税收优惠的，有关部门应当及时办理相关手续。

《财政部、国家税务总局、民政部关于公益性捐赠税前扣除有关问题的通知》（财税〔2008〕160号）规定，企业通过公益性社会团体或者县级以上人民政府及其部门，用于公益事业的捐赠支出，在年度利润总额12%以内的部分，准予在计算应纳税所得额时扣除。年度利润总额，是指企业依照国家统一会计制度的规定计算的大于零的数额。这意味着，除国家另有规定外，如果企业的年度会计利润总额为零或者出现亏损，其符合规定的捐赠也不得在当年度税前扣除。

《财政部、国家税务总局、民政部关于公益性捐赠税前扣除有关问题的补充通知》（财税〔2010〕45号）规定，企业或个人通过获得公益性捐赠税前扣除资格的公益性社会团体或县级以上人民政府及其组成部门和直属机构，用于公益事业的捐赠支出，可以按规定进行所得税税前扣除。县级以上人民政府及其组成部门和直属机构的公益性捐赠税前扣除资格不需要认定。

《财政部、国家税务总局、民政部关于公益性捐赠税前扣除资格确认审批有关调整事项的通知》（财税〔2015〕141号）规定，由财政、税务、民政等部门结合社会组织登记注册、公益活动情况联合确认公益性捐赠税前扣除资格，并以公告形式发布名单。企业或个人在名单所属年度内向名单内的公益性社会团体进行的公益性捐赠支出，可按规定进行税前扣除。对于通过公益性社会团体发生的公益性捐赠支出，企业或个人应提供省级以上（含省级）财政部门印制并加盖接受捐赠单位印章的公益性捐赠票据，或加盖接受捐赠单位印章的《非税收入一般缴款书》收据联，方可按规定进行税前扣除。

《财政部、国家税务总局关于公益股权捐赠企业所得税政策问题的通知》（财税〔2016〕45号）规定，企业向公益性社会团体实施的股权捐赠，应按规定视同转让股权，股权转让收入额以企业所捐赠股权取得时的历史成本确定。所称股权，是指企业持有的其他企业的股权、上市公司股票等。企业实施股权捐赠后，以其股权历史成本为依据确定捐赠额，并依此按照《企业所得税法》的有关规定在所得税前予以扣除。

公益性社会团体接受股权捐赠后,应按照捐赠企业提供的股权历史成本开具捐赠票据。

在实际工作中,捐赠支出税前扣除需要注意以下五点。

(1)公益性捐赠有特定捐赠事项范围。《中华人民共和国公益事业捐赠法》第三条规定,公益事业是指非营利的下列事项:第一,救助灾害、救济贫困、扶助残疾人等困难的社会群体和个人的活动;第二,教育、科学、文化、卫生、体育事业;第三,环境保护、社会公共设施建设;第四,促进社会发展和进步的其他社会公共和福利事业。

(2)公益性捐赠要取得符合规定的凭证。具有捐赠税前扣除资格的非营利的公益性社会团体、基金会和县及县以上人民政府及其组成部门在接受捐赠或办理转赠时,应按照财务隶属关系分别使用由中央或省级财政部门统一印(监)制的公益救济性捐赠票据,并加盖接受捐赠或转赠单位的财务专用印章;对个人索取捐赠票据,应予以开具。

(3)纳税人申请税前扣除时,必须报送齐全有关资料:接受捐赠或办理转赠的非营利的公益性社会团体、基金会的捐赠税前扣除资格证明材料;由具有捐赠税前扣除资格的非营利的公益性社会团体、基金会和县及县以上人民政府及其组成部门出具的公益救济性捐赠票据;主管税务机关要求提供的其他资料。

(4)公益性捐赠要通过特定的途径进行。单位和个人如果不是通过公益性社会团体和国家有关部门,而是直接向受灾对象捐赠,是不能在所得税前扣除的。

(5)《国家税务总局关于企业所得税执行中若干税务处理问题的通知》(国税函〔2009〕202号)等税收文件规定,企业发生为汶川、玉树、舟曲、芦山、鲁甸地震灾后重建以及举办北京奥运会和上海世博会等特定事项的捐赠支出,可以据实全额扣除。企业发生的其他捐赠,应按《企业所得税法》第九条及《实施条例》第五十一、五十二、五十三条的规定计算扣除。

三、捐赠支出的税会处理差异及纳税调整实务

【案例6-43】某企业2×15年通过公益性社会团体将自产产品对外捐赠,该产品成本为4万元,对外售价为6万元,适用增值税税率为17%。对外捐赠的账务处理为:

借:营业外支出　　　　　　　　　　　　　　　　　　　　50 200
　　贷:库存商品　　　　　　　　　　　　　　　　　　　40 000
　　　　应交税费——应交增值税(销项税额)(60 000×17%)　　10 200

《企业所得税法实施条例》第五十三条规定,企业发生的公益性捐赠支出,不超过年度利润总额12%的部分,准予扣除。年度利润总额,是指企业依照国家统一会计制

度的规定计算的年度会计利润。《财政部、国家税务总局、民政部关于公益性捐赠税前扣除有关问题的通知》(财税〔2008〕160号)明确规定,年度利润总额是指企业依照国家统一会计制度的规定计算的大于零的数额。企业年度经营中通常会出现两种情况:盈利或亏损。因此,企业捐赠支出税前扣除存在三种情况:全部扣除;部分扣除;不允许扣除。接上例,区分情况分析捐赠支出税前扣除情况:

第一,假设该企业2×15年度实现会计利润60万元。税前允许扣除的捐赠支出 = 60×12% = 7.2(万元),大于捐赠支出5.02万元,因此,捐赠支出允许当期税前全部扣除。

第二,假设该企业2×15年度实现会计利润40万元。税前允许扣除的捐赠支出 = 40×12% = 4.8(万元),小于实际发生的捐赠支出,因此,允许税前扣除的捐赠支出为4.8万元,超出部分0.22万元(5.02 - 4.8)不允许当期扣除,应进行纳税调增,即超过年度利润总额12%的部分0.22万元,准予结转以后三年内在计算应纳税所得额时扣除。

第三,假设该企业2×15年度实现会计利润 -10万元。捐赠支出5.02万元不允许税前扣除,应进行纳税调增,准予结转以后三年内在计算应纳税所得额时扣除。由于对外捐赠视同销售行为,因此,该企业年终企业所得税汇算清缴时,还应对捐赠产品视同销售公允价与成本之间的差额进行纳税调增2万元(6-4)。

【案例6-44】 甲企业2×16年会计利润总额为300万元,向上海慈善基金会捐赠了其子公司10%的股权,该股权捐赠时的公允价值为120万元,历史成本为100万元,企业已将成本金额计入营业外支出。公益性社会团体接受股权捐赠后,已经按照捐赠企业提供的股权历史成本开具捐赠票据。假设甲企业2×17年会计利润总额为200万元,以支付现金的形式发生公益性捐赠支出5万元,2×18年会计利润总额为400万元,以支付现金形式发生公益性捐赠支出15万元,2×19年会计利润总额为1 000万元,以支付现金形式发生公益性捐赠支出4万元。

分析:2×16年该企业实际捐赠支出为100万元,捐赠的扣除限额 = 300×12% = 36(万元),需要调增应纳税所得额 = 100 - 36 = 64(万元),超过2×16年度利润总额12%的部分64万元,准予结转以后三年内(2×17年~2×19年)在计算应纳税所得额时扣除。同时,确认视同销售收入100万元,视同销售成本100万元,因此,该企业2×16年应纳企业所得税 = (300 + 64)×25% = 91(万元)。2×16年企业所得税汇算清缴时,具体填报A105010《视同销售和房地产开发企业特定业务纳税调整明细表》第7行"(六)用于对外捐赠视同销售收入"100万元、第17行"(六)用于对外捐赠视同销售成本"100万元和A105070《捐赠支出纳税调整明细表》"账载金额"100万元,"按税收规定计算的扣除限额"36万元,"纳税调整金额"64万元。按照《企业会计准则第18号——所得税》的规定,准予结转以后三年内在计算应纳税所得额时扣除的公益性捐赠支出64万元，形成可抵扣暂时性差异，应确认递延所得税资产 = 64 × 25% = 16（万元），以后年度按照纳税调减金额，计算转回已确认递延所得税资产。

①2×16年会计处理如下：

借：营业外支出——公益性捐赠支出　　　　　　　　　　1 000 000
　　贷：长期股权投资　　　　　　　　　　　　　　　　　　　1 000 000
借：递延所得税资产　　　　　　　　　　　　　　　　　　160 000
　　贷：所得税费用　　　　　　　　　　　　　　　　　　　　　160 000

②2×17年会计处理如下：

借：营业外支出——公益性捐赠支出　　　　　　　　　　　80 000
　　贷：银行存款　　　　　　　　　　　　　　　　　　　　　　80 000
借：递延所得税资产（160 000 × 25%）　　　　　　　　　　40 000
　　贷：所得税费用　　　　　　　　　　　　　　　　　　　　　40 000

③2×18年会计处理如下：

借：营业外支出——公益性捐赠支出　　　　　　　　　　　160 000
　　贷：银行存款　　　　　　　　　　　　　　　　　　　　　　160 000
借：所得税费用（320 000 × 25%）　　　　　　　　　　　　 80 000
　　贷：递延所得税资产　　　　　　　　　　　　　　　　　　　80 000

④2×19年会计处理如下：

借：营业外支出——公益性捐赠支出　　　　　　　　　　　100 000
　　贷：银行存款　　　　　　　　　　　　　　　　　　　　　　100 000
借：所得税费用　　　　　　　　　　　　　　　　　　　　 40 000
　　贷：递延所得税资产（160 000 × 25%）　　　　　　　　　　40 000

具体见表6-6。

表6-6　　　　　　　　　公益性捐赠支出税前扣除明细表　　　　　　　　单位：万元

年度	利润总额	公益性捐赠支出	税前扣除限额	实际扣除额	结转以后年度扣除额	纳税调整额
2×16年	300	100	36	36	64	调增 100 - 36 = 64
2×17年	200	8	24	24	64 -（24 - 8）= 48	调减 24 - 8 = 16
2×18年	400	16	48	48	48 -（48 - 16）= 16	调减 48 - 16 = 32
2×19年	500	10	60	26	0	调减 26 - 10 = 16

假设其他条件不变，但甲企业不是向公益性社会团体捐赠，而是通过县政府向某小学捐赠，2×16年该企业实际捐赠支出为100万元（按照会计核算计入当期损益的金额

确认），捐赠的扣除限额 = 300 × 12% = 36（万元），需要调增应纳税所得额 = 100 - 36 = 64（万元），超过 2×16 年度利润总额 12% 的部分 64 万元，准予结转以后三年内（2×17 年～2×19 年）在计算应纳税所得额时扣除。同时，确认视同销售收入为 120 万元，视同销售成本 100 万元，对应纳税所得额的影响 = 120 - 100 = 20（万元），因此，该企业 2×16 年应纳企业所得税 = （300 + 64 + 20） × 25% = 96（万元）。

第十七节　其他支出项目的税会处理差异

《企业所得税法》第十条规定，在计算应纳税所得额时，下列支出不得扣除：（1）向投资者支付的股息、红利等权益性投资收益款项；（2）企业所得税税款；（3）税收滞纳金；（4）罚金、罚款和被没收财物的损失；（5）该法第九条规定以外的捐赠支出；（6）赞助支出；（7）未经核定的准备金支出；（8）与取得收入无关的其他支出。

一、非广告性赞助支出的税会处理差异

会计处理上，赞助支出在"营业外支出"科目核算。《企业所得税法》第十条第（六）项规定，赞助支出不得扣除。《企业所得税法实施条例》第五十四条规定，《企业所得税法》第十条第（六）项所称赞助支出，是指企业发生的与生产经营活动无关的各种非广告性质支出。企业赞助支出本身并不是与取得经营收入有关的正常、必要的支出，不符合税前扣除的基本原则，不允许在税前扣除。这里应当注意，企业广告性质的赞助费属销售费用，应视同广告费进行纳税调整。

二、罚款、罚金及税收滞纳金、加收利息的税会处理差异

1. 罚金、罚款和被没收财物的损失。会计处理上，罚金、罚款和被没收财物的损失，计入当期损益，借记"营业外支出"科目，贷记"银行存款"等科目。税务处理上，合法性是纳税人经营活动中发生的费用支出可以税前扣除的基本原则。如果是非法支出，即使按会计准则计入当期损益，也不能在税前扣除。纳税人的生产、经营因违反国家法律、法规和规章，被有关部门处以的罚金、罚款，以及被没收财物的损失，属于行政性罚款，不得扣除。但不包括纳税人逾期归还银行贷款，银行按规定加收的罚息，按照经济合同规定支付的违约金、罚款和诉讼费，这些不属于行政罚款，允许在税前扣除。

2. 税收滞纳金和加收利息。会计处理上，税收滞纳金计入当期损益，借记"营业

外支出"科目，贷记"银行存款"等科目。税务处理上，税收滞纳金是指由于纳税人未按照规定期限缴纳税款，扣缴义务人未按照规定期限解缴税款，而由税务机关向纳税人（扣缴义务人）征收的一种带有补偿性和惩罚性的款项，所以税收滞纳金不允许在税前扣除。《企业所得税法实施条例》第一百二十一条规定，税务机关根据税收法律、行政法规的规定，对企业做出特别纳税调整的，应当对补征的税款，自税款所属纳税年度的次年6月1日起至补缴税款之日止的期间，按日加收利息，企业缴纳的加收利息不得在计算应纳税所得额时扣除。

【案例6-45】 某公司于2×17年10月被税务机关稽查，查出2×15年少缴纳企业所得税300 000元，并处以150 000元罚款，滞纳金为22 500元，请问如何进行会计和税务处理？

借：以前年度损益调整　　　　　　　　　　　　　　　　　300 000
　　贷：应交税费——企业所得税　　　　　　　　　　　　　300 000
借：利润分配——未分配利润　　　　　　　　　　　　　　300 000
　　贷：以前年度损益调整　　　　　　　　　　　　　　　　300 000
借：盈余公积　　　　　　　　　　　　　　　　　　　　　 30 000
　　贷：利润分配——未分配利润　　　　　　　　　　　　　 30 000
借：营业外支出——罚款和滞纳金　　　　　　　　　　　　172 500
　　贷：银行存款　　　　　　　　　　　　　　　　　　　　172 500

三、企业所得税税款支出的税会处理差异

会计处理上，企业所得税税款是在"所得税费用"科目核算。在税务处理上，企业所得税税款是依据应税收入减去准予扣除项目的余额计算得到，本质上是企业利润分配的支出，是国家参与企业经营成果分配的一种形式，而非为取得经营收入实际发生的费用支出，不能作为企业的成本、费用在税前扣除。同时，企业所得税税款如果作为企业扣除项目，会出现计算企业所得税税款时循环倒算的问题，不符合企业所得税计税原理。

四、企业为雇员承担个人所得税支出的税会处理差异

企业为职工代扣代缴个人所得税有两种情况：第一，职工自己承担个人所得税，企业只负有扣缴义务；第二，按照合同或者协议规定，纳税义务人应纳的个人所得税全部或部分由企业负担。《国家税务总局关于纳税人取得不含税全年一次性奖金收入计征个人所得税问题的批复》（国税函〔2005〕715号）规定，根据企业所得税和个人所得

的现行规定，企业所得税的纳税人、个人独资和合伙企业、个体工商户为个人支付的个人所得税税款，不得在所得税前扣除。《国家税务总局关于雇主为雇员承担全年一次性奖金部分税款有关个人所得税计算方法问题的公告》（国家税务总局公告2011年第28号）第四条规定，雇主为雇员负担的个人所得税税款，应属于个人工资、薪金的一部分。凡单独作为企业管理费列支的，在计算企业所得税时不得税前扣除。因此，雇主为雇员负担的个人所得税税款，若计入个人工资、薪金，则可税前扣除；若单独作为管理费用列支，则不得税前扣除。

【案例6-46】企业与员工李某约定月薪为税后4 000元，则企业须每月为其承担个人所得税15.46元。假设企业承担的个人所得税作为工资、薪金列支。

①支付职工薪酬：
借：应付职工薪酬　　　　　　　　　　　　　　　　　　　　　　4 015.46
　　贷：库存现金　　　　　　　　　　　　　　　　　　　　　　　4 000
　　　　应交税费——代扣代缴个人所得税　　　　　　　　　　　　15.46

②提取职工薪酬：
借：管理费用　　　　　　　　　　　　　　　　　　　　　　　　4 015.46
　　贷：应付职工薪酬　　　　　　　　　　　　　　　　　　　　　4 015.46

【案例6-47】承〖案例6-46〗假设企业承担的个人所得税作为管理费列支。

①提取职工薪酬：
借：应付职工薪酬　　　　　　　　　　　　　　　　　　　　　　4 000
　　贷：库存现金　　　　　　　　　　　　　　　　　　　　　　　4 000

②计提承担的个人所得税：
借：管理费用　　　　　　　　　　　　　　　　　　　　　　　　15.46
　　贷：应交税费——代扣代缴个人所得税　　　　　　　　　　　　15.46

③计提职工薪酬：
借：管理费用　　　　　　　　　　　　　　　　　　　　　　　　4 000
　　贷：应付职工薪酬　　　　　　　　　　　　　　　　　　　　　4 000

企业承担的个人所得税税款，如果按照〖案例6-48〗进行会计处理，即单独作为企业管理费列支的15.46元，则不得税前扣除，企业所得税汇算清缴时应作纳税调增处理。

五、税前可弥补亏损的税会处理差异

（一）税前可弥补亏损的会计处理

企业在当年发生亏损的情况下，应当将本年发生的亏损自"本年利润"科目转入

"利润分配——未分配利润"科目,借记"利润分配——未分配利润"科目,贷记"本年利润"科目,结转后"利润分配"科目的借方余额即为未弥补亏损的数额。然后通过"利润分配"科目核算有关亏损的弥补情况。由于未弥补亏损形成的时间长短不同等原因,以前年度未弥补的亏损,有的可以用当年实现的税前利润(即利润总额)弥补,有的则须用税后利润(即净利润)弥补。企业用当年实现的利润弥补以前年度结转的未弥补亏损,不需要进行专门的账务处理。企业应将当年实现的利润自"本年利润"科目转入"利润分配——未分配利润"科目的贷方,"利润分配——未分配利润"科目的贷方发生额与"利润分配——未分配利润"科目的借方余额自然抵补。无论是以税前利润还是以税后利润弥补亏损,其账务处理方法均相同。但是,两者在计算缴纳企业所得税的处理是不同的。在以税前利润弥补亏损的情况下,其弥补的数额可以抵减企业当年的应纳税所得额,而以税后利润弥补的数额,则不能在计算应纳税所得额时作扣除处理。另外,企业发生的亏损,可以用盈余公积弥补。《企业会计准则第18号——所得税》规定,企业对于能够结转以后年度的可抵扣亏损,应当以很可能获得用来抵扣可抵扣亏损的未来应纳税所得额为限,确认相应的递延所得税资产。

【案例6-48】某市财政监察专员办在会计监督检查中发现,甲企业对未弥补亏损确认递延所得税资产时,多确认递延所得税资产170万元。据此,专员办认为甲企业对未弥补亏损确认递延所得税资产时,应以纳税申报表中认定的可结转以后年度弥补的亏损额为准确认可抵扣暂时性差异,计算递延所得税资产,不能使用会计账面上的累计亏损额确认递延所得税资产。确认递延所得税资产时,应采用转回期间适用的所得税税率为基础计算确定,不能以现有所得税税率计算。资产负债表日,企业应当对递延所得税资产的账面价值进行复核。

(二)税前可弥补亏损的税务处理及税会处理差异

税前可弥补亏损是指按税法规定计算的亏损,税前可弥补亏损与会计账面计算的亏损有很大差异。会计亏损是指以前年度及当年按照会计准则核算的利润总额为负数。按照税法规定在计算应纳税所得额时,纳税年度收入总额减去不征税收入、免税收入和各项扣除后,其结果小于零的数额即税法规定的亏损。税法中的亏损和财务会计中的亏损含义不同,其处理方法也不同。需要注意下列税前可弥补亏损的税务处理及税会处理差异。

1. 企业筹办期间不计算为亏损年度。《国家税务总局关于贯彻落实企业所得税法若干税收问题的通知》(国税函〔2010〕79号)规定,企业自开始生产经营的年度,为开始计算企业损益的年度。企业从事生产经营之前进行筹办活动期间发生筹办费用支出,不得计算为当期的亏损。

2. 跨年度调增的应纳税所得额可弥补亏损。《国家税务总局关于查增应纳税所得额弥补以前年度亏损处理问题的公告》（国家税务总局公告2010年第20号）规定，根据《企业所得税法》第五条的规定，税务机关对企业以前年度纳税情况进行检查时调增的应纳税所得额，凡企业以前年度发生亏损且该亏损属于企业所得税法规定允许弥补的，应允许调增的应纳税所得额弥补该亏损。弥补该亏损后仍有余额的，按照企业所得税法规定计算缴纳企业所得税。对检查调增的应纳税所得额，应根据其情节，依照《税收征收管理法》的有关规定进行处理或处罚。

【案例6-49】某企业2×10年的企业所得税纳税调整后所得为-60万元，结转至2×10年可弥补的以前年度亏损30万元。税务机关于2×12年3月对其2×10年度企业所得税进行检查，调增2×10年度应纳税所得额100万元。税务处理上，税务机关调增应纳税所得额100万元，则2×10年度纳税调整后所得=100-60=40（万元），可用于弥补以前年度法定弥补期内的亏损30万元，则当年应纳税所得额=40-30=10（万元），再按规定计算应缴纳的企业所得税。

3. 资产损失造成亏损应在所属年度弥补。《企业资产损失所得税税前扣除管理办法》（国家税务总局公告2011年第25号）规定，企业因以前年度实际资产损失未在税前扣除而多缴纳的企业所得税税款，可在追补确认年度企业所得税应纳税款中予以抵扣，不足抵扣的，向以后年度递延抵扣。企业实际资产损失发生年度扣除追补确认的损失后出现亏损的，应先调整资产损失发生年度的亏损额，再按弥补亏损的原则，计算以后年度多缴纳的企业所得税税款，并按前述办法进行税务处理。

【案例6-50】某企业进行2×11年度汇算清缴时，发现2×10年有一批存货因自然灾害发生损失20万元未申报扣除。假设2×10年和2×11年应纳税所得额分别为10万元和50万元。税务处理上，2×10年资产损失20万元追补确认期限未超过5年，企业应向税务机关进行专项申报，准予在2×10年全额追补扣除，追补后2×10年实际亏损10万元（20-10）。所以2×10年多缴纳税款=10×25%=2.5（万元），2×11年应缴纳企业所得税=（50-10）×25%=10（万元）。2×10年多缴纳税款2.5万元不能退税，只能递延到以后年度抵扣，即2×11年实际应纳企业所得税=10-2.5=7.5（万元）。

4. 清算期间可依法弥补亏损。《财政部、国家税务总局关于企业清算业务企业所得税处理若干问题的通知》（财税〔2009〕60号）规定，企业清算中应依法弥补亏损，确定清算所得。企业应将整个清算期作为一个独立的纳税年度计算清算所得。企业计算清算所得时弥补的以前年度亏损，包括清算当年正常生产经营期间发生的亏损额，并且弥补的年限应从当年算起，向前推算4年，允许弥补亏损的年限共计5年。

【案例6-51】某企业因生产经营不善，于2×11年5月停止生产经营，要办理注销登记。该企业在注销前办理了2×11年的企业所得税汇算清缴，调整后所得额为-200万元，至此，该企业2×06年的亏损还有100万元没有弥补。清算期弥补亏损前计算的清算所得为 300 万元。税务处理上，如果清算期间的应纳税所得额计算为"300 – 200 – 100 = 0"就错了，因为清算期间是一个独立的纳税年度，2×06 年的 100 万元亏损，只能结转到 2×11 年的汇算清缴中弥补，而不能结转到清算期弥补。因此，清算期间的应纳税所得额 = 300 – 200 = 100（万元），2×06 年 100 万元亏损不能得到弥补。

六、与取得收入无关支出的税会处理差异

会计处理上，企业发生的各项支出无论与取得收入有无关系，都会通过损益类科目进行核算。《企业所得税法》规定，企业发生的与取得收入无关的其他支出，一律不允许在企业所得税前扣除。例如，企业支付的个人消费支出、商业保险支出等，均属于与企业生产、经营无关的支出。

【案例 6 – 52】 A 公司系一家服装生产企业，2×16 年度 A 公司加入了所属行业的同业协会，每年须向行业协会支付一定金额的会费。2×16 年 A 公司向该协会支付赞助费 20 000 元，同时取得对方开具的财政局监制收据。A 公司财务人员认为该笔赞助费用是生产经营中发生的费用，且该赞助费用对于提高公司知名度有正面影响，将该费用在企业所得税前列支。税务机关 2×17 年对其进行税务稽查，检查出该事项，认为 A 公司与该行业协会签订的合同中并未列明该协会有为 A 公司提供广告宣传义务的内容，该笔费用应属于赞助支出，不得在税前扣除。

本案中，A 公司支出的该笔赞助费，其支付的对象不具有公益性质，赞助支出也具有明显的商业目的，故不属于捐赠支出；且赞助行业协会也无法达到向不特定公众宣传的作用，从 A 公司与该行业协会签订的合同中看，行业协会并没有提供广告宣传服务的义务，与企业的生产经营并无关联。故 A 企业的该笔赞助费不同于公益性捐赠、广告费和业务宣传费，属于赞助支出，不得在税前扣除。

七、其他涉税项目支出的税会处理差异

第一，违反其他法律、法规的支出等非法支出，不得在税前扣除。例如，贿赂、回扣等非法支出，不得在税前扣除。第二，各种摊派支出。政府及其所属部门的各种摊派不是出于纳税人自愿，也与取得应税收入无关，甚至无法取得扣除凭证，因此，企业支付的政府部门的各种摊派支出，不得在税前扣除。第三，关于以前年度发生应扣未扣支出的税务处理问题。《国家税务总局关于企业所得税应纳税所得额若干税务处理问题的公告》（国家税务总局公告 2012 年第 15 号）规定，根据《税收征管法》的相关规定，对企业发现以前年度实际发生的按照税法规定应在企业所得税前扣除而未扣除或者少扣除的支出，企业做出专项申报及说明后，准予追补至该项目发生年度计算扣除，但追补

确认期限不得超过5年。企业由于上述原因多缴纳的企业所得税税款，可以在追补确认年度企业所得税应纳税款中抵扣，不足抵扣的，可以向以后年度递延抵扣或申请退税。亏损企业追补确认以前年度未在企业所得税前扣除的支出，或盈利企业经过追补确认后出现亏损的，应先调整该项支出所属年度的亏损额，然后再按照弥补亏损的原则计算以后年度多缴纳的企业所得税税款，并按前述规定处理。

【案例6-53】 某稽查局在对A房地产开发公司2012~2014年度企业所得税缴纳情况进行检查时，发现该公司2008年从国土部门取得拍卖土地的过程中曾与B公司签订《居间服务合同》，合同规定A房地产开发公司委托B公司提供促成A房地产开发公司通过招拍挂方式获得项目地块的国有土地使用权以及协助督促政府按约定将项目地块无争议地交付的居间服务，居间成功后将支付居间服务费2 000万元。当年A房地产开发公司成功获得项目地块的土地使用权并按合同规定支付居间服务费2 000万元给B公司，作为取得土地成本的成本计入开发产品计税成本并在税前扣除。

该地高级人民法院〔2014〕终字第91号《民事判决书》认定上述居间服务合同违反了招投标活动要求遵循公开、公平、公正和诚实信用的原则，扰乱了土地出让的正常秩序，损害了其他参与招投标活动当事人的合法权益，应属无效合同。税务检查人员指出，上述居间服务费属于违法支出，不属取得土地的成本，不应计入开发产品计税成本并在税前扣除。

【案例6-54】 某居民企业在2×17年度企业所得税汇算中，发现2×15年发生的实际销售成本50万元未结转在当年申报税前扣除。该企业于2×17年按照规定向税务机关做出专项申报及说明后，对2×15年未扣除的实际销售成本进行专项申报扣除。已知该企业2×15年亏损40万元，2×16年亏损30万元，2×17年计算的应纳税所得额为160万元。假设不考虑其他纳税调整事项，计算2×17年度企业所得税汇算清缴时，实际应缴纳的企业所得税。

该企业2×17年发生的未扣除实际销售成本50万元，应追补至2×17年扣除。追补扣除后，该企业2×15年亏损额=40+50=90（万元），2×16年亏损30万元。该企业2×15年亏损90万元，可以用2×17年度应纳税所得额弥补70万元（160-90），2×16年亏损30万元，可以用2×17年度弥补2×15年度亏损后，剩余的应纳税所得额弥补40万元（70-30）。2×17年度应纳税所得额弥补完2×15年、2×15年亏损后剩余的40万元，应纳企业所得税=40×25%=10（万元）。

【案例6-55】 某市居民企业在2×15年度企业所得税汇算中，发现2×12年发生的实际资产损失80万元未在当年税前扣除。该企业于2×15年按照规定向税务机关做出专项申报及说明后，对2×12年未扣除的实际资产损失进行专项申报扣除。已知该企业2×12年应纳税所得额为200万元，2×13年应纳税所得额为120万元，2×14年应纳税所得额为70万元，2×15年计算的应纳税所得额为160万元。假设不考虑其他纳税调整事项,计算2×15年度在汇算清缴时,实际应缴纳的企业所得税。

该企业2×12年发生的未扣除实际资产损失80万元,应追补至2×12年扣除,因此,该企业2×12年实际应纳税所得额 = 200 - 80 = 120(万元),多缴纳企业所得税 = 80×25% = 20(万元)。2×12年该企业多缴纳的企业所得税税款,可以在2×15年度汇算清缴的应纳税额中予以抵减。该企业2×15年应纳税所得额为160万元,实际应纳税额 = 160×25% - 20 = 20(万元)。

主要参考文献

[1] 财政部会计司：《企业会计准则第 2 号——长期股权投资》，经济科学出版社 2014 年版。

[2] 财政部会计司：《企业会计准则第 9 号——职工薪酬》，中国财政经济出版社 2014 年版。

[3] 财政部会计司：《企业会计准则第 30 号——财务报表列报》，中国财政经济出版社 2014 年版。

[4] 财政部会计司：《企业会计准则讲解》，人民出版社 2010 年版。

[5] 全国注册税务师执业资格考试教材编写组：《注册税务师考试教材：税务代理实务》，中国税务出版社 2014 年版。

[6] 全国注册税务师执业资格考试教材编写组：《注册税务师考试教材：税法Ⅰ》，中国税务出版社 2014 年版。

[7] 全国注册税务师执业资格考试教材编写组：《注册税务师考试教材：税法Ⅱ》，中国税务出版社 2014 年版。

[8] 中国注册会计师协会：《注册会计师考试辅导指定教材：会计》，中国财政经济出版社 2015 年版。

[9] 段文涛：《依据债资比例判定借款利息扣除》，载《中国税务报》2014 年 8 月 8 日。

[10] 苏强：《企业会计准则与现行税法处理差异及纳税调整实务》，广东省出版集团、广东经济出版社 2010 年版。

[11] 苏强：《〈企业所得税年度纳税申报表（A 类，2014 年版）〉填报指南和审核操作实务》，经济科学出版社 2015 年版。

[12] 苏强：《中级财务会计》（第 2 版），经济科学出版社 2010 年版。

[13] 苏强：《会计学基础》，经济科学出版社 2016 年版。

[14] 苏强：《企业会计准则与税法处理差异分析及纳税调整操作实务》，经济科学出版社 2016 年版。

[15] 苏强、李培根：《高级财务会计》，经济科学出版社 2017 年版。